Die Europäische Politische Gemeinschaft (EPG) 1953
und die Europäische Union (EU) 2001

Studien zum Öffentlichen Recht, Völker- und Europarecht

Herausgegeben von Prof. Dr. Eckart Klein

Band 7

PETER LANG
Frankfurt am Main · Berlin · Bern · Bruxelles · New York · Oxford · Wien

Christof Berthold

Die Europäische Politische Gemeinschaft (EPG) 1953 und die Europäische Union (EU) 2001

Eine rechtsvergleichende Betrachtung

PETER LANG
Europäischer Verlag der Wissenschaften

Bibliografische Information Der Deutschen Bibliothek
Die Deutsche Bibliothek verzeichnet diese Publikation in der Deutschen Nationalbibliografie; detaillierte bibliografische Daten sind im Internet über <http://dnb.ddb.de> abrufbar.

Zugl.: Potsdam, Univ., Diss., 2002

517
ISSN 1437-2037
ISBN 3-631-50904-9

www.peterlang.de

Vorwort

Die vorliegende Arbeit wurde von der Juristischen Fakultät der Universität Potsdam im Wintersemester 2001/2002 als Dissertation angenommen. Sie befasst sich mit der Satzung der „Europäischen Politischen Gemeinschaft“, die von den Mitgliedern der Versammlung der Montanunion zwischen September 1952 und März 1953 (Ad hoc-Versammlung) im Auftrag der Regierungen der damals sechs EGKS-Staaten ausgearbeitet und nach dem Scheitern der Europäischen Verteidigungsgemeinschaft (EVG) im August 1954 nicht mehr in dieser Form weiterverfolgt wurde. Die Arbeit stellt anhand einer rechtsvergleichenden Analyse dar, welche Ziele der damaligen EPG mit der heutigen EU bzw. EG erreicht worden sind und wo die Unterschiede und Gemeinsamkeiten dieser beiden Projekte liegen.

Grundlage ist der authentische Text der Ad hoc-Versammlung vom 9./10. März 1953 und der Stand der Integration der EU/EG bis zum Jahre 2001 einschließlich der Verträge von Maastricht, Amsterdam und Nizza. Der auf der Grundlage der Erklärung von Laeken am 15.12.2001 beschrittene Weg zu einer Europäischen Verfassung und damit die Einsetzung eines Konvents konnte nur noch Erwähnung, nicht aber eine besondere Behandlung erfahren. Die Dissertation wurde im Dezember 2001 abgeschlossen und die Literatur bis zu diesem Zeitpunkt berücksichtigt. Die Fortführung des Vertrages von Nizza, die Deklaration der Grundrechtscharta und die inzwischen abgeschlossenen Arbeiten des Konvents zeigen auf, dass die Verfasser der EPG sich auf dem richtigen Weg befanden, sie allerdings mit ihrem Projekt der Zeit weit voraus waren. Die vorliegende Arbeit soll auch dazu beitragen, dass deren Verdienste nicht in Vergessenheit geraten und einen angemessenen Platz in der Geschichte der Europäischen Integration einnehmen können.

Herzlich danken möchte ich an dieser Stelle Herrn Prof. Dr. Eckart Klein für die Begleitung und Betreuung der Dissertation sowie Herrn Prof. Dr. Ralph Jänkel für die Erstattung des Zweitgutachtens. Besonders danken möchte ich auch meiner Familie für das Verständnis und die geduldige Unterstützung während der Jahre der Bearbeitung. Die Arbeit ist daher auch Christine, Fabian und meinen Eltern gewidmet.

Hofheim/Taunus im Juni 2003

Christof Berthold

INHALTSÜBERSICHT

INHALTSVERZEICHNIS

1. Teil: Allgemeine Einführung und Problemstellung

A. Einleitung

„Sagen wir es ruhig ehrlich: Ein Großteil des Europas, das wir schaffen wollen, hat es bereits gegeben! Es sind noch keine 50 Jahre her, da bedurfte der Mensch eines Reisepasses - von einem Visum nicht zu reden - nur, wenn er nach Russland fahren wollte. Sonst genügte in der Regel eine Visitenkarte oder ein Geburtsschein zur Legitimation. Er brauchte zum Reisen auch keine Devisen, geschweige denn eine Genehmigung, um sie bei sich zu führen, denn die Mark wie der Franken, das Pfund, die Krone und der Gulden waren gutes Geld vom Nordkap bis zum Kap der Guten Hoffnung und vom Golf von Biskaya bis nach Formosa und Hongkong. Diese Freizügigkeit des Menschen und des Geldes war zugleich die Freizügigkeit der Güter, und unsere Väter und Großväter haben sie noch gekannt... Das ist die alte Wirklichkeit Europas! Die Freiheit nämlich!"[1]

Die Bezeichnung **EPG** gehört heute nicht mehr zu dem im europarechtlichen Kontext vertrauten Vokabular. Vielfach Verwendung findet noch die Abkürzung EPZ für die inzwischen abgelöste „Europäische Politische Zusammenarbeit", die jedoch mit dem historischen Begriff der EPG wenig zu tun hat, wenn auch die EPZ in gewisser Weise als eine Spätfolge des Scheiterns der EPG bezeichnet werden kann. Denn die Ablehnung (genauer: die Vertagung sine die) des Entwurfs der EPG führte bei den Bemühungen um eine politische Union zu einem langwierigen Entwicklungsprozess, der zunächst die Methode der funktionellen Integration fortführte, um sich dann wieder mehr und mehr dem Gedanken der politischen Einigung anzunähern. Dabei ist bald ein halbes Jahrhundert seit der Einbringung des Entwurfs vergangen, sodass eine vorläufige Bestandsaufnahme angebracht ist, um den damals projektierten Plan der europäischen Einigung der Jahre 1952/53 mit dem inzwischen Erreichten in Verhältnis setzen zu können.

Was steht hinter dem Begriff EPG? Es ist die Abkürzung für „Europäische Politische Gemeinschaft", jenes ehrgeizige - mit dem der Europäischen Verteidigungsgemeinschaft (EVG) eng verwobene - Projekt einer europäischen Einigung in der Nachkriegszeit, das in den frühen 50er Jahren eine Hoffnung für diejenigen war, die sich für einen Einigungsprozess Europas einsetzten, der in eine Föderation münden und damit weit über das Modell des Europarates einer intergouvernementalen Zusammenarbeit hinausgehen sollte. Das besondere an dem Entwurf der Satzung einer Europäischen Politischen Gemeinschaft war dabei schon, dass dieser nicht von den Regierungen und ihren Stäben ausgearbeitet wurde, sondern von Parlamentariern der Versammlung der Montanunion[2] in Ausführung eines besonderen Auftrages. Das Projekt

---

[1] Bulletin der Bundesregierung Nr. 103 vom 4.6.1953, S. 877 zum Inhalt der Satzung der Europäischen Politischen Gemeinschaft.

[2] Zu den Abgeordneten dieser Versammlung wurden weitere 9 Abgeordnete geladen, um auf die Zahl der geplanten EVG-Versammlung zu kommen (vgl. unten).

scheiterte dann bezeichnenderweise an den Vorbehalten der Regierungen und endgültig am Veto der französischen Nationalversammlung gegen den Plan der EVG am 30.8.1954, der von den meisten Verantwortlichen und Kommentatoren als Bedingung für die EPG - gleichsam als ein Junktim - angesehen wurde,[3] obgleich diese zwingende Verbindung juristisch in den Vertragsentwürfen gerade nicht vorgesehen war.

Genau genommen gab es den Begriff der „Politischen" Gemeinschaft auch schon in der offiziellen Sprachregelung der Schöpfer des Vertragsentwurfs im März 1953 nicht mehr. Um das umfassende Integrationskonzept besser herauszustellen, erhielt die Endfassung des Vorschlages der Ad hoc-Versammlung nur noch den Titel ***Europäische Gemeinschaft***.[4] Aus Gründen der besseren Unterscheidung soll in dieser Arbeit jedoch an dem Begriff Europäische Politische Gemeinschaft (**EPG**) festgehalten werden, der auch dem Auftrag des Ministerrates der Montanunion vom 10. September 1952 und dem damaligen allgemeinen Sprachgebrauch entspricht.[5] Um die Abgrenzung zwischen EGV und der EPG-Satzung besser hervorzuheben, wird daher auch für die Satzung die Abkürzung **SEPG**[6] verwendet. Ein Vertrag wurde der Satzungsentwurf schließlich nie.

In der aktuellen europarechtlichen Literatur findet die EPG keine größere Berücksichtigung mehr. Zumeist wird sie als gescheitertes Integrationsprojekt im Zusammenhang mit der EVG dargestellt, wobei sich regelmäßig die Kommentierungen auf kurze Hinweise beschränken.[7] So meint etwa Huber[8], es bestehe heute weitgehend Übereinstimmung, dass es sich bei dem EPG- und dem EVG-Vorhaben um zu „hochfliegende Integrationskonzepte" handelte, denen die notwendige Rückkoppelung zur politischen Realität in Europa gefehlt habe. Oppermann bezeichnet die Pläne zur EPG als „zu ehrgeizig", die daher noch im Verhandlungsstadium ad calendas graecas verschoben worden seien.[9] Von der Groeben stellt resümierend darauf ab, dass „die geistigen Voraussetzungen für eine Überantwortung derart weitreichender Zuständigkeiten und Ver-

---

[3] Ausdrücklich Bleckmann, Europarecht, 4. Aufl., S. 2; vgl. auch Schwarz, Adenauer - Der Aufstieg 1876-1952, S. 877: „Außerdem dürfte eine so neuartige Organisation nur dann von den nationalen Parlamenten ratifiziert werden, wenn sie als Vorstufe für eine unverzüglich nachfolgende politische Gemeinschaft begriffen wird"; vgl. auch Schumann in: Bergmann/Lenz, Der Amsterdamer Vertrag, Kap. 12, Rn. 1; Schweitzer/Hummer, Europarecht, 4. Aufl., S. 6: „Das Projekt scheiterte aufgrund seiner engen Verknüpfung mit der EVG gemeinsam mit dieser."

[4] Vgl. Robertson, EPC, S. 388; Eberhard, EPG, S. 17.

[5] Vgl. etwa den Titel von Eberhard, „Die Europäische Politische Gemeinschaft" sowie ebenda S. 2; vgl. auch Siegler, Dokumentation der Europäischen Integration, S. 73, der den Begriff des „EPG-Satzungsentwurfs" verwendet, obgleich die Satzung den Begriff nicht mehr in dieser Form erwähnt. Siegler sieht den Begriff der EPG damit auch zutreffend als Synonym für das gesamte Projekt.

[6] Ridder, Der Entwurf einer Satzung der Europäischen Gemeinschaft, JZ 1953, S. 289ff, S. 332ff wählt in seiner Darstellung die Abkürzung „SEG".

[7] So hat etwa Bleckmann, Europarecht, inzwischen die Beschreibung der EPG aus den aktuellen Auflagen entfernt und verweist seit der 5. Auflage auf die Darstellung in der 4. Auflage.

[8] Huber, Integration, § 3, Rn. 8 (S. 16).

[9] Oppermann, Europarecht, Rn. 21 (S. 11).

antwortlichkeiten an eine Europäische Gemeinschaft noch bei weitem nicht gegeben waren" und damit ein Scheitern praktisch unausweichlich gewesen sei.[10]

Auf der anderen Seite des „Eisernen Vorhangs" wurde das Scheitern von EVG und EPG mit Genugtuung aufgenommen, da bereits die EVG als Ursache der „Verschärfung internationaler Spannungen" schroff abgelehnt wurde.[11] Zumeist wird hervorgehoben, dass EVG und EPG aus damaliger Sicht in einem unauflösbaren Kontext standen und daher mit dem Scheitern der EVG auch die Grundlage für die EPG entfallen war.[12] Dabei ist zu sehen, dass die EPG aus Sicht ihrer Planer insbesondere den integrationspolitischen Rahmen für die gemeinsame Verteidigung herstellen sollte, andererseits wird aufzuzeigen sein, ob diese strenge Abhängigkeit wirklich bestand oder ob die „Politische Gemeinschaft" nicht auch eine eigenständige Existenzberechtigung gehabt hätte.

Gefragt werden soll auch, ob Ansätze der Europäischen Politischen Gemeinschaft nach bald 50 Jahren fruchtbar gemacht werden können oder ob die Europäische Union ein vergleichbares oder gar höheres Maß an Integration erreicht hat, als es die Verfasser der Satzung der Europäischen Politischen Gemeinschaft beabsichtigt hatten. Oder hat umgekehrt die EPG ein Maß an Vereinigung projektiert, wie es die EU/EG noch heute in absehbarer Zeit nicht erreichen kann? Zur Verdeutlichung der Frage kann auf die nachfolgend wiedergegebene These Dinans[13] verwiesen werden:

> *„The EDC and EPC left an interesting legacy. Having marked the high point of European federalist aspirations, the failed proposals quickly acquired the aura of a great opportunity lost. ... If only the EDC and EPC had been ratified, the argument goes, European integration would have reached all level now considered unattainable in the 1990s ... "*

Etwas vorsichtiger, aber im Grundsatz ähnlich schlussfolgert Everling in seiner Analyse der westeuropäischen Sicherheitspolitik:

---

[10] Von der Groeben, Der gemeinsame Markt als Kern und Motor der Europäischen Gemeinschaft, FS Narjes 1984, S. 23.

[11] Charisius/Ersil (Gesamtredaktion), Westeuropa, Politische und militärische Integration, Staatsverlag der DDR 1980, S. 43: „Die Debatten über das Schicksal der EVG zeigten jedoch bald, dass das Projekt eines politischen Staatenblocks keinerlei Erfolgschance besaß. Schon Anfang 1954 verschwand die EPG sang- und klanglos von der Tagesordnung."

[12] Bleckmann, Europarecht, Rn. 2; Schweitzer/Hummer, Europarecht, Rn. 31: „Gescheitert mit der EVG", Koenig/Haratsch, Europarecht, 2. Auflage, S. 13 (Rn. 25): „... EPG war damit zunächst der Boden entzogen"; Weidenfeld, Wege zur Europäischen Union, S. 23:„Mit dem Scheitern der Europäischen Verteidigungsgemeinschaft in der französischen Nationalversammlung entfiel auch für diesen Verfassungsentwurf die Geschäftsgrundlage"; Feger, Die Grundrechte im Recht der europäischen Gemeinschaften, S. 64 („ ... entfiel eine der wesentlichen Voraussetzungen"); Catalano, Manuel de droit des Communautés Européennes, S. 11; deutlich formuliert auch Zurcher, The struggle to Unite Europe, S. 109: „ ...The Political Community's very raison d'être ... was logically dependent upon the prior acceptance of EDC and its establishment as a going institution."

[13] Vgl. Dinan, Ever Closer Union?, S. 28.

„Die westeuropäische Geschichte und die Entwicklung der NATO wären bei einer Realisierung von EVG und EPG sicherlich anders verlaufen. Die NATO hätte von vornherein eine „Zwei-Säulen"-Struktur erhalten, das Kerneuropa der Sechs wäre schon früh zu einer eigenen Identität in der Außen- und Sicherheitspolitik gelangt."[14]

[14] Everling, Bindung und Rahmen: Recht und Integration, in: Weidenfeld (Hrsg.), Die Identität Europas, S. 176.

B. Allgemeiner historischer Hintergrund

I. Europäische politische Einigung und die Europäische Verteidigungsgemeinschaft (EVG) von 1952

Wegen der großen Bedeutung der EVG für das Projekt der EPG soll die Entstehung und das Scheitern der Europäischen Verteidigungsgemeinschaft zunächst in einem allgemeinen historischen Kontext dargestellt werden, bevor die Genese der - mit der EVG eng verwobenen - Politischen Gemeinschaft dargestellt wird. Konkrete Pläne für eine Europäische Integration gab es bereits in den Zwischenkriegsjahren, so etwa das Werk „Paneuropa" des Grafen Richard Coudenhove-Kalergi[15] oder die Pläne von Briand und Stresemann.[16] So schlug Briand, damals französischer Außenminister, bereits im September 1929 in der Nationalversammlung die Schaffung eines föderalistischen Bandes zwischen den europäischen Ländern vor, die ihre Souveränität dabei allerdings nicht verlieren sollten.[17]

Der Gedanke der Europäischen Einigung gewann nach 1945 neuen Aufschwung, da sich die europäischen Staaten zunehmend bewusst waren, dass die durch die beiden Weltkriege geschwundene internationale Bedeutung nur durch einen engeren Zusammenschluss wiedererlangt werden konnte, um die neuen wirtschaftlichen, politischen und sicherheitspolitischen Aufgaben erfüllen zu können. Als Ausgangspunkt dieser Entwicklung wird allgemein die Züricher Rede Winston Churchills vom 19.9.1946 genannt, der erneut die Bildung der Vereinigten Staaten von Europa vorschlug,[18] dabei freilich das Vereinigte Königreich nicht mit einbezog.[19] Die USA unterstützten diese Pläne und machten die weitere Wirtschaftshilfe von einer wirtschaftlichen Kooperation der europäischen Staaten abhängig. Dies und die Notwendigkeit des Wiederaufbaus der kriegszerstörten Volkswirtschaften sowie der Koordinierung nationaler Auf-

---

[15] Vgl. Schlochauer, Wörterbuch des Völkerrechts, S. 453.

[16] Bleckmann, Europarecht, Rn. 1.

[17] Röttinger in: Röttinger/Weyringer, Handbuch der europäischen Integration, S. 3; vgl. zum Briand-Plan ausführlich etwa von Puttkamer, Der Briand-Plan, Vorbote der Europäischen Integration?, FS Ophüls, S. 143ff; Schmale, Von den Weltkriegen nach Rom: Ideen und Stationen auf dem Weg zur EWG, in: Breuss/Fink/Griller (Hrsg.), Vom Schuman-Plan zum Vertrag vom Amsterdam - Entstehung und Zukunft der EU, S. 8ff.

[18] Vgl. Seeler, Die Europäische Einigung und das Gleichgewicht der Mächte, S. 15ff und Friedländer, Wie Europa begann, S. 57ff mit Analysen der historischen Hintergründe; die „Züricher Rede" ist auszugsweise etwa abgedruckt bei: Haseloff, Die Einigung Europas, S. 12f.

[19] Lang, Die Bemühungen um die politische Einigung Europas seit dem Scheitern der Europäischen Verteidigungsgemeinschaft, FS Ophüls, S. 125; Churchill führte u.a. aus: „Der erste Schritt bei der Neugründung der europäischen Familie muss eine Partnerschaft zwischen Frankreich und Deutschland sein", vgl. von Puttkamer, a.a.O., S. 145, Fn. 10 mit dem Hinweis auf die entsprechende Erklärung der französischen Regierung vom 9.5.1950, in der auch auf die Bedeutung der deutsch-französischen Annäherung abgestellt wurde; siehe ferner Jürgens, Die gemeinsame Europäische Außen- und Sicherheitspolitik, S. 44.

baupläne führten schließlich zur Gründung der OEEC[20] am 16. April 1948, die sich in der Folgezeit insbesondere der Liberalisierung des Handels- und Zahlungsverkehrs widmete[21] und für manche Europapolitiker zunächst - bis zur Gründung der EWG - den Kristallisationspunkt der wirtschaftlichen Vereinigung darstellte. Kern des politischen Zusammenschlusses sollte aber in erster Linie der Europarat werden. Dieser war 1949 mit der Zielsetzung einer „größeren Einheit zwischen den Mitgliedstaaten"[22] gegründet worden. Ein beträchtlicher und einflussreicher Teil der Beratenden Versammlung interpretierte dies im Sinne einer Föderation oder Konföderation.[23] Schon nach kurzer Zeit zeigten sich aber starke Gegensätze hinsichtlich der künftigen Entwicklung. Während Großbritannien im Hinblick auf seine Verpflichtungen im Commonwealth auf eine bloße Kooperation innerhalb einer internationalen Organisation bestand, wollten die sechs späteren Mitgliedstaaten der Europäischen Gemeinschaft eine engere Form der Integration.

Da die europäische Vereinigung bzw. Föderation oder Konföderation ersichtlich nicht mit einem Wurf zu erreichen war, sollte zunächst die von Schuman und Monnet entwickelte Methode des „functional approach" (funktionalistisches Modell) im Rahmen von supranationalen Zusammenschlüssen Anwendung finden.[24] Diese führte am 18.4.1951 zum Vertrag zur Gründung der Europäischen Gemeinschaft für Kohle und Stahl (EGKSV) und am 27.5.1952 zum Vertrag über die Gründung einer Europäischen Verteidigungsgemeinschaft (EVG).

II. Die Bedeutung der EVG für die Politische Gemeinschaft

Der EVG kommt - wie bereits erwähnt - hinsichtlich der Europäischen Politischen Gemeinschaft eine besondere Bedeutung zu, da die Ausarbeitung der EPG insbesondere auch eine Reaktion auf die Paraphierung des Verteidigungspaktes war, was auch erhebliche Kritik hervorrief. So brachte etwa der niederländische Abgeordnete Slot in der Sitzung der Ad hoc-Versammlung vom 6. Januar 1953 pointiert zum Ausdruck:

> *„... Dagegen starrt man wie gebannt auf die militärische Integration. Ich bin für diese militärische Integration, wenn ich auch sagen muss, dass die NATO auch noch da ist. ... Aber abgesehen davon können wir doch allein deswegen, weil die Franzosen vor den Deutschen Angst haben, keine Föderation schaffen."*[25]

---

[20] Organisation des Europäischen Wirtschaftsrates / Organisation European Economic Council (OEEC), seit dem 1.10.1961 OECD (Organisation für Wirtschaftliche Zusammenarbeit und Entwicklung / Organisation for Economic Cooperation and Development).

[21] Vgl. Mickel (Hrsg.), Handlexikon der Europäischen Union, S. 380f.

[22] Robertson, EPC, S. 385.

[23] Robertson, EPC, S. 385.

[24] Bleckmann, Europarecht, Rn. 2; zum Wiederaufgreifen nach Scheitern der EVG: Weidenfeld, Wege zur Europäischen Union, S. 22, 23 („ ... wenn auch mit stark föderalistischen Begleitüberlegungen").

[25] Ad hoc-Versammlung, Aussprache, Wörtlicher Bericht über den Verlauf der Sitzungen, S. 99.

Auch bei den entschiedenen Befürwortern schien eine Verteidigungsgemeinschaft ohne gemeinsame oder zumindest koordinierte Außenpolitik unvertretbar zu sein. Bekannt ist in diesem Zusammenhang etwa die Bemerkung des deutschen Bundeskanzlers Konrad Adenauer im April 1953.[26] Adenauer machte dabei im Hinblick auf den in der Ratifizierungsphase befindlichen EVG-Vertrag deutlich, dass es nun eine Notwendigkeit sei, eine politische Gemeinschaft mit bedeutenden Kompetenzen zu schaffen. Es sei schwer vorstellbar, dass die sechs Mitgliedstaaten der EVG freiwillig ihre Söhne in eine Europäische Armee senden würden, ohne dass eine gemeinsame Außenpolitik geschaffen würde. Die Vereinigung oder wenigstens Annäherung der Außenpolitik sei daher der erste Schritt, an dessen Ende die Schaffung einer Europäischen Politischen Gemeinschaft stünde. Schon diese exemplarischen Aussagen verdeutlichen, dass die gemeinsamen Sicherheitsinteressen eine der bzw. die Haupttriebfeder(n) für die Gründung einer politischen Gemeinschaft waren, die Verteidigungsfrage dominierte mithin den politischen Prozess.[27]

Spätestens mit dem Prager Putsch 1948 und damit der Übernahme der Macht durch die Kommunisten trat das Sicherheitsbedürfnis der Europäer, welches stets auch subjektiv geprägt war,[28] deutlicher hervor. Am 25. Januar 1949 wurde der Rat für gegenseitige Wirtschaftshilfe (RGW, engl. COMECON) von der Sowjetunion und fünf unter ihrem Einfluss stehenden osteuropäischen Staaten gegründet. In Washington wurde am 4. April 1949 der Vertrag zur Gründung der NATO (North Atlantic Treaty Organisation) von den USA, Kanada und den meisten westeuropäischen Ländern[29] unterzeichnet. Am 12. Mai dieses Jahres hob die Sowjetunion die Blockade West-Berlins auf. Für die darauffolgenden Entspannungsbemühungen bildete das Jahr 1950, insbesondere die Korea-Krise, eine Zäsur, nach der das zielbewusste Bemühen der westlichen Siegermächte um die Einbindung deutscher Kräfte in die Verteidigung der „Freien Welt" einsetzte.[30] Der nordkoreanische Angriff auf Südkorea am 25. Juni 1950 führte dabei ebenso in Europa wie in der amerikanischen Öffentlichkeit einen Stimmungsumschwung hinsichtlich des westdeutschen Verteidigungsbeitrages herbei. Dies bestärkte die Truman-Administration im Laufe des August 1950 darin, eine Verstärkung des militärischen Engagements in Europa mit der Aufstellung deutscher Truppen zu verbinden.[31] Am 12.9.1950 konfrontierte der amerikanische Außenminister seine Kollegen aus Frankreich und Großbritannien auf einem Außenministertreffen in New York mit der Forderung nach der Schaffung einer „Europäischen Verteidigungsstreitmacht" der NATO unter Beteiligung einer westdeutschen Armee. Gebotene Gegenleistung der

---

[26] Anlässlich einer Veranstaltung des American Committee on United Europe im Waldorf-Astoria Hotel, New York am 6.4.1953, vgl. Zurcher, The struggle to Unite Europe, S. 96.

[27] Vgl. hierzu auch von Merkatz, Der Entwurf eines Vertrages über die Satzung der Europäischen Gemeinschaft, FS Bilfinger 1954, S. 229 („EVG auch politische Gemeinschaft").

[28] Hallstein, Der unvollendete Bundesstaat, S. 242; Karp, European Political Community, International Organization 1954, S. 182.

[29] Die Bundesrepublik Deutschland gehörte nicht zu den Gründungsmitgliedern.

[30] Vgl. ausführlich von Puttkamer, Vorgeschichte und Zustandekommen der Pariser Verträge vom 23. Oktober 1954, ZaöRV 1956/57, S. 455ff.

[31] Vgl. Loth, Der Weg nach Europa, S. 91.

Amerikaner war insbesondere die Aufstockung der amerikanischen Divisionen in Europa von zwei auf sechs unter amerikanischem Oberkommando.[32]

Durch diese amerikanischen Forderungen und Angebote ergab sich für die Bundesrepublik Deutschland die Möglichkeit, auch ohne supranationale Integration zum gleichberechtigten Partner internationaler Politik zu werden. Für Frankreich ergab sich umgekehrt die Gefahr, auf die deutsche Wiederbewaffnung Einfluss zu verlieren und in die Isolation gedrängt zu werden, sodass es von nun an das Bestreben der französischen Regierung war, das Projekt der europäischen Integration rasch auf den militärischen Bereich auszudehnen. Es galt daher, den Zielkonflikt zwischen einem militärischen Schutz vor der Sowjetunion und der befürchteten Gefährdung durch eine neue deutsche Armee zu lösen. Insbesondere der Umstand, dass Frankreich erhebliche Truppenkontingente in Indochina stationiert und involviert hatte, ließ bei den Franzosen die Befürchtung keimen, Deutschland könne sich wiederum zur dominanten Militärmacht auf dem Kontinent entwickeln. Da aber mit dem Koreakrieg die deutsche Wiederbewaffnung aus militärischer Sicht unausweichlich schien, griff Frankreich nun ältere Vorschläge Adenauers und Schumans aus dem Jahre 1949 auf, die eine gemeinsame europäische Verteidigungsstruktur vorsahen.[33] Die französischen Verantwortlichen befürchteten ein weitreichendes Scheitern ihrer Europapolitik und sahen daher keine Alternative, als an diese Pläne anzuknüpfen und die Entwicklung zu einem politischen Europa mit einer militärischen Dimension zu forcieren.[34]

Allerdings gab es schon von Beginn an in Frankreich selbst und insbesondere auch in der französischen Regierung erhebliche Widerstände gegen das Projekt, die es zu überwinden galt. Die Sozialisten schreckten noch immer vor einer engeren Vereinigung ohne Großbritannien zurück. Verteidigungsminister Jules Moch war ein erbitterter Gegner jeder Art deutscher Wiederbewaffnung,[35] ebenso Staatspräsident Auriol. Nach zahlreichen weiteren Sondierungen, Gesprächen und Verhandlungen mit den Amerikanern stimmte das Kabinett am 19. Oktober 1950 dem Vorschlag des Ministerpräsidenten *Pleven* (Pleven-Plan) zu, der Forderung der Alliierten nach Aufstellung deutscher Truppen mit dem Projekt einer Europa-Armee zu begegnen.[36]

Der Vorschlag Plevens, den er in seiner Regierungserklärung vom 24. Oktober 1950 unterbreitete, sah als Kernelement eine integrierte europäische Streitmacht, einen eu-

---

[32] Loth, a.a.O.

[33] Adenauer in der Zeitung „L'Est Rėpublicain" am 11.11.1949 und Schuman in einem Interview am 4.12.1949 zur Schaffung einer europäischen Streitmacht unter deutscher Beteiligung; vgl. Loth, a.a.O.

[34] Monnet, Erinnerungen eines Europäers, S. 433.

[35] Loth, a.a.O., S. 93; Mochs Sohn wurde von Deutschen während des Krieges umgebracht, was ihn eine unversöhnliche Position einnehmen ließ.

[36] Der Plan beruhte ebenso wie die Montanunion auf einem Vorschlag Jean Monnets, vgl. Janz, Die Geschichte der europäischen Einigung nach dem Zweiten Weltkrieg, in: Weidenfeld (Hrsg.), Die Identität Europas, S. 89; siehe detailliert zum Pleven-Plan: Lipgens, EVG und politische Föderation, VfZ 1984, 639ff, Loth, Sozialismus und Internationalismus, S. 282-284; Monnet, Erinnerungen eines Europäers, S. 425-440; Héraud, Revue du Droit Politique et de la Science Politique 1952, S. 980ff.

ropäischen Verteidigungsminister und einen Ministerrat mit dem Recht zum Erlass von Direktiven zur Erfüllung internationaler Verpflichtungen vor, womit insbesondere solche gegenüber der NATO gemeint waren;[37] präzise Aussagen zum Verhältnis EVG-NATO fehlten jedoch in diesem Stadium noch.[38] Die Integration der nationalen Truppenkontingente sollte auf Basis der kleinstmöglichen Einheit realisiert werden. Für Frankreich bedeutete dies eine Integration allenfalls auf Regimentsebene, um die Bildung westdeutscher Divisionen nach Möglichkeit zu verhindern; eine Auffassung, die freilich in der Folgezeit nicht nur von den Militärexperten vehement als uneffektiv kritisiert wurde.[39] Die französische Nationalversammlung billigte den Regierungsvorschlag am gleichen Tag. Die Beratende Versammlung des Europarates empfahl daraufhin am 25. November desselben Jahres die Annahme des Pleven-Plans, nachdem Außenminister Robert Schuman das Projekt zuvor in einer Rede vor diesem Gremium vorgestellt hatte.

Trotz dieser grundsätzlichen Billigung einer Europa-Armee hatte Schuman noch im November 1950 bei den sicherheitspolitischen Regierungsverhandlungen in New York über die Strategie der westlichen Verteidigung die bindende Direktive, einer Wiederbewaffnung Deutschlands zum jetzigen Zeitpunkt keinesfalls zuzustimmen. Noch während Schuman jedoch in New York verweilte, konnte Jean Monnet - damals Präsident der „Schuman-Plan-Konferenz“[40] - Ministerpräsident René Pleven davon überzeugen, dass die Zustimmung zur deutschen Wiederbewaffnung nicht länger hinausgezögert werden könne, wenn man eine Verstärkung der amerikanischen Truppenpräsenz in Europa erreichen wolle. Der Vorschlag Frankreichs zur Bildung einer Europa-Armee war damit ersichtlich von Anfang an keine Angelegenheit „des Herzens“, sondern ein kalkuliertes Abwägen zwischen zwei - aus französischer Sicht - jeweils schwerwiegenden Übeln, nämlich Verlust erheblicher staatlicher Souveränitätsrechte durch Errichtung einer Europaarmee[41] oder Wiedererlangung deutscher Souveränität und militärischer Bedeutung durch die separate Wiederbewaffnung der Bundesrepublik Deutschland[42], wenn auch in Anbindung an das westliche Verteidigungsbündnis. Eine Folge dieses Gewissenskonfliktes der Franzosen waren die Forderungen nach zahlreichen Privilegien für Frankreich im Rahmen der Verhandlungen im Vergleich zu den ursprünglichen Vorschlägen der französischen Administration.

Die Folgen dieser Forderungen hätten - ihre Realisierung unterstellt - erhebliche Benachteiligungen für die Bundesrepublik Deutschland bedeutet: Diese wäre als einziges EVG-Land kein NATO-Mitglied geworden, hätte über keinen eigenen Generalstab verfügt und kein eigenes Verteidigungsministerium bilden können. Durch die vorge-

---

[37] Loth, Der Weg nach Europa, S. 94.

[38] Vgl. etwa im späteren Vertragswerk die Art. 5, 12 und 13 EVGV.

[39] Vgl. exempl. Zurcher, The struggle to Unite Europe, S. 88f.

[40] Mickel (Hrsg.), Handlexikon der Europäischen Union, S. 362.

[41] Vgl. Janz, Die Geschichte der europäischen Einigung nach dem Zweiten Weltkrieg, in: Weidenfeld (Hrsg.), Die Identität Europas, S. 91.

[42] Zurcher, The struggle to Unite Europe, S. 113: „...most Frenchmen believed that the safety of their country requires the disarmament of Germany.“

schlagene Integration auf Bataillonsebene, allenfalls Regimentsebene, sollte den Deutschen auch der Zugang zu höheren Kommandostellen verwehrt bleiben. Hinzu kamen die bereits bezeichneten Sonderrechte für die französische Armee im Hinblick auf überseeische Verpflichtungen, insbesondere in Indochina. Die diskriminierenden und dilatorischen Aspekte sicherten dem Vorschlag zwar zunächst eine Mehrheit in der französischen Nationalversammlung[43] und retteten damit die Regierung Pleven, lösten aber auch einen nahezu einhelligen Protest bei den Alliierten aus.[44] In den darauf folgenden Gesprächen und Verhandlungen konnte zunächst keine Einigung erzielt werden. Immerhin stimmten die Verbündeten einer Konferenz über den Pleven-Plan zu. Hierzu sollte die französische Regierung einladen, sofern diese nur grundsätzlich ihre Zustimmung zur Aufstellung deutscher Kampftruppen (angelegt zwischen Bataillonen und Divisionen) erklären würde.

Kurze Zeit später hatte allerdings das chinesische Eingreifen in den Koreakrieg am 6.12.1950 die Gefahr eines militärischen Rückzuges der USA aus Europa heraufbeschworen, sodass sich der Ministerrat in Paris nach heftigen Kontroversen mehrheitlich doch zu dieser Konzession veranlasst fühlte.[45] Damit war der Weg zur Wiederbewaffnung der Bundesrepublik im Grundsatz frei geworden, ohne dass bereits über die Art ihrer Integration in die NATO-Streitmacht entschieden war. Der Atlantikrat stimmte bei seiner Tagung am 18./19. Dezember diesem Vorgehen zu, woraufhin Adenauer nunmehr den direkten Weg einer Mitgliedschaft in der NATO bevorzugte und damit den Umweg über die Europa-Armee nicht mehr für unbedingt notwendig erachtete. Parallel zu den Verhandlungen über den Pleven-Plan konzentrierte er sich bereits auf die Vorbereitungen zur Aufstellung deutscher Truppen, die er mit den drei Hohen Kommissaren direkt abzustimmen hatte.[46]

Der Einladung Frankreichs folgten außer der Bundesrepublik Deutschland nur Belgien, Luxemburg und Italien. Großbritannien, die Niederlande und die übrigen NATO-Staaten waren nur als Beobachter vertreten. In der Folgezeit zogen sich die Verhandlungen über das EVG-Projekt zähflüssig hin, ohne dass eine bedeutende Annäherung der gegenteiligen Standpunkte erreicht werden konnte.[47] Erst Anfang Juni 1951 wurden in Gesprächen zwischen Monnet und Eisenhower Fortschritte erzielt. Während die Amerikaner (Außenminister Dean Acheson) das Projekt der Europa-Armee neben der NATO nun grundsätzlich befürworteten, waren die Franzosen zu Zugeständnissen hinsichtlich einer deutschen Statusverbesserung bereit. Schuman willigte schließlich bei den Pariser Verhandlungen in die Einbeziehung aller zur Verteidigung Europas bestimmten Truppenteile in die EVG und die Rekrutierung deutscher Soldaten durch deutsche Behörden ein. Auch ein deutsches Verteidigungsministerium wurde nicht

---

43 349 gegen 235 Stimmen in der Abstimmung vom 25.11.1950.
44 Loth, Der Weg nach Europa, S. 94.
45 Loth, Sozialismus und Internationalismus, S. 287-289; ders.: Der Weg nach Europa, S. 94: Insbesondere auch britischer Druck war für diese Entscheidung maßgebend..
46 Loth, Der Weg nach Europa, S. 95.
47 Vgl. zu den Verhandlungen über die EVG ausführlich: Walter Lipgens, EVG und politische Föderation, VfZ 1984, S. 637ff mit zahlreichen weiteren Nachweisen.

mehr grundsätzlich abgelehnt. Nachdem Jules Moch infolge der Regierungsumbildung nach den Wahlen vom 17. Juni 1951 ausgeschieden war, waren auch die Widerstände innerhalb des französischen Kabinetts geringer geworden.[48] Auf der nachfolgenden Außenministerkonferenz der drei Besatzungsmächte vom 10.-14. September in Washington gab Schuman schließlich seinen Widerstand gegen die Integration auf Divisionsebene auf. Dafür sollte Deutschland bis zur Schaffung der EVG keine eigenen Truppen aufstellen. Entgegen Adenauers Erwartungen wurde die Ablösung des Besatzungsstatus damit zunächst an den deutschen Beitritt zur EVG gebunden.

Mit diesem späten Erfolg des Pleven-Plans stellte sich die Frage nach der politischen Föderation erneut mit aller Deutlichkeit. Eine Europäische Verteidigungsgemeinschaft ohne gemeinsame politische Autorität und insbesondere ohne gemeinsame Außenpolitik erschien nur schwer vorstellbar. Dabei lag - zugespitzt - der Gedanke zugrunde, dass es wohl schon Staaten und Politiker ohne Armee, aber noch keine Armee ohne einen Staat gegeben habe.[49] Damit wurde der Ruf nach einer verfassungsgebenden Versammlung wieder lauter und die Hoffnungen der Föderalisten bekamen erstmals seit dem Scheitern des Bundespakt-Projekts im Europarat wieder einen Nährboden. Vom 18. bis 20.4.1951 organisierte die UEF[50], die unter dem maßgeblichen Einfluss von Altiero Spinelli die Idee der Europäischen Föderation vorantreiben wollte, eine Konferenz in Lugano. Diese verabschiedete einen Satzungsentwurf für die „Konstituierende Europäische Bundesversammlung" und Grundsätze für den dort zu erarbeitenden „Pakt einer Föderalistischen Union" der Sechs.[51] Spinelli seinerseits versorgte sowohl de Gaspari und Sforza als auch Pleven und Schuman mit zahlreichen Memoranden, in denen er die Gründung der Politischen Gemeinschaft als Ausweg aus den Schwierigkeiten der Schaffung einer Verteidigungsgemeinschaft empfahl. Sowohl bei der französischen als auch bei der italienischen Regierung blieb die Argumentation der Föderalisten nicht ohne Wirkung. De Gaspari gelangte bereits im Sommer 1951 zu der Überzeugung, dass eine supranationale politische Gemeinschaft sowohl den deutschen als auch den italienischen Verteidigungsbeitrag erleichtern und eine Vormachtstellung Frankreichs und Deutschlands begrenzen würde. Schuman sah nach dem Ausscheiden der noch immer „Labour-fixierten" Sozialisten aus der Regierung größeren Handlungsspielraum und kündigte im Anschluss an die Washingtoner Außenministerkonferenz an, Frankreich werde nun nach Montanunion und EVG als dritten Schritt die Schaffung einer supranationalen politischen Autorität in Europa anstreben. Der angekündigte „zweite Schuman-Plan", über den die Presse in den folgenden Wochen heftig spekulierte, blieb indessen aus. Zu widerstrebend waren die verschiedenen Zielrichtungen, zu unentschieden die Franzosen selbst, zu groß schienen die Widerstände im In- und Ausland.

---

[48] Loth, Der Weg nach Europa, S. 96, Fn. 10.

[49] So Heinrich von Brentano in einer zusammenfassenden Stellungnahme im Januar 1953, der damit einen französischen Gesprächspartner zitierte, vgl. Bulletin der Bundesregierung Nr. 4 vom 8.1.1953.

[50] Die „Union Europäischer Föderalisten" wurde am 17.12.1946 in Paris gegründet; auf Initiative Churchills wurde nur wenige Wochen darauf (17.1.1947) die „United Europe Movement" ins Leben gerufen (vgl. Matz, Europa-Chronik, S. 344).

[51] Loth, Der Weg nach Europa, S. 97, Fn. 13.

Die britische Zustimmung zu einer Drei-Mächte-Erklärung betreffend die EVG und der konservative Unterhaussieg bei den Unterhauswahlen vom 25.10.1951 weckten in Frankreich und den Beneluxstaaten zunächst neue Hoffnungen auf eine britische Beteiligung an dem Verteidigungsprojekt. Die niederländische Regierung blieb während der EVG-Verhandlungen um ein Höchstmaß an NATO-Anbindung bemüht und stand dem supranationalen Gedanken skeptisch gegenüber. In Belgien war zwar unterdessen mit van Zeeland ein Europapolitiker Außenminister geworden. Dieser betrieb jedoch vordringlich die wirtschaftliche Integration, eine politische Föderation war auch für ihn noch fernliegend. Erst als die britischen Minister Maxwell Fyfe (Innenressort) und Anthony Eden (Außenressort) jeweils am 28.11.1951 klar machten, dass für Großbritannien jedwedes supranationale Engagement ausscheide und nur maximal eine Assoziation mit EGKS und EVG in Betracht komme, klärten sich die Fronten zusehends und es entstand neuer Spielraum für Integrationsfortschritte im kleineren Kreis der Sechs, damit allerdings außerhalb des Europarates. Zum Abschluss der Beratungen der dritten Sitzungsperiode der Beratenden Versammlung am 10. Dezember 1951 fand zwar noch ein Antrag zur Schaffung einer politischen Autorität für die von der Europa-Armee tangierten Bereiche von Verteidigung und Außenpolitik eine Mehrheit. Der weitergehende Antrag auf Einberufung einer verfassungsgebenden Versammlung der sechs EGKS/EVG Partner wurde jedoch mit 45 gegen 41 Stimmen (bei 12 Enthaltungen) abgelehnt. Paul-Henri Spaak, seit September auch Präsident der Europäischen Bewegung, nahm dieses Votum zum Anlass, um vom Amt des Präsidenten der Beratenden Versammlung zurückzutreten. Er hielt fortan weitere Anstrengungen im Rahmen des Europarates für sinnlos.[52]

Trotz dieser Ernüchterung kamen auch die weiteren Verhandlungen unter den Sechs zunächst nur schleppend voran. Auf der Außenministerkonferenz der sechs EVG-Verhandlungspartner am 11.12.1951 plädierte nur de Gaspari für die Aufnahme von Verhandlungen zur Schaffung einer politischen Gemeinschaft. Schuman blieb angesichts schwankender Mehrheiten in Frankreich und Ablehnung der Benelux-Staaten zurückhaltend, ebenso wie Adenauer, dem Gleichberechtigung und rasche Westintegration wichtiger waren als ein bestimmter Weg dorthin. Das Ergebnis der Konferenz war daher ein dilatorischer Kompromiss. Die parlamentarische Versammlung der künftigen Verteidigungsgemeinschaft wurde nicht, wie dies de Gaspari auf Anregung von Spinelli gefordert hatte, die verfassungsgebende Versammlung für die Politische Gemeinschaft; sie erhielt jedoch nach einem Vermittlungsvorschlag Adenauers immerhin den Auftrag, sich mit der Schaffung einer europäischen Organisation von bundesstaatlichen oder staatenbundartigem Charakter zu befassen. Diese Konferenz spätestens war die „Geburtsstunde" des Art. 38 des EVG-Vertrages, da die genannten Vereinbarungen später in den Vertrag implementiert wurden.[53] Durch die Bestimmung des Art. 38 EVGV wurde das Projekt der Politischen Gemeinschaft auch juristisch an die EVG

---

[52] Lipgens, EVG und politische Föderation, VfZ 1984, S. 649; vgl. Spaak, Memoiren eines Europäers, Hamburg 1969, S. 284-90.

[53] Siehe hierzu Schwarz, Adenauer - Der Aufstieg 1876-1952, S. 877f.

gebunden.[54] Die Entscheidung über das Zustandekommen wurde damit zugleich vertagt.

In den Verhandlungen der folgenden Zeit wurde zunächst der Grundriss der Verteidigungsgemeinschaft vereinbart. Dabei konnten die Benelux-Vertreter deren supranationalen Charakter weiter zugunsten einer staatenbündischen Lösung zurückdrängen. Statt eines europäischen Verteidigungsministers war nunmehr ein neunköpfiges Kommissariat vorgesehen, das nur in den laufenden Geschäften der Ausrüstung und Versorgung selbständig operieren können sollte. Fast alle wesentlichen Entscheidungen, vom Erlass von Vorschriften bis zur Aufstellung des Budgets, sollten vom einstimmigen Votum des Ministerrates abhängig gemacht werden. In militärischer Hinsicht wurde eine enge Anbindung an die NATO beschlossen, ohne allerdings Deutschland die direkte Mitgliedschaft zu erlauben. Letzteres konnte Adenauer gegen den Widerstand Frankreichs noch nicht durchsetzen; Deutschland wurde aber das Recht zugestanden, bei einer Gefährdung seiner Sicherheit gemeinsame Sitzungen von NATO-Rat und EVG-Ministerrat zu verlangen. In operativer Hinsicht wurden die Truppenführungsstäbe dem NATO-Hauptquartier für Europa unterstellt; der alliierte Oberbefehlshaber erhielt weitgehende Inspektionsrechte und sollte im Krisenfall sogar vom Ministerrat mit dem Oberbefehl über die EVG-Truppen betraut werden. Diese Form des Vertrages zeichnete sich seit dem EVG-Außenministertreffen vom 26./27.1.1952 in Paris und dem Treffen der drei Alliierten Außenminister vom 13. bis 19.2.1952 in London ab. Nachdem die sowjetischen Deutschlandinitiativen vom 10.3. und 9.4.1952 („Stalinnoten")[55] der Entwicklung keinen Einhalt gebieten konnten, wurde das Vertragswerk am 27. Mai 1952 in Paris unterzeichnet.[56]

Mit der Vertragsunterzeichnung war freilich das Tauziehen um das westeuropäische Sicherheitskonzept im Allgemeinen und den deutschen Verteidigungsbeitrag im Besonderen keineswegs beendet. Insbesondere die Franzosen forderten zusätzliche Sicherheitsgarantien der Briten und Amerikaner. Diese stimmten einer Erklärung[57] zu, in denen die Alliierten ihre Absicht erklärten, Truppen auf dem europäischen Kontinent zu unterhalten und jede Verletzungen der Integrität der EVG als Bedrohung der eigenen Sicherheit zu betrachten. Zudem wurde der Bundesrepublik die volle Souveränität vorenthalten: Im „Generalvertrag" zur Ablösung des Besatzungsstatus, der einen Tag vor dem EVG-Vertrag in Bonn unterzeichnet wurde, behielten sich die Alliierten bedeutende Sonderrechte vor. Auf militärischem Gebiet blieb es nach dem EVG-Vertrag Deutschland zudem untersagt, ABC-Waffen, Langstreckenraketen, Militärflugzeuge und Kriegsschiffe zu produzieren. Diese Einschränkungen und die enge Verflechtung

---

[54] Die Satzung der EPG lockerte in ihrer „Endfassung" diese Verbindung der beiden Gemeinschaften, indem sie in Art. 66 ausdrücklich das Inkrafttreten der Satzung ohne Ratifizierung des EVG-Vertrages ermöglichte.

[55] Am 10. März bot Stalin zunächst die Wiedervereinigung Deutschlands (als neutrales Land) an; in der Note vom 9. April erklärte er sich sogar bereit, freien Wahlen in Gesamtdeutschland zuzustimmen.

[56] Siehe den in deutscher und französischer Sprache gedruckten Vertragstext in BGBl. II 1954, S. 342ff.

[57] Dreimächte-Erklärung vom 27.5.1952, BGBl. II 1954, S. 419.

der EVG mit der NATO lassen den Schluss zu, dass die NATO zum eigentlichen Kontrollorgan der deutschen Aufrüstung auch im Rahmen der EVG geworden wäre. Die britischen und amerikanischen Erklärungen genügten freilich nicht, um die französischen Bedenken zu beseitigen. Unmittelbar nach Unterzeichnung entbrannte in Frankreich eine weitgreifende Diskussion über die Ratifizierung und mögliche Ergänzungen des Vertrages. Nachdem sich abzeichnete, dass eine parlamentarische Mehrheit im Moment nicht zu erreichen war, hielt es die Regierung für opportun, zunächst die Ratifizierungsdebatte im Deutschen Bundestag und die amerikanischen Präsidentschaftswahlen im November abzuwarten, bevor der EVG-Vertrag in der Nationalversammlung zur Abstimmung gebracht würde.[58]

In der Bundesrepublik entwickelte sich in der Folgezeit eine heftige juristische und politische Debatte um die Ratifikation des Vertrages und dessen Verfassungsmäßigkeit.[59] In dieser Situation schlug der italienische Außenminister de Gaspari vor, die Parlamentarische Versammlung der EGKS, erweitert um neun Mitglieder der großen Mitgliedstaaten, vorab mit der Ausarbeitung eines Vertragsentwurfes über die Gründung der Politischen Gemeinschaft zu beauftragen, wie es in Art. 38 des EVG-Vertrages vorgesehen war. Schuman stimmte zu und konnte sich auch im Kabinett durchsetzen. Bereits auf dem Pariser Außenministertreffen der Sechs vom 23.-25.7.1952 brachten Schuman und de Gaspari einen Antrag auf die vorzeitige Invollzugsetzung des Art. 38 EVGV ein, der allerdings zunächst an den Niederlanden scheiterte, da Außenminister Stikker angesichts der gerade stattgefundenen Parlamentswahlen in seinem Land der künftigen Regierung nicht vorgreifen wollte. Bei der konstituierenden Sitzung des EGKS-Ministerrates am 10.9.1952 stimmten dann aber auch die Vertreter der Benelux-Staaten dem Plan zu. Mit Johan Wilhelm Beyen wurde inzwischen ein Nachfolger Stikkers ernannt, der in der geplanten Ausdehnung der Gemeinschaft eine Chance sah, die wirtschaftliche Integration der Sechs voranzubringen. Nachdem Zollunionsprojekte im Rahmen der OEEC nicht durchzusetzen waren, machte Beyen seine Zustimmung zu den Vorschlägen davon abhängig, auch die Möglichkeiten wirtschaftlicher Integration untersuchen zu lassen. Da die übrigen EGKS-Partner hiermit einverstanden waren, erteilte der Ministerrat der Versammlung einen entsprechend erweiterten Auftrag.[60]

Die Versammlung der EGKS wählte daraufhin Paul-Henri Spaak - der als einer der tragenden Persönlichkeiten der Integrationsanstrengungen jener Zeit zu bezeichnen ist[61]

---

[58] Vgl. Loth, Der Weg nach Europa, S. 101, Fn. 21.

[59] Das Gesetzgebungsverfahren wurde erst am 28.3.1954 mit der Verkündung im Gesetzblatt durch Bundespräsident Heuss beendet; vgl. hierzu Schneider, Fünf Jahre Grundgesetz, NJW 1954, S. 938f und Apelt, Ist der Streit um die Verfassungsmäßigkeit des EVG-Vertrages eine Streitigkeit im Sinne des Art. 93 GG?, NJW 1953, S. 641ff sowie BVerfG, NJW 1953, S. 537ff („keine antizipierte Normenkontrolle durch parlamentarische Gruppen").

[60] Vgl. Loth, Der Weg nach Europa, S. 102.

[61] Paul-Henri Spaak (geb. 1899 in Schaerbeek/Brüssel) studierte Rechtswissenschaften an der Universität von Brüssel. Bereits im Jahre 1932 wurde er als Abgeordneter der Sozialisten in das belgische Parlament gewählt. Später wurde er zunächst Minister für Transport und Post, dann Außenminister. Den

- zu ihrem Präsidenten und erklärte sich nach der erwähnten Zuwahl von je drei Abgeordneten Deutschlands, Frankreichs und Italiens zur *„Ad hoc-Versammlung"* (vgl. genauer unten). Diese Konstituierung setzte damit antizipiert den Auftrag des Art. 38 EVGV um, sodass die EVG insoweit als „Mutter" der EPG bezeichnet und das Zusammentreten der Abgeordneten als die eigentliche Geburtsstunde der geplanten EPG-Satzung bezeichnet werden kann. Ebenso wie der Beginn ist auch das Ende der EPG eng mit dem Schicksal der EVG verbunden. Spätestens mit dem Scheitern der EVG in der französischen Nationalversammlung am 30. August 1954 wurde das Projekt der Politischen Gemeinschaft faktisch vorläufig beendet, wenngleich schon seit Jahresbeginn die Hoffnung auf eine baldige Ratifizierung des EVG-Vertrages mehr und mehr geschwunden war.

Krieg verbrachte Spaak im Londoner Exil. Von 1947 bis 1949 war er wieder Außenminister, dann Ministerpräsident. Im Jahre 1949 leitete er die erste Vollversammlung der Vereinten Nationen. Im gleichen Jahr war er Vorsitzender der ersten Sitzung der Beratenden Versammlung des Europarates, von 1952 bis 1953 Präsident der Versammlung der Montanunion. Spaak leitete den im Anschluss an die Außenministerkonferenz vom Juni 1955 in Messina eingesetzten Ausschuss, der die Pläne für einen gemeinsamen Markt und eine Atomgemeinschaft ausarbeitete, darüber am 21.4.1956 Bericht erstattete (Text bei Siegler, Dokumentation der Europäischen Integration, S. 101ff) und damit (auch) die Grundlage für die Römischen Verträge legte, (vgl. NATO Information Service, Hrsg.: Das atlantische Bündnis - Tatsachen und Dokumente, 7. Aufl. 1990; S. 62 und Schweitzer/Hummer, Europarecht, Rn. 44). Auch der „Europastandort Brüssel" wurde durch Spaaks Leitung bei der Ausarbeitung der Römischen Verträge begründet, da Konferenzort das Schloss Val-Duchesse bei Brüssel war, was die belgische Metropole in der Folgezeit zum „vorläufigen Arbeitsort der Gemeinschaften" und damit bis heute zum wichtigen Standort der Union machte, etwa als Sitz der Kommission und überwiegender Arbeits- und Tagungsort des Rates, vgl. Oppermann, Europarecht, Rn. 23 (S. 12), Rn. 281 (S. 119). Der Nordatlantikrat berief Spaak 1957 zum Generalsekretär, was er bis 1961 blieb. Er wurde in seinem Heimatland erneut Außenminister und bekleidete weitere Positionen. Paul-Henri Spaak starb 1972.

C. Zusammenfassende Bewertung: Die EVG im historischen Kontext als Katalysator der politischen Einigung Europas

Die EVG war ein Vorschlag Frankreichs, der die unausweichlich werdende deutsche Wiederbewaffnung in für Frankreich akzeptable Bahnen lenken sollte und stellte zunächst einen Gegenvorschlag zu den sicherheitspolitischen Konzepten der USA dar.[62] Es ist damit hervorzuheben, dass das gescheiterte Projekt der EVG einer Initiative Frankreichs entsprang und in Frankreich auch sein politisches Ende fand, was die Abgeordneten der Ad hoc-Versammlung teilweise schon während der Beratungen ahnten.[63] Frankreich sah die Errichtung der EVG (oder zumindest den Vorschlag zu ihrer Errichtung) als notwendige Konzession an den Westen an, um ein Wiedererstehen der Wehrmacht oder eines Äquivalents zu verhindern.[64] Weitere Determinanten waren der Kalte Krieg, das französische Engagement in Indochina und der Koreakrieg von Juni 1950 bis Juli 1953. Mit Stalins Tod (5.3.1953) kam es zu einer teilweisen Entspannung, die den Druck zur Einigung bereits verringerte. In diese Phase fallen der Waffenstillstand in Korea und Indochina, der österreichische Staatsvertrag und die Aufnahme diplomatischer Beziehungen zwischen der Bundesrepublik Deutschland und der Sowjetunion. Mit dem Verlust seiner Besitzungen in Indochina mit den Genfer Verträgen (20./21.7.1954) war für Frankreich ein weiteres Argument für die geplante Verteidigungsstruktur entfallen, da viele Privilegien im Hinblick auf diesen Konflikt gefordert worden waren.

Der Abschluss des EVG-Vertrages vom 27.5. 1952 ließ die Überzeugung wachsen, dass es nunmehr einer einheitlichen politischen Struktur Europas in einem institutionellen (möglicherweise föderativen) Rahmen bedürfe, in dem insbesondere eine einheitliche Außenpolitik ermöglicht werden würde.[65] Die Erkenntnis, dass ein gewisses Maß an Einheitlichkeit in der Außenpolitik auch Bedingung für einen Erfolg der EVG werden würde[66], führte zur politischen und juristischen Verknüpfung beider Projekte.

> *Die Ablehnung der EVG in der französischen Nationalversammlung am 30. August 1954 durch die Vertagung des Projekts sine die*[67] *kann zwar als Tiefpunkt der europäischen Einigungsbewegung bezeichnet werden; dieser markiert aber zugleich den Wechsel bzw. die Rückkehr zur funktionalistischen Methode der*

---

[62] Vgl. Albonetti, Vorgeschichte der Vereinigten Staaten von Europa, S. 106; Saalfrank, Funktionen und Befugnisse des Europäischen Parlaments, S. 21.

[63] Vgl. exempl. Abg. Korthals, Ad hoc-Versammlung, Aussprache, Wörtlicher Bericht über den Verlauf der Sitzungen, S. 115 (Sitzung vom 8. Januar 1953).

[64] Ausführlich auch Albonetti, Vorgeschichte der Vereinigten Staaten von Europa, S. 97ff, 106; Zurcher, The struggle to Unite Europe, S. 113.

[65] Vgl. Snoy et d'Oppuers, Des Traites de Rome a l'Europe Politique, FS Ophüls, S. 193.

[66] Siehe etwa auch Kunz, Treaty establishing the European Defence Community, AJIL 1953, S. 280 („ ... it can be asked here with more insistence ... whether a Defence Community with a common federal army can work á la longue without a political authority").

[67] Der Vertrag der EVG stand selbst nicht zur Abstimmung, sondern nur die Frage, ob die Abstimmung zur Ratifizierung auf die Tagesordnung genommen werden sollte.

Einigung Europas und damit zu einem Modell, welches bis in die heutige Zeit tragfähig blieb, auch wenn nunmehr nachhaltig eine Europäische Verfassung mit einem kodifizierten Grundrechtskatalog angestrebt wird. Bereits die Verträge von Maastricht und Amsterdam zeichnen in gewisser Weise den Weg zurück zu dem Konzept der EPG - einer umfassenden Verfassung von Europa -, wobei die beiden Verträge vielfach als Entwicklungs- oder Durchgangsstadien angesehen wurden.[68] *Die Verabschiedung der Grundrechtscharta und einer weiteren Vertragsreform auf dem „EU-Gipfel" am 8.12.2000 in Nizza ist ein weiterer Schritt auf dem Weg zu dieser umfassenden europäischen Rechtsordnung.*

Nach dem Scheitern der EVG galt es nun, die kurzfristigen Ziele der Gemeinschaft auf dem militärischen Sektor zu sichern. Der britische Premierminister Anthony Eden schlug als umgehend zu realisierende Alternative stattdessen den (direkten) Beitritt der Bundesrepublik Deutschland zum Brüsseler Pakt und Teilnahme an der Westeuropäischen Union (WEU) vor, um so den Beitritt zur NATO letztlich vorzubereiten.[69] Am 23. Oktober 1954 wurden daraufhin die Pariser Verträge zur Gründung der Westeuropäischen Union zwischen Großbritannien, Frankreich, Italien, der Bundesrepublik Deutschland und den Benelux-Staaten geschlossen. Sie lösten die Brüsseler Verträge ab und beinhalteten zugleich den Beitritt der Bundesrepublik Deutschland in die Organisation des Nordatlantikpaktes vom 4.4.1949. Beides fand im März 1955 die Zustimmung der gesetzgebenden Körperschaften der Bundesrepublik Deutschland,[70] sodass am 6.5.1955 die Beitrittserklärung bei der Regierung der Vereinigten Staaten von Amerika als Depositarmacht der NATO hinterlegt werden konnte.[71] Die Grundlage zum westdeutschen Verteidigungsbeitrag war damit endgültig geschaffen.

Etwa 2 ½ Jahre nach dem Scheitern der EVG war es wiederum der militärische Sektor, der einen Vorstoß zur politischen Einigung in die Debatte einbrachte. Es war der Rat eben dieser WEU, der in der Tagung vom 10.12.1956 den Versuch machte, die EPG wiederzubeleben. Eine Expertengruppe wurde beauftragt, die Frage prüfen zu lassen, ob es nicht im Rahmen der WEU möglich wäre, Teile der Pläne zur Schaffung einer Europäischen Politischen Gemeinschaft zu reaktivieren.[72] Im Ergebnis blieben diese Bemühungen allerdings ohne Erfolg. Die politische Realität war inzwischen von der NATO auf dem militärischen Gebiet und durch die Ausarbeitung des EWG-Vertrages auf dem Gebiet der wirtschaftlichen Integration geprägt worden. Mit dem Abschluss

[68] Vgl. nur den Bericht der sog. „drei Weisen" (Dehaene, von Weizsäcker, Lord Simon of Highbury) zur Forderung einer „umfassenden Reform der EU" in FAZ vom 20.10.1999, S. 9: „Die institutionellen Auswirkungen der Erweiterung sind erheblich."

[69] Dinan, Ever Closer Union?, S. 28; Hallstein, United Europe, S. 15 bezeichnet die britische Initiative als „brilliant last-minute rescue operation".

[70] Zustimmungsgesetz vom 24.3.1955 (BGBl. II 1955, S. 256).

[71] Vgl. von Puttkamer, Vorgeschichte und Zustandekommen der Pariser Verträge vom 23. Oktober 1954, ZaöRV 1956/57, S. 449.

[72] Siegler, Dokumentation der Europäischen Integration, S. 100; in dieser Tagung schlug auch der italienische Außenminister Martino eine Direktwahl der Versammlung der WEU vor - ein Verfahren, welches auch für das Parlament der EPG vorgesehen war (Art. 13 SEPG).

der Römischen Verträge am 25. März 1957 setzte sich sodann die Methode durch, die als „funktionell oder funktionalistisch" bezeichnet wird. Deren Ergebnisse weisen freilich inhaltlich oft Ähnlichkeiten zu der projektierten EPG auf, allerdings unter Einführung einer anderen Terminologie. Hierauf wird noch näher einzugehen sein.

Das Scheitern der EVG und die Bemühungen zur Schaffung einer Währungsunion durch die Einführung des Euro weisen eine bemerkenswerte Parallele auf. Auch die Währungsunion war neben der Initiative Deutschlands („Vereinigung Europas nach der Vereinigung Deutschlands") vor allem eine Initiative Frankreichs. Frankreich wollte eine wirtschaftliche Übermacht Deutschlands nach der Wiedervereinigung verhindern und Deutschland durch die Währungsunion auf Dauer und unumkehrbar an die EU binden. Die Aufgabe der französischen Währung war zwar schmerzlich, aber das kleinere Übel gegenüber einer Dominanz der D-Mark. Gleiches gilt für die Installierung der Europaarmee durch die EVG. Der Verzicht auf bestimmte Souveränitätsrechte wäre zwar schmerzlich gewesen, aber es sollte das kleinere Übel gegenüber der Gefahr einer deutschen Dominanz auf dem militärischen Sektor sein. Das genannte militärische Engagement Frankreichs in Indochina führte zu einer starken Truppenbindung, was diesen Befürchtungen Nahrung gab. Diese Umstände, der Kalte Krieg mit der Sowjetunion, aber auch die Stalin-Noten vom 10. März und 9. April 1951, der amerikanische Druck auf Frankreich und englische Zusicherungen, in einen Beistands-Pakt mit der EVG zu treten, gaben schließlich den Ausschlag. EVG und Einführung des Euro zeigen damit, wie vergleichbar die Motivationslage Frankreichs bei Integrationsprojekten der Nachkriegszeit und in den 90er Jahren noch sein kann. Während die EVG mit immer neuen französischen Forderungen nach Privilegien zunehmend zum Scheitern verurteilt war, wurde auch die Einsetzung der Europäischen Zentralbank (EZB) durch überzogene Personalforderungen und eine eigene Auslegung der Stabilitätspolitik zeitweilig in schwieriges Fahrwasser gebracht.

D. Entstehungsgeschichte der EPG im engeren Sinn - Projekt, Beratung und Entwurf: *„Vom Schuman-Plan zur Europäischen Verfassung"*

Als Robert Schuman in seiner Eigenschaft als französischer Außenminister am 10.5.1950 den Plan der Öffentlichkeit vorstellte, der später unter seinem Namen Berühmtheit erlangen sollte, beschrieb er diesen als einen ersten Schritt zu einer Europäischen Föderation. Als er drei Monate später (10.8.1950) den Plan vor der Versammlung des Europarates vorstellte, führte er sinngemäß aus, dass dieses Projekt zwar zunächst nicht alle Erwartungen erfüllen, jedoch in der Folgezeit rasch zu einer vollständigen wirtschaftlichen und politischen Vereinigung Europas führen könne.[73] Die Mitglieder des Europarates unterstützten den Plan ebenso wie kurz darauf die Französische Initiative vom 24.10.1950 zur Schaffung einer vereinigten Europäischen Armee unter Leitung und Verantwortung eines Europäischen Verteidigungsministers. Während im Februar 1951 diesbezügliche Verhandlungen aufgenommen wurden, wurde bereits am 18.4.1951 der Vertrag zur Schaffung der EGKS von den Außenministern von Belgien, Frankreich, Deutschland, Italien, Luxemburg und den Niederlanden unterzeichnet. Der Vertrag trat am 25.7.1952 in Kraft.[74]

Parallel dazu wurden die schwierigen und langwierigen Verhandlungen zur Schaffung einer Europäischen Verteidigungsgemeinschaft[75] mit Hochdruck weitergeführt. Tatsächlich kam es auch zur Unterzeichnung des Vertrages zur Schaffung der EVG am 27.5.1952 zwischen denselben Signatarstaaten, die auch die EGKS geschaffen hatten (vgl. o.). Die Verhandlungen über die Verteidigungsgemeinschaft hatten wiederum die Notwendigkeit einer engeren politischen Vereinigung in den Vordergrund gerückt. Aus diesem Grunde sah Art. 38 des EVG-Vertragsentwurfes vor, dass die Versammlung der EGKS - zugleich für eine Übergangszeit auch als Versammlung der EVG - sich den Fragen einer Europäischen Verfassung zuwenden sollte. Eine föderale oder konföderale Struktur sollte das verfasste Europa haben, basierend auf den Grundsätzen der Gewaltenteilung und insbesondere über ein parlamentarisches Zweikammersystem verfügen. Auch sollten die verschiedenen Formen der Europäischen Organisationen in Einklang gebracht werden, um eine Zersplitterung der Europäischen Einigungsbewegung zu verhindern. Die Beratende Versammlung des Europarates hatte bereits in ihrer Erklärung vom 10.12.1951 unter Hinweis auf das Außenministertreffen von Washington vom 14.9.1951 eine politische Behörde unter demokratischer Kontrolle einer Ver-

---

[73] Robertson, EPC, S. 385; zum Schuman-Plan aus damaliger Sicht vgl. z.B. Ophüls, Juristische Grundgedanken des Schumanplans, NJW 1951, S. 289ff; ders.: Das Wirtschaftsrecht des Schumanplans NJW 1951, S. 381ff; die Rede Schumans zur Schaffung einer Hohen Behörde für Kohle und Stahl wurde weitgehend von Jean Monnet vorbereitet, dem insofern die Ehre der Benennung des Planes eher zugestanden hätte - vgl. Röttinger in: Röttinger/Weyringer, Handbuch der europäischen Integration, S. 5.

[74] Vgl. BGBl. II 1952, S. 447; übersichtliche Zusammenfassung des Vertrages bei Mickel (Hrsg.), Handlexikon der Europäischen Union, S. 160-162 sowie bei Schlochauer, Wörterbuch des Völkerrechts, S. 458ff.

[75] Die Verhandlungen zogen sich über insgesamt 17 Monate.

sammlung zur Leitung der projektierten Verteidigungsgemeinschaft gefordert.[76] In der Entschließung Nr. 14 vom 30. Mai 1952 schlug die Beratende Versammlung darüber hinaus vor, „die Satzung einer supranationalen politischen Gemeinschaft auszuarbeiten, der alle Mitglieder des Europarates beitreten können..." und schlug vor, hierfür entweder der Versammlung der Montanunion oder der in begrenzter Zusammensetzung tagenden Versammlung des Europarates ein Mandat zu erteilen.[77] Damit sollte der Art. 38 EVGV zugleich modifiziert und antizipiert werden, um die politische Einigung schneller voranzubringen, da ein Zeitpunkt der Ratifizierung durch die sechs Staaten noch nicht absehbar schien.

Am 10.9.1952 akzeptierten die Außenminister der sechs EGKS-Staaten in ihrer Eigenschaft als Ministerrat der Montanunion den Plan der Beratenden Versammlung zur Ausarbeitung eines Vertrages zur Europäischen Politischen Gemeinschaft in ihrer sog. „Luxemburger Entschließung".[78] Innerhalb von 6 Monaten - damit bis zum 10.3.1953 - sollte die Arbeit abgeschlossen werden, mit der eine erweiterte Versammlung der EGKS beauftragt werden sollte. Konkretisiert wurde der Auftrag dahingehend, dass die Konstituierung einer Gemeinschaft mit bundesstaatlichen oder staatenbündischem Aufbau „von der Schaffung gemeinsamer Grundlagen für die wirtschaftliche Entwicklung und einer Verschmelzung der wesentlichen Interessen der Mitgliedstaaten abhängig ist."[79] Die Mitglieder der Gemeinsamen Versammlung der EGKS erklärten sich in ihrer Entschließung Nr. 4 vom 13. September 1952[80] bereit, den an sie gerichteten Auftrag anzunehmen und beauftragten in der Entschließung Nr. 5 ihr Büro, eine gemäß dem Luxemburger Beschluss zu bildende Versammlung einzuberufen.[81] Zu der konstituierenden Sitzung kam es dann zwei Tage später. Die verwirrende Dynamik dieser Tage wurde treffend wie folgt beschrieben:[82]

> *„Wenige Stunden bevor die Abgeordneten des Europarates am Nachmittag des 15. September 1952 zur Eröffnung der Herbstsession im Maison de l'Europe in Straßburg zusammentraten, hatte sich im gleichen Saal die Versammlung der Europäischen Gemeinschaft für Kohle und Stahl ... selbst erst fünf Tage alt, ... als Ad hoc-Versammlung konstituiert. So entstand der für die Öffentlichkeit verwirrende Eindruck, dass wenige Tage nach der ersten Sitzung der Montanversammlung und wenige Stunden vor dem Zusammentreten der Beratenden Versammlung des Europarates noch eine dritte europäische Versammlung in den Schlagzeilen der Presse auftauchte. Dabei handelte es sich in allen drei Fällen um die gleichen Abgeordneten, die ihre*

[76] Vgl. von Puttkamer, Der Entwurf eines Vertrages über die Satzung der Europäischen Gemeinschaft, ZaöRV 1953/54, S. 104 mit Wortlaut und Fundstellen sowie Benvenuti in: Verfassungsausschuss, Einleitender Bericht und Begründung vom 26.2.1953, S. 17.

[77] Wortlaut der Entschließung u.a. abgedruckt in: Ad hoc-Versammlung, a.a.O., S. 18.

[78] Abgedruckt etwa bei Eberhard, EPG, S. 15.

[79] Vgl. Benvenuti in: Verfassungsausschuss, Einleitender Bericht und Begründung vom 26.2.1953, S. 19.

[80] Journal Officiel de la CECA, Nr. 1, S. 7.

[81] Vgl. von Puttkamer, a.a.O., S. 104; Journal Officiel de la CECA, Nr. 1, S. 7.

[82] Cornides/Feldmann/Willmann, Die politischen und wirtschaftlichen Probleme der europäischen Einigung um die Jahreswende 1952/53, EA 1953, S. 5391.

verschiedenartigen Funktionen nicht einmal durch verschiedene Hüte oder Amtsroben kenntlich machen konnten."

Die in Umsetzung der Entschließungen um jeweils drei Mitglieder für Frankreich, Deutschland und Italien erweiterte Versammlung der Montanunion überließ seit ihrer konstituierenden Sitzung vom 15.9.1952 dem Präsidenten der EGKS-Versammlung, Paul-Henri Spaak, den Vorsitz des Gremiums und übernahm die Verfahrensregeln der EGKS-Versammlung aus Praktikabilitätsgründen vollständig. Die Versammlung erhielt in dieser ersten Sitzung auch den Namen „Ad hoc-Versammlung", wobei zunächst verschiedene Vorschläge eingebracht wurden und Spaak schließlich eigenmächtig den Namen festlegte.[83] Nach der Zuwahl der 9 weiteren Abgeordneten bestand die Ad hoc-Versammlung aus 87 Mitgliedern, davon 21 aus Deutschland, Frankreich und Italien, je 10 aus Belgien und den Niederlanden und 4 aus Luxemburg.[84] Besonderer Wert wurde auf die Hinzuziehung von Beobachtern aus den übrigen Mitgliedstaaten des Europarates gelegt, denen - nach lebhafter Diskussion - ein näher definiertes Teilhaberecht (Sitz und Rederechte ohne Stimmrecht) zugestanden wurde.[85] Ebenfalls in der konstituierenden Sitzung wurden 26 Abgeordnete in ein Verfassungskomitee berufen, welches den Vertragsentwurf in Ausschüssen und Arbeitsgruppen ausarbeiten sollte.[86] Die Mitglieder sollten von den nationalen Delegationen ernannt werden.[87] In der konstituierenden Sitzung dieses Verfassungsausschusses am 22.9.1952 wurde der deutsche Abgeordnete Heinrich von Brentano zum Präsidenten gewählt[88], als Vizepräsidenten die Abgeordneten Lodovico Benvenuti (Italien) und Bruins Slot (Niederlande).[89] Es wurden vier Unterausschüsse für „Zuständigkeiten", „politische Institutionen", „gerichtliche Institutionen" und „für Verbindungen" gebildet. Der Verfassungsausschuss bestand aus je 6 Mitgliedern aus Deutschland, Frankreich und Italien, je drei aus Belgien und den Niederlanden und 2 aus Luxemburg, was dem Proporz der Versammlung praktisch entsprach. Gleiches galt für die politische Zusammensetzung, die die Verhältnisse in den nationalen Parlamenten - unter Ausschluss der Kommunisten - wiedergeben sollte. 13 waren dem Lager der Christdemokraten, 5 den Liberalen, 5 den Sozialisten und 3 den rechten Parteien zuzuordnen.[90] Deutschland wurde von Heinrich

---

[83] Vgl. Ad hoc-Versammlung, Aussprache, Wörtlicher Bericht über den Verlauf der Sitzungen, S. 23f - vorgeschlagen wurden die Namen „Konstituierende Versammlung", „Vorkonstitutionelle Versammlung" und „Besondere Versammlung", die aber keine Zustimmung fanden.

[84] Vgl. von Puttkamer, Der Entwurf eines Vertrages über die Satzung der Europäischen Gemeinschaft, ZaöRV 1953/54, S. 105, Fn. 10; die Zusammensetzung der Ad hoc-Versammlung entsprach damit exakt derjenigen, die später von ebendieser für den Senat der EPG vorgeschlagen wurde und für die Versammlung der EVG - bis zum Inkrafttreten der SEPG - vorgesehen war.

[85] Die Verbindungen zum Europarat sollten von Anfang an so eng wie möglich gestaltet werden, vgl. Ad hoc-Versammlung, Aussprache, Wörtlicher Bericht über den Verlauf der Sitzungen, S. 13ff.

[86] Verzeichnis der Ausschussmitglieder und der „Beobachter" bei Eberhard, EPG, S. 17, Anh. II.

[87] Ad hoc-Versammlung, Aussprache - Wörtlicher Bericht über den Verlauf der Sitzungen, S. 13.

[88] Von Brentano war eine der „Triebfedern" bei der Schaffung des Entwurfs. Er war auch Fraktionsvorsitzender der CDU-Fraktion im Dt. Bundestag und später Außenminister der Bundesrepublik Deutschland.

[89] Vgl. Eberhard, EPG, S. 2.

[90] Nach Karp, European Political Community, International Organization 1954, S. 184.

von Brentano, Hermann Kopf, Georg Pelster und Johannes Semler (alle CDU), Hans Joachim von Merkatz (DP) und Max Becker (FDP) vertreten.[91] Die SPD als zweitstärkste Partei des Deutschen Bundestages beteiligte sich nicht an der Ausarbeitung, da sie das Projekt wegen dessen Verknüpfung mit der EVG und damit der Wiederbewaffnung ablehnte und zudem die Zuständigkeit der EGKS-Versammlung negierte.

Der Verfassungsausschuss konnte sich bei seinen oft mühevollen Arbeiten in vier Sitzungsperioden[92] auf die Vorarbeiten der besonderen Sachverständigenkommission der Europäischen Bewegung und auf den einführenden Bericht des Juristenkomitees des Europarates über die „Probleme einer Europäischen Politischen Gemeinschaft" stützen.[93] So befand sich etwa in dem Entwurf der genannten Kommission die Einrichtung eines Zwei-Kammer-Parlaments aus einer direkt gewählter Völkerkammer und einem von den nationalen Parlamenten gewähltem Senat, dem die Exekutive verantwortlich sein sollte.[94] Ansonsten aber gab es für den Verfassungsausschuss außer einem von den Außenministern der 6 Schumanplan-Staaten ausgearbeiteten „Fragebogen betreffend die Gründung einer Europäischen Politischen Gemeinschaft" vom 23.10.1952[95] sowie den Inhalten der Luxemburger Entschließung vom 10. September 1952 keine direkten Weisungen, an die er sich hätte halten können oder müssen. Der Entwurf des Verfassungsausschusses wurde in Form von 6 Entschließungen der Ad hoc-Versammlung in deren Tagung vom 7.-10.1.1953 und der Beratenden Versammlung des Europarates (14.-17.1.1953) vorgelegt. Trotz der teilweise kontroversen Diskussionen und Debatten fand er die allgemeine Billigung der beiden Versammlungen.[96] Die in der Folgezeit mit dem Entwurf beschäftigte Ad hoc-Versammlung versuchte die noch offenstehenden Fragen zu klären und die 53 eingereichten Abänderungsvorschläge in der verbleibenden Zeit zu behandeln. Die Versammlung fasste ihre Stellungnahme im Januar und Februar 1953 in fünf **Richtlinien** zusammen.[97]

Die Richtlinie **Nr. I** betraf die Einzelheiten betreffend die Verschmelzung der Montanunion und der EVG mit der neuen Gemeinschaft. Die drei Gemeinschaften sollten eine Rechtseinheit bilden, jedoch entsprechend den Verträgen „getrennt verwaltet" werden. Übergangsregelungen sollten den reibungslosen Übergang der Organtätigkei-

---

[91] Siehe zur Zusammensetzung des Verfassungsausschusses und der Unterausschüsse: Eberhard, EPG, S. 16.

[92] Vgl. zu den Sitzungsperioden des Verfassungsausschusses und der Unterkommissionen: von Puttkamer, Der Entwurf eines Vertrages über die Satzung der Europäischen Gemeinschaft, ZaöRV 1953/54, S. 106, Fn. 12.

[93] „Rapport Introductif du Comité des Juristes sur le problème d'une Communauté Politique Européenne", Conseil de l'Europe, Assemblée Consultative (SG 52, 2), Straßburg, den 22.9.1952; vgl. auch Ad hoc-Versammlung, Aussprache, Wörtlicher Bericht über den Verlauf der Sitzungen, S. 23 sowie Bindschedler, Rechtsfragen der europäischen Einigung, S. 11 zur Zusammensetzung des Komitees.

[94] Vgl. Loth, Der Weg nach Europa, S. 102 (und ebenda Fußnote 23).

[95] Vgl. von Puttkamer, a.a.O., S. 107; Bulletin der Bundesregierung Nr. 165 vom 28.10.1952, S. 1475; Eberhard, EPG, S. 3; Buerstedde, Ministerrat, S. 70.

[96] Eberhard, EPG, S. 3.

[97] Siehe Leitfaden und amtliche Dokumente des Verfassungsausschusses, S. 87 - 105.

ten gewährleisten (I, 1). Die Richtlinie **Nr. II** beinhaltete die Zuständigkeiten der Gemeinschaft. Hier wurde - wenn auch nicht in dieser Terminologie - das „Prinzip der begrenzten Einzelermächtigung"[98] ebenso festgelegt wie der Grundsatz der restriktiven Interpretation der Zuständigkeiten. Die Zuständigkeiten von EVG und EGKS sollten übernommen werden. Bei den sonstigen Kompetenzen, insbesondere im Bereich der Wirtschaft und der Außenpolitik, blieb die Richtlinie aber vage und unverbindlich.[99] Dagegen legte die Richtlinie **Nr. III** schon recht detailliert die politischen Institutionen der Gemeinschaft fest: Das Zweikammersystem in der nachher verabschiedeten Form, eine vom Parlament abhängige Exekutive und die enumerative Zuständigkeit des Ministerrates. Allerdings sollte der Rat der Minister neben dem Exekutivrat auch exekutivische Befugnisse erhalten, was zu deutlichem Widerstand innerhalb und außerhalb der Ad hoc-Versammlung führte.[100] In der Richtlinie **Nr. IV** wurden die Grundzüge der Assoziation mit dritten Staaten festgelegt, wie sie weitgehend später in der Satzung Eingang gefunden haben. Die Richtlinie **Nr. V** betraf hingegen die Verbindungen zum Europarat, die entweder in einer Teilhabe des Europarates an dem inneren Leben der Gemeinschaft („interne Verbindungen") oder einer Abstimmung unter den Gemeinschaften („äußere Verbindungen") bestehen sollte.

Unmittelbar nach Beendigung der Januartagung der Ad hoc-Versammlung nahm der Verfassungsausschuss seine Arbeit wieder auf. In zahlreichen Sitzungen der vier Unterausschüsse, der Arbeitsgruppe und des Vollausschusses selbst wurden die Richtlinien der Ad hoc-Versammlung sowie die Anregungen der Beratenden Versammlung geprüft und dem Ganzen ein einheitlicher fester Rahmen gegeben. Dabei stand die Beratung der Artikel über die Zuständigkeiten der Gemeinschaft auf außenpolitischem und wirtschaftlichem Gebiet im Vordergrund. Der sodann abschließend in Artikel gefasste Entwurf wurde von dem Verfassungsausschuss am 26.2.1953 mit 21:1 Stimmen[101] angenommen und der Ad hoc-Versammlung anlässlich deren Straßburger Tagung vom 6.-10.März 1953 erneut zur Prüfung vorgelegt. Die Ad hoc-Versammlung musste sich mit insgesamt 121 Abänderungsanträgen beschäftigen, die Vorlage des Verfassungsausschusses wurde dabei jedoch in ihrer wesentlichen Substanz nicht mehr

[98] Vgl. zu diesem Begriff im Rahmen des Rechts der Europäischen Union: Bleckmann, Europarecht, Rn. 380, Huber, Integration, § 10, Rn. 6f (S. 146f); weder die Richtlinien noch die Satzung der EPG selbst verwenden einen ähnlichen Begriff, der freilich auch im EGV (vgl. Art. 5 Abs. 1) nur umschrieben wird.

[99] Vgl. im Einzelnen Eberhard, EPG, S. 3 und 4.

[100] Spaak und Monnet hatten bereits im Vorfeld der Tagung vor einer solchen Lösung gewarnt. Der Ministerrat wurde als rein internationale Institution gesehen und sei daher in der Exekutive einer supranationalen Organisation fehl am Platz. Eine solche „zwölfköpfige Exekutive" (sechs Minister der Staaten und sechs Minister der Gemeinschaft aus dem Exekutivrat) stelle die Souveränität des Parlaments in Frage und mache den Ministerrat zum überragenden Organ der Gemeinschaft. Die Ad hoc-Versammlung setzte sich demnach auch mit der deutlichen Mehrheit von 52 gegen 2 Stimmen für eine Trennung von Ministerrat und Exekutive ein - vgl. Eberhard, EPG, S. 4, Fn. 26.

[101] Die Gegenstimme stammte von dem französischen Gaullisten Debré, der einen eigenen Vorschlag einer lockeren Staatenverbindung vergeblich durchzusetzen versuchte, vgl. Eberhard, EPG, S. 5.

geändert.[102] Am 9.3.1953 wurde der Vertragsentwurf mit 117 Artikeln und 2 Zusatzprotokollen von dem Präsidenten der Versammlung Spaak feierlich dem französischen Außenminister Bidault in seiner Eigenschaft als Präsident des Ministerrates der Montanunion präsentiert.[103] Bidault antwortete in seiner Ansprache für die Minister und stellte eine genaue Prüfung des Entwurfs in Aussicht. Die Arbeit der Parlamentarier sei nun getan. Nun sei es Aufgabe der Regierungen, mit diesem Entwurf als Grundlage an der Einigung Europas zu arbeiten.[104]

Am 10. März 1953 und damit genau innerhalb der von der Ministerrunde gesetzten 6-Monatsfrist verabschiedete die Ad hoc-Versammlung den Entwurf mit 50 Stimmen und 5 Enthaltungen. Dabei fehlten allerdings 32 Abgeordnete, sodass insgesamt 37 Abgeordnete den Entwurf nicht billigten oder ihn zumindest nicht direkt unterstützen wollten. Bei den französischen Delegierten gab es entweder Vorbehalte wegen der britischen Nichtteilnahme[105] oder wegen des Prinzips supranationaler bzw. föderativer Zusammenarbeit im Allgemeinen.[106] Auch die deutschen Sozialdemokraten unter den Abgeordneten lehnten eine Abstimmung über den Vertrag ab, da sie wegen der Verbindung von EVG und EPG in der Zustimmung zu der Satzung zugleich eine Zustimmung zur Wiederbewaffnung der Bundesrepublik sahen.[107] Damit war schon bei Verabschiedung des Entwurfs deutlich geworden, dass es schwierig werden würde, einen Konsens für den Satzungsentwurf zu erreichen. Die Ad hoc-Versammlung legte ebenfalls noch am 10. März in einer Entschließung fest, der Verfassungsausschuss solle in Verbindung mit einem Sekretariat die Behandlung des Satzungsentwurfs durch die Regierungen weiter verfolgen und gegebenenfalls die bei der Beratung des Entwurfes erworbenen Erfahrungen den Regierungen zugänglich machen.[108]

In der Folgezeit fand der Entwurf unterschiedliche Resonanz. Die Benelux-Staaten wünschten zunächst eine Überprüfung durch Regierungsexperten. Beyen hatte bereits auf der Außenministerkonferenz am 24./25.2.1953 die verbindliche Regelung der wirtschaftlichen Integration mit der Schaffung einer Zollunion innerhalb von 10 Jahren gefordert. Die französische Regierung wollte sich jedoch nur auf kontrollierte Marktintegration einlassen. Der allgemeine Aufrüstungsboom hatte Preissteigerungen und eine dramatische Verschlechterung der französischen Handelsbilanz verursacht. Frankreich

---

[102] Vgl. u.a. die Kurzberichte über die Beratungen der Ad hoc-Versammlung - Sitzungsprotokolle der Sitzungsperiode vom 6.-10.3.1953.

[103] Eberhard, EPG, S. 6.

[104] Wortlaut der Ansprache bei von Puttkamer, Der Entwurf eines Vertrages über die Satzung der Europäischen Gemeinschaft, ZaöRV 1953/54, S. 107, Fn. 18; vgl. auch Loth, Der Weg nach Europa, S. 103.

[105] So die französischen Sozialisten unter Guy Mollet; vgl. Schneider, Integration - gestern, heute, morgen, in: Integration 1978, S. 5.

[106] Diese Einstellung herrschte bei den Gaullisten vor.

[107] Siehe oben sowie umfassender zum Abstimmungsverhalten der Abgeordneten: Zurcher, The struggle to Unite Europe, S. 101; vgl. zur Position der SPD auch Sontheimer, Die Adenauer-Ära, S. 43.

[108] Vgl. Leitfaden und amtliche Dokumente des Verfassungsausschusses, März-April 1953, Entschließung Nr. 14, S. 135f.

stand daher weitgehender wirtschaftlicher Integration zurückhaltend bis ablehnend gegenüber.[109] Bidault, der bereits zu Beginn des Jahres 1952 Schuman als Außenminister abgelöst hatte und keineswegs die euphorische Grundhaltung seines Vorgängers teilte, wollte die wirtschaftliche Integration einem Sondervertrag vorbehalten, was die Annahme des Satzungsentwurfs zunächst einmal blockierte. Zudem stießen der längst paraphierte EVG-Vertrag und die neue Satzung auf zunehmende Kritik der Gaullisten, auf die sich das Kabinett René Mayer stützte. De Gaulle hatte bereits seit Februar 1952 den Souveränitätsverlust durch den EVG-Vertrag kritisiert und gewann im Jahre 1953 mit dieser Ansicht weiteren Boden. Infolgedessen schwanden schon im Herbst innerhalb des Kabinetts die Chancen für die Vereinbarung einer europäischen politischen Gemeinschaft merklich.

Die Bundesrepublik drängte nunmehr auf eine schnelle Entscheidung durch eine Regierungskonferenz. Auf der Tagung des Besonderen Ministerrates der Montanunion am 12. und 13. Mai 1953 in Paris schlug der französische Vertreter vor, ein Gremium aus Ministerstellvertretern und Regierungsexperten zu bilden, dessen Vorsitz der Präsident des Ministerrates der Montanunion, Alcide de Gaspari, übernehmen sollte. Dieses Gremium sollte sich mit dem vorgelegten Entwurf beschäftigen und anschließend der Ministerkonferenz berichten. Nach diesen Erörterungen stimmten die Minister in der Konferenz von Baden-Baden am 8. und 9. August 1953 dem Entwurf zwar „im Grundsatz" zu, brachten aber sogleich wesentliche Vorbehalte an. Hervorgehoben wurde, dass es sich um eine „Gemeinschaft souveräner Staaten" und nicht um einen europäischen Staat handeln müsse.[110] Sie deuteten dabei an, dass eine große Zahl von Änderungen notwendig sei. Weitere Beratungen fanden auf der Außenministerkonferenz vom 22.9. bis 9.10.1953 in Rom statt, wo sich deutliche Meinungsunterschiede auftaten. Auch auf der Außenministerkonferenz in Den Haag vom 26.-28. November 1953 waren diese Widersprüche nicht aufzulösen,[111] sodass die Außenminister schließlich eine Expertengruppe unter der Leitung Walter Hallsteins mit der Fortführung der Beratungen und der Vorlage eines überarbeiteten Entwurfs beauftragten und die Fortsetzung der Beratungen für den 30. März 1954 in Paris vereinbarten.

Die Regierungen machten in ihrer Kritik vor allem geltend, dass in dem Parlamentarierentwurf der Satzung neben dem supranationalen das nationale Element zu wenig vertreten sei.[112] Vor allem fehle es an einer entsprechenden Berücksichtigung der Regierungen. Deren Einfluss müsste über den Ministerrat sowohl in der Legislative als

---

[109] Vgl. Loth, Der Weg nach Europa, S. 103, Fn. 25.

[110] Siehe Jaenicke, Bundesstaat oder Staatenbund, FS Bilfinger, S. 75 auch mit dem Hinweis auf die Rede des französischen Außenministers Bidault vor der Nationalversammlung am 20.11.1953.

[111] Vgl. Karp, European Political Community, International Organization 1954, S. 196, der im Zusammenhang mit dem Außenministertreffen vom November 1953 die Londoner Times zitiert - das Treffen habe mit „a blaze of ambiguity" geendet, was den Gemütszustand der Regierungen Ende 1953 treffend beschreiben dürfte.

[112] Buerstedde, Ministerrat, S. 78; Jaenicke, Der übernationale Charakter der Europäischen Wirtschaftsgemeinschaft, ZaöRV 1957/58, S. 161f.

auch in der Exekutive stärker zum Ausdruck kommen.[113] Auch die Frage der Zusammensetzung der Zweiten Kammer wurde kontrovers erörtert, insbesondere ob diese Kammer nach dem Bundesratsprinzip mit weisungsgebundenen Delegierten konzipiert werden sollte.[114] Die Unabhängigkeit des Exekutivrates wurde zwar anerkannt, der Präsident sollte jedoch nicht durch den Senat, sondern durch den Rat der Nationalen Minister gewählt werden. Dieses Stadium der Verhandlungen machte deutlich, wie problematisch es war, zwar einerseits eine Versammlung mit dem Entwurf einer Verfassung zu beauftragen, andererseits den Beschlüssen aber keine Verbindlichkeit zuzugestehen. Die Ad hoc-Versammlung war damit in der Art einer verfassunggebenden Versammlung einberufen worden, ohne die hierzu gehörigen Kompetenzen übertragen zu bekommen.

Der Verfassungsausschuss der Ad hoc-Versammlung versuchte seinerseits in dieser Phase, sich wieder Gehör zu verschaffen. Auf einer gemeinsamen Sitzung einer Arbeitsgruppe des Verfassungsausschusses vom 20.-22. Februar 1954 in Paris mit der von den Außenministern in Den Haag eingesetzten Kommission überreichte von Brentano ein Memorandum. Darin wurde eine Staatenkammer mit weisungsgebundenen Regierungsdelegierten abgelehnt und etwaige Erweiterung der Kompetenzen des Rates der nationalen Minister gerügt. Kritisiert wurde auch der von Regierungsvertretern geltend gemachte Änderungsvorschlag, die Zuständigkeit der Gemeinschaft in Wirtschaftsfragen auf ein einfaches Vorschlagsrecht zu begrenzen. Dies widerspräche dem Auftrag der Außenminister vom 10. September 1952 an die Ad hoc-Versammlung.[115] Die im November 1953 von den Außenministern eingesetzte Expertengruppe stellte einen zunächst unveröffentlichten Bericht über das Problem der Europäischen Gemeinschaft zusammen, der auf der vereinbarten Außenministerkonferenz am 30. März 1954 in Brüssel diskutiert werden sollte.[116] Diese Konferenz wurde zunächst aufgeschoben und kam schließlich nicht mehr zustande, da die französische Nationalversammlung am 30.8.1954 die Beratungen über den EVG-Vertrag *sine die* vertagte und damit auch nach allgemeiner Auffassung der Diskussion des Satzungsentwurfes der Europäischen Politischen Gemeinschaft (zumindest auf Regierungsebene) vorerst die Grundlage entzog.[117]

Zu prüfen ist allerdings, ob die Ablehnung des EVG-Vertrages wirklich zum Scheitern der EPG bzw. zur „Vertagung ad calendas graecas“ hätte führen müssen. Richtig ist

---

[113] Bulletin der Bundesregierung 1953 S. 1901f; 1927ff; Buerstedde, a.a.O.

[114] Vgl. das Abschlusskommuniqué der Außenministerkonferenz in Den Haag vom 28.11.1953, Bulletin der Bundesregierung, a.a.O.; Buerstedde, a.a.O.

[115] Vgl. EA 1954, S. 6444; zu einem Kommuniqué der Arbeitsgruppe des Verfassungsausschusses bezüglich der Zusammenarbeit mit der Regierungskommission in Paris siehe auch EA 1954, S. 6348.

[116] Vgl. Buerstedde, Ministerrat, S. 77.

[117] Buerstedde, a.a.O., Hallstein, United Europe, S. 15, Dinan, Ever Closer Union?, S. 28; Feger, Die Grundrechte im Recht der Europäischen Gemeinschaften, S. 64.

zwar, dass die EPG als politisches Dach der EVG gedacht war,[118] und damit der besondere Druck zur Errichtung einer politischen Gemeinschaft genommen war. Andererseits könnte sich der Entwurf der Satzung der EPG als so ausgewogen zeigen, dass eine Ratifizierung auch ohne die EVG sinnvoll geblieben wäre. Dies wird anhand der einzelnen Bestimmungen zu überprüfen sein. Da demnach der Satzungsentwurf durch den Abbruch der Beratungen zumindest keine offiziell beschlossenen Änderungen mehr erfahren hat, liegt dieser Arbeit originalgetreu der von der Ad hoc-Versammlung am 9. März 1953 präsentierte Entwurf zugrunde.[119] Dessen 117 Artikel basieren - wie erwähnt - weitgehend auf der Arbeit des Verfassungsausschusses und seiner Unterkommissionen und sind Gegenstand der Untersuchung. Zusammengefasst enthält der Satzungsentwurf folgende Regelungen:

In **Teil I** wird die Errichtung einer Europäischen Gemeinschaft mit „übernationalem Charakter" durch „diesen Vertrag" (Art. 1) vorgesehen. Die Gemeinschaft garantiert die Menschenrechte und Grundfreiheiten und soll zu einem gemeinsamen Markt und gemeinsamer Verteidigung der Gemeinschaft führen. Sie bildet eine Rechtseinheit mit der EGKS und der EVG (Art. 5). **Teil II** beschreibt die Organe der Gemeinschaft, nämlich Parlament, Exekutivrat, Rat der nationalen Minister, Gerichtshof sowie Wirtschafts- und Sozialrat. In **Teil III** werden die Zuständigkeitsgebiete der Gemeinschaft festgelegt und ihr zunächst ein allgemeines Initiativrecht zugestanden. Die Integration von EGKS und EVG wird festgeschrieben und durch Übergangsvorschriften näher ausgestaltet. Die Gemeinschaft soll eigene Einnahmen (Kapitel IV) sowie echte Kompetenzen auf dem Gebiet der Wirtschaft (Kapitel V) erhalten. Im Bereich der Außenbeziehungen erhält die Gemeinschaft die Kompetenz zum Abschluss zwischenstaatlicher Abkommen und die Aufgabe der Koordinierung der Außenpolitik durch ein besonderes Konsultationsverfahren (Kapitel III). **Teil IV** regelt darüber hinaus die Möglichkeit der Assoziation mit Drittstaaten. **Teil V** enthält die Modalitäten der Einsetzung der Gemeinschaftsorgane nach Inkrafttreten des Vertrages und **Teil VI** ergänzende „Allgemeine Bestimmungen", wie die Frage der Vereinigung Deutschlands (Art. 103), die Behandlung der überseeischen Gebiete (Art. 101) und ein Interventionsrecht der Gemeinschaft in den Mitgliedstaaten bei Gefährdung der dortigen demokratischen Grundordnung (Art. 104f). Diese Struktur im Überblick zeigt bereits, dass den Verfassern der EPG eine umfassende vertragliche Bindung der Völker Europas vorschwebte, die durch ihren institutionellen Rahmen die Grundlage für einen schrittweisen Ausbau einer echten Rechts- und Wertegemeinschaft mit einer europäischen Verfassung geben sollte.

---

[118] Exempl. van der Meersch/Waelbroeck, Les Novelles, S. 97; Weidenfeld, Wege zur Europäischen Union, S. 23; Bundeskanzler Konrad Adenauer im Bundestag am 3.12.1952 (BT-Drucksache, 240. Sitzung, S. 11140).

[119] Abgedruckt ist der Entwurf bei Siegler, Dokumentation der Europäischen Integration, S. 77ff; Eberhard, EPG, S. 17ff sowie in Europa-Archiv 1953, S. 5669ff.

E. Stand der EU/EG-Integration

I. Die Europäischen Gemeinschaften bis zur Gründung der EU (Maastricht)

Mit dem Inkrafttreten des in Maastricht am 7.2.1992 unterzeichneten Vertrages über die Gründung einer Europäischen Union am 1.11.1993[120] ist die Verwirklichung der Idee von einem politisch vereinten Europa ein gutes Stück näher gerückt.[121] Der Vertrag von Amsterdam (s.u.) führte diesen Weg fort und war zugleich auch nur ein Zwischenschritt im Hinblick auf die weitere Integration und die geplante umfangreiche Ausdehnung der Union. Nach dem Scheitern von EVG und EPG 1954 war die europäische Integration bis weit in die 80er Jahre hinein durch das Ziel der Schaffung eines gemeinsamen Marktes und eines einheitlichen Wirtschaftsraumes geprägt. Die Verteidigung der westlichen Welt wurde im Rahmen der NATO gewährleistet und die „Politische Gemeinschaft" konnte sich nur schwach im Rahmen der intergouvernementalen EPZ entwickeln. Bedeutende Wegmarke war die Einheitliche Europäische Akte (EEA) vom 17. bzw. 28 Februar 1986. In dieser ersten größeren Revision der drei Gründungsverträge wurde nicht nur der Binnenmarkt endgültig auf den Weg gebracht, sondern auch die EPZ erstmalig vertraglich eingebunden („Zweite Säule")[122] und damit der Weg zur Politischen Gemeinschaft auch nach außen erkennbar wieder eingeschlagen. Der Maastricht-Vertrag von 1991/92 zielte in Fortsetzung dessen nun vermehrt darauf, ebenso wie 1952/53 das Projekt der EPG, auch Kernbereiche der nationalen staatlichen Souveränität zu verschmelzen.[123]

Die Europäische Union hat den Weg zur Schaffung einer europäischen Verfassung begonnen, nachdem diese Forderung in jüngerer Zeit immer häufiger und deutlicher erhoben wurde.[124] Die EU/EG besteht aber noch immer grundsätzlich aus einer Vielzahl völkerrechtlicher Verträge[125], die ein immer engeres Band der Integration zwischen den Teilnehmerstaaten knüpfen, dabei aber eine komplizierte und verschachtelte Struktur dieser Rechtsgemeinschaft schaffen. Dabei wird zur Erklärung der Konstruk-

---

[120] Vertrag über die Europäische Union („Maastricht-Vertrag") vom 7.2.1992, BGBl. II, S. 1253, geändert durch Beitrittsvertrag vom 24.6.1994, BGBl. II, S. 2022.

[121] Bleckmann, Europarecht, Vorwort zur 6. Auflage.

[122] Schweitzer/Hummer, Europarecht, Rn. 47.

[123] Bleckmann, a.a.O.

[124] Siehe zur Diskussion über eine Europäische Verfassung ausführlich: Schwarze, Auf dem Weg zu einer Europäischen Verfassung, DVBl 1999, S. 1677ff und Bieber, Ein Grundgesetz für Europa - Die Bemühungen um eine europäische Verfassung, in Breuss/Fink/Griller (Hrsg.), Vom Schuman-Plan zum Vertrag vom Amsterdam - Entstehung und Zukunft der EU, S. 331ff; vgl. von politischer Seite Schäuble/Lamers (CDU), FAZ vom 4.5.1999 („Europa braucht einen Verfassungsvertrag") und Außenminister Fischer in seiner Rede vor der Humboldt-Universität in Berlin am 12.5.2000, Frankfurter Rundschau vom 17.6.2000 sowie www.rewi.hu-berlin.de, abgerufen am 16.05.2000 („Verfassungsvertrag" und „Föderation").

[125] Vgl. hierzu etwa FAZ vom 15.1.1999: „Grund der Krise ist die unzulängliche Form der Europäischen Union, die keine Verfassung hat, sondern - rechtlich gesehen - ein Flickenteppich von Verträgen ist."

tion der EU zumeist ein „Drei-Säulen-Modell" oder "Tempelmodell" gewählt.[126] Nach den gemeinsamen Bestimmungen der Art. A bis F EUV a.F. als „Dach" der Union[127] folgen die Art. G, H und I a.F., die Änderungen der Verträge des EWGV (von da an EGV), des EGKSV und des EAGV vorsehen. Die drei Gemeinschaften werden dementsprechend als „Erste Säule" der Union bezeichnet;[128] nach anderer Darstellungsform stellen diese bereits die ersten drei Säulen der EU dar, die danach über deren fünf verfügen würde.[129] Die drei Gründungsgemeinschaften können jedenfalls - ungeachtet der Frage nach der Anzahl der Säulen - als gemeinschaftsrechtlicher Teil der Union bezeichnet werden, währenddessen die Gemeinsame Außen- und Sicherheitspolitik (GASP) gemäß Art. J EUV a.F. und die Zusammenarbeit in den Bereichen Justiz und Inneres (ZBJI) nach Art. K EUV a.F. als „Zweite und Dritte Säule" das eigentliche Unionsrecht darstellen, nämlich Recht, welches die Europäische Union als solche betrifft. Diese selbst kann - wie angedeutet - als „politische Dachorganisation" der Gemeinschaft charakterisiert werden. Der Vertrag von Amsterdam hat allerdings bereits mit der Vergemeinschaftung der Bereiche Inneres und Justiz begonnen. [130]

Die Union hat am 1. Januar 1999 die dritte Stufe der Wirtschafts- und Währungsunion erreicht und damit den Euro als einheitliche Währung eingeführt, der die nationalen Währungen im Jahre 2002 auch als „Realgeld" (Münzen und Banknoten) ablösen wird. Kein anderes Thema beherrschte in den Jahren 1997 und 1998 die deutschen Medien derartig wie die Währungsunion, also insbesondere die sukzessive Aufgabe der D-Mark zugunsten der Gemeinschaftswährung. Ohne Zweifel ist diese Einführung einer gemeinsamen Währung ein Meilenstein der Integrationsgeschichte, gleichviel ob man diesen Vorgang positiv oder negativ bewertet. Insbesondere die fast permanente Abwertung des Euro gegenüber dem US-Dollar in den ersten zwei Jahren führte bei den Kritikern zu neuem Aufwind. Fest steht indessen, dass das Thema Europa durch die Einführung des Euro wieder derartig in das öffentliche Bewusstsein gerückt, ist dass ein Vergleich zu den leidenschaftlichen Debatten der 50er Jahre um Wiederbewaffnung, Europäische Verteidigung und Föderation erlaubt und geboten ist. Europa ist insbesondere hierdurch wieder ein zentrales Thema deutscher Öffentlichkeit geworden. Dies zeigte auch deutlich das enorme Medieninteresse an der Vertrauenskrise der Kommission in der Einführungsphase des Euro, die in der Woche vom 11. bis 15. Ja-

---

[126] Schweitzer/Hummer, Europarecht, Rn. 58; Bleckmann, Europarecht, Rn. 50; Seidel, Zur Verfassung der Europäischen Gemeinschaft nach Maastricht, EuR 1992, S. 125ff; Ress, Die Europäische Union und die neue juristische Qualität der Beziehungen zu den Europäischen Gemeinschaften, JuS 1992, S. 985.

[127] Zur „Dachkonstruktion" der Europäischen Union etwa: Oppermann, Europarecht, Rn. 151 (S. 73f); Schweitzer/Hummer, Europarecht, Rn. 58, Ress a.a.O. („Dach mit eigener Persönlichkeit").

[128] Schweitzer/Hummer, Europarecht, Rn. 58.

[129] So etwa Klein/Haratsch, Neuere Entwicklungen des Rechts der Europäischen Gemeinschaften, DÖV 1993, S. 787 („fünf Pfeiler").

[130] Riedel, Der Vertrag von Amsterdam und die institutionelle Reform der Europäischen Union, BayVBl 1998, S. 545ff; vgl. Wirtz in: Bergmann/Lenz, Der Amsterdamer Vertrag, Kap. 14, Rn. 6, zu den in diesem Bereich vorgesehenen Rahmenbeschlüssen, die zwar verbindlich sind, aber keine unmittelbare Geltung entfalten.

nuar 1999 zunächst mit einem (letztlich doch gescheiterten) Misstrauensvotum endete und schließlich am 17. März 1999 zum Rücktritt des gesamten Gremiums unter Jaques Santer führte.[131] Ungeachtet der Schwere der Vorwürfe und des „Skandals" als solchem haben diese Vorgänge doch gezeigt, dass eine europäische Öffentlichkeit bzw. ein europäisches Bewusstsein im Werden ist, denn die Krise der Kommission wurde in Medien und Öffentlichkeit ob ihrer Brisanz und Priorität (fast) wie eine Regierungskrise in den Nationalstaaten behandelt.[132]

II. Der Vertrag von Amsterdam

1. Entstehungsgeschichte und Regelungsinhalt

Die Regierungskonferenz zur Fortentwicklung der Europäischen Union nach dem Vertrag von Maastricht fand auf der Tagung des Europäischen Rates am 16. und 17.6.1997 in Amsterdam ihren Abschluss.[133] Die Staats- und Regierungschefs einigten sich schließlich auf den „Vertrag von Amsterdam zur Änderung des Maastrichter Vertrages über die Europäische Union, der Verträge zur Gründung der Europäischen Gemeinschaften sowie einiger damit zusammenhängender Rechtsakte",[134] der sodann am 2.10.1997 von den Außenministern der Europäischen Union in Amsterdam unterzeichnet wurde. Deutschland ratifizierte den Vertrag als erster Mitgliedstaat im März 1998[135], in Frankreich dagegen gab es im Hinblick auf die Überprüfung der Verfassungskonformität zunächst erhebliche Probleme.[136] Am 1. Mai 1999 konnte der Vertrag schließlich in Kraft treten.[137].

---

[131] Etwa Rhein-Zeitung vom 17.3.1999: „Korruption bringt EU-Kommission zu Fall."

[132] Vgl. exempl. FAZ vom 15.1.1999; Frankfurter Neue Presse vom 15.1.1999: „EU überwindet ihre schwerste Krise"; und vom 14.1.1999: „EU-Krise: Santer droht mit Rücktritt"; das ernorme Interesse war bereits während der ersten BSE-Krise sichtbar, siehe etwa FAZ vom 7.2.1997: „Mehrheit lehnt Misstrauensvotum gegen Kommission ab."

[133] Europäischer Rat in Amsterdam, Schlussfolgerungen des Vorsitzes, in: Bulletin der Bundesregierung, Nr. 66 vom 6.8.1997; vgl. zur ersten Bewertung: FAZ vom 19.6.1997, S. 2 („Stimmen der Anderen") und Schönfelder/Silberberg, Auf dem Weg zum Ziel - Die Ergebnisse des Vertrags von Amsterdam, Internationale Politik 1997, S. 18ff.

[134] Siehe ABl. Nr. C 340 vom 10.11.1997, BGBl. II 1998, S. 387 sowie BT-Drucksache 13/9339 vom 3.12.97.

[135] Am 5.3.1998 stimmte der Bundestag mit den Stimmen der CDU/CSU/FDP-Koalition und der SPD dem Vertrag mit der nötigen 2/3-Mehrheit bei Enthaltung der Grünen und gegen die Stimmen der PDS zu (561 von 645 stimmten zu, 34 dagegen und 50 enthielten sich der Stimme). Kontroversen bei der Ratifikationsdebatte gab es u.a. betreffend das Aufenthaltsrecht von Drittstaatlern in der EU mit der Bayerischen Staatsregierung, vgl. NJW-Wochenspiegel, Heft 13, 1998.

[136] Vgl. ausführlich Franzke, Die teilweise Unvereinbarkeit des Vertrages von Amsterdam mit der französischen Verfassung, DÖV 1998, S. 860 zur Entscheidung des französischen Verfassungsrates vom 31.12.1997.

[137] Vgl. Bulletin Quotidien Europe Nr. 7437 vom 1.4.1999, S. 3; Riedel, Inkrafttreten des Vertrages von Amsterdam, BayVBl 1999, S. 717.

Zielsetzung der (nur zum Teil durchgeführten) institutionellen Reformen war vor allem, die künftige Ost- und Südosterweiterung vorzubereiten,[138] die die Union anerkanntermaßen vor große Probleme und erheblichen Reformbedarf stellt.[139] Dabei galt es auch, die gemeinsame Außen- und Sicherheitspolitik durch ein eigenständiges Sicherheitskonzept - unter Berücksichtigung der NATO und Einbeziehung der WEU - fortzuentwickeln. Weiterhin sollte die teilweise Vergemeinschaftung der Bereiche Justiz und Inneres zur Schaffung eines einheitlichen Raumes der Freiheit, der inneren Sicherheit und des Rechts beitragen.[140] Ziel des Vertrages war damit u. a. die Steigerung und Verbesserung der Handlungsfähigkeit der Union im Bereich der inneren und äußeren Sicherheit im Rahmen der (noch) intergouvernementalen Säulen der Union, GASP und ZBJI.

Der Vertrag von Amsterdam gilt als Nachfolgevertrag im Sinne eines „Maastricht II", der das Primärrecht zwar „nur punktuell, aber dennoch tiefgreifend" ändert.[141] Die Grundlage der Europäischen Union bildet nach dem Vertrag von Amsterdam auch weiterhin die Europäische Gemeinschaft (EG-Vertrag) mit ihrem institutionellen System und ihren Zuständigkeiten, ergänzt durch die Bereiche der außen-, sicherheits-, innen- und justizpolitischen Zusammenarbeit im Rahmen von GASP und ZBJI. Der letztgenannte Sektor erfährt dabei in den Bereichen Visa, Asyl, Einwanderung sowie weiteren, den freien Personenverkehr betreffenden Politiken eine gewisse Vergemeinschaftung.[142] Grund für diese Reform war, dass Initiativen in diesen Politikbereichen regelmäßig an der Hürde der Einstimmigkeit bzw. der Umsetzung in den einzelnen Teilstaaten scheiterten. Insgesamt bleiben aber die grundlegenden Strukturen der Gemeinschaft durch den Vertrag von Amsterdam unangetastet, auch wenn der Schlussakte des Vertrages eine konsolidierte, umnummerierte Fassung sowohl des Vertrages über die Europäische Union als auch des EG-Vertrages beigefügt wurde, die nach Inkrafttreten des Amsterdamer Vertrages ebenfalls wirksam wurde[143] und den Verträgen „optisch" eine völlig neue Erscheinung verliehen hat.

---

[138] Zu den Zielsetzungen exempl. Kunze, Der Vertrag von Amsterdam, BRAK-Mitt. 1/98, S. 23; FAZ vom 13.6.1997 (S. 1).

[139] Riedel, Der Vertrag von Amsterdam und die institutionelle Reform der Europäischen Union, BayVBl 1998, S. 546ff; vgl. zu den möglichen Teilnehmern der künftigen Union: Menudier, Der Bundesstaat ist unvermeidlich, in: Rheinischer Merkur vom 1.1.1999, S. 3; Menudier geht von bis zu 30 europäischen Staaten" aus, die bis zum Jahre 2020 Mitglieder der Union sein könnten und bezieht dabei auch die Türkei, Moldawien, die Ukraine, Weißrussland und die ehemaligen jugoslawischen Teilrepubliken ein; der Vertrag von Nizza berücksichtigt nunmehr 12 Beitrittskandidaten und schafft damit zugleich neue Tatsachen.

[140] Vgl. Riedel, a.a.O., S. 545.

[141] Bergmann, Europarechtliche Neuerungen des Amsterdamer Vertrages, VBlBW 1999, S. 441ff.

[142] Bergmann, a.a.O., S. 441.

[143] Vgl. Bardenhewer, Vertrag von Amsterdam, Einführung, S. 14.

2. Wesentliche Neuerungen des Vertrages von Amsterdam

Die Rolle des Europäischen Parlaments wird erheblich gestärkt. Dies macht schon programmatisch die Neufassung des Art. F EUV in Art. 6 EUV deutlich, wonach die Union nunmehr auch ausdrücklich auf dem Grundsatz der Demokratie beruht. Der Wille, das vielgescholtene „Demokratiedefizit“ zu verringern, wird hier deutlich, wovon das EP naturgemäß am stärksten profitiert. Das Parlament wurde demgemäß in zahlreichen Stellungnahmen auch als „Gewinner“ der Regierungskonferenz bzw. des Vertrages von Amsterdam bezeichnet.[144] Es wird mehr denn je als echter gleichberechtigter Mitgesetzgeber neben dem Rat anerkannt[145] und im Rahmen des Mitentscheidungsverfahrens gemäß Art. 251 EGV (ex Art. 189b EGV) dem Rat praktisch gleichgestellt. Insbesondere werden auch die Rechtssetzungsbereiche dieses Verfahrens erheblich ausgeweitet. Durch diese stärkere Beteiligung des Parlaments wird - wie oft gefordert - insgesamt auch die demokratische Legitimation des Handelns der Europäischen Union selbst gestärkt. Bei der Zahl der Abgeordneten wird in Art. 190 S.2 EGV eine Obergrenze von 700 Abgeordneten bestimmt, sodass hiernach für kommende Erweiterungsrunden nur eine zusätzliche Anzahl von 74 zu den derzeit zu wählenden 626 Sitzen zur Verfügung stünde.[146] Art. 190 Abs. 2, S.2 EGV schreibt für den Fall einer Änderung der Zusammensetzung des Parlaments eine „angemessene Vertretung der Völker“ vor und gibt damit grundsätzlich dem proportionalen Element mehr Raum.

Die Reformbemühungen betreffend den Rat der Europäischen Union richteten sich v.a. auf die schrittweise Überwindung des Einstimmigkeitserfordernisses. In mehreren Bereichen, insbesondere neuen Vertragsvorschriften, aber auch etwa bei der gemeinsamen Außen- und Sicherheitspolitik, erfolgte der Übergang zu Entscheidungen mit qualifizierter Mehrheit. In den erst im Amsterdamer Vertrag teilweise vergemeinschafteten Politiken in den Bereichen Asyl, Flüchtlingspolitik, Visapolitik, Außengrenzenkontrollen, Einreise- und Aufenthaltsbedingungen für Drittstaatler sowie in der justiziellen Zusammenarbeit in Zivilsachen verbleibt es zunächst bei der Einstimmigkeit; nach einer Erprobungsphase von 5 Jahren soll der Übergang zu Mehrheitsentscheidungen geprüft werden. Die Frage der Stimmengewichtung wurde im Vertrag von Amsterdam noch nicht unmittelbar neu geregelt, allerdings enthält das beigefügte „Protokoll über die Organe im Hinblick auf die Erweiterung der Europäischen Union“ einen Stufenplan für weitere institutionelle Reformen, der auch eine Überprüfung der Stimmengewichtung vorsieht.[147]

---

[144] FAZ vom 18.6.1997, S. 6: „Verhaltener Jubel - Die Gefahr eines Scheiterns ist gebannt“; Brok, Kein Papiertiger: Der Vertrag von Amsterdam, in: Wirtschaftsdienst 1997/VII, S. 375; Riedel, Der Vertrag von Amsterdam und die institutionelle Reform der Europäischen Union, BayVBl 1998, S. 547; Hort, FAZ vom 26.4.1999 und Stabenow, FAZ vom 30.4.1999 („Hauptgewinner der Reform“); Lörcher/Lerche, Der Vertrag von Amsterdam, BRAK-Mitt. 4/99, S. 177.

[145] Riedel, a.a.O., S. 547.

[146] Diese Regelung hat mit dem Vertrag von Nizza eine weitere Änderung erfahren (vgl. u.).

[147] Siehe zu dem Protokoll Riedel, a.a.O., S. 548, 550.

Der Vertrag von Amsterdam sucht auch die Rolle der Kommission zu stärken. Die Rolle des Präsidenten wird durch eine Art „politische Leitlinienkompetenz" sowie ein gesondertes Zustimmungsvotum des Parlaments zu seiner Ernennung (Art. 219 und 214 EGV) besonders hervorgehoben. Weitere Reformen zur Größe der Kommission sowie zu einer effektiveren Arbeitsweise wurden in den Blick genommen.
Der Gerichtshof erhält Zuständigkeiten auch teilweise im Bereich Justiz und Inneres sowie für die Kontrolle über die Achtung der Grundrechte durch die Organe. Zu beachten ist vor allem die Zuständigkeit des Gerichtshofs im Rahmen des neuen Titels des EG-Vertrages über freien Personenverkehr, Asyl und Einwanderung infolge der (Teil-)Vergemeinschaftung dieses Bereichs in Art. 68 EGV.

Verbessert wurden auch die Stellung des Europäischen Rechnungshofs sowie der unterstützenden Einrichtungen (Art 7 Abs. 2 EGV), Wirtschafts- und Sozialausschuss (WSA) und Ausschuss der Regionen (AdR).[148] Während WSA und AdR erweiterte Anhörungsrechte erhalten und Letzterer auch erstmals einen organisatorischen Unterbau und Geschäftsordnungsautonomie, wird dem Rechnungshof sogar eine eigene Klagebefugnis bei der Wahrung seiner Rechte zugestanden.[149] Hervorzuheben sind auch die Bestimmungen über die „verstärkte Zusammenarbeit" des neugeschaffenen Titels VII des EU-Vertrages (Art. 43 bis 45). Hier wird der Versuch unternommen, die Schwierigkeit einer Erweiterung der Union unter gleichzeitiger Vertiefung der Integration in den Griff zu bekommen bzw. Möglichkeiten einer abgestuften Integration zu schaffen.[150] Das seit längerem diskutierte Modell eines „Europas der zwei Geschwindigkeiten" und das der „konzentrischen Kreise"[151] erhalten damit eine institutionelle Bestätigung, wenngleich schon in der Vergangenheit durch zahlreiche Ausnahmebestimmungen für bestimmte Mitgliedstaaten, etwa bei der Währungsunion,[152] unterschiedliche Rechtswirklichkeit in bereits vergemeinschafteten Bereichen zu verzeichnen war.

Der Vertrag von Amsterdam versucht insgesamt bestehende Integrationsansätze zu vertiefen und zugleich den Anfang der Voraussetzungen für eine Erweiterung der Uni-

---

148 Vgl. im Einzelnen Riedel, a.a.O., S. 549.

149 Ausführlich: Friedrich/Inghelram, Die Klagemöglichkeiten des Europäischen Rechnungshofes vor dem Europäischen Gerichtshof, DÖV 1999, S. 669ff.

150 Zu den Bestimmungen der verstärkten Zusammenarbeit: Riedel, a.a.O. und Kinkel/de Charette: Verstärkte Zusammenarbeit im Hinblick auf die weitere Vertiefung des europäischen Einigungswerkes - Gemeinsamer deutsch/französischer Diskussionsbeitrag für die Regierungskonferenz, abgedruckt in: Bulletin der Bundesregierung Nr. 84 vom 23.10.1996, S. 918ff.

151 Der Gedanke der abgestuften Integration hat zahlreiche Stellungnahmen und Entwürfe hervorgerufen: So vertrat Franreichs Präsident Chirac zuletzt den Gedanken einer EU-Pioniergruppe bzw. „Avantgarde-Gruppe" für schnellere Integrationsfortschritte (Frankfurter Rundschau vom 18.6.2000), Außenminister Fischer sprach in seiner Berliner Rede vom 12.5.2000 von einem „Gravitationszentrum" und grenzte sich damit wiederum vom Gedanken des „Kerneuropa" im Sinne des CDU-Entwurfs von Schäuble und Lamers ab. Im Ergebnis dürften sich diese terminologischen Unterscheidungen bei der etwaigen Umsetzung in praxi nicht auswirken.

152 Siehe etwa das bedeutsame 11. Protokoll zum Vertrag über die Europäische Union über einige Sonderbestimmungen betreffend Großbritannien, worin dem Vereinigten Königreich der Beitritt zur Währungsunion freigestellt wurde, sowie die zahlreichen weiteren Protokolle des Maastricht-Vertrages.

on (insbesondere nach Osten und Südosten) zu schaffen. Er ist insgesamt als Durchgangsstation zu bezeichnen, der Maastricht fortschreibt, den Weg in eine noch teilweise ungeklärte künftige Struktur eines größeren Europas ebnen soll und damit „den Keim" weiterer Vertragsänderungen in sich trägt, was Anlass zu Kritik an seiner „Unfertigkeit" gab.[153] Nicht umsonst sollen in bestimmten Übergangsfristen Neuregelungen zu Mehrheitsentscheidungen im Rat und der Besetzung der Kommission festgelegt werden, da ein Europa „der 30" ohne klare Kompetenz- und Entscheidungsstrukturen kaum mehr handlungsfähig sein dürfte.

III. Der Vertrag von Nizza

Mit dem Europäischen Rat von Nizza (7. - 9.12.2000) wurde die am 14.2.2000 eingeleitete Regierungskonferenz abgeschlossen. Dabei einigten sich die Teilnehmer nach einem teilweise „dramatischen" Verlauf der Tagung[154] auf eine weitere Vertragsrevision („Vertrag von Nizza"),[155] die die Erweiterung der Union nach Osten und Südosten unter Fortsetzung des in Amsterdam begonnenen Prozesses ermöglichen und vorbereiten soll. Das Verhandlungsergebnis von Nizza hat vielfältige Kritik hervorgerufen.[156] Ungeachtet der heterogenen Interessenlage der Mitgliedstaaten lässt sich doch zusammenfassen, dass die Reform von ihrem Umfang her als noch unzureichend für die gestellten Aufgaben angesehen wurde; dementsprechend begann sogleich nach Abschluss der Verhandlungen die Diskussion um die nächste große Revisionskonferenz, die für das Jahr 2004 vorgesehen ist.[157]

Hervorstechendes Thema der Verhandlungen war die Neugewichtung der Stimmen im Rat der Union, was im Hinblick auf dessen Kompetenzen und die Erweiterung der Union als elementar angesehen wurde. Die damit zusammenhängende Frage der Entscheidungen mit qualifizierter Mehrheit geriet dagegen zunehmend in den Hintergrund. In den äußerst schwierigen Verhandlungen wurde sodann eine Neugewichtung im Rat

---

153 Etwa FAZ vom 30.4.1999: „Amsterdamer Vertrag ist schon vor dem Inkrafttreten ein Auslaufmodell"; vgl. kritisch auch Jack Lang, Nein zum Vertrag von Amsterdam, Frankfurter Hefte 1997, S. 869f. - Lang kritisiert den Vertrag als völlig unzureichend und fordert vor einer Erweiterung der Union einen neuen Gründungsakt entsprechend dem Pioniergeist der Gründer Schuman und Monnet zur Schaffung einer Europäischen Föderation.

154 Vgl. etwa Frankfurter Neue Presse vom 12.12.2000: „Nach dramatischer Nachtsitzung des EU-Gipfels ein mageres Ergebnis ... Das längste und konfliktreichste Gipfeltreffen in der Geschichte der EU".

155 ABl. Nr. C 80 vom 10.3.2001 und Berichtigung ABl. Nr. C 96, S. 27 vom 27.3.2001.

156 Frankfurter Neue Presse vom 12.12.2000: „Die Enttäuschung von Nizza"; FAZ vom 12.12.2000 („Mini-Reform-Paket"); Die Welt vom 12.12.2000: „Wirtschaft ist vom EU-Gipfel enttäuscht"; Die Rheinpfalz vom 12.12.2000: „Kritik an magerer Bilanz des EU-Gipfels"; ein Überblick über die internationale Presse fand sich etwa unter http://www.politik-digital.de/europa/dossier/nizza/presse3.shtml, abgerufen am 12.1.2001; siehe auch Wägenbaur, Der Gipfel von Nizza: Rückblick und Ausschau, ZRP 2001, S. 94.

157 Vgl. Wägenbaur, a.a.O., S. 95; Hirsch, Nizza: Ende einer Etappe, Beginn einer Epoche?, NJW 2001, S. 2678; Streinz, Die Abgrenzung der Kompetenzen zwischen der Europäischen Union und den Mitgliedstaaten, BayVBl 2001, S. 481f.

vorgenommen, bei der die Ponderierung moderat zugunsten der großen Staaten verschoben wurde. Dabei konnte die Regelung keine Seite wirklich zufrieden stellen und hat die grundsätzlichen Probleme eines Staatenverbundes mit Interessenpluralismus, aber ohne echte Staatlichkeit wieder deutlich zu Tage treten lassen. Am 26.2.2001 wurde der Vertrag in Nizza von den Außenministern feierlich unterzeichnet und soll nach der Ratifikation durch alle Mitgliedstaaten (Art. 48 EUV) in Kraft treten. Bereits am 8.6.2001 erhielt er seinen ersten schweren Rückschlag, als sich die irische Bevölkerung in einem Referendum gegen den Vertrag aussprach, was zu erheblichen Unsicherheiten über dessen Schicksal und damit zugleich über das der baldigen EU-Erweiterung führte.[158]

Ungeachtet der überwiegend kritischen oder zumindest zurückhaltenden Kommentierungen ist doch festzustellen, dass der Vertrag eine Fülle neuer Regelungen enthält, die in ihren Einzelheiten in dieser Arbeit keine umfassende Berücksichtigung finden können.[159] Im Folgenden werden daher nur die wesentlichen Regelungen zusammenfassend dargestellt. Dabei ist zu beachten, dass sich die in den Medien und der Öffentlichkeit besonders beachteten Vorschriften in dem als Anlage 1 beigefügten „Protokoll über die Erweiterung der Europäischen Union" (im Folgenden: Erweiterungsprotokoll) befinden. 12 Beitrittskandidaten aus Ost- und Südosteuropa finden darin Berücksichtigung.

Hervorzuheben ist zunächst die genannte Neugewichtung der Stimmen im Rat der Union, wobei eine leichte Verschiebung zugunsten der großen Staaten stattgefunden hat, [160] die freilich das ponderierte System in seinem Grundsatz unangetastet lässt und letztlich nur eine Majorisierung der 4 bis 5 großen Staaten (einschließlich Polens wären es 6) durch eine Vielzahl von Kleinstaaten verhindern soll und nicht - wie mitunter behauptet - einen substanziellen Machtgewinn Deutschlands bzw. der großen Staaten bedeutet. Der Faktor von alter zu neuer Stimmengewichtung schwankt zwischen 2 (Luxemburg) und 3,375 (Spanien). Die vier großen erhalten einen Faktor von 2,9; die übrigen Mitgliedstaaten schwanken - je nach Größe - zwischen 2,3 und 2,6. Von einer grundlegenden Veränderung kann dabei schwerlich gesprochen werden. Zudem hat die Einführung einer praktisch dreifach qualifizierten Mehrheit (Stimmen, Mitgliedstaaten und Bevölkerungsanteil) zu einer weiteren Komplizierung des Verfahrens beigetragen.[161] Allerdings ist mit dem optionalen Erfordernis einer Mehrheit von 62 % der Gesamtbevölkerung erstmals das demografische Gewicht der jeweiligen Völker ausdrücklich hervorgehoben worden (Art. 3 Abs. 4 des Erweiterungsprotokolls). In diesem Zu-

---

[158] Siehe Frankfurter Neue Presse vom 9.6.2001: „Irisches Nein blockiert die in Nizza gestellten Weichen".

[159] Vgl. ausführlicher Epiney/Abt/Mosters, Der Vertrag von Nizza, DVBl 2001, S. 941ff; Gnan, Der Vertrag von Nizza, BayVBl 2001, S. 449ff; Schäfer, Der Vertrag von Nizza - seine Folgen für die Zukunft der Europäischen Union, BayVBl 2001, S. 460ff.

[160] Die vier größten Staaten erhalten 29 statt 10 Stimmen, Spanien 27 statt 8; Belgien Griechenland und Portugal erhalten 12 statt 5 und die Niederlande 13. Österreich und Schweden erhalten je 10 Stimmen (zuvor 4), Dänemark, Finnland und Irland 7 statt 3 und Luxemburg 4 statt 2.

[161] Ebenso Epiney/Abt/Mosters, Der Vertrag von Nizza, DVBl 2001, S. 943f.

sammenhang ist auch die Zusammensetzung des Europäischen Parlaments nach einer Erweiterung der Union zu erwähnen. Aus Sicht der Bundesrepublik Deutschland ist zu bemerken, dass auch hier eine Anpassung der Sitze beschlossen wurde,[162] die einen weiteren - fast unbeachteten - Schritt zu Wahlrechtsgleichheit und Demokratisierung in der Union darstellt.[163] Die Höchstzahl der Sitze wurde unter Abänderung des Art. 189 Abs. 2 EUV im Hinblick auf die Erweiterung nunmehr auf 732 unter gleichzeitiger Einführung einer „Gleitklausel" festgelegt (Art. 2 Abs. 3 und 2 des Erweiterungsprotokolls).

Zu einer nur vorläufigen Lösung wurde die Frage der Zusammensetzung der Kommission gebracht. Die großen Länder sollen mit Antritt der neuen Kommission im Jahr 2005 auf ihren zweiten Kommissar verzichten (Art. 4 Abs. 1, S.2 des Erweiterungsprotokolls), was sich ja bereits im Zuge des Amsterdamer Vertrages manifestiert hatte. Gleichwohl konnte noch keine abschließende Einigung über die Begrenzung der Kommission in einer auf 27 Mitglieder angewachsenen Union erzielt werden. In diesem Fall soll die Zahl der Mitglieder unter 27 betragen, das System der Rotation und die endgültige Anzahl der Kommissare aber erst noch durch einstimmigen Ratsbeschluss festgelegt werden (Art. 4 Abs. 2).

Die Diskussion um Mehrheitsentscheidungen hat in Nizza nur einige konkrete Ergebnisse erbracht, die hinter den Erwartungen zurückgeblieben sind.[164] Hervorzuheben ist aber die Änderung des Art. 214 EGV, wonach der Kommissionspräsident und die übrigen Mitglieder künftig mit qualifizierter Mehrheit des Rates benannt und - wie bisher nach Zustimmung des Parlaments - ernannt werden sollen. Das bisherige „Einvernehmen der Regierungen" entfällt also zumindest de jure mit der Revision. Dies gilt auch für die Neubesetzung einzelner Kommissionsposten während der Amtsperiode (Art. 215 Abs. 2 EGV/Nizza). Auch kann künftig der Sonderbeauftragte für „besondere politische Fragen" (Art. 18 Abs. 5 EUV) gemäß Art. 23 Abs. 2 EUV/Nizza mit qualifizierter Mehrheit ernannt werden. Weitere Entscheidungen mit künftig qualifizierter Mehrheit sind etwa Art. 259 Abs. 1 EGV/Nizza (Ernennung der Mitglieder des WSA), Art. 247 Abs. 3 EGV/Nizza (Ernennung der Mitglieder des Rechnungshofs), Art. 123 Abs. 4 EGV/Nizza (Währungsmaßnahmen) sowie bestimmte Regelungen im Rahmen der verstärkten Zusammenarbeit[165], der GASP (vgl. etwa Art. 24 Abs. 4 EUV/Nizza) sowie der Visapolitik (Art. 67 Abs. 2 EGV/Nizza). Im Wesentlichen verbleibt es aber in den letztgenannten drei Bereichen bei dem Erfordernis der Einstimmigkeit. Insbesondere blieben Asyl- und Einwanderungsfragen substanziell von der Vertragsreform ausge-

---

[162] Deutschland behält danach seine 99 Sitze, Großbritannien, Frankreich und Italien sollen dagegen nur noch 74 (statt zuvor 87) erhalten. Auch Spanien soll auf 14 seiner 64 Sitze verzichten.

[163] Kritisch aber Wägenbaur, Der Gipfel von Nizza, ZRP 2001, S. 94, der dieses Ergebnis als „Trostpreis" für Deutschland bezeichnet und daraus folgert, dass dem Europäischen Parlament noch immer weniger Gewicht als dem Rat beigemessen wird; siehe auch Schäfer, Der Vertrag von Nizza - seine Folgen für die Zukunft der Europäischen Union, BayVBl 2001, S. 461.

[164] Vgl. Epiney/Abt/Mosters, a.a.O., S. 951f.

[165] Vgl. etwa Klausel D Abs. 1 (Institutionelle Modalitäten) und Klausel G Abs. 2 (Verfahren zur Begründung der verstärkten Zusammenarbeit).

klammert. Die vorgenommenen Änderungen in Art. 67 EGV beziehen sich vorwiegend auf das anzuwendende Verfahren und garantieren damit eine verstärkte Mitwirkung des Parlaments als einen weiteren Schritt zur Vergemeinschaftung dieses Bereichs.[166]

Hervorzuheben ist auch die Ausdehnung der sog. „verstärkten Zusammenarbeit“[167] auf verschiedene Bereiche der gemeinschaftlichen Politiken und die Kodifizierung allgemeiner Grundsätze als Regelung vor der Klammer.[168] Dabei wird die konkrete Einführung einer solchen Zusammenarbeit im Hinblick auf den Besitzstand der Gemeinschaft und deren Entwicklung sowie zur Wahrung der Kohärenz von zahlreichen Voraussetzungen abhängig gemacht; insbesondere muss ein besonderes Bedürfnis für die Zusammenarbeit bestehen und die spätere Teilnahme anderer Mitgliedstaaten im Grundsatz jederzeit möglich sein. Ob mit diesen Bestimmungen ein „Europa der zwei Geschwindigkeiten“ eingeführt und damit tatsächlich eine „Avantgarde-Gruppe“ im Sinne des französischen Präsidenten Chirac ermöglich wird,[169] erscheint im Hinblick auf die doch beachtliche Komplexität der Regelungen eher fraglich.

Eine durchaus umfassende - in der öffentlichen Debatte um die Ponderierung des Rates jedoch kaum beachtete - Reform enthält der Vertrag bei der Gerichtsorganisation der Gemeinschaft. Zur Entlastung des Gerichtshofs und zum Ausbau des Rechtsschutzsystems der Union wird die Stellung des Gerichts erster Instanz bedeutend gestärkt. Das Gericht ist danach kein dem EuGH beigeordnetes Gericht mehr (vgl. Art. 225 EGV/Amsterdam), sondern selbständig zur Wahrung des Rechts bei der Auslegung und Anwendung der Verträge berufen (Art. 220 EGV/Nizza). Das Gericht erfährt demgemäß eine erhebliche Ausdehnung seiner Zuständigkeiten (Art. 225 EGV/Nizza) und kann sogar als Rechtsmittelinstanz gegen Entscheidungen noch zu bildender „gerichtlicher Kammern“ (Art. 225a i.V.m. Art. 225 EGV/Nizza) angerufen werden.

Insgesamt dürfte der Vertrag von Nizza ein notwendiger, aber wohl noch nicht hinreichender Schritt zu einer (handlungsfähigen) Union mit weit über 20 Mitgliedern sein. In dem längst begonnenen „Post-Nizza-Prozess“[170] stellt sich nunmehr die Frage einer Europäischen Verfassung erst mit aller Deutlichkeit.

---

166 Vgl. zu den Schwierigkeiten der Auslegung des neuen Art. 67 EGV: Epiney/Abt/Mosters, a.a.O., S. 951f.

167 Siehe hierzu Epiney/Abt/Mosters, a.a.O., S. 945ff; Gnan, Der Vertrag von Nizza, BayVBl 2001, S. 455f.

168 Die Klauseln A bis F sollen als allgemeine Grundsätze in den Titel VII des EUV aufgenommen, die Klauseln G bis K Bestandteil des ersten Teils des EGV werden.

169 Siehe FAZ (engl. Version) vom 19.5.2001, S. 8: „Allez Les Avant-Gardes“ sowie nochmals Frankfurter Rundschau vom 28.6.2000: „Chirac regt EU-Pioniergruppe an“.

170 Vgl. etwa Fischer, Der Vertrag von Nizza, S. 77 („Quo vadis Europa?“).

2. Teil: Vergleich EU/EG 2001 und EPG 1953

A. Gegenstand des Vergleichs

Wie in dem vorhergehenden Überblick dargestellt, sind die weltpolitischen Bedingungen der beiden Einigungsprojekte völlig unterschiedlich, wenn man auf die Zeitpunkte der Entstehung des Entwurfs der Europäischen Politischen Gemeinschaft und der Verträge von Maastricht, Amsterdam und Nizza abstellt. Während es in den Jahren 1952/53 um eine zunächst auf die 6 Mitgliedstaaten begrenzte Integration mit den Zielen der Versöhnung der Kriegsparteien, der Stärkung des freien Europas und des wirtschaftlichen Wiederaufbaus ging, steht zu Beginn des 21. Jahrhunderts die Vereinigung eines Großteils Europas mit zunächst etwa 20 und möglicherweise über 30 Staaten auf der Tagesordnung. Damit ergeben sich inzwischen allein aus der Anzahl der Mitgliedstaaten zwangsläufig erhebliche unterschiedliche institutionelle Notwendigkeiten für die Struktur der beiden Gemeinschaften. Dabei ist jedoch zu beachten, dass die EU/EG noch immer wesentlich auf den Römischen Verträgen vom 25. März 1957 fußt, sodass die Übereinstimmungen größer sein könnten, als der unterschiedliche historische Kontext aus heutiger Sicht dies vermuten lässt. Dabei ist auch zu sehen, dass mit beiden Projekten teilweise die selben Persönlichkeiten befasst waren.[171] Ausgangsthese wäre demnach der Gedanke, dass die Römischen Verträge auf den Plänen der EPG unter Ausklammerung des Verteidigungsbereichs und Vermeidung übermäßiger Souveränitätsverzichte aufbauten und dabei zugleich die Abkehr von einer Terminologie vollzogen, die zu sehr auf die Bildung eines neuen Europäischen Staatswesens hinwies und damit die Gegner der Einigung herausfordern musste.

Betrachtet man demgemäß die EU/EG aus der Sichtweise der Schöpfer der Römischen Verträge, so basieren beide Gemeinschaftsmodelle auf den gleichen bzw. zumindest sehr ähnlichen historischen und politischen Grundlagen. Die Gründung von EWG und EAG war von dem tiefen Schock des Scheiterns der EVG 1954 geprägt und stand insofern für einen Neuanfang der Integrationsbemühungen (relance européenne), was allgemein als Begründung oder Fortführung des „Funktionalismus“, also der politischen Einigung über die Integration einzelner Sektoren, insbesondere der Wirtschaft, angesehen wurde.[172] Gleichwohl waren die fundamentalen Grundlagen der Einigung die gleichen geblieben. Dazu zählen zuvörderst der Gedanke der Friedenssicherung sowie der Gedanke der Supranationalität, der Förderung von Wirtschaft und Handel, der Machterhaltung Europas in der weltweiten Politik und - nicht zuletzt - die Sicherung der

---

[171] Hervorzuheben ist wiederum Paul-Henri Spaak, der zunächst die Ad hoc-Versammlung leitete und später auch die Messina-Konferenz im Jahre 1955 maßgeblich prägte. Auch Heinrich von Brentano ist zu nennen.

[172] Vgl. ausführlich zu den Integrationstheorien: Frei, Integrationsprozesse in: Weidenfeld (Hrsg.), Die Identität Europas, S. 113ff, insbesondere S. 121ff; zusammenfassend Schmale, Von den Weltkriegen nach Rom: Ideen und Stationen auf dem Weg zur EWG, in: Breuss/Fink/Griller (Hrsg.), Vom Schuman-Plan zum Vertrag vom Amsterdam - Entstehung und Zukunft der EU, S. 29ff.

Menschenrechte.[173] Dabei gab es allerdings unterschiedliche Akzente. Während die EWG - zumindest vordergründig - zunächst nur die wirtschaftliche Integration förderte, war das Projekt der EPG offener und umfassender angelegt: Eine supranationale Struktur in einer aus drei Teilgemeinschaften zusammengeschmolzenen „Dachgemeinschaft",[174] die durch die EVG die Friedenssicherung übernimmt und eine Kompetenz zur Schaffung eines gemeinsamen Marktes inne hat. Dabei ist die Europäische Menschenrechtskonvention (EMRK)[175] integraler Bestandteil der Satzung.[176] Demgegenüber setzten die Gemeinschaften der Römischen Verträge, im Anschluss an den Vertrag zur Montanunion und nach dem Scheitern von EVG und EPG, den Weg der sektoriellen Integration in der Erwartung fort, dass durch entsprechende Teilfortschritte eine Eigengesetzlichkeit entstehen und diese zu einer politischen Einigung hinführen sollte, was auch als „spill-over effect" bezeichnet wurde.[177]

Die Strukturen der Europäischen Union und ihrer Gemeinschaften auf der einen und der EPG auf der anderen Seite legen es nahe, Aufbau und Organisation anhand der jeweils parallelen Organe zu messen und deren Kompetenzverteilung in der innergemeinschaftlichen Struktur zu vergleichen. Neben diesem inneren Aufbau und den damit verbundenen Organkompetenzen sind die Zuständigkeitsgebiete der Gemeinschaften selbst, nämlich die jeweilige Verbandskompetenz, für die rechtliche Einordnung der Gemeinschaft von Bedeutung und damit die Frage, in welcher Weise die Machtverteilung zwischen Mitgliedstaaten und Gemeinschaft organisiert ist. Hieraus lassen sich schließlich auch Rückschlüsse auf die Einordnung der EPG als internationale Organisation, supranationale Organisation, Konföderation oder gar Förderation ziehen und das Verhältnis zur EU bestimmen. Gleiches gilt für die Möglichkeit der Abänderung der Satzung bzw. des Vertrages, die Möglichkeit der Verwerfung kompetenzwidriger Akte der Gemeinschaftsorgane, aber auch die Frage der Monopolisierung der auswärtigen Beziehungen, ein mögliches Sezessionsrecht der Mitgliedstaaten und die Frage von Ausübung von Hoheitsgewalt durch die Gemeinschaft gegenüber Gemeinschaftsbürgern.[178]

---

[173] In Anlehnung an Schweitzer/Hummer, Europarecht, Rn. 22ff, wo die vier erstgenannten Bereiche als „Grundlagen der Europaidee" bezeichnet werden.

[174] Zurcher, The struggle to Unite Europe, S. 110, nennt die EPG insofern „umbrella agency", was begrifflich der Dachkonstruktion der EU (vgl. o.) sehr nahe kommt, im Kern aber wohl nicht trifft, da die EPG mehr als ein Dach, sondern vielmehr das Gerüst für die EVG und EGKS und die künftige europäische Verfassung schlechthin sein sollte.

[175] Konvention zum Schutze der Menschenrechte und Grundfreiheiten vom 4.11.1950 = BGBl. II 1952, S. 686 und BGBl. II 1954, S. 14 mit zahlreichen nachfolgenden Änderungen.

[176] Siehe Art. 3 SEPG (Inkorporation der EMRK), Art. 45 SEPG (EMRK als gerichtlicher Prüfungsmaßstab für Gemeinschaftsakte) und Art. 90 und 116 SEPG (Anerkennung der EMRK als Bedingung für Assoziation und Beitritt zur Gemeinschaft).

[177] Vgl. Constantinesco, Das Recht der europäischen Gemeinschaften, Bd. I, S. 113ff; Schweitzer/Hummer, Europarecht, Rn. 32ff.

[178] Vgl. hierzu Jaenicke, Bundesstaat oder Staatenbund, FS Bilfinger, S. 71ff.

Sodann kann gefragt werden, ob der Stand der Integration der Mitgliedstaaten der EU bzw. der Europäischen Gemeinschaften nicht weit über das hinausgeht, was den Schöpfern der EPG als Vorstufe einer europäischen Verfassung vorschwebte oder ob umgekehrt die Satzung der EPG ein Maß an Integration projektierte, welches die EU/EG auch nach den kommenden Revisionsrunden nicht erreichen dürfte. Dabei kann die Beurteilung je nach betroffenem Bereich durchaus unterschiedlich ausfallen. So ist bereits bei grober Übersicht zu erkennen, dass die Frage der Marktintegration - spätestens mit der praktischen Vollendung des Binnenmarktes sowie der Einführung des Euro zum 1.1.1999 - viel weiter gediehen ist, als die noch zögernd zugestandene „Wirtschaftskompetenz" der EPG. Andererseits scheint die Außenpolitik - und damit zusammenhängend die Verteidigungspolitik - in beiden Systemen der problematischste Punkt zu sein, sodass die Regelungen der GASP und der Art. 67 - 74 SEG einer genaueren Betrachtung bedürfen. Bemerkenswert ist weiterhin die Entwicklung des Prinzips der Mehrheitsentscheidungen in der EU/EG im Verhältnis zu der Regelung der EPG, in der zuversichtlich von einer Entwicklung des Mehrheitsprinzips in der Gesetzgebung unter Ausschluss des Finanzbereichs ausgegangen wurde. Abschließend wird zu fragen sein, ob die EPG - zumindest in Teilen - noch ein Vorbild für die Entwicklung der Europäischen Union sein kann, oder ob durch den historischen Wandel der politischen und ökonomischen Verhältnisse in bald 50 Jahren schlichtweg ein „aliud" anzunehmen ist, welches als Modell für die Probleme des „Großen Europa" des beginnenden 21. Jahrhunderts nicht mehr tauglich ist.

B. Die Organisation und die Institutionen der EPG im Vergleich zur EU

I. Einleitung: Sieg des föderalistischen Prinzips?

Nach den Arbeiten des Verfassungsausschusses vom 8. bis 11. Januar 1953 ließ die Bundesregierung verkünden: *„Das Ergebnis der Verhandlungen lässt sich zusammenfassen in der Feststellung, dass das föderalistische Prinzip hinsichtlich der politischen Struktur Europas einen beachtlichen Sieg davongetragen hat.“*[179]

Da die Ergebnisse des Verfassungsausschusses weitgehend Anerkennung in der Ad hoc-Versammlung erfuhren und somit in die Endfassung der Satzung eingingen, ist zu fragen, ob diese Einschätzung zutreffend oder - möglicherweise im Überschwang des Einigungsgedankens - erheblich überzogen war. Kritisch sah es etwa bereits Robertson in seiner Analyse des Satzungsentwurfs nach dessen Veröffentlichung.[180] Der Vertrag setze die Grundlagen einer föderalen Struktur, auch einer föderalen Regierung, ohne jedoch die dazugehörigen Kompetenzen zu verleihen. Walter Hallstein, sowohl an dem Ringen um EVG und EPG als auch an der Entstehung und Einsetzung der späteren Gemeinschaften beteiligt, schrieb 1965 zu den Grundlagen und Verfassungsprinzipien der Europäischen Gemeinschaften:[181]

> *„Das grundsätzlich Neue, das mit den Europäischen Gemeinschaften geschaffen worden ist, liegt indessen nicht nur in den ihnen gestellten Aufgaben; es liegt vielmehr ... vor allem in der Art und Weise, wie diese Aufgaben gelöst werden sollen. Denn wenn die Gemeinschaften ... staatsrechtlichen Gebilden näher stehen als internationalen Organisationen klassischer Prägung, so deswegen, weil die Erfüllung der ihnen gestellten Aufgaben in weitem Umfang Gemeinschaftsorganen obliegt, die mit eigenen Hoheitsrechten ausgestattet sind. Revolutionär sind daher in erster Linie die institutionellen Vorschriften der Verträge, d.h. die Bestimmungen über die Organe der Gemeinschaften und die ihnen zugewiesenen Kompetenzen.“*

Diese Einschätzung Hallsteins zu den Gemeinschaften der Römischen Verträge und der EGKS kann auch als Richtschnur für die Einordnung des Projekts der Politischen Gemeinschaft 1952/53 angesehen werden. Denn unabhängig von der Frage, wie weitgehend die Kompetenzübertragungen auf diese Politische Gemeinschaft gewesen sein mögen, stellten die vorgeschlagenen Institutionen im europäischen Rahmen eine Neuerung dar, die weit über bisherige konkrete Entwürfe hinausging und ihren ersten Anlauf im Europarat genommen hatte. Die institutionelle Struktur der EPG verdient daher auch eine eingehende und vorrangige Betrachtung zur Einordnung der Gemeinschaft. Passend hierzu meinte der Berichterstatter des Unterausschusses für Politische Institutionen, Fernand Dehousse, im Bericht des Verfassungsausschusses vom 26. Februar

---

[179] Bulletin der Bundesregierung Nr. 10 vom 16.1.1953, S. 77: „Aufbau der Europäischen Verfassung - Die Ergebnisse der ersten Lesung - Die Einigung ist ein gutes Stück weitergekommen“.

[180] Robertson, EPC, S. 399.

[181] Hallstein, Zu den Grundlagen und Verfassungsprinzipien der Europäischen Gemeinschaften, FS Ophüls, S. 5f.

1953:[182] *„Der Aufbau der politischen Institutionen ... ist so umfassend und verwickelt, dass man zweifellos ein ganzes Buch schreiben müsste, wenn man ihn im Einzelnen untersuchen wollte. Es ist zu wünschen, dass dieses Buch eines Tages geschrieben wird, denn es ist nicht zu bestreiten, dass der Gegenstand es verdient."*

II. Die Organe der EPG und der EU/EG im Überblick

1. Die Organe der EPG

Art. 9 SEPG nennt die Organe der Gemeinschaft: das Parlament, den Europäischen Exekutivrat, den Rat der nationalen Minister, den Gerichtshof sowie den Wirtschafts- und Sozialrat. Charakteristisch für das System der EPG ist das Zweikammerparlament, bei dem der Senat ohne Zustimmung der nationalen Regierungen die Regierung der Gemeinschaft wählen soll. Ein Mitgliedstaat darf im Rat der nationalen Minister nur dort ein „Veto" einlegen, wo es um Finanzen und die Beiträge im weiteren Sinn oder um bestimmte Änderungen der Verträge geht. Im wirtschaftlichen Bereich (Schaffung eines einheitlichen Marktes) ist das Veto nur für eine Übergangszeit vorgesehen. Die Abhängigkeit des Exekutivrates von den beiden Kammern des Parlaments kann unterschiedlich im Hinblick auf die Stabilität der Regierung interpretiert werden, worauf noch näher einzugehen ist.[183] Der Rat der nationalen Minister soll möglichst keine Aufgaben der Exekutive übernehmen und in der Legislative nur Korrektiv und Absicherung der Staaten, insbesondere der jeweiligen Regierungen, sein. Zu fragen ist, ob nicht bei der gewählten Konstruktion von einem Drei-Kammer-System gesprochen werden muss, wobei das nationalstaatliche Element durch Rat und Senat in unterschiedlicher Weise vertreten wäre. Der Gerichtshof der Gemeinschaft hat umfassende Kompetenzen, sofern es um Klagen von Mitgliedstaaten und Bürgern der Gemeinschaft geht, bei „politischen" Streitigkeiten allerdings oftmals nur Schiedsgerichtsfunktionen. Ein Wirtschafts- und Sozialrat soll den übrigen Organen fachliche Kompetenz zur Verfügung stellen. Ein „Ausschuss der Regionen" oder eine ähnliche Einrichtung findet sich dagegen nicht in der Satzung, sodass eine Vertretung der Regionen oder Bundesländer unmittelbar nicht gegeben ist.

2. Die Organe der EU (bzw. der EG, EGKS, EAG) im Überblick

Zunächst ist die Sprachregelung festzulegen. Grundlage der Union sind auch nach Maastricht und Amsterdam die drei Teilgemeinschaften EG, EAG und EGKS. Innerhalb der genannten „Drei-Säulen-Struktur" bildet der Unionsvertrag eine Art „Rahmenvertrag", der die Gemeinschaft und die intergouvernementalen Strukturen der

---

[182] Verfassungsausschuss, Einleitender Bericht und Begründung vom 26.2.1953, S. 37.

[183] Vgl. hier bereits Karp, European Political Community, International Organization 1954, S. 189f, wonach die Stabilität des Exekutivrates auch und gerade auf die Bildung europafreundlicher übernationaler Koalitionen gestützt werden sollte.

GASP und ZBJI (jetzt PJZS)[184] zusammenführen soll.[185] Die mit dem Maastricht-Vertrag geschaffene Europäische Union stellt nach herrschender Meinung keine eigene Rechtspersönlichkeit dar.[186] Anders als die in der Union zusammengefassten Gemeinschaften (vgl. Art. 281 EGV, Art.184 EAGV, Art. 6 EGKSV) kann die EU selbst nicht Träger von Rechten und Pflichten sein. Sie dient als Mantel für die unterschiedlichen Schienen europäischer Integration und Kooperation. Ihre Funktion besteht gemäß Art. 3 EUV vor allem darin, einen „einheitlichen institutionellen Rahmen" abzugeben, innerhalb dessen die Kohärenz aller von den Mitgliedstaaten verfolgten Politiken gewährleistet werden soll. Organisatorische Konsequenz dieser Regelung ist, dass die Union nur eine einzige spezifische Organisation kennt, den Europäischen Rat. Gemäß Art. 4 EUV kommen im Europäischen Rat die Staats- und Regierungschefs sowie der Kommissionspräsident zusammen, um der politischen Entwicklung der EU die erforderlichen Impulse zu geben und die allgemeinen Zielvorstellungen für diese Entwicklung festzulegen. Dem Europäischen Rat kommt demnach eine Art Richtlinienkompetenz innerhalb der Union zu.[187]

Sofern in dieser Arbeit nur von der „Europäischen Union" bzw. der „EU" die Rede ist, sind dabei regelmäßig die drei Einzelgemeinschaften (EWG, EGKS, EAG) zuzüglich der neuen Säulen GASP und ZBJI bzw. PJZS gemeint, also die Summe der gemeinschaftlichen Vertragswerke oder - pathetischer ausgedrückt - die Gesamtheit gemeinschaftsrechtlich kodifizierter Integration. Die EU wird somit zum Zwecke der besseren Vergleichbarkeit - ungeachtet der Frage ihrer Rechtsnatur - insoweit als einheitliches Gebilde behandelt, solange es nicht um spezifisches EG-Recht geht, was jeweils durch die entsprechende Zitierung der Artikel und den Zusammenhang verdeutlicht wird. Damit soll gerade nicht die „Falschbezeichnung" Europäische Union für die Organisation der EG eingeführt werden, [188] es soll vielmehr lediglich die Europäische Union als „umfassende Bezeichnung" im Sinne Gerhard Hitzlers[189] für die Gemeinschaften und die zwei weiteren Säulen verwendet werden, was ja auch dem allgemeinen Sprachgebrauch entspricht und durchaus auch integrierende Funktion besitzt. Zur Vermeidung von Missverständnissen wird aber regelmäßig die Doppelbezeichnung **EU/EG** gewählt, um die Gesamtheit der gemeinschaftlichen Rechtsordnung darzustellen.[190] Dort, wo es nur um die Europäische Union als „Dachverband" der Gemeinschaften geht, wird dies ausdrücklich herausgestellt, ebenso in den originären Bereichen der Gemeinschaften, insbesondere der EG.

---

184 Siehe hierzu Pechstein/Koenig, Die Europäische Union, Rn. 349ff (S. 184ff).

185 Vgl. Bleckmann, Europarecht, Rn. 50 - fraglich ist allerdings, inwieweit der dort verwendete Begriff der „Verschmelzung" der drei bisherigen Gemeinschaften schon gerechtfertigt ist.

186 Vgl. ausführlich Pechstein/Koenig, Die Europäische Union, Rn. 56ff (S. 28ff) m.w.N.

187 Vgl. Huber, Integration, § 5, Rn. 6 (S. 70f) und § 13, Rn. 10 (S. 197).

188 Zutreffend weisen Koenig/Haratsch, Europarecht, Rn. 7 (S. 3) darauf hin, dass „Europäische Union" als Synonym für die fortbestehende Organisation der EG nicht sachdienlich ist.

189 Vgl. Hitzler (Hrsg.), Europahandbuch, hier: Vorbemerkung des Herausgebers.

190 Dies hält der Verfasser mit Oppermann, Europarecht (vgl. exempl. Rn. 77 = S. 40, Rn. 816 = S. 309), für sachdienlich, um das komplexe Gebilde der Union bzw. der Gemeinschaften in Kurzform zu benennen.

Bei der EU/EG muss entsprechend den tatsächlichen Machtverhältnissen - auch nach Maastricht, Amsterdam und Nizza - der Rat als zentrales EG-Organ und Entscheidungsorgan der beiden anderen Säulen hervorgehoben werden. Dabei ist deutlich zwischen dem „Rat der Europäischen Union" (oder auch „Ministerrat") und dem „Europäischen Rat" als Gremium der Staats- und Regierungschefs (Art. 4 Abs. 2 EUV) zu unterscheiden. „Feinheiten", wie der Ausschuss der Ständigen Vertreter (COREPER[191]) gemäß Art. 207 Abs. 1 EGV und die Bereitstellung eines Generalsekretariats (vgl. Art. 207 Abs. 2 EGV) sind dagegen „naturgemäß" dem EGV vorbehalten, der schon bis Maastricht etwa 40 Jahre Entwicklungs- bzw. Vorlaufzeit hatte, die Satzung der EPG indessen nur 6 Monate. Allerdings sind die Regelungen über die COREPER im Rahmen der Regelungen über den Rat der Gemeinschaften (Art. 202 - 210 EGV) auch darauf zurückzuführen, dass der Rat noch immer das bedeutendste EG-Organ ist[192] und demzufolge zur Wahrung von Effizienz und Kontinuität einen ganz anderen „Unterbau" benötigt, als dies die Schöpfer der EPG-Satzung für notwendig erachteten. In der Satzung sind die grundsätzlichen Regelungen des Rates der nationalen Minister (insbesondere Art. 35-37 SEPG) zunächst im Wesentlichen auf eine Koordinierungsfunktion ausgerichtet. Darüber hinaus nimmt auch der Rat der EPG eine wichtige Rolle im Gemeinschaftsgefüge ein, was sich aus einigen besonderen Regelungen ergibt und aufzuzeigen sein wird.

Im Gegensatz zur EPG (Art. 10ff) hat die EU/EG mit dem Europäischen Parlament (Art. 189ff EGV) nur eine Kammer, sodass die Vertretung der Regierungen und der Mitgliedstaaten als solche grundsätzlich allein beim Rat liegt. Allerdings können auch bei der im EP vorgenommenen länderübergreifenden Fraktionsbildung die Bindungen an die jeweiligen Staaten beim Abstimmungsverhalten der Parlamentarier durchaus eine Rolle spielen.[193] In der EPG finden die Staaten eine zweifache Vertretung durch Senat und den Rat der nationalen Minister, wobei hinsichtlich des Rates das Element der Regierungsvertretung hervorzuheben ist.

Die Kommission (Art. 211ff EGV) ist die Hüterin der Verträge und wurde von Walter Hallstein als „Motor, Wächter und ehrlicher Makler"[194] der Gemeinschaft bezeichnet. Sie ist insbesondere auch im Hinblick auf ihr Initiativmonopol als eine besondere Kreatur der Gemeinschaftsverträge anzusehen. Es wird zu zeigen sein, inwieweit der Europäische Exekutivrat (Art. 27ff SEPG) mit der Kommission vergleichbar ist und welches Organ letztlich innerhalb der Gemeinschaftsverfassung mehr Kompetenzen innehat, mithin mehr „Regierungsverantwortung" auszuüben hat.

---

191 Commission des représentants permanents.

192 Oppermann, Europarecht, Rn. 280 (S. 119).

193 Vgl. insofern das - fast als schulmäßig zu bezeichnende - Beispiel des gescheiterten Misstrauensvotums gegen die Kommission vom 14.1.1999 - das Abstimmungsverhalten war eindeutig mehr national als fraktionell ausgerichtet und orientierte sich daher vornehmlich an der Nationalität des jeweilig betroffenen EU-Kommissars - vgl. ausführlich FAZ vom 15.1.1999, S. 1, 2, 3 und 12.

194 Hallstein, Die Europäische Gemeinschaft, S. 82.

Das höchste Maß an institutioneller Übereinstimmung wird bei dem Europäischen Gerichtshof (Art. 220ff EGV) im Verhältnis zum Gerichtshof der EPG (Art. 35ff SEPG) zu erwarten sein, sodass das Augenmerk neben organisatorischen Fragen insbesondere auf Art und Intensität des Rechtsschutzes der Organe, der Mitgliedstaaten und der Bürger zu richten sein wird.
Der Wirtschafts- und Sozialausschuss der EU/EG (Art. 7 Abs. 2, 257ff EGV) findet seinen Vorläufer in den Art. 50f SEPG. Im Gegensatz zum EGV verzichtet jedoch die Satzung der EPG auf eine Festlegung von Zusammensetzung und Tätigkeiten. Diese sollten erst von einem „Gesetz der Gemeinschaft" bestimmt werden (Art. 51 Abs. 1, S.1 SEPG), wobei nach dem Willen der Satzungsverfasser vor allem auch den Gewerkschaften eine Beteiligung an der neuen politischen Gemeinschaft ermöglicht werden sollte.[195] Im Hinblick auf die noch fehlenden Regelungen kommt diesen Organen naturgemäß nur eine untergeordnete Bedeutung bei dieser vergleichenden Betrachtung zu.

Der Europäische Rechnungshof gemäß den Art. 246ff EGV findet in der SEPG keine Entsprechung und ist auch in der EU/EG das jüngste der fünf EU-Organe.[196] Allerdings sollten gemäß Art. 75 SEPG die Modalitäten des Haushaltsrechts und der Kontrolle in einem Gemeinschaftsgesetz geregelt werden. Zu prüfen ist, ob auch ein Rückgriff auf den Vertrag zur Europäischen Verteidigungsgemeinschaft (EVGV 52) möglich ist (z.B. Rechnungsprüfungshof gemäß Art. 85 EVGV, „Finanzkontrolleur" gemäß Art. 84 EVGV), da die EVG ja integraler Bestandteil der Gemeinschaft werden sollte. Dieser Bereich ist insoweit bei der Betrachtung der finanziellen Zuständigkeiten der Gemeinschaften betroffen.
Die Europäische Investitionsbank (Art. 9, 266ff EGV) und die Europäische Zentralbank (Art. 8, 105ff EGV) finden keine Entsprechung in der SEPG des Jahres 1953. Zu betrachten ist allerdings, inwieweit bereits Ansätze oder zumindest die Bereitschaft zu einer gemeinsamen Währungspolitik existierten. Immerhin bestimmte Art. 82 Abs. 2 des Satzungsentwurfes bereits die Aufgabe der Gemeinschaft, „die Währungs-, Kredit-, und Finanzpolitik in Einklang zu bringen". Dieses wird dem Bereich der wirtschaftlichen Kompetenzen zugeordnet, die zum Teil im Rahmen der Organkompetenzen erörtert werden.

Zu fragen ist auch, ob der Ausschuss der Regionen (Art. 7 Abs. 2 , 263ff EGV) in irgendeiner Form einen Vorläufer bei der EPG 1953 hatte oder zumindest den Verfassungsausschuss die Frage der Interessenvertretung der Regionen beschäftigt hatte. Dabei geht es auch um die im Rahmen der Europäischen Union vehement diskutierte Frage, inwieweit die Länder (der Bundesstaaten) bzw. die Regionen bei den Willensbildungsprozessen und letztlich im Gesetzgebungsverfahren beteiligt sind, ob der Union

---

195 Verfassungsausschuss, Einleitender Bericht und Begründung vom 26.2.1953, S. 47; Karp, European Political Community, International Organization 1954, S. 199.
196 Er wurde erst durch den Vertrag von Maastricht in Art. 4 EGV a.F. in den Rang eines Organs der Europäischen Gemeinschaften erhoben, vgl. ausführlich Friedrich/Inghelram, Die Klagemöglichkeiten des Europäischen Rechnungshofes vor dem Europäischen Gerichtshof, DÖV 1999, S. 669ff.

mithin ein mehr zweistufiges oder doch dreistufiges Modell zugrunde liegt. Schon hier kann festgehalten werden, dass eine ausdrückliche Vertretung der Länder und Regionen in der Satzung noch nicht vorhanden ist, sodass die Frage nach einer Beteiligung sich nur bei der Interpretation einzelner Vorschriften stellen könnte. Die EPG ist insofern ohne weiteres als „länderblind" anzusehen, was der EU/EG bis zum Vertrag von Maastricht ja auch stets zugeschrieben wurde.[197] Nennenswerte Erörterungen gab es etwa zur Frage der Beteiligung der deutschen Bundesländer an der Gemeinschaftsordnung nicht. Eine deutsche bzw. europäische Region fand allerdings besondere Beachtung in den Beratungen, was mit deren ungeklärtem Status und dem Konflikt zwischen Deutschland und Frankreich zusammenhing. Hier gab es engagierte Debatten in der Ad hoc-Versammlung und dem Verfassungsausschuss und einen Vorschlag für einen Art. 102 der Satzung,[198] wo die Beteiligung des Saarlandes bis zu einer endgültigen Regelung des Saarstatus bestimmt werden sollte.[199] Dies war freilich die einzige „nichtstaatliche" Region, der in den Beratungen aus den bekannten historischen Gründen eine besondere Bedeutung beigemessen wurde. Ansonsten ging die Versammlung offenbar davon aus, dass dieser Bereich zu den innerstaatlichen Angelegenheiten zählte. Schwierige Beratungen gab es indessen bei der Frage der Integration der überseeischen Gebiete - insbesondere Frankreichs - was als außerordentlich problematisch angesehen wurde und zu einer differenzierten Lösung in Art. 101 SEPG führte, die im Rahmen der Verbindungen der Gemeinschaft erörtert wird.[200]

III. Struktur und Kompetenzen der Organe der EPG im Vergleich zur EU/EG

1. Das Parlament der EPG: Völkerkammer und Senat

Die Satzung sieht in den Art. 10ff SEPG ein parlamentarisches Zweikammersystem vor. Dabei vertritt die Völkerkammer als erste Kammer „die in der Gemeinschaft geeinten Völker" (Art. 11 S.2 SEPG) und der Senat „das Volk jedes Staates" (Art. 11, S.3). Die Berufung auf die Völker entspricht auch den Formulierungen in der Präambel,[201] wo auch „die Völker" - vertreten freilich durch ihre Regierungen - den Vertrag

---

[197] Ipsen, Als Bundesstaat in der Gemeinschaft, FS Hallstein, S. 248, 256; Schönberg, Europabeauftragte in den Bundesländern, DÖV 1998, S. 665.

[198] Der Artikel blieb am Ende der Beratungen symbolisch leer, da eine Einigung nicht erzielt werden konnte, dem Leser aber das Problem vor Augen geführt werden sollte, vgl. Eberhard, EPG, S. 28, Fn. 41.

[199] Siehe den Vorschlag des Verfassungsausschusses und die Abänderungsanträge in der Sitzung der Ad hoc-Versammlung vom 7.3.1953 bei Eberhard, EPG, S. 32; vgl. auch den Entschließungsvorschlag des Abgeordneten Singer in: Ad hoc-Versammlung, Aussprache, Wörtlicher Bericht über den Verlauf der Sitzungen, S. 200, wo ein europäisches Statut für das Saarland gefordert wurde. Eine Vertretung durch ein „anderes Land", wie in der Montanunion durch Frankreich, sollte dagegen verhindert werden; letzteres lehnte etwa auch der saarländische Abgeordnete Braun, ebenda S. 100, mit deutlichen Worten ab.

[200] Siehe unten E, I.

[201] Die Verfasser wollten durch die Bezugnahme auf die Völker die demokratische Ableitung der Gemeinschaft hervorheben und damit dem Vertrag auch in gewisser Weise die Form einer Verfassung ge-

über die Satzung der Europäischen Gemeinschaft vereinbaren. Demgegenüber erwähnt die Präambel des EUV die Völker als Schöpfer des Vertrages nicht, sondern folgt insoweit den Gepflogenheiten internationaler Verträge.[202]

Beide Kammern verfügen zunächst im Wesentlichen über dieselben Zuständigkeiten;[203] dennoch ergeben sich in der Ausgestaltung der beiden Teilorgane teilweise bedeutende Unterschiede. Der Senat genießt nach der Satzung in einigen Fällen eine Vorzugsstellung, in anderen Fällen sind die benötigten Mehrheiten in den Kammern unterschiedlich ausgestaltet. Der Grund liegt zumeist in der Annahme der Sonderversammlung und des Verfassungsausschusses, dass der Senat als ein mehr an die Staaten gebundenes Organ die mitgliedstaatlichen Interessen in elementaren Fragen besser vertreten würde.[204] Zu nennen sind die Wahl des Präsidenten des Exekutivrates (Art. 28 und 31), das Antragsrecht für eine zweite Lesung (Art. 52 § 2), die geforderte qualifizierte Mehrheit bei Entwürfen betreffend den gemeinsamen Markt (Art. 84 § 3) und bestimmte Vorrechte bei der Einsetzung der Organe der Gemeinschaft (Art. 95, 97, 98). Im Rahmen der Assoziationsverträge ist eine Beteiligung dritter Länder im Senat möglich, nicht jedoch in der Völkerkammer (Art. 91 § 1).

Das Parlament ist im Grundsatz als echte Legislative konzipiert, was eine bedeutende Neuerung zu den bis dahin bestehenden Teilverträgen EGKS und EVG darstellt. Freilich ist - was noch näher aufgezeigt wird - die Legislative in dieser ersten Vertragsform noch stark eingeschränkt, und zwar sowohl durch die beschränkten Gegenstände der Gesetzgebung als auch durch die maßgebliche Beteiligung anderer Organe, insbesondere des Rates der nationalen Minister. Art. 52 § 1 SEPG bestimmt, dass die Gesetze der Gemeinschaft nacheinander in beiden Kammern mit einfacher Mehrheit beschlossen werden. Eine gegenständliche Beschränkung der Gesetzgebungsbefugnisse des Parlaments findet demnach vom Wortlaut dieser Vorschrift nicht statt. Fraglich ist nur, inwieweit eine Erwähnung des Parlaments in Kompetenznormen zur Gesetzgebung notwendig ist oder ob Art. 52 SEPG dem Parlament insoweit eine umfassende Organkompetenz verleiht.[205] Richtigerweise ist von einer umfassenden Organkompetenz des

---

ben - vgl. von Puttkamer, Der Entwurf eines Vertrages über die Satzung der Europäischen Gemeinschaft, ZaöRV 1953/54, S. 111.

202 Im EUV werden zunächst die Staatsoberhäupter als Repräsentanten genannt, die dann für ihren jeweiligen Staat die Bevollmächtigten ernennen; die Völker werden in dem programmatischen Teil (Erwägungen) der Präambel insgesamt dreimal erwähnt, und zwar in der vierten („Solidarität"), der siebten („sozialer Fortschritt") und der elften („immer engere Union") Erwägung, vgl. BGBl. II 1992, S. 1253.

203 Bindschedler, Rechtsfragen der europäischen Einigung, S. 346.

204 Vgl. Zurcher, The Struggle to Unite Europe, S. 102: „...the members of the proposed Senate, because of the way in which they were chosen, would be more amenable to the control of the nations of the Community and could be dependent upon to rebuff popular majorities in the lower house if a particular state's interests were threatened; vgl. auch exempl. Dehousse, Ad hoc-Versammlung, Aussprache, Wörtlicher Bericht über den Verlauf der Sitzungen, S. 40; Karp, European Political Community, International Organization 1954, S. 189 und Fn. 25 (zur Frage der Wahl des Präsidenten des Exekutivrates durch den Senat).

205 Etwas missverständlich formuliert Briggs, The Proposed European Political Community, AJIL 1954, S. 116: „There is no indication that its legislative competence is restricted to the enumerated

Parlaments innerhalb der Verbandskompetenz der Gemeinschaft bei der Gesetzgebung auszugehen, sofern nicht die Satzung oder die beiden Spezialverträge Abweichungen vorsehen. Damit decken sich grundsätzlich die Kompetenzen des Parlaments auf dem Gebiete der Gesetzgebung mit denjenigen der Gemeinschaft.[206] Ist der Gemeinschaft demnach eine Gesetzgebungsbefugnis zugestanden, ist das Parlament auch originär zuständig; den anderen Organen kommt nur eine - unterschiedlich ausgestaltete - Mitwirkung zu, die allerdings bis zur vorrangigen Befassung dieser Organe reichen kann.

Gesetzgebungsbefugnisse der Gemeinschaft und damit des Parlaments bestehen etwa in Art. 8 (allgemeine Rechtsverhältnisse der Beamten und Angestellten), Art. 13 und 19 (Wahlverfahren und Wählbarkeit), Art. 23 (Untersuchungsrecht des Parlaments), Art. 51 (Wirtschafts- und Sozialrat), Art. 75 (Haushaltsgesetz), Art. 88 (Schaffung untergeordneter Behörden) und Art. 104 (Interventionsrecht der Gemeinschaft bei Gefährdung der demokratischen Ordnung in den Mitgliedstaaten) sowie - von besonderer Bedeutung - im Bereich der wirtschaftlichen Zuständigkeiten gemäß den Art. 82ff SEPG. Als wesentliche weitere Kompetenzen des Parlaments sind die Beteiligung an der Revision des Statuts gemäß den Art. 111-113 SEPG und bei der Aufnahme weiterer Staaten nach Art. 116 SEPG zu nennen. Eine Ausnahme von der Regelzuständigkeit des Parlaments ist der Bereich der Beiträge der Mitgliedstaaten, der gemäß Art. 80 SEPG ausschließlich dem Rat der nationalen Minister zusteht. Gemäß Art. 54 SEPG kann das Parlament ferner „Empfehlungen" aussprechen, *„die hinsichtlich der von ihnen bestimmten Ziele verbindlich sind, jedoch denen, an die sie gerichtet sind, die Wahl der zur Erreichung dieser Ziele geeigneten Mittel überlassen."* Diese in Anlehnung an Art. 14 EGKSV geschaffene Regelung einer Art „Grundsatzgesetzgebung"[207] ist mit den Richtlinien der EU/EG zu vergleichen und als deren Vorläufer zu bezeichnen. Die Begrenzung der Kompetenzen (auch) des Parlaments ergibt sich ohne weiteres aus **Art. 6, S.1 SEPG.** Danach übt die Gemeinschaft diejenigen Zuständigkeiten aus, die ihr „auf Grund dieser Satzung oder weiterer Akte übertragen werden". Damit richtet sich die Verbandskompetenz - und damit auch die Gesetzgebungskompetenz des Parlaments im Rahmen seiner Organkompetenz - nach dem Prinzip der „begrenzten Einzelermächtigung", wie dies in der EU/EG der Fall ist.[208]

---

situations in which it is provided that „the Community shall enact legislation. On the other hand, the powers of the Community , as distinguished from its Parliament, are subject to the rule of restrictive interpretation." Briggs verweist dabei auf die Regelung des Art. 54 bezüglich Empfehlungen („unter den Voraussetzungen und im Rahmen seiner Gesetzgebungszuständigkeiten") des Parlaments und vermisst sodann solche Regelungen in der Satzung. Die Kritik geht indessen fehl, da Art. 6 Abs. 1 SEPG die Zuständigkeiten der Gemeinschaft begrenzt und Art. 52 SEPG dem Parlament grundsätzlich die Gesetzgebungskompetenz (im Rahmen der Zuständigkeiten der Gemeinschaft) zuweist. Hier ist die Frage der Organkompetenz und der Verbandskompetenz streng zu trennen.

206 So auch Bindschedler, Rechtsfragen der europäischen Einigung, S. 349.

207 Ophüls, Juristische Grundgedanken des Schumanplans, NJW 1951, S. 289, 290; ders. Gerichtsbarkeit und Rechtsprechung im Schumanplan, NJW 1951, S. 693, 695.

208 Diesen Begriff aus dem heutigen Unionsrecht - vgl. etwa exempl. Bleckmann, Europarecht, Rn. 380ff - verwendet die SEPG freilich nicht, sondern spricht von der Ausübung der übertragenen Zuständigkeiten (vgl. Art. 6 § 1 SEPG). Im EGV wird dieses Prinzip aus den einzelnen Bestimmungen, wie etwa Art. 249 Abs. 1 (ex Art. 189) EGV, deduziert.

a. Die Völkerkammer der EPG

aa. Wahl und Zusammensetzung

Nach Art. 13, S.1 SEPG werden die Abgeordneten der Völkerkammer in „allgemeiner, gleicher, unmittelbarer und geheimer Wahl der Männer und Frauen" gewählt. Im Gegensatz zu den Europäischen Gemeinschaften auf der Grundlage der Römischen Verträge sieht die Satzung der EPG von Anfang an eine Direktwahl der Völkerkammer vor. Diese Direktwahl wurde nicht nur als herausragende Innovation im Verhältnis zur EVG und Montanunion angesehen, sondern schlechthin als Schlüssel für die künftige demokratische Entwicklung der Gemeinschaft und damit zugleich als „erzieherisches Element" für die Bevölkerung.[209] Die direkte Wahl bzw. deren Beginn war zunächst in der Ad hoc-Versammlung umstritten, wobei insbesondere holländische Delegierte ernsthafte Bedenken formulierten. So wurde gefordert, dass für die erste Legislaturperiode, zumindest aber für eine Übergangszeit, die Abgeordneten von den nationalen Parlamenten bestimmt würden. Die Versammlung stellte sich aber mit deutlicher Mehrheit gegen den entsprechenden Antrag (49 gegen 11 Stimmen) und folgte damit dem Vorschlag des Verfassungsausschusses.[210]

Anders waren die Regelungen zunächst in der **EG**: Nach Art. 138 Abs. 1 EWGV a.F. wurden die Abgeordneten des EP zunächst von den jeweiligen Mitgliedstaaten entsandt. Zwar sah Art. 138 Abs. 3 EWGV von Anfang an vor, dass die Versammlung Entwürfe für allgemeine unmittelbare Wahlen nach einem einheitlichen Verfahren in allen Mitgliedstaaten erarbeiten sollte. Bis die - in der Ad hoc-Versammlung 1953 bereits mit großer Mehrheit befürwortete - Regelung einer Direktwahl mit dem Beschluss und Akt des Rates zur Einführung allgemeiner, unmittelbarer Wahlen vom 20.9.1976[211] wieder konsensfähig wurde und als „wichtiger Schritt auf dem Weg zur europäischen Integration" [212] gewürdigt werden konnte, mussten aber noch immerhin über 20 Jahre vergehen. In dem Zeitraum vom 7. bis 10. Juni 1979 wurden die Abgeordneten des EP sodann zum ersten Mal in direkter Wahl von der Bevölkerung der damals neun Mitgliedstaaten gewählt. Die Direktwahl ist indessen heute aus den Verträgen und „der Realität" der Gemeinschaften nicht mehr wegzudenken, zumal - auch im Hinblick auf

---

[209] Vgl. Karp, European Political Community, International Organization 1954, S. 193f unter Verweis auf die Abgeordneten Persico, Dehousse und Teitgen; siehe insbesondere Berichterstatter Dehousse in: Verfassungsausschuss, Bericht und Begründung vom 26.2.1953, S. 38 („zwingender Grundgedanke des Entwurfs").

[210] Eberhard, EPG, S. 4, Fn. 21.

[211] BGBl. II 1977, S. 733; s.a. Gesetz über die Wahl der Abgeordneten des Europäischen Parlaments aus der Bundesrepublik Deutschland (EuWG) vom 16.6.1978 i.d.F. des Gesetzes vom 8.3.1994 (BGBl. I 1994, S. 424).

[212] Statt vieler: Huber, Integration § 2, Rn. 20 (S. 20); Anläufe zur Einführung einer Direktwahl wurden bereits zuvor unternommen, so etwa legte das Parlament 1960 einen Entwurf zur Direktwahl vor, der von den Mitgliedstaaten im Hinblick auf befürchtete Kompetenzverluste abgelehnt wurde - vgl. Woyke, Wahlen zum Europäischen Parlament, in: Informationen zur politischen Bildung, Februar 1999.

die gewachsenen Kompetenzen der Gemeinschaft - das EP das einzige Organ mit *direkter* Legitimation durch eine Wahl ist.

Die Völkerkammer der EPG wird gemäß Art. 14, S.1 SEPG auf fünf Jahre gewählt. Die Legislaturperiode wurde auf 5 Jahre festgesetzt, um mit der „Lebensdauer“ des Exekutivrates kongruent zu sein und damit auch die Stabilität der Exekutive zu gewährleisten.[213] Ein Unterschied zur EU/EG besteht hinsichtlich der Wahlperiode insoweit nicht, da Art. 190 Abs. 3 EGV ebenfalls eine solche von 5 Jahren vorsieht. Allerdings normiert die Satzung der EPG eine Ablösung des Exekutivrates mit Beendigung „des Mandates der Völkerkammer“ (Art. 31 § 1, S.2) und gewährleistet damit die Übereinstimmung der Wahlperioden. Demgegenüber werden die Mitglieder der Kommission der EU/EG gemäß Art. 214 Abs. 1 (ex Art. 158) EGV für eine Amtszeit von 5 Jahren nach dem in dieser Vorschrift beschriebenen Verfahren ernannt, ohne dass diese Amtszeit vertraglich an die Wahlperiode des EP gebunden wäre.[214]

Gemäß Art. 13, S.2 SEPG sollte ein (späteres) Gesetz der Gemeinschaft die Grundsätze des Wahlverfahrens festlegen. Bis dahin sollten nach Art. 96 SEPG hierfür die nationalen Gesetze zuständig bleiben. Allerdings schreibt Art. 96 § 1 bereits das „*Verhältniswahlrecht* mit der Möglichkeit der Listenverbindung“ fest, sodass die Satzung insofern - anders als Art. 138 E(W)GV - den Mitgliedstaaten das Wahlsystem für die Völkerkammer mit unmittelbarer Wirksamkeit vorschreibt. Hier wird deutlich sichtbar, dass bei der EPG Großbritannien nicht beteiligt war bzw. bei den Beratungen nur einen Beobachterstatus innehatte, denn andernfalls wäre die Festlegung in der Satzung auf das Verhältniswahlrecht wohl auf entschiedenen Widerstand gestoßen. Dies belegen auch Art. 138 Abs. 3 E(W)GV a.F. bzw. Art. 190 Abs. 4 EGV/Amsterdam, die auf die Vereinheitlichung der Wahlsysteme (zur Wahl des EP) in den Mitgliedstaaten hinzielen und das Europäische Parlament mit der Ausarbeitung von Entwürfen beauftragen. Der Rat soll sodann die entsprechenden Bestimmungen erlassen und sie den Mitgliedstaaten zur Annahme gemäß ihren verfassungsrechtlichen Vorschriften empfehlen. Der vorgenannte Direktwahlakt des Rates und die Weigerung Großbritanniens führten zu einer schon jetzt über 20 Jahre dauernden „Übergangszeit“ betreffend die Umsetzung des Art. 138 Abs. 3 EGV a.F. bzw. des neuen und modifizierten Art. 190 Abs. 4 EGV, der zumindest begrifflich von der Einheitlichkeit des Wahlrechts ein Stück weit abweicht.[215] Dies zeigt, dass die Wahlregelung der SEPG offenbar nur auf der Grundlage des „kleinen“ Europas konsensfähig war, wobei eine explizite Zustimmung der Regierungen und nationalen Parlamente ja noch ausstand. Möglicherweise wäre aber eine einmal erlangte Einheitlichkeit bei einem späteren Beitritt Großbritan-

---

[213] Schwarz-Liebermann v. Wahlendorf, Die Europäische Gemeinschaft, AVR 1953/54, S. 317; Eberhard, EPG, S. 19, Fn. 13.

[214] Vgl. im Einzelnen zur Beendigung des Amtes der Kommissare und des Präsidenten Art. 215, 216 EGV.

[215] Art. 190 Abs. 4 EGV (Amsterdam) spricht von Wahlen „nach einem einheitlichen Verfahren ... oder im Einklang mit den allen Mitgliedstaaten gemeinsamen Grundsätzen“ und versucht mit dieser „Flexibilisierung“ die Erfüllung des seit langem unerledigten Auftrages zu fördern - vgl. BT-Drucksache 13/9339, S. 157 sowie Lenz in: Bergmann/Lenz, Der Amsterdamer Vertrag, Kap. 14, Rn. 15.

niens (1973) eher durchzusetzen gewesen, was aber im Hinblick auf die europäische Realität zahlreicher Ausnahmeregelungen[216] gleichwohl als weniger wahrscheinlich zu bezeichnen ist.

Bei der Betrachtung der Wahlsysteme ist zu beachten, dass Art. 13 i.V.m. Art. 96 § 1 SEPG nur das grundlegende Wahlverfahren („Verhältniswahlrecht“) gemeinschaftsrechtlich regelt. Die Einzelheiten dieses Verfahrens, wie die Ausübung des Wahlrechts, die Erstellung der Wählerliste, die Organisation der Wahl und die Zählung der Stimmen bleiben auch in der EPG gemäß Art. 96 § 2, S.2 SEPG nationalen Regelungen vorbehalten. Gleichwohl ist die Festlegung auf ein Wahlsystem in der Satzung als mutiger und konsequenter Schritt der Verfasser zu würdigen, die Integration der Mitgliedstaaten voranzubringen, damit die „Vertretung der Völker“ in der geplanten Legislative einheitlich zu organisieren und somit das auch im Wahlverfahren liegende „innere Demokratiedefizit“[217] zu verringern.

bb. Die Verteilung der Sitze nach dem ponderierten System

Die Verteilung der Sitze erfolgt in der EPG - ebenso wie in der EU/EG - nicht proportional zur Bevölkerungszahl, sondern aufgrund des sogenannten ponderierten Systems („système de pondération“).[218] Die großen Staaten sahen es als politische Notwendigkeit an, von der Logik der exakten Proportion abzukommen und den kleinen Staaten insoweit entgegenzukommen,[219] wobei freilich auch die Zusammensetzung des Senats im Zusammenhang zu betrachten ist (vgl. u.). Art. 15 § 1 bestimmt zunächst, dass die auf dem Gebiet eines Mitgliedstaates gewählte Anzahl von Abgeordneten nicht kleiner als 12 und nicht größer als 70 sein darf (*„Le principe des minimum et maximum“*).[220] Nach Art.15 § 2 erhalten Deutschland, Frankreich und Italien „eine gleiche Zahl von Abgeordneten“, wobei jedoch „der Französischen Republik eine zusätzliche Vertretung für ihre überseeischen Departemente und Gebiete ...“ zuerkannt und die genauen „Bedingungen“ einem späteren französischen Gesetz vorbehalten werden. Neben dem ponderierten System stellt die Besserstellung Frankreichs damit die zweite Abweichung von dem Grundsatz der Gleichheit der Wahl dar, wobei es allerdings auf die Betrachtungsweise hinsichtlich der überseeischen Bevölkerung ankommt.[221] Dabei ist

---

[216] Vgl. nur etwa beim Vertrag von Maastricht das 8., 9., 11., 12. und 13. Protokoll betreffend Sonderregelungen für bestimmte Mitgliedstaaten.

[217] Neben der Disproportionalität der Mandate und der Dominanz des Rates wird auch dieser Aspekt genannt; vgl. Lenz in: Bergmann/Lenz, Der Amsterdamer Vertrag, Kap. 14, Rn. 1, Emmert, Europarecht, S. 196ff; Ress, Die Europäische Union und die neue juristische Qualität der Beziehungen zu den Europäischen Gemeinschaften, JuS 1992, S. 988f.

[218] Vgl. Bindschedler, Rechtsfragen der europäischen Einigung, S. 347; Robertson, EPC, S. 394.

[219] Vgl. Bulletin der Bundesregierung Nr. 10 vom 16.1.1953, S. 77: „Es hat sich indessen die Auffassung durchgesetzt, dass der demokratische Charakter und das Gleichgewicht besser gewahrt werden, wenn die größeren Länder im Umfang ihrer Vertretung ein Opfer bringen ...“.

[220] So Héraud, Revue du Droit Public et de la Science Politique 1953, S. 588.

[221] Nämlich darauf, ob man die überseeische Bevölkerung zur Bevölkerung der Gemeinschaft im eigentlichen Sinne zählt oder nicht, was als durchaus problematisch angesehen wurde.

die Verteilung zwischen dem Mutterlande und den überseeischen Gebieten der französischen Gesetzgebung überlassen worden. Es stand demnach nicht fest, dass die Zahl der in den französischen überseeischen Gebieten zu wählenden Deputierten sieben betragen muss.[222] Belgien und die Niederlande sollten ebenso im Verhältnis zueinander die gleiche Zahl von Abgeordneten erhalten, was Art. 15 § 2, S.2 nochmals ausdrücklich hervorhebt. Art. 15 § 3 bestimmt auf dieser Grundlage sodann die genaue Zusammensetzung der Völkerkammer mit insgesamt 268 Abgeordneten und die folgende Verteilung auf die Mitgliedstaaten: *Deutschland 63, Belgien 30, Frankreich 70, Italien 63, Luxemburg 12, Niederlande 30.*

Das System der Verteilung entspricht damit proportional - abgesehen von der Bevorzugung Frankreichs - demjenigen, wie es für die Versammlung der Europäischen Verteidigungsgemeinschaft vorgesehen war und damit auch der Ad hoc-Versammlung selbst (vgl. o.). Gemäß Art. 33 EVGV i.V.m. Art. 20 und 21 EGKSV sollte die Versammlung der Montanunion durch je drei Abgeordnete der Bundesrepublik Deutschland, Frankreichs und Italiens ergänzt werden. Die dort vorgesehene Zahl der Mandate wurde einfach mit drei multipliziert, um die Anzahl der Sitze auf die einem „richtigen Parlament" entsprechende Höhe zu bringen.[223] Darüber hinaus wurden auch Vorschläge zurückgewiesen, die Höchstzahl der Sitze eines Staates auf 90 oder 80 festzulegen, da eine auch nur leichte Erhöhung der Abgeordnetenanzahl (etwa drei zusätzliche für Frankreich) zu der Möglichkeit der Majorisierung der Völkerkammer durch Frankreich und ein weiteres großes Mitglied der Gemeinschaft geführt hätte.[224] Auch wäre bei einer gleichmäßigen Erhöhung von nur wenigen Abgeordneten eine Mehrheitsbildung von Deutschland und Italien[225] möglich gewesen, was es gerade für Frankreich zu vermeiden galt. Eine derartige Blockbildung sollte in jeder Konstellation unmöglich gemacht werden.

Im Hinblick auf die Bedeutung des Parlaments im System der EPG als echtes Legislativorgan mit einem perspektivischen Zuwachs an Kompetenzen ist es verständlich, dass es bezüglich der Sitzverteilung zu heftigen Kontroversen sowohl im Verfassungsausschuss als auch in der Sonderversammlung kam.[226] Die Sitzverteilung im Verhältnis zur Bevölkerung der Mitgliedstaaten war zunächst von der Versammlung in der Januartagung gefordert worden. Nachdem der Verfassungsausschuss jedoch aus mehreren Gründen an dem Grundsatz der Ponderierung festhielt, setzte sich dieser Vorschlag - in der vorliegenden Fassung - auf der Märztagung der Ad hoc-Versammlung mit 34 gegen 3 Stimmen bei 20 Enthaltungen durch. [227] Neu war auch die bereits genannte Festlegung einer absoluten Mindestzahl und einer Höchstzahl der Abgeordneten. Allerdings wurde auch in einem Punkt von den Vorschlägen des Verfassungsausschusses

---

[222] Bindschedler, Rechtsfragen der europäischen Einigung, S. 347.

[223] Vgl. Bindschedler a.a.O., mit dem Verweis auf die Ausführungen des Abgeordneten Dehousse in Verfassungsausschuss, Einleitender Bericht und Begründung vom 26.2.1953, S. 41.

[224] Vgl. etwa Karp, European Political Community, International Organization 1954, S. 188.

[225] Den Verlierern des Krieges in der damaligen noch vorherrschenden Betrachtungsweise.

[226] Eberhard, EPG, S. 4, Fn. 22.

[227] Vgl. Eberhard, EPG, S. 19, Fn. 14.

abgewichen; dieser hatte zunächst eine strikte Gleichbehandlung der drei großen Staaten bei der Sitzverteilung gefordert, demnach eine Besserstellung Frankreichs nicht vorgesehen.[228] Die sieben zusätzlichen Sitze entsprechen einem Kompromiss nach einer schwierigen Debatte, in welcher zunächst der senegalesische Delegierte Senghor vehement eine Berücksichtigung der afrikanischen Gebiete und für die „40 Millionen französischer Staatsbürger in Übersee" zumindest 17 zusätzliche Abgeordnete gefordert hatte.[229] Die Forderung nach einer Erhöhung wurde von den in der Debatte nachfolgenden französischen Abgeordneten nachdrücklich unterstützt,[230] wodurch sich auch ein Grundsatzkonflikt auftat, nämlich die Repräsentation von „Eurafrika" in der neuen Gemeinschaft. Mit der dann folgenden Akzeptanz einer gewissen „Bevorzugung" Frankreichs ging aber die Erwartung einher, dass nur diejenigen überseeischen Gebiete Repräsentanz in der Völkerkammer der Gemeinschaft haben sollten, die auch in der Nationalversammlung vertreten waren.[231]

Insgesamt widerspricht die Sitzverteilung der „klassischen" Struktur föderaler Verfassungen. Danach wäre es naheliegend, eine „lower chamber" (Zweite Kammer, Unterhaus) nach der Proportion der Bevölkerung einzurichten, sowie eine „upper chamber" (Erste Kammer, Oberhaus), in der die Staaten auf Grundlage von Gleichheit repräsentiert sind. [232] Wären diese Maßgaben für die Satzung der EPG angewandt worden, hätte sich in etwa zum damaligen Zeitpunkt folgende Sitzverteilung in der Völkerkammer ergeben: *Bundesrepublik Deutschland 48 (ca. 31 %), Belgien 9 (ca. 6 %), Frankreich 42 (ca. 27 %), Italien 47 (ca. 30 %), Luxemburg 0.3 (ca. 0,2 %) und die Niederlande 10 (ca. 6,5 %).* Diese Aufstellung basiert auf der Einwohnerstatistik der Vereinten Nationen aus dem Jahre 1951,[233] indem die Einwohnerzahl durch 1.000.000 dividiert und die jeweiligen Werte gerundet wurden. Bei Anwendung dieses Verteilungsschlüssels hätten die drei kleinen Staaten zusammen nicht die Zahl der Sitze erhalten, die die drei „Großmächte" jede für sich eingenommen hätten. Zwei der größeren Staaten hätten schon über eine komfortable Mehrheit verfügt, während der schließlich präsentierte Entwurf ganz andere Konstellationen erfordert. Der Vergleich zeigt, dass die Ponderierung (bereits damals) ganz erhebliche Veränderungen im Verhältnis zum echten Proporz hervorgebracht hat. Dies galt für den Verfassungsausschuss als wesentlicher -

[228] Der Ad hoc-Versammlung lag zunächst dieser Vorschlag zur Abstimmung vor - vgl. Wörtlicher Bericht über den Verlauf der Sitzungen, S. 348; Eberhard, EPG, S. 4, Fn. 22.
[229] Karp, European Political Community, International Organization 1954, S. 188.
[230] Ad hoc-Versammlung, Wörtlicher Bericht über den Verlauf der Sitzungen, S. 348ff.
[231] Vgl. Wigny, Vorschlag über die Zusammensetzung der Kammern vom 5.2.1953, in: Sonderversammlung, Verfassungsausschuss, Band II, Oktober 1952-März 1953, Dok. AA/CC (4) 27.
[232] Robertson, EPC, S. 394.
[233] Siehe die Berechnung bei Robertson, EPC, S. 394 sowie die Statistik bei Héraud, Revue du Droit Public et de la Science Politique 1953, S. 589: Hiernach ergaben sich folgende Einwohnerzahlen als Berechnungsgrundlage: Deutschland 47.607.000, Italien 46.272.000, Frankreich 41.934.000, Niederlande 10.114.000, Belgien 8.639.000, Luxemburg 297.000.

politisch motivierter - Kompromiss, um auch den kleinen Staaten eine Identifikation mit der neuen Gemeinschaft zu ermöglichen.[234]

Nach der Festlegung der Sonderversammlung wären entsprechend der in Bezug genommenen Bevölkerungszahlen zum Zeitpunkt 1952 auf einen Deputierten in Luxemburg 24.750, in der Bundesrepublik Deutschland 755.666 Einwohner gekommen. Damit hätte Deutschland für etwa das 160-fache der Bevölkerung nur das 5-fache an Mandaten gegenüber dem Großherzogtum bekommen. Ein belgischer Abgeordneter sollte 288.000 Einwohner seines Landes repräsentieren. Deutschland hätte bei einer etwa 5,5-fachen Einwohnerzahl nur etwas mehr als doppelt so viel Mandate wie Belgien erhalten. Ebenso wie bei der EU/EG (vgl. dazu unten) stellt sich damit das Problem der Wahlrechtsgleichheit in der EPG mit aller Deutlichkeit. Der Preis des ponderierten Systems mit einer erhöhten Akzeptanz bei den kleinen Mitgliedstaaten ist die klare Ungleichbehandlung der Bürger der größeren Mitgliedstaaten bei ihrer Repräsentanz im Parlament (Völkerkammer) der Gemeinschaft. Es handelt sich um einen Kompromiss zwischen dem völkerrechtlichen Grundsatz der „Gleichheit der Staaten" und dem demokratisch-staatsrechtlichen Grundsatz der „Gleichheit der Wahl"[235], wobei auch die Ponderierung im Senat in den Blick zu nehmen ist. In der EU/EG wirkt sich dieser Kompromiss auch bei dem unterschiedlichen Stimmengewicht der Ratsmitglieder bei Abstimmungen mit qualifizierter Mehrheit nach Art. 205 Abs. 2 EGV aus, wohingegen die Schöpfer der EPG-Satzung im Rat auf jegliche Ponderierung verzichteten und insofern dem formalen Grundsatz der Gleichheit der Staaten gefolgt sind. Das Bundesverfassungsgericht hat den ponderierten Schlüssel bei der Verteilung der Stimmen im Rat und Parlament als verfassungsrechtlich unbedenklich eingestuft und darauf hingewiesen, dass die Union von den Mitgliedstaaten getragen werde und diese als Staaten fortbestehen, die Europäische Union aber zugleich als Staatenverbund mehr als die Summe der einzelnen Mitgliedstaaten sei.[236] Gleichwohl erfährt die fehlende Wahlrechtsgleichheit in der Bundesrepublik noch immer Kritik,[237] die mit steigenden Kompetenzen des Parlaments nicht abnehmen und auch wegen der vermehrten Möglichkeiten von Mehrheitsabstimmungen im Rat an Berechtigung zunehmen dürfte. Zusammenfassend kann festgestellt werden, dass sowohl die EPG als auch die EU/EG insofern auf dem gleichen Grundgedanken beruhen, der in der praktischen Ausgestaltung zu einer durchaus ähnlichen Gewichtung der Staaten geführt hat. Bemerkenswert ist dabei, dass die Bürger der Bundesrepublik Deutschland als des größten Landes der Gemeinschaft mit etwa 814.000 Einwohnern pro Abgeordneter in ähnlicher Weise wie in der EPG repräsentiert werden, währenddessen Luxemburger Bürger in der EU auf

---

[234] Vgl. Dehousse in: Verfassungsausschuss, Einleitender Bericht und Begründung vom 26.2.1953, S. 41: „... in großzügiger und entgegenkommender Weise auf die kleinen Staaten Rücksicht nimmt und im Voraus der Anschuldigung begegnet, dass ein Imperialismus der Großen gefördert werde."

[235] Huber, Integration, § 14, Rn. 12 (S. 214) für die EU/EG.

[236] BVerfG NJW 1995, S. 2216 unter Hinweis auf BVerfGE 89, 155 = NJW 1993, 3047 (Maastricht).

[237] Vgl. hierzu etwa Rupp, Wahlrechtsgleichheit bei der Verteilung der Sitze im Europäischen Parlament auf die Mitgliedstaaten, NJW 1995, S. 2210; Lenz in: Bergmann/Lenz, Der Amsterdamer Vertrag, Kap. 14, Rn. 1; Pechstein, Amsterdamer Vertrag und Grundgesetz, DÖV 1998, S. 574, Fn. 34.

ein Verhältnis von „60.000 zu 1" kommen[238] und damit deutlich „schlechter" dastehen als in der EPG-Satzung 1953, wo mit der Mindestregelung („principe du minimum") fast eine Lex Luxemburg geschaffen wurde.

cc. Ponderierung und qualifizierte Mehrheiten

Bedeutung erlangt die „Ponderierung" auch wegen der Tatsache, dass für bestimmte elementare Entscheidungen eine qualifizierte Mehrheit notwendig ist und damit die Stellung der kleinen Staaten insofern zusätzlich abgesichert wird. Dies gilt insbesondere für das Verfahren nach Artikel 31 SEPG. Während der Senat sein Misstrauen durch Neuwahl eines Präsidenten aussprechen soll und dafür nur die einfache Mehrheit benötigt (Art. 31 Abs. 2 i.V.m. Art. 28 Abs. 1), braucht die Völkerkammer für ein Misstrauensvotum eine 3/5-Mehrheit gemäß Art. 31 § 3 der Satzung. Ergibt die Abstimmung nur eine einfache Mehrheit, *„so liegt es im Ermessen des Europäischen Exekutivrates, ob er zurücktreten oder die Auflösung der Kammer beschließen soll."* Die Bedeutung einer breiten Mehrheit wird hier offenbar, denn die Kammer könnte damit durch einen Misstrauensantrag auf Basis einer unsicheren Mehrheit ihre eigene Auflösung herbeiführen. Bemerkenswert ist in diesem Zusammenhang, dass im Rahmen der EVG für ein „destruktives Misstrauensvotum" der Versammlung gegenüber dem Kommissariat eine Zweidrittelmehrheit notwendig ist, was freilich im Vergleich zu Dreifünfteln nur eine geringfügig höhere (1/20) Hürde darstellt (Art. 36 EVGV). Zwei Jahre nach Inkrafttreten der SEPG wäre allerdings gemäß Art. 59 SEPG das Kommissariat in dem Exekutivrat aufgegangen und die Bestimmung insofern obsolet geworden. Weitere qualifizierte Mehrheiten in der Völkerkammer sieht die Satzung nicht vor und vertraut insofern auf die demokratische Mehrheitsbildung in der Gemeinschaft. Überraschenderweise wurde auch bei den Bestimmungen der Vertragsrevision auf eine qualifizierte Mehrheit in beiden Kammern des Parlaments verzichtet, dafür aber die einstimmige Zustimmung des Rates (Art. 111ff SEPG) als Kompensation für die Einzelstaaten normiert, wie dies auch in anderen Bestimmungen geschehen ist. Eine qualifizierte Mehrheit verlangt die Satzung indessen auch bei der Gesetzgebung im Rahmen der Schaffung eines Gemeinsamen Marktes, soweit es die Entscheidung des Senats betrifft, der auch nach dem ponderierten System zusammengesetzt ist (vgl. unten). Gemäß Art. 84 § 3 SEPG bedürfen Gesetze aus diesem Bereich nach Ablauf der sechsjährigen Übergangsperiode einer Zweidrittelmehrheit des Senats. Insgesamt hielt sich die Ad hoc-Versammlung für die EPG - anders als etwa die Schöpfer des EVG-Vertrages[239] - mit der Bestimmung von qualifizierten Mehrheiten in Parlament und Rat

---

[238] Schweitzer/Hummer, Europarecht, Rn. 226.

[239] Vgl. etwa die folgenden Bereiche, die im EVGV alle mit 2/3-Mehrheit zu entscheiden gewesen wären: Art. 78a § 4 (Organisation der Streitkräfte nach Aufstellung der ersten Welle, Art. 87 § 2b (Einzelpositionen des Haushalts), Art. 99 Abs. 4 (Richtlinien für Außenhilfen) und Art. 105 Abs. 3 (Richtlinien für gemeinsame Rüstungsprogramme). Das System der qualifizierten Mehrheiten in der EVG erweist sich als ein nach Art und Umfang durchaus ausdifferenziertes, bei elementaren Fragen bleibt aber die Einstimmigkeit im Rat der Minister erforderlich.

zurück und setzten überall dort, wo es mit Rücksicht auf die einzelstaatlichen Interessen geboten erschien, die Einstimmigkeit im Rat voraus.[240].

dd. Ponderierung und nationalstaatliche Denkweise - „Europäische Parteien"

Die Inbezugnahme von Ponderierung und qualifizierten Mehrheiten setzt freilich auch in gewisser Weise eine nationalstaatliche Denkweise voraus, die von einem (auch) national geprägten Abstimmungsverhalten der Abgeordneten ausgeht. Eine solche nationale Orientierung hatten die Verfasser der EPG-Satzung für die Völkerkammer nur begrenzt erwartet,[241] da dem Senat als zweite Kammer die Sichtweise der Wahrung des nationalen Interesses explizit zugeordnet wurde. Ein nationales Abstimmungsverhalten entspricht auch nicht bzw. nur bedingt der Realität im Europäischen Parlament. Die Abgeordneten des EP haben bereits seit ihrem ersten Zusammentritt beschlossen, sich nicht in nationalen Delegationen, sondern in parteipolitischen Fraktionen zusammenzuschließen. Dementsprechend findet (zumindest bei ordnungsgemäßem Verlauf) die Meinungsbildung in den Fraktionen statt. Wichtigste und dominante Fraktionen sind die Europäische Volkspartei und die Sozialisten/Sozialdemokraten. Daneben wurden auch Liberale, Vereinigte Linke und Grüne in der Öffentlichkeit als übernationale Fraktionen etabliert.[242] Auch die Geschäftsordnung des EP berücksichtigt bei der Verteilung der Rechte vorwiegend die Fraktionen, sodass diese gezwungen sind, die verschiedenen nationalen Auffassungen unter sich zu harmonisieren, bevor sie an die Öffentlichkeit treten. So führt der Willensbildungsprozess im EP zu einem wesentlich höheren Grad der Europäisierung als etwa im Rat[243], wobei allerdings von „echten" europäischen Parteien noch nicht die Rede sein kann, sondern (noch immer) von *„politisch orientierten multinationalen Fraktionen"*,[244] die als Ausgangspunkt für die Etablierung politischer europäischer Parteien dienen sollen. Es wird angenommen, dass die Entwicklung zu multinationalen Fraktionen nur möglich war, weil das EP (zunächst)

---

240 So insbesondere bei der Festsetzung von Steuern und Beiträgen (Art. 78 und 80) sowie bei substanziellen Satzungsänderungen (Art. 111, 112 SEPG).

241 Vgl. Dehousse, in: Verfassungsausschuss, Einleitender Bericht und Begründung vom 26.2.1953, S. 43: „Es ist sehr wenig wahrscheinlich, dass man innerhalb des europäischen Parlaments regelmäßig Land gegen Land stimmen wird und dass sich Koalitionen bilden werden, die in jedem Lager zur Einmütigkeit der nationalen Abstimmungsergebnisse führen würden."

242 Auf der anderen Seite gibt es auch national geprägte Fraktionen, wie etwa die „Forza Europa", „Europa der Nationen" sowie die „Radikale Europäische Allianz", denen es weniger um staatenübergreifende Integration geht, sondern mehr um eine kritische Haltung gegenüber der EU als solcher. Eine Aufzählung der Mandatsverteilung nach Fraktionen findet sich etwa bei Bleckmann, Europarecht, Rn. 294, eine Zuordnung von Fraktionen und Ländern auf dem Stand der Wahl vom 13.1.1997 bei Woyke, Wahlen zum Europäischen Parlament, in: Informationen zur politischen Bildung, Februar 1999; vgl. zu den Ergebnissen in den einzelnen Mitgliedstaaten bei der Wahl vom Juni 1999: FAZ vom 16.6.1999, S. 11.

243 Bleckmann, Europarecht, Rn. 295.

244 So etwa Marlies Mosiek-Urbahn (damals MdEP) bei einer Rede vor der Anwaltskammer Frankfurt im November 1997; drastischer Egon Klepsch, Präsident des EP a. D. in „Einblicke", 4/1998 (Hrsg. Konrad-Adenauer-Stiftung): „Ich glaube, dass die Entwicklung des europäischen Parteiwesens noch ganz am Anfang steht".

keine wirklichen Entscheidungsbefugnisse besaß.[245] Damit stellt sich die Frage, ob die fortschreitende Kompetenzerweiterung des EP (wie etwa durch die Verträge von Maastricht und Amsterdam) zur Bildung von nationalen Gruppen beiträgt oder tatsächlich - wie beabsichtigt - die demokratische Entwicklung der Gemeinschaft nachhaltig fördert. Auf die EPG übertragen, würde dies bedeuten, dass die durchaus schon beachtlichen Kompetenzen des Parlaments als Organ im Verhältnis zur Verbandskompetenz der Gemeinschaft eine nationale Denkweise hätten fördern können.

Auch in der Ad hoc-Versammlung 1952/53 wurde bereits das Problem der unmittelbaren Wahlen ohne vorherige Etablierung europäischer politischer Parteien gesehen. Insbesondere niederländische und belgische Abgeordnete forderten eine Aufschiebung der ersten unmittelbaren Wahlen der Völkerkammer bis zur Gründung und Entwicklung europäischer Parteien bzw. zumindest europäischer Programme der bestehenden nationalen Parteien und eine Bestimmung der Abgeordneten durch die nationalen Parlamente für eine mehrjährige Übergangszeit.[246] In diesem Zusammenhang ging man davon aus, dass die extremistischen Parteien ihre gut organisierte Wählerschaft besser zu den Wahlurnen bewegen könnten als die etablierten (proeuropäischen) Parteien.[247] Dieser Einwand wurde von der Mehrheit der Delegierten zurückgewiesen. Zutreffend brachte Pierre-Henri Teitgen als Vorsitzender des Unterausschusses für politische Institutionen das Gegenargument auf den Punkt. Sofern die ersten unmittelbaren Wahlen verschoben werden sollten, bis Europäische Parteien etabliert seien, so würden diese Wahlen wohl niemals abgehalten werden.[248] Betrachtet man die Entwicklung der nachfolgenden Jahre und Jahrzehnte, so wird deutlich, wie recht Teitgen in dieser Frage hatte. Europäische Parteien existieren auch heute in dieser damals angedachten Form nicht. Vielmehr bestimmen die nationalen Parteien mit ihrer jeweiligen programmatischen Einstellung zur Europäischen Union die Meinungsführerschaft und damit auch die Wahlen. „Europäische Parteien“ gibt es in der Realität nur im EP selbst, wo - wie oben ausgeführt - weitgehend übernationale politische Bündnisse dominieren. Ob sich einmal einheitliche europäische Parteien in allen Mitgliedstaaten zur Wahl stellen werden, ist eher unwahrscheinlich. Jedenfalls erkennt Art. 191 EGV/Amsterdam (wie zuvor Art. 138a EGV a.F.) die politischen Parteien als wichtigen Faktor der Integration an, die dazu beitragen sollen, „ein europäisches Bewusstsein herauszubilden und den politischen

[245] Dabei ist aber auch darauf hinzuweisen, dass oftmals auch eine nationale Denkweise das Abstimmungsverhalten der EP-Abgeordneten bestimmte. Bei einer sachgerechten und objektiven Interessenvertretung seines Landes ist hiergegen auch nichts Grundsätzliches einzuwenden. Der Abgeordnete muss sich unter Umständen zwischen Wahlkreisbindung, Fraktionszugehörigkeit und Parteiorientierung entscheiden, wobei die entsendende Partei, z.B. CDU oder SPD, in bestimmten Fragen auch gänzlich anderer Ansicht sein kann als die Fraktion, etwa EVP oder SPE.

[246] Eberhard, EPG, S. 4, Rn. 21; Karp, European Political Community, International Organization 1954, S. 187f.

[247] Karp, European Political Community, International Organization 1954, S. 193.

[248] Vgl. das Zitat bei Karp, a.a.O., S. 193f.

Willen der Bürger der Union zum Ausdruck zu bringen."[249] Eine solche (programmatische) Regelung sucht man dagegen in der Satzung der EPG vergeblich, obwohl dieses Thema - im Rahmen der Erörterung der Direktwahl - Gegenstand der Beratungen in der Versammlung war.

b. Der Senat der EPG

aa. Zusammensetzung und Bedeutung

Art. 38 EVGV forderte neben der Beachtung des Grundsatzes der Gewaltenteilung die Schaffung eines Zweikammersystems.[250] Damit war jedoch nur das „Ob", nicht aber das „Wie" der zweiten Kammer festgelegt. Der Entwurf der EPG-Satzung sieht folgende Struktur vor: Die zweite Kammer, der Senat („upper chamber"[251]) besteht aus Senatoren, welche das Volk jedes Staates vertreten (Art. 11 Abs. 2 SEPG). Gemäß Art. 16 SEPG werden die Senatoren von den nationalen Parlamenten nach einem von jedem Mitgliedstaat festzusetzenden Verfahren auf die Dauer von fünf Jahren gewählt.

Der Verfassungsausschuss und die Ad hoc-Versammlung haben sich für die Senatslösung und gegen ein Bundesratsmodell entschieden und damit - im Hinblick auf den Rat und seine Befugnisse - für eine möglichst unabhängige Vertretung der Mitgliedstaaten. Die Wahl des Senats durch die nationalen Parlamente ist zu betonen, da der Verfassungsausschuss bzw. dessen Mehrheit hier den föderalen Charakter dieses Organs hervorheben und dem grundlegenden demokratischen Postulat der Trennung von Regierung und Staaten zur Geltung verhelfen wollte.[252] Damit sollte der direkte Einfluss der Regierungen auf die Zusammensetzung des Senats ausgeschlossen bzw. verringert werden. Gleichwohl oder gerade aus diesem Grunde wurde die Konstruktion eines von den Parlamenten zu wählenden Senats kontrovers diskutiert. Im Hinblick auf den Rat der nationalen Minister argumentierte die Mehrheit des Verfassungsausschusses und der Ad hoc-Versammlung, dass sich bei einer Wahl der Senatoren durch die Regierungen und durch deren Weisungsgebundenheit das nationalstaatliche Regierungselement praktisch verdoppeln würde, was konstruktiv unsinnig sei und daher nicht hingenommen werden könne. Demgegenüber forderten die Regierungsvertreter schon vor den Festlegungen der Ad hoc-Versammlung, den Senat als Kammer von weisungsgebundenen Regierungsvertretern zu schaffen.[253] Dieses Ansinnen wurde jedoch von der überwiegenden Mehrheit der Abgeordneten zurückgewiesen. Neben der Völkerkammer sollte eine von den Regierungen der Mitgliedstaaten unabhängige Staatenkammer tre-

---

[249] Mit dem Vertrag von Nizza wird zudem in Art. 191 EGV eine Handlungsermächtigung zur Schaffung eines Statuts der europäischen Parteien und ihrer Finanzierung eingefügt, für die das Verfahren der Mitentscheidung nach Art. 251 EGV gelten soll.

[250] Art. 38 EVGV: „...Gemeinwesen ..., das auf dem Grundsatz der Gewaltenteilung beruhen und insbesondere über ein Zweikammersystem verfügen soll."

[251] Vgl. Robertson, EPC, S. 394 aus britischer Sicht.

[252] Bindschedler, Rechtsfragen der europäischen Einigung, S. 348.

[253] Vgl. den Hinweis in dem „Vorschlag über die Zusammensetzung der Kammern" des Abg. Wigny vom 5.2.1953, in: Sonderversammlung, Verfassungsausschuss, Band II, Oktober 1952-März 1953.

ten[254] und - quasi als Kompensation - der Rat der nationalen Minister als Organ der „Koordinierung“ von den Regierungen mandatiert werden, um insoweit ein Gegenstück zum Parlament und damit in gewisser Weise auch ein „institutionelles Gleichgewicht“ zu schaffen.[255] In der Begründung der Verfassungskommission führte der Berichterstatter Dehousse zur Wahl der Senatoren durch die Parlamente und die hervorgehobene Trennung von Staaten und Regierungen aus:

> „... *Das heißt aber ein grundlegendes Postulat des demokratischen Prinzips vergessen, das zwischen Staaten und Regierungen unterscheidet. Im Senat kommt es darauf an, die Staaten zu vertreten, die das bleibende Element darstellen und auf die übrigens Art. 38 ausdrücklich Bezug nimmt, und nicht die Regierungen, die kommen und gehen und nicht unbedingt das Monopol beanspruchen können, mit den nationalen Interessen verknüpft zu sein.*“ [256]

Während die nationalen Parlamente der Mitgliedstaaten in der EU/EG oftmals ihre abnehmende Rolle monierten und letztlich auch den Schulterschluss mit dem Europäischen Parlament suchten,[257] war das Problem der Beteiligung der nationalen Parlamente in der EPG durch die genannte Zusammensetzung des Senats im Sinne einer konsequenten Europäisierung gelöst. Hier dürfte sich auch ein weiterer Ansatz für eine europäische Parteienbildung befunden haben, denn die von konkurrierenden nationalen Parlamenten gewählten Senatoren würden nicht immer nur den nationalen, sondern vermutlich ergänzend auch den parteipolitischen Konsens gesucht haben.

bb. Auswahl und Amtsdauer der Senatoren

Eine Aussage darüber, welche Personen das Amt eines Senators einnehmen sollten, enthält die Satzung nicht. Allerdings war die Verfassungskommission der Auffassung, dass die Senatoren nach Möglichkeit unter bedeutenden Persönlichkeiten gewählt werden, welche bereits hervorgehobene Funktionen erfüllt haben, wie ehemalige Minister, einflussreiche Parlamentarier oder auch angesehene Persönlichkeiten außerhalb der Parlamente.[258] Entstehen sollte demnach eine Art Honoratiorenparlament, wobei der Hinweis auf den römischen Ursprung des Wortes Senat (senex) durchaus eine gewisse

---

[254] Wigny, a.a.O., kritisiert sodann aber, dass das Prinzip der Staatenkammer wegen der gewählten Sitzverteilung nicht angemessen angewandt wurde.

[255] Die Terminologie des „institutionellen Gleichgewichts“ wurde für die EPG noch nicht verwendet, wohl aber der klassische Begriff des „balance of power“, vgl. Robertson, EPC, S. 401; vgl. zu dem Begriff bei der EU/EG EuGH, Slg. 1984, S. 1749 und Slg. 1990, S. I-2041; Huber, Integration, § 14, Rn. 57ff (S. 229f; Hummer in: Grabitz/Hilf, EU-Kommentar, Rn. 14 vor Art. 155.

[256] Dehousse, in: Verfassungsausschuss, Einleitender Bericht und Begründung vom 26.2.1953, S. 38; siehe auch das Zitat im französischen Original bei Bindschedler, Rechtsfragen der europäischen Einigung, S. 348

[257] Die nationalen Parlamentarier bemerkten mit der Zeit, dass eine Konkurrenzsituation eher zum Rat und nicht zu dem Europäischen Parlament bestand.

[258] Dehousse, in: Verfassungsausschuss, Einleitender Bericht und Begründung vom 26.2.1953, S. 37; Bindschedler, Rechtsfragen der europäischen Einigung, S. 348, Genzer, Die Satzung der Europäischen Gemeinschaft, EA 1953, S. 5664, Fn. 22.

Berechtigung gehabt haben dürfte.[259] Die Bezeichnung „Senat" selbst sagt freilich noch nichts über den Umfang der ihm zugewiesenen Kompetenzen aus, was etwa ein Vergleich des - inzwischen abgeschafften - Senats des Freistaates Bayern[260] mit dem der Vereinigten Staaten von Amerika ergibt. Der Senat der EPG sollte nicht nur bedeutende Kompetenzen erhalten, sondern auch von bedeutenden Persönlichkeiten besetzt werden. Wenn man bedenkt, dass Politik in der Nachkriegszeit immer stärker über Personen und deren mediale Präsenz vermittelt wurde, war der Gedanke, tragende Funktionen der Gemeinschaft anerkannten Persönlichkeiten zu übertragen, durchaus weitsichtig und hat aus heutiger Sichtweise des Medienzeitalters und zugleich in Anbetracht der oftmals so empfundenen „Anonymität" des EP in der öffentlichen Wahrnehmung einen nicht zu bestreitenden Reiz im Hinblick auf die künftige Entwicklung der europäischen Integration. Dass die Positionen im Senat zu den begehrtesten in Europa gezählt hätten, liegt auf der Hand, während dies in der EU/EG eher für die Kommission anzunehmen ist. Vorgeschlagen werden hier oftmals ehemalige Minister oder sonstige hohe Funktionäre, sodass insofern der Gedanke der Besetzung durch „Honoratioren" auch hier einen gewissen Eingang gefunden hat.[261]

Hinsichtlich der Frage der Amtsdauer der Senatoren hatte der Verfassungsausschuss keine Vorschläge gemacht, sondern die Entscheidung hierüber der Versammlung überlassen. Ein Antrag, die Amtsdauer auf 6 Jahre festzusetzen und alle zwei Jahre ein Drittel der Mitglieder durch neugewählte Senatoren zu ersetzen, um so eine über die Legislaturperiode der Völkerkammer reichende Organkontinuität zu erreichen, verfiel der Ablehnung. Die Amtsdauer von 5 Jahren sowie die Wahl der Senatoren durch die nationalen Parlamente wurden gefordert und von der Versammlung gebilligt, weil der europäische Senat ein Spiegelbild der politischen Anschauungen in den Parlamenten der Mitgliedstaaten sein sollte.[262] Insbesondere sollten die parlamentarischen Oppositionen der Mitgliedstaaten vertreten sein, auch um - aus damaliger Sicht - ein christlich-demokratisches Monopol zu verhindern.[263] Bemerkenswert ist dabei, dass sich die Situation etwa bis zum Jahr 1999 im Vergleich zu 1953 praktisch vollständig umgekehrt hatte. Waren damals tatsächlich die christlich-demokratischen Parteien in den meisten Regierungen der Mitgliedstaaten dominant, so galt dies gegen Ende des Jahrhunderts umgekehrt für die Sozialdemokraten bzw. Sozialisten,[264] was die Richtigkeit der Kon-

---

[259] In der republikanischen Zeit des alten Rom wurden nicht nur die Häupter der patrizischen Familien (patres) in den Senat berufen, sondern auch Personen, die etwa die höchsten Ämter eines Konsuls oder Prätors bekleidet hatten - vgl. Söllner, Einführung in die römische Rechtsgeschichte, S. 33.

[260] Vgl. zu Funktion und Bedeutung des bayerischen Senats und seiner Abschaffung durch Volksentscheid vom 8.2.1998, wirksam seit 1.1.2000: Funk, Der Bayerische Senat - ewiger Bestandteil der Verfassung des Freistaates Bayern vom 2.12.1946, BayVBl 1999, S. 108.

[261] In diesem Zusammenhang kann freilich die „Versorgungsmentalität" der nationalen Parteien zugunsten verdienter Mitglieder bei den Vorschlägen für die Besetzung der Kommissionsposten nicht unerwähnt bleiben.

[262] Eberhard, EPG, S. 19, Fn. 15.

[263] Karp, European Political Community, International Organization 1954, S. 188.

[264] Eine bürgerliche Regierung bei den 15 EU-Ländern ohne sozialdemokratische bzw. sozialistische Beteiligung gab es im Jahre 1999 zunächst nur in Spanien. Die Wahl in Österreich führte dort zum

struktion im Hinblick auf die Vertretung der Oppositionsparteien im Ergebnis aber gerade bestätigt. Vielleicht könnte ein Senat als weitgehend maßstabsgetreues Abbild der jeweiligen nationalen Parlamente auch tatsächlich ein höheres Maß an Identifikation schaffen, als dies gegenwärtig der Fall ist. Dieser Effekt könnte durch Herstellung einer personellen Identität der nationalen Abgeordneten mit den jeweiligen Senatsmitgliedern[265] noch deutlich verstärkt werden, was freilich eine organisatorische Verbindung bzw. Koordinierung der nationalen Parlamente mit der „zweiten Kammer des EP" voraussetzen würde. Sofern, wie vorgeschlagen wird, der Rat der Union graduell in eine zweite Kammer fortentwickelt werden sollte,[266] so scheidet eine Identität der Abgeordneten im vorgenannten Sinne aus, da sich die Mitgliedstaaten nicht ihrer Regierungsbeteiligung bei der Normgebung der Union begeben würden.

cc. Gewichtete Vertretung der Staaten im Senat

Ad hoc-Versammlung und Verfassungsausschuss haben sich auch bei der Bildung der Staatenkammer für ein System der gewichteten Vertretung entschieden.[267] Der Senat wurde analog der Versammlung der Europäischen Verteidigungsgemeinschaft (Art. 33 EVGV) gebildet,[268] also auf Grundlage der Versammlung der EGKS in der Fassung des Vertrages vom 18. April 1951 (Art. 20, 21 EGKSV a.F.) und ergänzt durch je drei Abgeordnete der großen Mitgliedstaaten Frankreich, Deutschland und Italien.[269] Die Sitzverteilung des Senats entspricht damit auch derjenigen der Ad hoc-Versammlung, da diese ja aus der (vorab konstituierten) Versammlung der EVG hervorging, indem Art. 38 EVGV - im Hinblick auf die langwierigen Ratifikationsverfahren - vorzeitig „in Kraft gesetzt" wurde.[270] Die Sitzverteilung entsprechend der Versammlung der EVG garantierte auch die Personalunion der Mitglieder des Senats mit der Beratenden Ver-

Machtverlust der Sozialdemokraten und zur Regierungsbildung durch ÖVP und FPÖ; Österreich ist aber insoweit als Sonderfall zu bezeichnen, der „Mainstream" der Jahre 1999/2000 war genau entgegengesetzt zu der Situation in den Jahren 1952/53, als die drei großen Partner der Gemeinschaft von christlich-demokratischen bzw. bürgerlichen Regierungen geführt wurden.

265 Eine solche wurde auch von Außenminister Fischer in seiner Rede an der Humboldt-Universität in Berlin gefordert bzw. angedacht, der dabei aber die genaue Rolle des Rates im Unklaren lässt (Text unter www.rewi.hu-berlin.de, abgerufen am 16.5.2000 sowie weitgehend in der Frankfurter Rundschau vom 17.6.2000, S. 7).

266 Vgl. die Schrift „Wie Europa verfasst sein soll", Bertelsmann Stiftung (Hrsg.) 1990, S. 22.

267 Vgl. Wigny, Vorschlag über die Zusammensetzung der Kammern, in: Sonderversammlung, Verfassungsausschuss, Band II, Oktober 1952-März 1953, Dok. AA/CC (4) 27 vom 5.2.1953; Karp, European Political Community, International Organization 1954, S. 185ff.

268 Vgl. Héraud, Revue du Droit Public et de la Science Politique 1953, S. 590.

269 Einen Vorbehalt enthielt allerdings Art. 33 § 2 EVGV: sofern die Konferenz nach Art. 38 EVGV (Projekt einer Politischen Gemeinschaft) nicht binnen eines Jahres nach ihrer Einberufung zu einem Übereinkommen kommen sollte, wird die Zusammensetzung der Versammlung der EVG einer (separaten) Überprüfung durch die Mitgliedstaaten unterzogen.

270 Karp, European Political Community, International Organization 1954, S. 182-184; Robertson, EPC, S. 385-387.

sammlung des Europarates, was den Vertragsverfassern von großer Bedeutung war.[271] Die Verteilung der Sitze entspricht zugleich den Proportionen der Völkerkammer, wenn man die Anzahl der Abgeordneten durch drei dividiert und von den sieben zusätzlichen Delegierten für Frankreich absieht. Der somit proportional reduzierte und seinem „Charakter" entsprechend kleinere Senat[272] besteht demnach aus 87 Mitgliedern, die sich gemäß Art. 17 SEPG auf die Staaten wie folgt verteilen: *Frankreich 21, Bundesrepublik Deutschland 21, Italien 21, Belgien 10, Niederlande 10 und Luxemburg 4.*

Verfassungsausschuss und Sonderversammlung sahen damit von einer Gleichstellung der Mitgliedstaaten ab, wie diese etwa in der Verfassung der Vereinigten Staaten von Amerika vorgesehen ist und für eine Staatenverbindung (in welcher Ausgestaltung auch immer) naheliegend gewesen wäre. Der hauptsächliche Grund dieser für eine Staatenkammer eher atypischen Ponderierung lag darin, dass die Gemeinschaft zu diesem Zeitpunkt nur drei große und drei kleine Staaten umfasste und unter diesen tatsächlichen Voraussetzungen das Prinzip der gleichen Vertretung als unangemessen empfunden wurde. Insbesondere war ja bereits eine deutliche Besserstellung der kleinen Mitgliedstaaten (in Relation zu ihrer Einwohnerzahl) in der Völkerkammer vorgesehen, um eine Majorisierung durch zwei große Staaten zu verhindern. Eine Bevorzugung Frankreichs im Hinblick auf seine überseeischen Gebiete erfolgt im Senat nicht. Eine Begründung wurde hierfür von der Verfassungskommission nicht angegeben; die Gleichstellung der großen Staaten dürfte aber dem Charakter des Senats besser entsprechen als die ohnehin schon problematische Sonderbehandlung Frankreichs in der Völkerkammer. Die Franzosen verstanden es damit nur teilweise, ihre Führungsrolle als einzige „echte" Siegermacht der sechs Teilnehmerstaaten in konkrete Privilegien umzusetzen. Auch in der Saar-Frage konnte Frankreich seine Positionen nicht durchsetzen, sodass dieser Problembereich letztlich in die EPG-Satzung keinen Eingang fand, obwohl verschiedene konkrete Vorschläge auf dem Verhandlungstisch lagen.[273] Offenbar sind Vorrechte in einer parlamentarischen Versammlung schwieriger zu erlangen als in einer diplomatischen Konferenz.

> *Hinzuweisen ist in diesem Zusammenhang auf die von Frankreich durchgesetzten Privilegien im Rahmen der Bestimmungen des EVG-Vertrages und dessen Zusatzprotokollen. Diese betrafen vor allem Fragen, die unmittelbar mit den Streitkräften Frankreichs und der Wiederbewaffnung Deutschlands zusammenhingen. Hervorzuheben ist dabei allerdings, dass eine Besserstellung Frankreichs im Rat nicht stattfand. Insbesondere erfolgte die Stimmengewichtung bei Abstimmungen mit qualifizierter Mehrheit nach der Bestimmung des Art. 43a EVGV, der (bis zu einer endgültigen Regelung)*

---

[271] Vgl. hierzu eingehend Robertson, EPC, S. 394, 397f; eine Gegenüberstellung der „drei europäischen Parlamente" im Jahre 1953 findet sich in der Kommentierung von Sternberger, Eine Verfassung für Europa, Die Gegenwart 1953, S. 107.

[272] Bindschedler, Rechtsfragen der europäischen Einigung, S. 348.

[273] Vgl. die als Anhang zur Satzung formulierten Vorschläge des Verfassungsausschusses nebst Änderungsvorschläge zur Beteiligung der Saar bei Eberhard, EPG, S. 32; dem Saargebiet sollten nach dem später offen gebliebenen Art. 101 SEPG 4 Senatoren zugestanden werden.

bei Mehrheitsentscheidungen zunächst eine Gleichgewichtung der drei großen Staaten sowie von Belgien und den Niederlanden und eine überproportionale Beteiligung Luxemburgs vorsieht. [274] *Die Stimmen verteilen sich danach wie folgt: Deutschland 3, Belgien 2, Frankreich 3, Italien 3, Luxemburg 1 und die Niederlande 2. Die Ponderierung entspricht damit nur grob dem Verteilungsschlüssel des Senats der EPG und führt insoweit zu einer Besserstellung der kleineren Staaten. Er wäre bei genauerer Umrechnung auf 3 / 1,43 / 3 / 3 / 0,57 / 1,43 festzulegen gewesen. Bemerkenswert ist indessen auch, dass nach einer Übergangszeit die finanziellen Beiträge zur Gemeinschaft für den Stimmwert eines Landes in gewissen Grenzen maßgeblich sein sollen (Art. 43 EVGV). Hier ist also der in der EU/EG fremde Gedanke eines „Leistungsproporzes" zum Tragen gekommen, der durchaus auch für die aktuelle Reformdiskussion der EU/EG fruchtbar gemacht werden könnte, zumal er binnen kürzerer Zeit zu mehr Beitragsgerechtigkeit führen würde, als dies bei den üblichen Finanzverhandlungen im Rahmen von Gipfeltreffen der Fall ist.*[275] *Auch bei der Konstituierung der Europäischen Zentralbank wäre ein ponderiertes Stimmrecht entsprechend dem Anteil der Landeswährung im Gesamtkorb denkbar gewesen. Den zu erwartenden Gegenstimmen wäre entgegenzuhalten, dass ein solcher Gedanke schon 1952 zwischen den Regierungen von sechs Gründungsmitgliedern der EVG bzw. E(W)G konsensfähig war und letztlich der Vertrag an anderen Fragen scheiterte.*

Mit der durchgeführten Ponderierung im Senat der EPG wurde - wie erwähnt - der Grundsatz der gleichen Vertretung aller Staaten[276] nicht durchgeführt, wie es in einigen föderativen Verfassungen normiert ist. Demgemäß mochte es den kleinen Staaten erscheinen, dass sie im Senat eine Benachteiligung erfahren haben, wenn man die Regelung mit den Bestimmungen in den USA, der Schweiz und Australien vergleicht.[277] Eine Reihe von Delegierten der Benelux-Staaten forderten dementsprechend auch eine paritätische Zusammensetzung des Senats,[278] so etwa der belgische Abgeordnete Wigny in seinem Vorschlag vom 5. Februar 1953.[279] Es bestehe die Gefahr von Meinungsverschiedenheiten zwischen den kleinen und großen Staaten und damit die Möglichkeit der Dominanz Letzterer. Eine Kompensation über den Rat sei aber wegen dessen potenzieller nationaler Orientierung nicht wünschenswert. Es sei daher der strikte Grundsatz der Parität im Senat herzustellen (ohne allerdings gleichzeitig Vetorechte zu schaffen) und im Gegenzug die Proportionalität in der Völkerkammer besser zu gewährleisten.[280] Betrachtet man indessen die Regelungen zur Sitzverteilung genauer, so erscheint

---

[274] Vgl. zu dem Forderungskatalog während der Verhandlungen, die auf eine Besserstellung auch in diesem Bereich hinzielten: Zurcher, The struggle to Unite Europe, S. 115.

[275] Beredtes Beispiel sind die bereits genannten Verhandlungen über die Finanzreform („Agenda 2000") auf dem Berliner Gipfel vom März 1999.

[276] Robertson, EPC, S. 394; Bindschedler, Rechtsfragen der europäischen Einigung, S. 348.

[277] Vgl. Robertson, a.a.O.

[278] Vgl. Eberhard, EPG, S. 19, Fn. 15; vgl. zu der Problematik auch Héraud, Revue du Droit Public et de la Science Politique 1953, S. 590 m.w.N.

[279] „Vorschlag über die Zusammensetzung der Kammern" vom 5.2.1953, in: Sonderversammlung, Verfassungsausschuss, Band II, Oktober 1952-März 1953.

[280] So sinngemäß Wigny, a.a.O., der hier allerdings gleichwohl eine Mindestzahl und eine Höchstzahl in der Völkerkammer befürwortet; vgl. aber ders. in: La Revue Politique 1953, S. 548, wo er unter der

es, als hätten die kleinen Staaten insgesamt mehr gewonnen als im Senat verloren: Zunächst repräsentieren die Benelux-Staaten mit nur einem Achtel der Bevölkerung gemeinsam mehr als ein Viertel der Stimmen im Senat,[281] was insbesondere bei Abstimmungen mit qualifizierter Mehrheit von Bedeutung sein kann und zudem dazu berechtigt, jederzeit eine zweite Lesung im Gesetzgebungsverfahren zu fordern (Art. 52 § 3 SEPG). Diese Regelung wurde explizit zu Gunsten der kleineren Staaten aufgenommen;[282] der Senat soll damit auch ein mit dem Schutz der Interessen der Mitgliedstaaten betrautes Organ sein.[283]

Erwähnt wurde bereits, dass die kleinen Staaten in der Völkerkammer durch das oben genannte Verteilungssystem eine deutlich verbesserte Repräsentanz im Verhältnis zu ihrer Bevölkerungszahl erhalten haben. Ebenso bedeutsam im Hinblick auf eine Kompensation ist aber die Regelung für den Rat der nationalen Minister. Hier entsendet gemäß Art. 36 SEPG jeder Staat nur ein Mitglied seiner Regierung. Mit dieser Bestimmung garantiert die Satzung vollständige Gleichheit im Rat und verzichtet auf einen ponderierten Schlüssel, wie ihn der EGV in Art. 205 Abs. 2 vorsieht. Die EU/EG schaffte hier einen Kompromiss zwischen dem völkerrechtlichen Grundsatz der Staatengleichheit und dem föderalistischen-demokratischen Ansatz, für den es entscheidend auf die Bevölkerungszahl ankommen muss.[284] Allerdings konnte die Satzung der EPG auch eher auf eine Ponderierung im Rat verzichten, da dieser - zumindest von den Abgeordneten - mehr als nationales und unter Umständen nur temporäres Kontrollorgan betrachtet wurde, welches den Regierungen den notwendigen Einfluss gewähren, jedoch nicht - wie in der EU/EG - als „Hauptrechtssetzungsorgan" fungieren sollte. Inwieweit sein Einfluss tatsächlich ausgestaltet war, wird noch aufzuzeigen sein.

Weiterhin sieht die Satzung vor, dass nicht mehr als zwei Mitglieder eines Mitgliedstaates dem Europäischen Exekutivrat angehören dürfen (Art. 28 § 2 SEPG). Damit ist auch hier eine überproportionale Vertretung der kleinen Mitgliedstaaten sichergestellt, wenn man davon absieht, dass die Artikel 27-34 SEPG [285]keine Mindestzahl für den Exekutivrat vorsehen, die Höchstzahl (zwölf) sich dagegen mittelbar aus Art. 28 § 2 ergibt. Demnach wäre es also denkbar, dass einzelne Staaten gar nicht, andere dagegen mit zwei Mitgliedern vertreten sind. Allerdings dürfte es unter Berücksichtigung dessen, dass es sich um die Verbindung souveräner Staaten handelt und unter Anwendung einer „mitgliedstaatsfreundlichen" Handhabung der Regelung nicht zu der Situation kommen, dass ein Staat nicht im Exekutivrat vertreten ist. Der Umstand, dass den kleineren Staaten allgemein eine über ihre Größe hinausreichende Repräsentanz zugebilligt wird, führt allerdings im Hinblick auf den klaren Wortlaut nicht zu der Annahme,

---

Aufrechterhaltung der Forderung nach strikter Gleichbehandlung im Senat eine genaue Proportion in der Völkerkammer für möglich erachtet.

281 Vgl. Héraud, Revue du Droit Public et de la Science Politique 1953, S. 590.

282 Dehousse in: Verfassungsausschuss, Einleitender Bericht und Begründung vom 26.2.1953, S. 43.

283 Eberhard, EPG, S. 23, Fn. 33.

284 Dieser Kompromiss war und ist in seiner genauen Ausgestaltung allerdings höchst umstritten, wie etwa die Verhandlungen zum Vertrag von Nizza im Dezember 2000 eindrucksvoll bestätigten.

285 = Kapitel II - „Der Europäische Exekutivrat".

dass die Nichtberücksichtigung eines Staates satzungswidrig wäre, auch wenn Bindschedler zuzustimmen ist, dass die Bestimmung des Art. 28 § 3 SEPG einen Schutz der kleineren Mitgliedstaaten gegen die größeren in der Exekutive bezweckt.[286] Die Frage hat den Verfassungsausschuss und die Sonderversammlung nicht näher beschäftigt, was dafür spricht, dass die fehlende Mindestregelung auch ein redaktionelles Versäumnis sein könnte. Möglicherweise sah man aber auch die regulierende Kraft des Senats als ohne weiteres ausreichend an und wollte den Präsidenten des Exekutivrates nicht für alle Fälle zu eng binden,[287] was den unitarischen Charakter des Exekutivrates zusätzlich hervorheben würde.

Schließlich hat das präsentierte System der Ponderierung eine weitere - für die damalige Zeit des Kalten Krieges nicht zu unterschätzende - Bedeutung im Hinblick auf die erstrebte Vereinigung bzw. engstmögliche Zusammenarbeit der *freien* (= nicht unter dem Einfluss der UdSSR stehenden) Welt, was auch durch eine enge Zusammenarbeit und institutionelle Verbindung mit dem **Europarat** realisiert werden sollte. Ziel dieser zahlreichen Bestimmungen war es insgesamt, eine weitere Spaltung Europas in die sechs Teilnehmerstaaten der EPG einerseits und die übrigen Staaten Westeuropas andererseits zu vermeiden.[288] Man ging auch soweit, den Europarat als „allgemeinen politischen Rahmen" Europas zu beschreiben,[289] der damit eine Art Überbau oder Dach für die EPG hätte darstellen können. Im Mittelpunkt dieser Bemühungen sollte - neben einem gemeinsamen Wirtschafts- und Sozialrat[290] - der Senat der EPG als zentrale Verknüpfung zur Beratenden Versammlung des Europarates stehen. Hierbei macht das System der „gewogenen" Sitzverteilung möglich, dass alle Mitglieder des Senats der EPG auch Repräsentanten ihrer Staaten in der Versammlung des Europarates sein könnten, was bereits den Vorschlägen der britischen Regierung unter Eden entsprach.[291] Von dieser personellen Teilkongruenz der Organe versprach man sich starke Impulse für eine enge Zusammenarbeit der beiden Gemeinschaften und damit mittelfristig für ein „größeres Europa", was in Artikel 1 des Protokolls über die Verbindungen mit dem Europarat eingeflossen ist. Voraussetzung für die Wirksamkeit dieser Bestimmung[292] wäre natürlich die Beifügung eines Protokolls mit gleichem Inhalt an die

---

286 Bindschedler, a.a.O., S. 350.

287 So etwa für den Fall, dass eine bestimmte Persönlichkeit in den Exekutivrat eintreten sollte, für die gerade keine nationale Quote zur Verfügung stünde.

288 Robertson, EPC, S. 397.

289 Vgl. Präambel des Protokolls über die Verbindungen mit dem Europarat: „Die Mitglieder der Europäischen Gemeinschaft *(Die Mitglieder des Europarates)* haben, von der Notwendigkeit überzeugt, so zahlreiche und so enge Bindungen wie möglich zwischen dem Europarat und der Europäischen Gemeinschaft herzustellen, damit der Europarat den allgemeinen politischen Rahmen Europas bilden kann, Folgendes vereinbart...".

290 Vgl. Dehousse in: Verfassungsausschuss, Einleitender Bericht und Begründung vom 26.2.1953, S. 47.

291 Robertson, EPC, S. 398.

292 Artikel 1 lautet: „Die Beratende Versammlung des Europarates besteht aus den Mitgliedern des Senats der Gemeinschaft und einer entsprechenden Anzahl von Vertretern der anderen Mitglieder des Europarates, die auf Grund des gegenwärtig geltenden Systems der gewichteten Vertretung festgesetzt

Satzung des Europarates.[293] Ein entsprechender Vorschlag zur Änderung der Satzung des Europarates war bereits in Vorbereitung.[294] Die sechs EPG-Staaten hätten in der Beratenden Versammlung des Europarates mehr als die Hälfte der Sitze innegehabt, sodass sichergestellt gewesen wäre, dass die Versammlung permanent über die Arbeit und Entwicklung des Parlaments informiert und damit in der Lage gewesen wäre, mit der neuen Gemeinschaft einen konstruktiven Dialog zu führen.[295] Dabei ist stets zu beachten, dass die Kompetenzen von Senat und Beratender Versammlung materiell nicht vergleichbar sind, der personellen Verbindung damit immer auch ein Großteil europäischer Symbolik innewohnen sollte.

Die Ad hoc-Versammlung und der Verfassungsausschuss haben alles in ihrer Macht stehende unternommen, um diese Verbindung so intensiv und eng wie möglich zu gestalten. Zunächst wurden Beobachter der übrigen Staaten des Europarates zu den Tagungen der Versammlung und der Ausschüsse eingeladen und ihnen das Rederecht eingeräumt. Dänemark, Griechenland, Großbritannien, Irland, Island, Schweden, die Türkei und Norwegen folgten der Einladung.[296] Die Ergebnisse der Ad hoc-Versammlung im Januar 1953 wurden umgehend der Beratenden Versammlung des Europarates mitgeteilt, welche sich für die Angelegenheit zu einer besonderen Sitzungsperiode zusammenfand. Dasselbe geschah mit dem Vertragsentwurf, der im folgenden März angenommen wurde. Dieser „spirit of collaboration"[297] entsprach nicht nur der Einstellung der Versammlungsmitglieder, sondern auch und gerade der Politik der sechs Regierungen der Montanunionstaaten, wie sie in der Erklärung der Außenminister vom 10. 9. 1952 Ausdruck gefunden hatte. Darüber hinaus wurde in dem bereits genannten Protokoll über die Verbindungen mit dem Europarat festgelegt, dass der Europäische Exekutivrat in den Sitzungen des Ministerkomitees des Europarates vertreten ist (Artikel 2), dass die Gemeinschaft der Versammlung Bericht über ihre Aktivitäten erstattet (Artikel 3) und dass dem Ministerkomitee die Möglichkeit zusteht, Empfehlungen an die Gemeinschaft zu richten (Artikel 4). Damit wurden eine Vielzahl von Maßnahmen zur möglichst engen Zusammenarbeit zwischen Europarat und Gemeinschaft ergriffen, ohne dabei die Eigenständigkeit beider Organisationen in Frage zu stellen.[298]

Diese gesamten Anstrengungen sind historisch auch aus dem Umstand zu begründen, dass ursprünglich der Europarat der eigentliche Kern des Zusammenschlusses Europas werden sollte.[299] Erst als sich starke Gegensätze über die künftige Entwicklung aufzeig-

---

wird..." Das Protokoll stellt in dieser Form nur einen Vorschlag der Sonderversammlung für eine Vereinbarung mit dem Europarat dar.

[293] Vgl. den Abdruck der amtlichen Textanmerkung bei Eberhard, EPG, S. 31.

[294] Robertson, EPC, S. 398.

[295] Ähnlich Robertson, EPC, S. 398.

[296] Vgl. die Liste der Beobachter bei Eberhard, EPG, S. 17.

[297] So Robertson, EPC, S. 398.

[298] Vgl. Robertson, a.a.O.: „...It therefore seems that all possible steps have been taken to associate as closely as possible ...".

[299] Bleckmann, Europarecht, Rn. 2.

ten und einige Staaten nur zu einer intergouvernementalen Zusammenarbeit bereit waren, verdichteten sich die Bemühungen um eine politische Union mit einem kleinen Teilnehmerkreis, wobei gleichzeitig die Verbindung zu den übrigen Mitgliedern des Europarates - insbesondere Großbritannien und den skandinavischen Ländern - erhalten und vertieft werden sollte. Es lag dem praktisch der Gedanke des „Europa der zwei Geschwindigkeiten" zugrunde, der auch innerhalb der Europäischen Union bei allen Reformbemühungen immer wieder in verschiedenen Ausprägungen zum Vorschein kommt[300] und heute mehr unter den Begriff einer verstärkten Zusammenarbeit gefasst wird. Dabei werden (noch immer) Frankreich und Deutschland als Motor der Entwicklung angesehen,[301] Großbritannien und die skandinavischen Länder gelten als eher zurückhaltend, was etwa auch die zunächst nur auf die sogenannte „Euro-11-Gruppe"[302] beschränkte Einführung der gemeinsamen Währung zum 1.1.1999 zeigte. Zugleich gilt der Eintritt in den Europarat als eine Art Vorstufe zum EU-Beitritt, da hierdurch die demokratische Reife des betreffenden Staates und die Achtung der Menschenrechte durch diesen bestätigt werden soll.[303]

dd. Senatsprinzip oder Bundesratsprinzip für die EPG?

Unter dem Senatsprinzip versteht man in Bundesstaaten grundsätzlich die Vertretung der Gliedstaaten bzw. Teilstaaten durch ein Verfassungsorgan, welches an der Gesetzgebung des Bundes beteiligt ist.[304] Die Gliedstaaten werden durch Abgeordnete vertreten, wobei - wie ausgeführt - in bedeutenden Bundesstaaten, wie etwa den USA, der Grundsatz der Gleichheit der Staaten zum Tragen kommt. Die Abgeordneten (Senatoren) selbst sind - was den wesentlichen Unterschied zum Bundesrat ausmacht - nicht an Weisungen der nationalen Regierungen oder Parlamente gebunden und damit - zumindest theoretisch - nur Recht und Gesetz sowie ihrem Gewissen verpflichtet. Unter dem Bundesratsprinzip versteht man dagegen die Staatenvertretung durch weisungsgebundene Delegierte der Staatenregierungen, wie sie etwa aus den Verfassungen Deutschlands der Jahre 1815, 1871, 1919 und 1949 in verschiedenen Formen bekannt war.[305] So muss etwa nach Art. 51 Abs. 3 GG die Stimmabgabe je Land im Bundesrat zwingend einheitlich erfolgen. Aus dieser Vorschrift sowie einem Umkehrschluss aus

---

300 Vgl. etwa Frankfurter Rundschau vom 28.6.2000: „Chirac regt EU-Pioniergruppe an", FAZ vom 28.6.2000: „Enge Zusammenarbeit der Pioniergruppe angeregt", Die Rheinpfalz vom 14.6.2000: „EU debattiert über Kerneuropa"; Bundesaußenminister Fischer forderte in seiner Berliner Rede vom 12.5.2000 ein „Gravitationszentrum" einiger Staaten als „Nukleus einer Verfassung der Föderation".

301 Exempl. Frankfurter Neue Presse vom 18.5.2000: „Deutsch-französischer Motor soll wieder geölt werden".

302 Vgl. den Begriff etwa bei Herdegen, Europarecht, (Rn. 378, S. 301) mit der Aufnahme Griechenlands wurden es inzwischen 12 „Euro-Länder".

303 Die (weitgehend erfolgreichen) Bemühungen der Nachfolgestaaten der Sowjetunion und Jugoslawiens um Aufnahme in den Europarat zeigen diese Entwicklung deutlich. Auf die vielschichtigen Probleme in diesem Zusammenhang (etwa die Frage einer Bevorzugung Russlands) kann im Rahmen dieser Arbeit nicht eingegangen werden. Zumindest für kleinere Staaten wie Mazedonien oder Georgien stellt die Mitgliedschaft im Europarat eine Art Eintrittskarte nach Europa dar.

304 Vgl. „Wie Europa verfasst sein soll", Bertelsmann Stiftung (Hrsg.) 1990, S. 15.

305 Vgl. Buerstedde, Ministerrat, S. 71.

Art. 77 Abs. 2, S.2 GG und Art. 53a Abs. 1 GG wird das Weisungsrecht der Landesregierungen geschlossen.[306]

Die Ad hoc-Versammlung und der Verfassungsausschuss hatten bei der Ausarbeitung der Satzung grundsätzlich die Wahl unter den beiden genannten Formen der 2. Kammer. Art. 38 EVGV forderte ja lediglich den Grundsatz der Gewaltenteilung und ein Zweikammersystem als solches, nicht jedoch, wie dieses genau ausgestaltet sein sollte. Sowohl in Art. 38 EVGV wie auch in dem Fragebogen der Regierungen[307] wurde zunächst wie selbstverständlich davon ausgegangen, dass dem neuen europäischen Parlament auch Gesetzgebungsaufgaben zufallen sollten. Dabei war fraglich, wie die bestehenden oder bereits geplanten Ministerräte der Montanunion und der EVG aufrechtzuerhalten waren und welche Grundsätze danach bei der Errichtung der Staatenkammer zu beachten waren. Damit wurde das Problem des Ministerrates mit dem einer zweiten Kammer verknüpft. Es hätte daher auch nahegelegen, einen europäischen Bundesrat als zweite Kammer zu etablieren und mit dem Ministerrat der EGKS und EVG zu verschmelzen[308], was jedoch in den Beratungen verworfen wurde. Die Forderung, aus Ministerrat und Staatenkammer ein Organ der Gemeinschaft zu bilden, wird auch noch in neuerer Zeit im Rahmen der Reformdiskussionen der EU/EG erhoben. So heißt es etwa in dem Entwurf der Arbeitsgruppe „Europäische Verfassung" von 1990: *„Auch die Europäische Union braucht eine Staatenkammer, in der die Mitgliedstaaten als solche, d.h. durch ihre Regierungen vertreten sind: den Rat der Union. In dem Maße, in dem die Kommission Funktionen einer europäischen Regierung übernimmt, kann der Ministerrat zur Staatenkammer werden."*[309]
Die Frage, ob für diese zweite Kammer das Senatsprinzip oder das Bundesratsprinzip maßgeblich sein sollte, war Gegenstand der Beratungen im Verfassungsausschuss und im Unterausschuss für „Politische Institutionen".[310] Die Ausschüsse entschieden sich indessen nicht für eine Fusion der bestehenden Ministerräte mit der 2. Kammer, sondern für das Senatsprinzip, was später von der Ad hoc-Versammlung bestätigt wurde. Dies entsprach auch dem Vorschlag der Wissenschaftler, die im Auftrag der Europäischen Bewegung Probleme einer föderalen Verfassung studiert und ihre Vorschläge zu Beginn der Beratungen der Sonderversammlung vorgelegt hatten.[311] Einen dritten Weg in Form eines Mischsystems - d.h. Bildung einer 2. Kammer sowohl aus den Regierungen als auch den Parlamenten der Mitgliedstaaten - hatte zuvor der durch die Beratende Versammlung des Europarates im Anschluss an die Entschließung Nr. 14 vom 30.5.1952 eingesetzte Juristenausschuss befürwortet.[312] Dieser „Kompromiss" zwi-

---

306 Jarass/Pieroth, Kommentar zum Grundgesetz, Art. 51, Rn. 6.

307 Siehe „Fragebogen betreffend die Gründung der Europäischen Politischen Gemeinschaft", Bulletin der Bundesregierung Nr. 165 vom 28.10.1952, S. 1457.

308 Vgl. Buerstedde, Ministerrat, S. 71f.

309 „Wie Europa verfasst sein soll", Bertelsmann Stiftung (Hrsg.) 1990, S. 15f.

310 Vgl. Dehousse in: Verfassungsausschuss, Einleitender Bericht und Begründung vom 26.2.1953, S. 38.

311 Buerstedde, a.a.O.

312 Introductory Report by the Committee of Jurists on the Problem of a European Political Community, Dok. SG (52) 2, Straßburg, 22.9.1952, Nr. 22, 27.

schen Bundesrats- und Senatsprinzip birgt freilich das konstruktive Problem in sich, dass (nur) ein Teil der Delegierten weisungsgebunden wäre, es sei denn, die Regierungen verzichteten auf ihr Weisungsrecht. Eine Spaltung zwischen weisungsgebundenen und nicht weisungsgebundenen Abgeordneten könnte aber zu einer unterschiedlichen Wertigkeit („Senatoren erster und zweiter Klasse") führen und ist daher abzulehnen.

Als Begründung für die Ablehnung eines europäischen Bundesrats wurde genannt, dass sich die nichtdeutschen Abgeordneten, die keine eigentliche föderalistische Tradition besaßen, aufgrund ihrer verfassungstheoretischen Vorstellungen nicht damit abfinden könnten, dass eine 2. Kammer - also ein Teil der Legislative - von den Exekutiven der Mitgliedstaaten gebildet wurde.[313] Dies widerspreche dem grundlegenden Postulat der demokratischen Auffassung, welches zwischen Staaten und Regierungen unterscheide. Als Vertretungsorgan der Regierungen bleibe schließlich der Rat.[314] Argumentiert wurde dementsprechend, dass die Regierungsvertreter in einem Bundesrat nicht zuvörderst Vertreter der Staaten seien, sondern lediglich Vertreter der politischen Parteien, die in den Einzelstaaten gerade die Regierung bildeten. Politisch sei es jedoch notwendig, bei der Einigung Europas alle großen politischen Strömungen in der Staatenkammer mitarbeiten zu lassen. Die Regierungen der Mitgliedstaaten wurden als ständig wechselnde Gebilde gesehen, die der Gemeinschaft nicht die nötige Stabilität geben könnten und von den Staaten als bleibende, dauernde Einheiten zu unterscheiden seien.[315] Der Senat ist damit nach der Konzeption der Ad hoc-Versammlung als das eigentliche föderative Organ der EPG zu bezeichnen. Hervorzuheben ist bei der Beurteilung des Senats zusammenfassend, dass die Problematik des Einflusses der nationalen Parlamente in einer Weise gelöst wurde, die heute Wunschvorstellung bei vielen Volksvertretern der Mitgliedstaaten sein dürfte. Denn die Wahl der Senatoren durch die nationalen Parlamente hätte von Anfang an die Möglichkeit der Kooperation erhöht und das Gefühl von Konkurrenz vermeiden helfen. Damit wären die Völker Europas in der Völkerkammer, die Parlamente im Senat und die Regierungen im Rat vertreten, was das institutionelle Gleichgewicht nicht nur horizontal, sondern auch vertikal (auf der Ebene der Mitgliedstaaten) absichern und damit auch dem Vorwurf eines „Demokratiedefizits" entgegenwirken würde. Offen bleibt dabei, inwieweit die Vielzahl von Einflussmöglichkeiten nicht die Gefahr einer Stagnation der Gemeinschaft oder zumindest gegenseitiger Behinderung hervorgerufen hätte.[316]

Die Frage der Konstruktion der Länderkammer ist auch in der Bundesrepublik Deutschland immer wieder kontrovers erörtert worden. Gerade die Erfahrungen in den 90er Jahren unter einer CDU/CSU/FDP-Bundesregierung und einem von der

---

313 Buerstedde, a.a.O.

314 Vgl. Bindschedler, Rechtsfragen der europäischen Einigung, S. 348.

315 Bindschedler, a.a.O., zitiert den Bericht des Verfassungsausschusses in seiner französischen Originalfassung: "Ce qu 'il y a lieu de représenter au Sénat, ce sont les Etats, qui „restent" auxquels se réfère d'ailleurs expliquement l'article 38 et non les Gouvernements, qui passent et qui n'ont pas nécessairement le monopole de l'attachement aux intérêts nationaux."

316 So die allgemeine Befürchtung von Robertson, EPC, S. 401, hinsichtlich der Machtbalance in der Gemeinschaft *(„may operate so effectively as to produce stagnation").*

SPD dominierten Bundesrat (insbesondere Legislaturperiode 1994-98) haben zu Forderungen nach Reformen geführt; so wurde die strikte Regierungsbindung der Ländervertreter in Frage gestellt, die damit eine Art Opposition auf Bundesebene und - so die Kritik - oftmals weniger Länder- als Parteivertreter waren. Die Begriffe „Blockade", „Reformunfähigkeit" und „Reformstau" hätten wohl kaum Mitte der 90er Jahre diesen Bekanntheitsgrad erreicht, wenn nicht doch das Bundesratsprinzip zu Parteiorientierung verleiten würde. Die zahlreichen Reformvorschläge - auch im Hinblick auf die Kompetenzverteilung und eine Neuregelung der zustimmungspflichtigen Gesetze - sind im Rahmen dieser Arbeit nicht zu referieren.[317] *Der Einwand der Parteigebundenheit der Ländervertreter ist damit ein durchaus ernst zu nehmendes Argument, wenngleich sich der Parlamentarische Rat ausdrücklich und bewusst für das Bundesratsprinzip entscheiden hat.*[318] *Dabei ist auch zu sehen, dass ein dem Rat der nationalen Minister bzw. Ministerrat entsprechendes Organ in der Bundesrepublik (konsequenterweise) fehlt und somit der Bundesrat das einzige wirksame Vertretungsorgan der Länder(regierungen) darstellt, was für die EPG gerade nicht gilt. Die Vergleichbarkeit der Systeme von EPG und EU/EG im Hinblick auf die Staatenvertretung ist damit auch dadurch problematisch, dass in Letzterer keine parlamentarische Vertretung der Mitgliedstaaten (in einer Staatenkammer) erfolgt, sehr wohl aber eine legislative Vertretung in Form des Ministerrates. Der Ministerrat der EU/EG nimmt zugleich die Funktionen beider genannter EPG-Organe ein. Für die EPG ergeben sich aus der gefundenen Konstellation potenziell Kompetenzprobleme, da praktisch ein Dreikammerparlament geschaffen wurde; für die EU/EG resultierte dagegen aus dem Ausschluss der nationalen Parlamente und der Dominanz des Rates das vielzitierte und gerügte „Demokratiedefizit".*[319]

---

[317] Vgl. allgemein Gusy, Das parlamentarische Regierungssystem und der Bundesrat, DVBl 1998, S. 917ff; kritisch insbesondere auch Thieme, Demokratie, DÖV 1998, S. 751, 755: „Insoweit ist der heutige Bundesrat ein Anachronismus, wenn er auf der Bundesebene eine besonders starke Stellung besitzt und viele und gerade die wichtigsten Gesetze nur mit seiner Zustimmung zustande kommen. Und er ist unter dem Gesichtspunkt der Demokratie ein Ärgernis, weil hier Minister mit gebundenem Mandat ihrer Regierung - ohne Einfluss der Landtage auf Auswahl und Instruierung der Bundesratsmitglieder - Entscheidungen über Legislativakte treffen ...".

[318] Der Verfassungskonvent von Herrenchiemsee ließ die Frage noch ausdrücklich offen - vgl. Art. 65 HChE und Säcker, Verfassungskonvent 1948, DÖV 1998, S. 788f sowie Stern, Staatlichkeit und Verfassungsgebung in Deutschland vor 50 Jahren - Das Schicksalsjahr 1948, DÖV 1998, S. 803; der Parlamentarische Rat entschied sich dagegen für das Bundesratsprinzip, um einer möglichen Zentralisierung entgegenzuwirken.

[319] Drastisch noch etwa Alber, Die Entwürfe des Europäischen Parlaments für eine europäische Verfassung, 1991, S. 5: „Verharmlosend nennt man diesen Zustand Demokratiedefizit, als ob nur ein ganz klein bisschen Demokratie fehle, ein verzeihlicher Schönheitsfehler gewissermaßen. Seien wir doch lieber ehrlich: Die Europäische Gemeinschaft ist überhaupt keine Demokratie. In jedem der 12 Mitgliedstaaten wäre eine solche Gesetzgebung verfassungswidrig. Deshalb bräuchten wir vor der Verfassung eigentlich eine Revolution"; siehe hierzu auch Bolis, Comment pourra se présenter l'Europe demain?, S. 6.

ee. Kompetenzen des Senats und Privilegierung gegenüber der Völkerkammer

Da die EPG in Ausführung des Art. 38 des EVG-Vertrages ein Zwei-Kammern-Parlament etablieren sollte, verfügen beide Kammern zunächst grundsätzlich über dieselben Zuständigkeiten.[320] Der Senat genießt aber als Vertreter der Mitgliedstaaten eine Vorzugsstellung bei den dem Parlament zugewiesenen Kompetenzen. Hervorzuheben ist dabei **Art. 28 SEPG**. Danach wählt der Senat den Präsidenten des Exekutivrates und ist damit maßgebliches Organ für die Regierungsbildung. Diese Wahl sollte erstmals unmittelbar nach Konstituierung der Völkerkammer stattfinden (Art. 98 SEPG). Zwar ernennt anschließend der Präsident die „Minister der Europäischen Gemeinschaft" eigenständig (Art. 28 § 2), dem Senat steht jedoch - zumindest theoretisch - jederzeit die Möglichkeit offen, den Präsidenten durch ein konstruktives Misstrauensvotum abzusetzen (**Art. 31 § 3** SEPG). Demgegenüber hat die Völkerkammer keine Kompetenz bei Benennung oder Wahl des Präsidenten des Exekutivrates. Das Misstrauensvotum der Völkerkammer ist „destruktiv", d.h. der Präsident muss zwar bei einem Votum von 3/5 der Mitglieder der Völkerkammer zurücktreten (Art. 31 § 3), die Ernennung eines neuen Präsidenten ist jedoch wiederum Sache des Senats, der damit zum zentralen bzw. übergeordneten Organ der Überwachung der Tätigkeit des Exekutivrates wird. Diese Bestimmung der Wahl durch die 2. Kammer zählte zu den umstrittensten des Satzungsentwurfs. Dabei wurde alternativ nicht etwa eine Wahl durch die Völkerkammer vorgeschlagen, wie dies in den meisten parlamentarischen Systemen Europas üblich ist, sondern die Wahl durch den Rat der nationalen Minister gefordert, um den Einfluss der Regierungen zu sichern.[321] Nach der Ernennung der Minister durch den Präsidenten des Exekutivrates sind dann beide Kammern bei der Bestätigung des Exekutivrates als Kollegium gleichberechtigt, wobei gemäß Art. 31 § 1 die einfache Mehrheit reicht. Zu beachten ist aber, dass die Stabilität der Völkerkammer an der des Exekutivrates hängt, da im Rahmen des destruktiven Misstrauensvotums das Nichterreichen der erforderlichen 3/5-Mehrheit - nach Ermessen des Exekutivrates - zur Auflösung der Völkerkammer führen kann. (Art. 31 § 4 SEPG). Dem Senat droht hingegen unter keinen Umständen eine vorzeitige Auflösung im Falle einer Regierungskrise. Er stellt damit ein besonderes Element der Stabilität der Gemeinschaft dar, zumal er in seiner Legislaturperiode auch nicht an den Exekutivrat gebunden ist.

Weitere Sonderstellungen des Senats ergeben sich aus den Art. 52 § 2, 84 § 3, 91 § 1, 95, 97, 98 SEPG: Gemäß Art. 52 § 2 SEPG hat nur der Senat das Recht, eine zweite Lesung im Gesetzgebungsverfahren zu fordern. Voraussetzung ist der Antrag eines Viertels der Mitglieder des Senats innerhalb von drei Werktagen. Nach Art. 84 § 3 SEPG bedürfen Gesetze der Gemeinschaft im Rahmen der wirtschaftlichen Zuständigkeiten nach Ablauf der ersten 6 Jahre einer Zweidrittelmehrheit im Senat, aber nur einer einfachen Mehrheit in der Völkerkammer. Auch hier sollen spezifische Interessen

---

[320] Vgl. Richtlinien des Verfassungsausschusses bezüglich der Entschließung III über die politischen Institutionen der Gemeinschaft, A, b, 7 (zitiert bei Eberhard, a.a.O., S. 4); Bindschedler, Rechtsfragen der europäischen Einigung, S. 346.

[321] Vgl. etwa Karp, European Political Community, International Organization 1954, S. 197.

der Staaten gewahrt werden. Insbesondere wurde in diesem Zusammenhang auf ein Vetorecht einzelner Staaten im Rat der nationalen Minister verzichtet, wo die einfache Mehrheit nach Ablauf der Übergangszeit ausreichend sein sollte. Art. 91 § 1 SEPG sieht eine Beteiligung der zu assoziierenden Staaten nach Maßgabe der Assoziationsverträge vor. Möglich ist dabei sowohl eine Beteiligung im Rat der nationalen Minister als auch im Senat der Gemeinschaft, nicht jedoch in der Völkerkammer. Der Senat sollte damit auch dem Heranführen anderer Staaten, insbesondere des Europarates (vgl. Art. 116 SEPG), dienen. Neben der geplanten Verbindung von Senat und Beratender Versammlung des Europarates durch die Personalunion der Senatoren in diesen Ämtern könnte dieses zu einer vollständigen Kongruenz der Beratenden Versammlung und des Senats der EPG führen.

Im Bereich der Konstituierung der Gemeinschaft kommt dem Senat die Aufgabe zu, den Zeitpunkt der ersten Wahlen festzulegen (Art. 95, S.1 SEPG). Zur Absicherung der für die neue Gemeinschaft als grundlegendes Element angesehenen Direktwahl[322] steht dem Senat hier jedoch nur ein zeitlicher Spielraum von sechs Monaten nach Inkrafttreten des Vertrages zu (Art. 95, S.2 SEPG).[323] Motiv dürfte dabei gewesen sein, dem - staatenverbundenen - Senat nicht die Möglichkeit einzuräumen, im Hinblick auf mitgliedstaatliche Kritik die erste Direktwahl zu verzögern, von der man sich eine große integrative Kraft erhoffte und die vielerseits als die entscheidende Innovation der neuen politischen Gemeinschaft angesehen wurde. Der Präsident des Senats beruft nach der Wahl des Parlaments in der jeweils vorgeschriebenen Form beide Kammern, also auch die Völkerkammer ein (Art. 97 SEPG). Unmittelbar nach der Konstituierung der Völkerkammer wählt der Senat den Präsidenten des Europäischen Exekutivrates (Art. 98 i.V.m. Art. 28 § 1 SEPG). Auch der Rat der nationalen Minister tritt erst zusammen, sobald der Europäische Exekutivrat seine Tätigkeit aufgenommen hat (Art. 99 SEPG). Der Senat sollte damit nicht nur das eigentliche föderative Organ der Gemeinschaft (s.o.), sondern auch der Kristallisationspunkt der Gemeinschaft in der Initialisierungsphase sein.

2. Das Europäische Parlament (EP)

Bereits mit dem Inkrafttreten der Römischen Verträge wurde eine für alle drei Teilgemeinschaften einheitliche „Versammlung" tätig, was insoweit der unitarischen Konzeption der EPG entspricht. Da die Versammlung ungeachtet der ihr zunächst nur sehr gering zugestandenen Kompetenzen den Status eines echten Parlaments beanspruchte, nannte sie sich seit dem 30.3.1962 „Europäisches Parlament".[324] Erst mit der Europäi-

---

[322] Karp, European Political Community, International Organization 1954, S. 192; Dehousse in: Verfassungsausschuss, Einleitender Bericht und Begründung vom 26.2. 1953, S. 37; Puttkamer, Der Entwurf eines Vertrages über die Satzung der Europäischen Gemeinschaft, ZaöRV 1953/54, S. 115.

[323] Die Kosten der ersten Direktwahl sollten bereits dem Budget der neuen Gemeinschaft zufallen (vgl. Eberhard, EPG, S. 28, Anm. zu Art. 95).

[324] Vgl. Bleckmann, Europarecht, Rn. 274.

schen Einheitlichen Akte von 1986/87 und endgültig mit dem Vertrag von Maastricht fand die Bezeichnung dann Anerkennung im primären Recht der Union bzw. der Gemeinschaften.[325] **Art. 189** (ex Art. 137) **EGV** formuliert: *„Das Europäische Parlament besteht aus Vertretern der Völker der in der Gemeinschaft zusammengeschlossenen Staaten."* [326] Auffällig ist zunächst die unterschiedliche Wortwahl im Vergleich zur EPG. In **Art. 11 Abs. 2 SEPG** heißt es: *„Die erste Kammer, die Völkerkammer, besteht aus Abgeordneten, welche die in der Gemeinschaft geeinten Völker vertreten."* Damit gehen die Schöpfer der EPG zumindest begrifflich schon von den geeinten Völkern Europas aus, während der EGV noch immer und realistischer von einer Vertretung des (jeweiligen) Volkes der zusammengeschlossenen Staaten ausgeht. Die Schöpfer der EPG waren demnach hinsichtlich der Entstehung eines „europäischen Demos als Substrat der europäischen Demokratie"[327] optimistischer als diejenigen der E(W)G, die die Erfahrung des Scheiterns von EPG und EVG bereits hinter sich hatten. In diesem Zusammenhang kann auch auf die Präambeln von SEPG und EGV verwiesen werden. Während der Vertrag zur Gründung einer Europäischen Gemeinschaft von den Repräsentanten der Staaten für die „Hohen Vertragsparteien" geschlossen wurde, beginnt die Präambel der EPG in Anlehnung an die Charta der Vereinten Nationen und die Amerikanische Verfassung mit den Worten *„Wir, die Völker..."*[328] und zeigt damit schon einen unterschiedlichen Geist der Verträge; die Schöpfer der EPG empfanden sich doch, anders als die des EWGV bzw. der Römischen Verträge, in gewisser Weise als verfassungsgebende Versammlung,[329] was ihnen zwar nicht ausdrücklich zugestanden, wohl aber in gewisser Weise mitgedacht war und in den vorgenannten Formulierungen zum Vorschein kommt. Die Forderung nach einer Verfassung für die Europäische Union hat sich erst in den letzten Jahren wieder durchsetzen können, worauf noch näher einzugehen sein wird.

Die Abgeordneten des EP sind aber ebenso selbstverständlich wie die der Völkerkammer der EPG Volks- und nicht Regierungsvertreter, was nur hinsichtlich des Senats umstritten sein konnte.[330] Sie sind in der Ausübung ihres Amtes unabhängig und nicht an Weisungen gebunden. In der EPG wird dies durch ihre Immunität und besondere Stellung gefördert, die ihnen aufgrund Art. 25 SEPG i.V.m. Art. 8 des Protokolls über

---

[325] Vgl. Huber, Integration, § 14, Rn. 3 (S. 210f) unter Hinweis auf einzelne Bestimmungen.

[326] Siehe auch Art. 20 EGKSV und Art. 107 EAGV.

[327] Vgl. FAZ vom 4.5.1999: „Europäische Verfassung, europäische Öffentlichkeit", S. 11: „Die Antwort muss nämlich von der historischen Erfahrung ausgehen, dass diese sich ihrer selbst bewussten menschlichen Gemeinschaften im Sinne des europäischen Volksbegriffs nicht vor allem Beginn waren, sondern dass sie wurden, und zwar, indem sie zu einer *politischen Gemeinschaft* zusammengefasst und verfasst, so zu einer Schicksalsgemeinschaft und dadurch ihrer selbst bewusst wurden."

[328] Vgl. etwa Robertson, EPC, S. 388 („hallowed formula").

[329] Vgl. etwa Sternberger, Eine Verfassung für Europa, Die Gegenwart, 1953, S. 106-108 zu dem Zwischenbericht der Ad hoc-Versammlung.

[330] Vgl. oben und nochmals Karp, European Political Community, International Organization 1954, S. 197.

die Vorrechte und Befreiungen der Europäischen Gemeinschaften zusteht.[331] Das EP hat seit dem Beitritt Finnlands, Österreichs und Schwedens zum 1.1.1995 626 Abgeordnete. Art. 190 Abs. 2 EGV legt die Verteilung der Sitze auf die Mitgliedstaaten wie folgt fest: *Belgien 25, Dänemark 16, Deutschland 99, Griechenland 25, Spanien 64, Frankreich 87, Irland 15, Italien 87, Luxemburg 6, Niederlande 31, Österreich 21, Portugal 25, Finnland 16, Schweden 22 und Vereinigtes Königreich 87.*

Auffällig im Hinblick auf die Verteilung der Sitze bei der EPG ist zunächst, dass Luxemburg durch eine - zumindest ausdrücklich - fehlende Mindestregelung vermeintlich schlechter gestellt wird und die größere Anzahl von Mitgliedstaaten offenbar zu einer genaueren Berechnungsweise geführt hat, sodass Belgien und die Niederlande, die in der SEPG 1953 noch gleich behandelt wurden, im EGV eine deutliche Differenzierung erfahren. Wie bereits erwähnt, vertritt ein Abgeordneter aus der Bundesrepublik Deutschland heute etwa 814.000 Bürger, ein Abgeordneter aus Luxemburg dagegen nur 60.000.[332] Im Hinblick darauf findet in Deutschland nach wie vor eine Diskussion um die Disproportionalität und Ponderierung bei der Verteilung der Sitze des EP - ebenso übrigens wie hinsichtlich der Stimmenwägung im Ministerrat[333] - statt. So sei durch die geltende Regelung eine Repräsentation der „Europäischen Bürger“ auch nicht annähernd erreicht und führe Disproportionalität bzw. fehlende Gleichheit der Wahl dazu, dass der Übertragung von Legislativkompetenzen auf das EP zumindest Grenzen gesetzt seien.[334] Das Bundesverfassungsgericht hat in seinem Beschluss vom 31.5.1995 festgestellt, die gegenwärtige Verteilung der Sitze im Europäischen Parlament nach dem ponderierten Schlüssel verstoße nicht gegen den Grundsatz der Gleichheit der Wahl. Da es sich um einen Verband souveräner Mitgliedstaaten handele, könne das EP nicht an Maßstäben gemessen werden, die nach dem Grundgesetz in der Bundesrepublik Deutschland Geltung haben.[335]

---

[331] Text des Protokolls bei Eberhard, EPG, S. 30 - Art. 8 verweist allerdings weitgehend pauschal auf die Regelung des Art. 25 SEPG, der die für Parlamentarier übliche Immunität und Bewegungsfreiheit garantiert.

[332] Schweitzer/Hummer, Europarecht, Rn. 226.

[333] Vgl. etwa FAZ vom 31.2.1999: Danach stellen die großen EU-Länder Deutschland, Frankreich, Großbritannien, Italien und Spanien etwa 80 % der EU-Bevölkerung, haben aber nur 55 % der Stimmen im Ministerrat; bemerkenswert ist dabei, dass die jüngeren Reformdiskussionen den Fokus zunächst weitgehend auf das Mehrheitsprinzip im Rat richteten, die - ebenso wichtige und damit zusammenhängende - Frage der angemessenen Ponderierung in diesem Organ aber zusehends außer Acht gelassen wurde - vgl. exempl. etwa FAZ vom 8.6.2000 zur Debatte im deutschen Bundestag zur EU-Erweiterung und die Forderung der CDU/CSU-Fraktion nach „Veränderungen der Abstimmungsregelungen zugunsten des Mehrheitsprinzips“ sowie Außenminister Fischer in seiner Rede vom 12.5.2000, der die Problematik der Stimmengewichtung gänzlich überging; erst mit dem Nizza-Prozess kam diese Frage mit aller Schärfe auf die Tagesordnung und führte - wohl auch wegen der vorhergehenden Versäumnisse - zu den bekannten Schwierigkeiten auf dem Gipfel im Dezember 2000.

[334] Exempl. Streinz, Europarecht, Rn. 306f; Rupp, Wahlrechtsgleichheit bei der Verteilung der Sitze im Europäischen Parlament auf die Mitgliedstaaten, NJW 95, S. 2210; kritisch auch Lenz in: Bergmann/Lenz, Der Amsterdamer Vertrag, Kap. 14, Rn. 1.

[335] BVerfG (3. Kammer des Zweiten Senats) NJW 1995, S. 2216.

Vergleicht man die Repräsentanz eines luxemburgischen mit einem deutschen Abgeordneten 1953 und 1993/1999 (Maastricht bzw. Amsterdam), so hat Deutschland insofern sogar eine Verbesserung erfahren. Aus dem Verhältnis von 40:1 wurde eines von ca. 14:1,[336] was sich auch aus dem genannten Fehlen einer (zumindest ausdrücklichen) „Mindestregelung" für den kleinsten Staat Luxemburg ergibt. Allgemein sind aber die Proportionen für die großen Mitgliedstaaten im EGV deutlich günstiger als bei der EPG. In der Satzung der EPG waren neben Luxemburg auch die Niederlande und Belgien in der Völkerkammer wesentlich besser gestellt als beim Europäischen Parlament der EU/EG. Erklären lässt sich dies mit der erwünschten Vermeidung von Hegemonialbestrebungen,[337] die wegen der größeren Kompetenz des Parlaments in der SEPG schon bei der Sitzverteilung der Kammern gewährleistet sein musste, während dies im EGV bereits durch die Stimmengewichtung im Rat und ein potenzielles Vetorecht in vielen Bereichen hinreichend gewährleistet wird.

Der **Vertrag von Nizza** hat eine weitere Veränderung der Zusammensetzung des Europäischen Parlaments erbracht. Zunächst setzt Art. 189 Abs. 2 EGV/Nizza die neue Höchstzahl der Mitglieder auf 732 fest und steigert die im Vertrag von Amsterdam zum Erhalt der Arbeitsfähigkeit eingeführte Höchstgrenze nochmals um 32 Abgeordnete. Im Hinblick auf die Osterweiterung wurde damit das System gleichmäßiger Erhöhungen aufgegeben, wie es bisher bei jedem Beitritt neuer Mitgliedstaaten üblich war.[338] Die Gesamtzahl von 732 entspricht exakt der Zusammensetzung des Parlaments, wie sie sich gemäß der entsprechenden Erklärung der Konferenz nach dem Beitritt der 12 „offiziellen" Kandidaten ergeben würde.[339] Bemerkenswert ist, dass nur die Bundesrepublik Deutschland und Luxemburg im Rahmen dieser Neuverteilung ihre vollständige Anzahl von Sitzen (99 bzw. 6) behalten, alle anderen jedoch in durchaus bedeutendem Umfang abgeben müssen, so etwa Frankreich, Großbritannien und Italien jeweils 13 ihrer 87 Sitze. Die übrigen Mitglieder erhalten - einschließlich der Beitrittskandidaten - zwischen 5 (Malta) und 50 (Polen und Spanien) Sitze im Rahmen dieser fortentwickelten Ponderierung.[340] Hervorzuheben ist, dass die Neuregelungen eine (proportional) verbesserte Repräsentanz der deutschen Bevölkerung ergeben und damit der oben erörterten Forderung nach Wahlrechtsgleichheit und Demokratisierung in der Union ein Stück entgegen kommen.

---

[336] Schweitzer/Hummer, Europarecht, Rn. 226.

[337] Bleckmann, Europarecht, Rn. 275.

[338] Vgl. Lenz in: Bergmann/Lenz, Der Amsterdamer Vertrag, Kap. 14 Rn. 13 und 10.

[339] Die jeweilige Zusammensetzung der Organe nach der Erweiterung ergibt sich aus Anlage II des Vertrages von Nizza: „Erklärung zur Erweiterung der Europäischen Union für die Schlussakte der Konferenz".

[340] Neben den genannten sollen erhalten: Rumänien 33, Niederlande 25, Griechenland, Belgien und Portugal je 22, Tschechische Republik und Ungarn je 20, Schweden 18, Bulgarien und Österreich je 17, Slowakei, Dänemark und Finnland je 13, Irland und Litauen je 12, Lettland 8, Slowenien 7, Estland, Zypern und Luxemburg je 6 Sitze.

3. Kompetenzen der Parlamente von EPG und EU/EG im Vergleich

a. Das Parlament der EPG

Die Völkerkammer der EPG entspricht im Grundsatz der klassischen parlamentarischen Konzeption. Sie verfügt als Volksvertretung neben dem Senat und dem Europäischen Exekutivrat über die Gesetzesinitiative (Art. 23 SEPG) und erlässt Gesetze entsprechend dem in Kapitel IV der Satzung (Art. 52ff SEPG) geregelten parlamentarischen Gesetzgebungsverfahren. Gemäß Art. 10 SEPG beschließt das Parlament (Völkerkammer und Senat) „Gesetze, Empfehlungen und Vorschläge" sowie das „Haushalts- und Rechnungsgesetz." Nach Art. 10, S.2 SEPG übt es „Kontrollbefugnisse aus, die ihm durch diese Satzung übertragen werden."

Es wurde bereits darauf hingewiesen, dass die Völkerkammer und der Senat über die gleichen Befugnisse verfügen, soweit es um die eigentliche Gesetzgebung der Gemeinschaft (im formellen Sinne) geht.[341] In diesem Bereich entsprechen auch grundsätzlich die Kompetenzen der Gemeinschaft denjenigen des Parlaments (vgl. Art. 52 SEPG). Anders als in der EU/EG ist damit das Parlament mit seinen zwei Kammern - zumindest konzeptionell - als Hauptrechtssetzungsorgan der Gemeinschaft zu bezeichnen. Dem Rat der nationalen Minister verbleiben aber Vorrechte im Bereich der Finanzen, einschließlich der Steuererhebung, der Beiträge der Mitgliedstaaten und des Haushaltsrechts. Der Europäische Exekutivrat kann Empfehlungen aussprechen, die hinsichtlich der von ihnen bestimmten Ziele verbindlich sind, dem Normadressaten jedoch die Wahl der Umsetzung lassen (Art. 33 Abs. 3 SEPG) und damit den Richtlinien der Europäischen Gemeinschaften vergleichbar sind. Die Entscheidungen (= Einzelfallentscheidungen bzw. Verwaltungsakte) sind dagegen in allen ihren Teilen verbindlich (Art. 33 Abs. 3 SEPG). Das Verordnungsrecht ist allerdings auf die Durchführung der Gesetze der Gemeinschaft beschränkt (Art. 53 SEPG) und damit wiederum zu den Gesetzgebungszuständigkeiten des Parlaments und der übrigen Organe akzessorisch. Die legislativen Kompetenzen der Gemeinschaft sollen daher zunächst auch bei der Darstellung des Parlaments behandelt werden.

Das Parlament nimmt das allgemeine Initiativrecht der Gemeinschaft (gegenüber den Mitgliedstaaten) neben dem Exekutivrat gemäß Art. 55 SEPG wahr. Dieses betrifft alle in Artikel 2 genannten allgemeinen Ziele der Gemeinschaft, also im Wesentlichen die Außen- und Verteidigungspolitik, die Schaffung eines gemeinsamen Marktes und die Wahrung der Menschenrechte und Grundfreiheiten. Die „echten" Kompetenzen bzw. Befugnisse auf diesen Gebieten sind jedoch dann im Einzelnen sehr unterschiedlich ausgestaltet, da Art. 55 nach seinem eindeutigen Wortlaut („kann Vorschläge ... richten") sowie seiner Intention nach keine Befugnisnorm über das Recht zur Initiative hinaus darstellt.

---

341 Die jeweiligen Kompetenznormen sprechen nur von „dem Parlament" im Sinne der zwei Kammern, es sei denn, eine Differenzierung wird ausdrücklich vorgesehen.

aa. Kompetenzen auf dem Gebiet der Wirtschaft

Echte Gesetzgebungszuständigkeit kommt der Gemeinschaft und damit dem Parlament vor allem auf dem Gebiet der Wirtschaft bzw. bei der Aufgabe zu, „einen gemeinsamen Markt, der auf dem freien Umlauf der Güter und des Kapitals und der Freizügigkeit der Menschen beruht, zwischen den Mitgliedstaaten fortschreitend zu verwirklichen..." (Art. 82 Abs. 1 SEPG). Zunächst spricht Art. 82 SEPG von der „Aufgabe" der Herstellung eines gemeinsamen Marktes. Von einer Befugnis im Sinne der dem deutschen Staats- und Verwaltungsrecht geläufigen Trennung von Aufgabe und Befugnis ist in Art. 82 nicht ausdrücklich die Rede. Allerdings sieht Art. 83 Abs. 3 vor: *„Die Gemeinschaft ist zuständig, die gemäß Artikel 84 bis 87 erforderlichen Maßnahmen zu ergreifen"*.
Die Art. 84 bis 87 SEPG beschreiben sodann, welche Maßnahmen getroffen und in welchem Procedere diese beschlossen werden sollen, sowie welche Mehrheiten hierfür erforderlich sind.[342] Art. 84 bis 87 setzen folglich Befugnisse voraus, die in diesen Artikeln genauer bestimmt werden. Demnach ist bereits aus der Gesamtregelung des Kapitels V (*„Die wirtschaftlichen Zuständigkeiten der Gemeinschaft"*) zu entnehmen, dass dort eine Gesetzgebungskompetenz geregelt ist, die durch die Weite des Begriffes „gemeinsamer Markt" eine herausragende Bedeutung erhält. Dabei ist auch zu beachten, dass eine „Subsidiaritätsklausel", vergleichbar dem Art. 5 (ex Art. 3 b) EGV,[343] fehlt und damit diesen Befugnissen zunächst vertragsimmanent keine Grenzen gesetzt sind. Der Vergleich mit der konkurrierenden Bundeskompetenz des Art. 74 Ziff. 11 GG („Wirtschaft") drängt sich dabei auf. Dort wird bekanntlich die Zuständigkeit weit ausgelegt hinsichtlich aller Normen, die das wirtschaftliche Leben und die wirtschaftliche Betätigung regeln sollen.[344] Der Bundesgesetzgeber hat keinen Kompetenztitel häufiger in Anspruch genommen.[345] Die Regelungen der Art. 82ff SEPG lassen insofern grundsätzlich eine dynamische Entwicklung eines gemeinsamen Marktes zu, die bei entsprechendem Funktionieren des institutionellen Rahmens der Gemeinschaft auch zu erwarten gewesen wäre. Durch das Fehlen individueller Rechte wäre diese Entwicklung aber voraussichtlich langsamer als in der E(W)G vorangegangen.

Die wirtschaftliche Integration in der EG beruht auf zwei Säulen, wobei konstruktiv Art. 3 EGV i.V.m. den sie ausgestaltenden Verfahrensvorschriften als Kompetenzzu-

[342] Insbesondere ist nach Ablauf des sechsten Jahres eine Zweidrittelmehrheit im Senat zur Verabschiedung von Wirtschaftsgesetzen erforderlich, vor diesem Zeitraum die Einstimmigkeit im Rat der nationalen Minister (Art. 84 SEPG).

[343] Vgl. zum Subsidiaritätsprinzip und dessen Wirkungen und Reichweite ausführlich: Calliess, Subsidiaritäts- und Solidaritätsprinzip in der Europäischen Union, Pieper, Subsidiarität: Ein Beitrag zur Begrenzung der Gemeinschaftskompetenzen.

[344] BVerfGE 8, 143/148f; 55, 274/308; 68, 310/330; Rengeling in: Isensee/Kirchhof, HStR IV, § 100, Rn. 165; Jarass/Pieroth, Kommentar zum Grundgesetz, Art. 74, Rn. 22.

[345] Siehe Rengeling in: Isensee/Kirchhof, a.a.O., mit zahlreichen Nachweisen.

weisungsnormen begriffen werden.[346] Dazu gehören neben der Zollunion die gemeinsame Handels-, Landwirtschafts-, Verkehrs- und Sozialpolitik bis hin zur Verwirklichung des Binnenmarktes. Die Zuständigkeiten der EG im Bereich der Wirtschaft sind regelmäßig konkurrierende oder parallele und in Ausnahmefällen ausschließliche Kompetenzen.[347] Die Weite der übertragenen wirtschaftlichen Kompetenzen wird im Bereich der konkurrierenden und parallelen Kompetenzen durch das Subsidiaritätsprinzip (vgl. Art. 5 Abs. 2 EGV) eingeschränkt.[348]
Neben diesen wirtschaftlichen Kompetenzen wird aber der Binnenmarkt durch die vier bzw. fünf Grundfreiheiten der Europäischen Gemeinschaft gewährleistet, nämlich den freien Warenverkehr (Art. 23ff, 28ff EGV), den freien Personenverkehr bzw. die Arbeitnehmerfreizügigkeit (Art. 39ff, 43ff EGV), die Dienstleistungsfreiheit (Art. 49ff EGV) sowie die Freiheit des Kapital- und Zahlungsverkehrs (Art. 56ff EGV), die den wesentlichen (konstitutiven) Bestandteil des gemeinsamen Marktes (Art. 14 EGV) darstellen und dabei primär gegen die Mitgliedstaaten gerichtete Rechtspositionen vermitteln.[349] Die Grundfreiheiten des EGV stellen heute unmittelbar anwendbares Recht dar, was seit dem 1. Januar 1994 auch für die Freiheit des Kapitalverkehrs gilt,[350] und können auch unmittelbare Drittwirkung entfalten.[351]

Im Satzungsentwurf der EPG bleiben demgegenüber bereits die umschriebenen Kompetenzen hinter den tatbestandlichen Bereichen der Grundfreiheiten zurück. Allerdings dürfte die Dienstleistungsfreiheit zumindest im Wege der ergänzenden Auslegung auch in Art. 82 SEPG enthalten sein. Zum Zeitpunkt der Verabschiedung des Satzungsentwurfs war schließlich die Entwicklung zur „Dienstleistungsgesellschaft“ in dieser Form noch nicht absehbar, und schon vom eigentlichen Wortsinn her gehört die Dienstleistungsfreiheit auch zu der „Freizügigkeit der Menschen“, ebenso wie der freie Personenverkehr.

Ausdrücklich garantiert wird aber die Freizügigkeit bestimmter Staatsangehöriger in Art. 83 SEPG, allerdings nur für diejenigen, die ihrer Dienstpflicht in den Europäischen Verteidigungsstreitkräften nachgekommen sind oder nach Inkrafttreten der Satzung geboren wurden. Fraglich dürfte vor allem erstere Regelung im Hinblick auf die Vereinbarkeit mit Art. 3 GG, aber auch hinsichtlich Art. 4 Abs. 3 GG sein, wonach niemand gegen sein Gewissen zum Kriegsdienst mit der Waffe gezwungen werden

---

[346] EuGH Slg. 1979, S. 2923, 2940; vgl. Huber, Integration, § 11 Rn. 1ff (S. 158ff) - bspw. wird die Angleichung der innerstaatlichen Rechtsvorschriften in Art 3 lit. h EGV in den Art. 94, 95 EGV näher ausgestaltet.
[347] Zu der Einteilung in ausschließliche, konkurrierende und parallele Kompetenzen vgl. Huber, Integration § 11, Rn. 4ff (S. 159ff).
[348] Koenig/Haratsch, Europarecht, Rn. 63-72 (S. 26ff).
[349] Vgl. ausführlich zu den „Freiheiten des EGV als Grundrechte“: Bleckmann, Europarecht, Rn. 755ff.
[350] Siehe zur früheren Rechtslage: EuGH Slg. 1981, S. 2595, 2614 (Casati).
[351] Vgl. etwa EuGH Slg. 1974, S. 1405, 1419f (Walrave); EuGH Slg. 1976, S. 1333, 1341 (Doná/Mantero).

darf.[352] Die Verweigerung der Freizügigkeit für Kriegsdienstverweigerer könnte jedoch einen mittelbaren Zwang zur Ausübung des Wehrdienstes darstellen. Gleichwohl ist die Bestimmung nach Auffassung des Verfassers nicht zu beanstanden, da sie den Kriegsdienstverweigerer nur auf eine Stufe mit den übrigen Staatsangehörigen stellt, die ja ebenfalls nicht von der Freizügigkeit profitieren und sich die Regelung damit als eine Art Bonus für die Ableistung des Wehrdienstes darstellt, der vor dem Hintergrund der schwierigen sicherheitspolitischen Lage der Jahre 1952/53[353] nachvollziehbar erscheint und zumindest keinen evidenten Verstoß gegen Art. 4 Abs. 3 oder Art. 3 GG erkennen lässt.[354] Die Frage eines Vorrangs des Gemeinschaftsrechts gegenüber Verfassungsrecht [355] könnte hier folglich offen bleiben. Im Übrigen wurde auch im Rahmen der Wehrstrukturdebatte des Frühjahrs 2000[356] der Vorschlag von einigen Seiten vorgebracht, den freiwilligen Dienst in den Streitkräften durch anderweitige Privilegien zu honorieren, etwa den erleichterten Zugang zum öffentlichen Dienst. Dies stellt vom Grundgedanken her nichts anderes als Art. 83 SEPG dar. Gleichwohl soll nicht unterschlagen werden, dass die Regelungen des Art. 83 hinsichtlich der Freizügigkeit unzureichend waren und diese Frage durch die auf diesen Bereich erstreckten Kompetenzen der Gemeinschaft in Art. 82 bald an Bedeutung verloren haben dürfte. Bemerkenswert im Hinblick auf den Wandel der Zeit ist in diesem Zusammenhang noch, dass von den Beitrittskandidaten der EU heute umgekehrt die Gewährleistung des Rechts auf Wehrdienstverweigerung verlangt bzw. diese Forderung erhoben wird.[357]

Hervorzuheben ist auch, dass bereits die SEPG 1953 „den freien Umlauf des Kapitals" vorsah und damit die Bedeutung der Kapital- und Finanzmärkte für die wirtschaftliche Entwicklung im Prozess der Integration eindeutig anerkannte. Demgegenüber hatte die Bestimmung des Art. 73b EGV a.F. (jetzt Art. 56 EGV) zum freien Kapital- und Zahlungsverkehr erst seit dem 1.1.1994 Gültigkeit. Bis dahin galten die Art. 67 bis 73 EWGV (vgl. Art. 73a EGV a.F.), die eine mehr programmatische Regelung enthielten, aber kein unmittelbar geltendes Recht im Sinne der übrigen Grundfreiheiten normierten. Dort sollten zunächst vor allem Beschränkungen des Kapitalverkehrs schrittweise beseitigt werden (Art. 67 EGV a.F.), während nunmehr die Freiheit des Kapital- und Zahlungsverkehrs durch das Verbot praktisch aller Beschränkungen (vgl. Art. 56 Abs. 1 EGV/Amsterdam) gewährleistet wird.[358] Allerdings darf die semantische Anglei-

---

352 Vgl. zum Schutzbereich des Art. 4 Abs. 3 GG: Maunz/Dürig (Hrsg.), Kommentar zum Grundgesetz, Art. 4, Rn. 122ff; Jarass/Pieroth, Kommentar zum Grundgesetz, Art. 4, Rn. 40ff.

353 Krieg in Indochina, Stalin-Noten, Konfrontation mit der UdSSR, Aufstand in der DDR am 17.6.1953 u.a.

354 Vgl. hierzu auch Maunz/Dürig (Hrsg.), Kommentar zum Grundgesetz, Art. 4, Rn. 209.

355 Vgl. nochmals den Fall Tanja Kreil, (EuGH, Slg. 2000, S. I-69) sowie die hierzu ergangene Kritik z.B. von Scholz, Frauen an die Waffe kraft Europarechts?, DÖV 2000, S. 420 („... erweist sich nach alledem als evidenter Verstoß gegen das Grundgesetz ...").

356 Siehe Bericht der sog. Weizsäcker-Kommission zu Struktur und Reform der Bundeswehr vom Mai 2000.

357 Vgl. Frankfurter Rundschau vom 3.9.1998 zu einer SPD-Studie im Europäischen Parlament: „Nur mit Zivildienst in die EU - Wehrdienst darf nicht bei allen Kandidaten verweigert werden."

358 Zu den Ausnahmen vgl. insbesondere Art. 57 und 58 EGV.

chung (der EWG an die EPG-Satzung) nicht darüber hinwegtäuschen, dass die SEPG eben keine den Grundfreiheiten vergleichbaren - unmittelbar anwendbaren - subjektiven Rechte im Bereich der Wirtschaft enthält, die bei der EU/EG einen „machtvollen Hebel der Integration" darstellten.[359] Während also etwa Art. 73b EGV a.F. den freien Zahlungsverkehr als unmittelbar wirkendes Recht festlegte, beinhaltet Art. 82 SEPG lediglich eine auf die Zukunft gerichtete legislative Kompetenz der Gemeinschaft zur Regelung dieser Materie und zeitigt damit noch keinerlei Veränderungen in der rechtlichen und wirtschaftlichen Realität der Mitgliedstaaten. Entsprechendes gilt für sämtliche Grundfreiheiten des EGV im Vergleich zu den Kompetenzen der EPG. Die EPG garantiert noch nicht die Herstellung eines gemeinsamen Marktes, sondern schafft nur die Kompetenzen hierzu. Die E(W)G ging hier von Anfang an weiter, wenngleich die wirkliche Schaffung des Binnenmarktes auch mehrere Jahrzehnte dauerte und die Verpflichtung zu dessen Errichtung erst mit der Europäischen Einheitlichen Akte 1986 in die Verträge integriert wurde.[360] Auch darf in diesem Zusammenhang nicht außer Acht gelassen werden, dass die Grundfreiheiten des E(W)GV erst durch den EuGH eine extensive Auslegung erfahren haben, die für die Entwicklung maßgeblich prägend war.[361] Die E(W)G ist aber insbesondere mit ihren wirtschaftlichen Individualrechten (Grundfreiheiten) und der inzwischen verwirklichten Wirtschafts- und Währungsunion als das insgesamt weiterreichendere und tiefgreifendere Modell bei der wirtschaftlichen Integration zu betrachten, was im Hinblick auf die Kritik an dem Entwurf der EPG verwundert, zumal immer wieder während und nach den Verhandlungen gefordert wurde, auf die weitere Abgabe von Souveränitätsrechten (nach den beiden Sondergemeinschaften EVG und EGKS) zu verzichten.

bb. Kompetenzen auf dem Gebiet der Finanzen

Gemäß Art. 77 und 78 SEPG beansprucht die Gemeinschaft grundsätzlich eine eigene Steuerhoheit neben einer solchen der Staaten. Allerdings unterliegen die Steuerveranlagung und die Steuererhebung besonderen Gesetzen, die vom Europäischen Exekutivrat dem Parlament erst nach einstimmiger Billigung durch den Rat der nationalen Mi-

359 Vgl. Wilmowsky, Einführung in das Recht der Europäischen Gemeinschaft, JURA 1992, S. 339ff.

360 EEA vom 26.2.1986, in Kraft seit 1.7.1987, vgl. Schweitzer/Hummer, Europarecht, Rn. 47ff.

361 Dies gilt ungeachtet dessen, ob man diese Rolle des EuGH als „Motor der Integration" duldet oder ihr überwiegend kritisch im Hinblick auf den Gewaltenteilungsgrundsatz gegenübersteht; als Beispiele für eine extensive Rechtsprechung des EuGH mögen (allgemein) die Auslegung des Assoziationsratsabkommens mit der Türkei (ARB 1/80 vom 19.9.1980 zu dem Abkommen vom 12.11.63, BGBl. II 1964, S. 509 und Zusatzprotokoll vom 23.11.1970, BGBl. II 1972, S. 385), die Rechtsprechung zum „Lizenzspielerverkauf" im Profifußball („Bosman-Urteil", EuGH, Slg. 1995, S. I-4921) und die Entscheidung Tanja Kreil betreffend den Dienst von Frauen an der Waffe (EuGH, Slg. 2000, S. I-69 = NJW 2000, S. 497) dienen. Diese Beispiele zeigen eindrucksvoll, wie die Auslegung von Gemeinschaftsrecht in den verschiedensten Bereichen drastisch auf die nationalen Rechtsordnungen einwirken kann. Hier hätte vermutlich auch keine Bestimmung im Sinne des Art. 6 Abs. 2 SEPG geholfen, da es nicht primär um die (einschränkende) Auslegung von Zuständigkeiten geht, sondern um die Fortentwicklung und Auslegung eines völkerrechtlichen Abkommens (ARB 1/80 i.V.m. Assoziationsabkommen Türkei), um die Auslegung individueller Rechte (Bosman, Art. 48 EGV a.F.) bzw. um die Vorrangfrage des Rechts (Kreil), die (auch) in der Satzung der EPG nicht ausdrücklich erörtert wird.

nister zur Verabschiedung vorgelegt werden.[362] Das Parlament ist hier also nur das sekundäre Organ im Verhältnis zum Rat. Während aber Steuerveranlagungen immerhin der Genehmigung des Parlaments unterliegen, hat dieses keinen Einfluss auf die Beiträge der Mitgliedstaaten. Gemäß Art. 80 wird das Verfahren zur Festsetzung der Beiträge sowie deren Höhe auf Vorschlag des Europäischen Exekutivrates durch einstimmigen Beschluss des Rates der nationalen Minister ohne jegliche Beteiligung des Parlaments bestimmt. Insgesamt verbleibt damit die Ausübung der Steuer- bzw. Finanzhoheit weitgehend bei den Mitgliedstaaten;[363] das Parlament - insbesondere die Völkerkammer als das demokratisch legitimierte Organ der Gemeinschaft - sollte hierauf praktisch keinen Einfluss nehmen können, auch um die Akzeptanz des Projekts bei den Regierungen der Mitgliedstaaten zu erhalten.

cc. Wahl und Kontrolle der Exekutive

Der Exekutivrat ist - wie bereits genannt - vom Vertrauen beider Kammern des Parlaments abhängig, was die Art. 28 und 31 SEPG ausführlich regeln. Zunächst wählt der Senat gemäß Art. 28 § 1 SEPG mit einfacher Mehrheit in geheimer Wahl den Präsidenten des künftigen Exekutivrates, welcher daraufhin die übrigen Mitglieder dieses Organs benennt (Art. 28 § 2). Nachdem sich der Exekutivrat so konstituiert hat und seine Zusammensetzung im Amtsblatt der Gemeinschaft veröffentlicht wurde, hat er (als Kollegium) um das Vertrauen beider Kammern nachzusuchen, welches mit jeweils einfacher Mehrheit auszusprechen ist (Art. 31 § 1 SEPG). Der Exekutivrat bleibt bis zur Beendigung des Mandates der Völkerkammer im Amt (Art. 31 § 2, S.1), wodurch die Kongruenz der Mandate von Exekutive und Legislative gewährleistet werden sollte.[364] Der Exekutivrat muss zurücktreten, wenn die Völkerkammer ihm mit einer Mehrheit von drei Fünfteln das Misstrauen ausspricht. Der Senat spricht dieses dagegen - in Anlehnung an das konstruktive Misstrauensvotum des Art. 67 GG[365] - durch Wahl eines neuen Präsidenten aus. Die verschachtelten Regeln des Misstrauensvotums in Art. 31 SEPG können bei unzureichender Mehrheit in der Völkerkammer auch zu einer Auflösung der Völkerkammer führen, was eine gewisse Abschreckungswirkung haben dürfte. Zusammenfassend ist gleichwohl bereits an dieser Stelle festzuhalten, dass durch die Wahl des Präsidenten durch den Senat und die Notwendigkeit des Vertrauensvotums in beiden Kammern dem Parlament ein erheblicher Einfluss auf Bildung und Stabilität der Exekutive zugestanden wurde. Der hauptsächliche Unterschied zur EU/EG ist die vollständige Zurückdrängung der nationalen Regierungen aus der Wahl der „Exekutive", da dort die Kommission bzw. jedenfalls deren Präsident - auch nach den Änderungen von Amsterdam - maßgeblich von den Regierungen bestimmt wird, wenngleich die Mitspracherechte des Parlaments nach Art. 214 EGV/Amsterdam im

---

[362] Vgl. Eberhard, EPG, S. 11; Robertson, EPC, S. 391f; 400f; siehe zur Finanzverfassung unten C, III.

[363] Eberhard, a.a.O.; Robertson, EPC, S. 400f.

[364] Anders als bei der EU/EG, wo die 5-jährige Amtszeit der Kommissare gemäß Art. 214 EGV nicht an die Wahlperiode des Europäischen Parlaments gebunden ist.

[365] Dehousse in: Verfassungsausschuss, Einleitender Bericht und Begründung vom 26.2.1953; S. 46.

Vergleich zu Art. 158 EGV a.F. wesentlich gestärkt wurden. Gerade die Ausschaltung der nationalen Regierungen in dieser zentralen Frage der Gemeinschaft mag zwar im Hinblick auf die demokratischen Zielsetzungen und die nationalstaatlichen (föderalen) Vorbilder konsequent gewesen sein, politisch war sie jedoch eher unklug, da sie zu einem der Haupthindernisse bzw. -kritikpunkte der nachfolgenden Verhandlungen unter den Regierungen wurde.[366]

dd. Kompetenzen in den Außenbeziehungen der Gemeinschaft

In dem Bereich der „zwischenstaatlichen Beziehungen der Gemeinschaft"[367] kommt dem Parlament im Wesentlichen nur ein Vorschlagsrecht zu (vgl. etwa Art. 70 § 3 SEPG), während die außenpolitischen Entscheidungen zunächst bei den Mitgliedstaaten und dem Rat verbleiben, wobei der Exekutivrat als Mandatar einer gemeinsamen Politik beauftragt werden kann.[368] Bei dem Beitritt neuer Mitglieder muss das Parlament zustimmen, ist aber nicht das primär maßgebliche Organ (Art. 116 SEPG). Assoziationsabkommen können sogar ohne Zustimmung des Parlaments geschlossen werden, sofern diese keine satzungsändernden Bestimmungen enthalten (Art. 90 SEPG).

ee. Mitwirkung bei Satzungsänderungen

Bei substanziellen Satzungsrevisionen wird dem Parlament ein Zustimmungsrecht gewährt; die entsprechenden Entwürfe sind vom Exekutivrat auszuarbeiten und dem Rat der nationalen Minister zur einstimmigen Genehmigung vorzulegen. Dies gilt sowohl für die Erweiterung der Verbandskompetenz (Art. 111 SEPG) als auch für Veränderungen der Organkompetenzen (Art. 112), die sich nur durch das zusätzliche Erfordernis einer Zustimmung der nationalen Parlamente im ersten Fall unterscheiden. Die Prärogative des Rates bei der Satzungsrevision bleibt demnach in allen wesentlichen Fragen zugunsten der Staaten erhalten. Bemerkenswert ist allerdings der Verzicht auf ein innerstaatliches Ratifikationsverfahren, sodass der Satzungsentwurf der EPG insoweit - anders als die EU/EG[369] - die Revision bereits als „quasi-staatsrechtliche Akte der Gemeinschaft" selbst begreift und damit die völkerrechtliche Grundlage der Satzung (als Vertrag) bereits ein Stück weit zu verlassen sucht.[370]

---

366 Jaenicke, Der übernationale Charakter der Europäischen Wirtschaftsgemeinschaft, ZaöRV 1957/58, S. 162; Bulletin der Bundesregierung 1953, S. 1911 mit dem Hinweis auf den Diskussionsstand nach der Haager Außenministerkonferenz vom 26. - 28.11.1953.

367 Die Satzung verwendet diesen Ausdruck für den Bereich der koordinierten Außenpolitik (vgl. die Überschrift zu Kapitel III, Art. 67 - 74).

368 Vgl. zur gemeinsamen Außenpolitik unter D, II, 5.

369 Bei der EU liegt das Revisionsverfahren primär in der Hand des Rates und der Mitgliedstaaten, die Kommission kann aber Entwürfe vorlegen, das Parlament hat im Wesentlichen nur ein Anhörungsrecht (vgl. Art. 48 ex Art. N EUV).

370 Vgl. Puttkamer, Der Entwurf eines Vertrages über die Satzung der Europäischen Gemeinschaft, ZaöRV 1953/54, S. 33.

ff. Entscheidungsfindung und Beschlussfassung

Gemäß Art. 52 § 1 SEPG beschließen die beiden Kammern des Parlaments mit einfacher Mehrheit. Sie entscheiden „nacheinander“, ein Vorrang einer Kammer ist demnach nicht vorgesehen. Grundsätzlich sieht die Satzung in jeder Kammer nur eine Lesung mit offenbar unmittelbar folgender Abstimmung vor. Nach Annahme des Gesetzentwurfes durch beide Kammern muss eine weitere Lesung *in beiden Kammern* stattfinden, wenn ein Viertel der Mitglieder *des Senats* dies innerhalb einer Frist von drei Werktagen beantragt. Die überstimmte Minderheit kann danach mit mindestens 22 Stimmen[371] eine neue Lesung bzw. Beratung erzwingen.

Die bevorzugte Stellung des Senats mag im Hinblick auf die Mitgliedstaaten und den im Gesetzgebungsverfahren nur beschränkt beteiligten Rat akzeptabel sein, problematisch erscheint aber die prinzipielle Festlegung auf nur eine Lesung vor dem (bereits) konstitutiven Gesetzesbeschluss. Ohne Antrag des Senats auf Durchführung einer zweiten Lesung gilt das Gesetz mit Ablauf der Dreitagesfrist als verabschiedet, ansonsten nach Annahme beider Kammern in zweiter Lesung (Art. 52 § 3 SEPG). Innerhalb von 8 Tagen nach der Verabschiedung hat der Präsident des Europäischen Exekutivrates das Gesetz zu verkünden (Art. 52 § 4, S.1 SEPG). Will er dies nicht tun, so steht ihm alternativ eine Art begrenztes „Vetorecht“ zu: Innerhalb der Achttagesfrist kann er eine neue Beschlussfassung im Parlament verlangen (Art. 52 § 4, S.2) und damit das Gesetzgebungsverfahren wieder in Gang setzen.[372] Ein Vermittlungsverfahren zwischen den Kammern des Parlaments fehlt ebenso[373] wie ein Abstimmungsverfahren zwischen Parlament und Präsident bzw. Exekutivrat. Dies erscheint als schwerwiegendes - auch der Eile bei den Beratungen des Entwurfs zuzuschreibendes - Versäumnis des Verfassungsausschusses und der Sonderversammlung. Voraussetzung für das Funktionieren der Regelung wären daher zunächst eingehende Ausschussberatungen vor der ersten Lesung.[374] Allerdings fehlen in der Satzung auch jegliche Regelungen über die Bildung von Fachausschüssen,[375] sodass dies künftigen Geschäftsordnungen des Parlaments überlassen wäre. Insgesamt wäre in Ermangelung entsprechender Regelungen sicherlich eine Abstimmung im Wege der Entwicklung eines „soft law“ zur Vermittlung zwischen den Organen erforderlich geworden, etwa durch Bildung eines Ausschusses zur Koordination von Exekutivrat, Parlament und Rat im Bereich der Gesetzgebung. Auch

[371] In Betracht kommen nur die Stimmen eines großen und eines weiteren Staates (21 plus 21 und/oder 10 und/oder 4) oder die Stimmen der drei kleinen Staaten gemeinsam (10 plus 10 plus 4).

[372] Im Gegensatz zu dem Vetorecht des Präsidenten der Vereinigten Staaten ist dieses Recht damit ausschließlich dilatorisch konzipiert.

[373] Hiervon hatte die Sonderversammlung Abstand genommen, vgl. Eberhard, EPG, S. 23, Fn. 34.

[374] Ebenso Eberhard, a.a.O.

[375] Die Bildung von Fachausschüssen setzt die Satzung fast stillschweigend voraus; sie werden nur indirekt erwähnt, vgl. Art. 24 § 1 SEPG: „Die Mitglieder des Europäischen Exekutivrates können an allen Sitzungen beider Kammern teilnehmen. ... Sie können sich an den Arbeiten der Ausschüsse beteiligen.“

eine Art „Komitologieverfahren“[376] zur Einbindung nationaler Institutionen wäre denkbar.

Ein Ansatz für Vermittlungsverfahren könnte etwa in Art. 84 § 2 und § 3 SEPG liegen, wo die Zustimmung des Rates für Gesetzesvorschläge des Exekutivrates zunächst einstimmig (2. bis 6. Jahr) und danach mit einfacher Mehrheit gefordert wird. Das Parlament kommt hier erst nach der Zustimmung des Rates zum Zuge, sodass sich bereits für dieses Stadium der Rechtssetzung zwischen Exekutivrat und Rat der nationalen Minister ein entsprechendes Verfahren geradezu anböte. Die Formulierung „mit Zustimmung des Rates ... ausarbeitet“ deutet auch auf eine entsprechende Intention der Entwurfsverfasser hin. Allerdings fehlt hier die Möglichkeit der frühzeitigen Stellungnahme des Parlaments, welches offenbar nur die Möglichkeit des „Ja“ oder „Nein“ haben sollte. Auch hier sollte eine Abstimmung mit dem Parlament frühzeitig ermöglicht, ein entsprechendes Verfahren geschaffen werden. Dem zahlreich in der Sonderversammlung bekundeten Willen, dass das Parlament im Zentrum der neuen Gemeinschaft stehen solle, werden die Regelungen über die wirtschaftlichen Zuständigkeiten noch nicht hinreichend gerecht. Im Falle des Inkrafttretens hätten sich hier bald juristische und politische Notwendigkeiten zu einer Vertragsrevision ergeben können.

b. Kompetenzen des Parlaments der EU/EG

Bei der Betrachtung der Bestimmungen über das Parlament ist die spätere Entwicklung besonders zu beachten. Während das Parlament der EPG als zentrales Organ der Gemeinschaft - wenngleich mit noch begrenzten Kompetenzen - starten sollte, hat das Parlament der EU einen langwierigen Emanzipationsprozess hinter sich, der dieses inzwischen in die Lage versetzt, als echter Mitgesetzgeber zu fungieren. Es erscheint daher die These möglich, dass das EP dort angekommen ist, wohin auch die Schöpfer der EPG das Parlament führen wollten. Das Europäische Parlament fing als „Versammlung“ der Gemeinschaft 1958 „im wahrsten Sinne des Wortes klein an“.[377] Die von den nationalen Parlamenten entsandten 142 Mitglieder hatten nur einige Kontrollbefugnisse gegenüber der Kommission und ein nur auf Konsultationen beschränktes Mitwirkungsrecht bei der Gesetzgebung.

Betrachtet man die zahlreiche Kritik der letzten Jahrzehnte an den (hiernach) fehlenden Kompetenzen des Parlaments und das auch daraus abgeleitete Schlagwort des „Demokratiedefizits“, so könnte zunächst der Eindruck entstehen, dass das EP weit hinter den Befugnissen des Parlaments der EPG zurückbleibt, wenn man insbesondere den Blick auf den Anteil der Organkompetenz (des Parlaments) an der Verbandskom-

---

[376] Der Begriff der Komitologie wird im Bereich des EGV insbesondere für die Kooperation zwischen der Kommission und den Mitgliedstaaten bei der Rechtssetzung der Exekutive verwandt, vgl. etwa Huber, Integration, § 24, Rn. 2 (S. 329) sowie ausführlich Haibach, Komitologie nach Amsterdam, VerwArchiv 1999, S. 98ff, der den Begriff der Komitologie auch im amerikanischen und deutschen Rechtssystem für angebracht hält.

[377] So Marlies Mosiek-Urbahn (damals MdEP) im November 1997 vor der Anwaltskammer Frankfurt.

petenz der Gemeinschaft richtet. Die Entwicklung der Befugnisse des Europäischen Parlaments geht nach Maastricht und Amsterdam aber tatsächlich in die Richtung einer mit dem Rat gleichberechtigten Mitwirkung durch die Übertragung echter und weiterer legislativer Befugnisse. Auf dem Weg zu einem Parlament klassischer Prägung ist das EP mit den Vertragsrevisionen ein gutes Stück vorangekommen.[378] Sowohl die EEA 1986/87 als auch der EUV 1992/93 hatten jeweils eine spürbare Ausdehnung der Kompetenzen des Parlaments mit sich gebracht. Mit dem Vertrag von Amsterdam 1997 wurden die Befugnisse des EP im institutionellen Bereich nochmals erheblich erweitert und verstärkt, was ihm die bereits erwähnte Beschreibung als eigentlicher „Gewinner" des Vertrages eingebracht hat. Das Europäische Parlament übt gemäß Art. 189 (ex Art. 137) EGV die Befugnisse aus, „die ihm nach diesem Vertrag zustehen". Diese Aufgaben und Befugnisse lassen sich in 4 Gruppen aufteilen: Rechtssetzung, Zustimmungs-, Kontroll- und Anhörungsrechte.[379] Hinzu kommt die hierunter nicht zu fassende Ernennung eines Bürgerbeauftragten gemäß Art. 195 (ex Art. 138e) EGV. Sie soll hier keine weitere Erörterung erfahren.

aa. Mitwirkung an der Rechtssetzung der Gemeinschaft

Das EP ist an der Entstehung und der Annahme von Gemeinschaftsakten nur insoweit beteiligt, als dies die Verträge ausdrücklich vorsehen (Art. 192, ex Art. 138b EGV). Die Mitwirkungsrechte des EP sind enumerativ in Art. 192 EGV genannt, nämlich Verfahren der Mitentscheidung nach Art. 251 (ex Art. 189b) EGV, Verfahren der Zusammenarbeit nach Art. 252 (ex Art. 189c) EGV sowie die Abgabe von Stellungnahmen und Erteilung der Zustimmung in den vorgesehenen Fällen. Von besonderer Bedeutung sind dabei naturgemäß die Mitwirkungsrechte des EP im Rechtssetzungsverfahren der Gemeinschaft (Erlass von Verordnungen und Richtlinien). Welche Art der Beteiligung des EP zu erfolgen hat, ergibt sich aus der jeweils einschlägigen Ermächtigungsnorm. Während die Art. 251 und 252 EGV nur für das Rechtssetzungsverfahren gelten, kann die Zustimmung bzw. Anhörung des EP auch in anderen Bereichen vorgesehen sein.[380]

Stärkste Beteiligungsform des EP im Rechtssetzungsprozess ist das Verfahren der Mitentscheidung gemäß Art. 251 (ex Art. 189b) EGV. Hier besitzt das EP ein echtes „parlamentarisches Vetorecht"[381] bzw. ein „Letztentscheidungsrecht"[382], sodass gegen seinen Willen der entsprechende Rechtsakt nicht zustande kommen kann. Art. 189b EGV a.F. wurde durch den Vertrag von Maastricht neu in den EGV eingeführt. Er stellt eine wesentliche Stärkung der Rolle des EP und damit der demokratischen Legitimation der Gemeinschaft dar. Nach dem Verfahren der Mitentscheidung erfolgte bis zum Inkraft-

---

[378] Vgl. Huber, Integration, § 14, Rn. 26 (S. 217) bereits zu dem Zustand nach Maastricht.
[379] Vgl. die Aufteilung bei Schweitzer/Hummer, Europarecht, Rn. 229ff.
[380] So etwa Art. 48 (ex Art. N EUV) für Vertragsänderungen.
[381] Beutler/Bieber/Pipkorn/Streil, Die Europäische Union, Rn. 447 (S. 254); Oppermann, Europarecht, Rn. 269 (S. 113); Huber, Integration, § 14, Rn. 27 (S. 218).
[382] Koenig/Haratsch, Europarecht, 2. Auflage, Rn. 263 (S. 111).

treten des Amsterdamer Vertrages hauptsächlich die Rechtsangleichung (z.B. Art. 49, 57, 100a EGV a.F.). Auf das komplizierte Verfahren des Art. 189b EGV soll hier nicht näher eingegangen werden.[383] Charakteristisch ist dabei jedoch die enge Verzahnung der Gemeinschaftsorgane Kommission, Rat und EP im Rahmen des „institutionellen Gleichgewichts" der Organe, die den Eindruck vermittelt, dass in jedem Fall eine Einigung (zumindest) im Wege des Kompromisses erreicht werden soll.

*Anders das Konzept der **EPG**. In groben Linien wird ein Gesetzgebungsverfahren klassischer Prägung präsentiert. Das Initiativrecht liegt bei dem Parlament und dem Exekutivrat. Beide Kammern entscheiden gleichberechtigt in (regelmäßig) einer Lesung über den Gegenstand der Beratung, der Rat der nationalen Minister muss mit lediglich einfacher Mehrheit (nach Ablauf der Übergangsfrist von 6 Jahren) zustimmen. Ein Vermittlungsverfahren zwischen den Kammern fehlt ebenso wie zwischen Parlament und Rat. Diese Bestimmungen unterscheiden sich deutlich von den umfangreichen und höchst komplizierten Regelungen des Gesetzgebungsverfahrens der Art. 189b und c EGV, wenngleich auch bei der Gesetzgebung im Bereich der Wirtschaft Abstriche zu machen sind. Die Entwicklung des E(W)GV nach Scheitern der EPG macht deutlich, dass eine „Europäische Verfassung" mit dem Gepräge einer föderalen Gewaltenteilung noch lange nicht konsensfähig war bzw. ist. Andererseits ist das Fehlen jeglicher Vermittlungsmechanismen als erheblicher Konstruktionsfehler der SEPG zu bezeichnen.*

Der Vertrag von Amsterdam hat das Verfahren der Mitentscheidung vereinfacht und zugleich seinen Anwendungsbereich erheblich ausgedehnt, sodass nunmehr etwa drei Viertel der EU/EG-Gesetzgebung (25 Felder) diesem Verfahren unterliegen.[384] Das Verfahren kommt mit Ausnahme des Bereichs der Wirtschafts- und Währungspolitik überall dort zur Anwendung, wo bisher das Verfahren der Zusammenarbeit maßgeblich war, wodurch Art. 251 EGV zum Regelverfahren der Gemeinschaftsgesetzgebung wird.[385] Weniger entscheidend ist dagegen die Rolle des EP im Rechtssetzungsprozess, soweit der Vertrag noch das Verfahren der Zusammenarbeit nach Art. 252 (ex Art. 189c) EGV vorschreibt. Lehnt das EP einen vom Rat beschlossenen Rechtsakt ab, kann dieser nur noch durch einstimmigen Beschluss des Rates zustande kommen. Das EP kann demnach das Zustandekommen des Rechtsaktes zwar nicht verhindern, jedoch kann dieser bei Ablehnung nur unter der Voraussetzung der Einstimmigkeit im Rat erlassen werden.

---

[383] Das Verfahren der Mitentscheidung gliederte sich bis zum Vertrag von Amsterdam in insgesamt neun Schritte - vgl. Koenig/Haratsch, Europarecht, 2. Auflage, Rn. 265 (S. 111).

[384] FAZ vom 19.6.1999, S. 6: „Grundzüge des Vertrags von Amsterdam"; vgl. exempl. auch Lörcher/Lerche, Der Vertrag von Amsterdam, BRAK-Mitt. 4/99, S. 177; Riedel, Der Vertrag von Amsterdam und die institutionelle Reform der Europäischen Union, BayVBl 1998, S. 547f.

[385] Koenig/Haratsch, Europarecht, Rn. 307 (S. 107).

Schwächste Beteiligungsform des EP im Rechtssetzungsprozess ist die Stellungnahme nach erfolgter Anhörung. Bei der Anhörung unterscheidet man zwischen Fällen der fakultativen und obligatorischen Anhörung.[386] Unterbleibt eine obligatorische Anhörung des EP, so kann dies als „Verletzung wesentlicher Formvorschriften" gemäß Art. 230 Abs. 2 EGV zur Nichtigerklärung des betreffenden Rechtsaktes führen. Soweit die Verträge die Zustimmung des EP vorsehen, kann der entsprechende Gemeinschaftsakt nur mit dessen erklärtem Willen angenommen werden. Ebenso wie im Verfahren nach Art. 251 EGV verfügt das EP hier über ein parlamentarisches Vetorecht. Zustimmungserfordernisse bestehen hauptsächlich außerhalb des Rechtssetzungsverfahrens in einigen wenigen Bereichen, so etwa bei Art. 214 (ex Art. 158) EGV (Benennung des Kommissionspräsidenten / Ernennung der Kommission), Art. 300 (ex Art. 228) EGV (Abkommen mit Drittstaaten und internationalen Organisationen) und insbesondere auch Art. 49 (ex Art. O) EUV (Beitritt zur EU). Weitere echte Mitentscheidungsrechte besitzt das EP im Haushaltsverfahren gemäß den Art. 272 Abs. 8 (ex Art. 203) und 276 Abs. 6 (ex Art. 206) EGV.

Insgesamt wird bereits hierdurch verdeutlicht, was bereits zuvor angedeutet wurde. Das Europäische Parlament, welches nach der ursprünglichen Konzeption nur über geringfügige Befugnisse verfügte, hat durch die zahlreichen Vertragsänderungen dermaßen an Machtfülle gewonnen, dass es einen Vergleich mit dem Parlament der EPG nicht mehr zu scheuen braucht, wenngleich die Bestimmungen noch immer um ein Mehrfaches komplizierter sind als diejenigen der EPG. Ein Parlament, welches praktisch nur das Forumskonzept[387] *verwirklichen würde, hätte auch nur wenig gemein mit dem Parlament der EPG, welches in den meisten wichtigen Fragen zumindest mitentscheiden*[388] *und als Organ „Triebfeder und Lebensquell" der Gemeinschaft sein sollte.*[389]

Das EP verfügt allerdings nicht über ein Initiativrecht zu Rechtssetzungsakten der Gemeinschaft (Ausnahme: Art. 190 Abs. 4, ex Art. 138 Abs. 3 EGV). Es kann aber die Kommission zum Tätigwerden und Unterbreiten eines Vorschlags auffordern (Art. 192 Abs. 2 ex Art. 138b Abs. 2 EGV). Mit den sogenannten „Initiativberichten" kann das EP an der Initiative zum Gesetzeserlass im Rahmen des jährlichen Legislativprogramms der EU/EG mitwirken. Diese werden in den Parlamentsausschüssen ausgearbeitet und dem Plenum zur Zustimmung vorgelegt. Die Kommission wird sodann aufgefordert, Rechtsakte entsprechend den beschriebenen Problemkreisen auszuarbeiten. Sie ergreift daraufhin selbst die Initiative oder erläutert im Falle der Ablehnung ausführlich die Gründe hierfür.

---

[386] Vgl. Beutler/Bieber/Pipkorn/Streil, Die Europäische Union, Rn. 443, 450 (S. 252, 255).

[387] Vgl. zu den möglichen „Konzepten" der Parlamente: Saalfrank, Funktionen und Befugnisse des Europäischen Parlaments, S. 36f.

[388] Eine Ausnahme waren etwa die Beiträge der Mitgliedstaaten - vgl. unten C, III, 1.

[389] Ad hoc-Versammlung, Aussprache, Wörtlicher Bericht über den Verlauf der Sitzungen, S. 37 (Abg. Benvenuti als Berichterstatter des 1. Unterausschusses für Zuständigkeitsgebiete).

Demgegenüber steht dem Parlament der ***EPG*** *das allgemeine Initiativrecht in der Gemeinschaft uneingeschränkt zu. Gemäß Art. 55 SEPG können entweder der Europäische Exekutivrat oder jede Kammer des Parlaments „Vorschläge zur Erreichung der in Artikel 2 bestimmten allgemeinen Ziele" machen. Dabei bezieht sich Artikel 55 nur auf das Initiativrecht als solches und sagt noch nichts über die Befugnisse der Gemeinschaft im Rahmen der in Artikel 2 genannten Bereiche. Diese Befugnisse müssen sich aus den jeweiligen Regelungsmaterien selbst ergeben, die in Teil III der Satzung („Die Zuständigkeiten der Gemeinschaft") geregelt sind.*[390] *Nach dem Wortlaut des mit Art. 55 bereits abgeschlossenen Kapitels I geht es nur um Initiativen bzw. Vorschläge „an die Mitgliedstaaten" (Art. 55 Abs. 1 SEPG). Über die innergemeinschaftliche Kompetenzverteilung sagt Artikel 55 dagegen nichts aus.*

In der EU/EG steht der Kommission das „Initiativmonopol"[391] zu, sodass der Rat ebenso wie das EP nur aufgrund eines entsprechenden Kommissionsvorschlags rechtssetzend tätig werden können. Dieses Initiativmonopol ist im EGV nicht ausdrücklich benannt. Art. 250 (ex Art. 189a) EGV regelt nur bestimmte Rechtsfolgen, die sich aus dem Initiativrecht der Kommission ergeben, verweist im Übrigen jedoch auf spezialgesetzliche Regelungen. Aus der Formulierung des Art. 250 EGV („Wird der Rat kraft dieses Vertrages auf Vorschlag der Kommission tätig...") ließe sich auch ein geteiltes Initiativrecht ableiten. Die Einzelbestimmungen des EGV bestätigen jedoch die Annahme eines Initiativmonopols der Kommission.[392] Dieses wird im Hinblick auf die Weiterentwicklung der EU unterschiedlich bewertet. Teilweise wurde es gerade als Garant der Unabhängigkeit und des Erfolges der EU/EG angesehen,[393] andererseits in neuerer Zeit zunehmend in Frage gestellt. So schrieb etwa die Arbeitsgruppe „Europäische Verfassung" im Jahre 1990 zur Frage der innergemeinschaftlichen Kompetenzverteilung: *„Die Kommission bleibt Vorschlags- und Durchführungsorgan und damit Motor der Union. Sie verliert das Vorschlagsmonopol, denn dem mit voller Kompetenz ausgestatteten Parlament und dem ihm gleichgeordneten Rat der Union kann das Initiativrecht nicht vorenthalten werden."*[394] Hieran zeigt sich, dass der Entwurf der EPG auch richtungsweisend für die neuere Entwicklung der EU sein kann, wenn man das Problem der inzwischen geographisch immensen Unterschiede einmal ausblendet.

---

[390] Benvenuti in: Verfassungsausschuss, Einleitender Bericht und Begründung vom 26.2.1953, S. 21: „Die Verwirklichung derartiger allgemeiner Ziele und Aufgaben löst aber nicht automatisch Entscheidungsbefugnisse der Gemeinschaft aus. Die Entscheidungsbefugnisse der Gemeinschaft im Rahmen ihrer Ziele und Aufgaben werden in den folgenden Kapiteln dieses Teils festgelegt und abgegrenzt."

[391] Exemplarisch: Schweitzer/Hummer, Europarecht, Rn. 203; Huber, Integration, § 14, Rn. 8ff (S. 240f); Koenig/Haratsch, Europarecht, Rn. 168 (S. 63).

[392] Z.B. Art. 251 II EGV (Verfahren der Mitentscheidung), Art. 252 II (Verfahren der Zusammenarbeit), Art 42 S. 1 EGV (Gewährleistung der Freizügigkeit durch Harmonisierung des Sozialrechts) und Art. 49 II EGV (Dienstleistungsfreiheit).

[393] Vgl. etwa Hallstein, Die Europäische Gemeinschaft, S. 82, der die „Motorfunktion" der Kommission vor allem dem Initiativmonopol zuschreibt und Ausnahmen von diesem Prinzip ablehnt.

[394] „Wie Europa verfasst sein soll", Bertelsmann Stiftung (Hrsg.) 1990, S. 17.

Je mehr sich das Parlament der EU zu einer echten Volksvertretung entwickelt, desto näher kann es sich an das historische Vorbild der EPG annähern. Die Schöpfer der Satzung hatten unbewusst eine beachtliche Weitsicht in ihrem Vorschlag gezeigt, der aufgrund der Umstände der Zeit (noch) nicht zu verwirklichen war. Dies gilt für eine stärkere „Initiativstellung" des Parlaments ebenso wie für die Frage einer zweiten Kammer, auf die an späterer Stelle näher eingegangen werden soll.

bb. Die Kontrolle „der Exekutive"

Die Kontrolle der „Exekutive"[395] gehört gemeinhin zu den wesentlichen Befugnissen eines Parlaments, so auch des Europäischen Parlaments.[396] Standen dem EP auch hier zunächst nur begrenzte Befugnisse zu, so wurden diese mit den Verträgen von Maastricht und Amsterdam ausgebaut und durch die neuere Entwicklung - insbesondere anlässlich der Geschehnisse, die zum Rücktritt der Kommission nach schweren Vorwürfen von Misswirtschaft und Korruption am 15.3.1999[397] führten - inhaltlich noch verstärkt. Die formell wirksamste Kontrollbefugnis des EP stellt aber gerade der Misstrauensantrag gegen die Kommission gemäß Art. 201 (ex Art. 144) EGV dar. Im Gegensatz zur bereits erwähnten Regelung des Art. 31 SEPG sieht Art. 201 EGV ein ausschließlich „destruktives" Misstrauensvotum vor. Das Recht zur Benennung eines neuen Kommissionspräsidenten oder gar der Ernennung der gesamten Kommission hat das EP auch nach Inkrafttreten des Amsterdamer Vertrages nicht erhalten, was zur Annahme führen könnte, das Misstrauensvotum sei noch immer ein stumpfes Schwert.[398] Immerhin stellen das seit Inkrafttreten des Maastricht-Vertrages notwendige Zustimmungsvotum des EP zur Investitur der Kommission sowie die anstelle der Anhörung getretene Zustimmung zur Benennung des Kommissionspräsidenten (Art. 214, ex Art. 158 EGV)[399] bedeutende Schritte zu einer stärkeren Beteiligung des EP an der „Regierungsbildung" und der Kontrolle der „Exekutive" dar. Gerade die Ereignisse, die zum Rücktritt der Kommission im März 1999 führten, haben aufgezeigt, dass das EP auf dem Wege der „Emanzipation" ist und durchaus in der Lage ist, wirksam Druck auf die Kommission auszuüben.[400] Freilich bleibt die Kommission im Falle des erfolgreichen Misstrauensvotums gemäß Art. 201 EGV geschäftsführend im Amt, bis ihre Nachfolger im Verfahren nach Art. 214 EGV ernannt wurden.

---

[395] Zur Problematik, ob die Kommission als Exekutive im eigentlichen Sinne verstanden werden kann, vgl. schon Hallstein, Die Europäische Gemeinschaft, S. 86.

[396] Haag/Bieber in: Groeben/Thiesing/Ehlermann, Kommentar zum EU-/EG-Vertrag, Art. 137, Rn. 18.

[397] Vgl. FAZ vom 17.3.1999: „Kampf um die europäische Rangordnung"; Rhein-Zeitung vom 17.3.1999: „Wer zieht Europa aus dem Sumpf - Nach dem EU-Fiasko ruhen alle Hoffnungen auf dem Berliner Gipfel".

[398] Zumindest bis zum Inkrafttreten des EUV wurde dies ohne weiteres angenommen, vgl. Huber, Integration, § 15, Rn. 6 (S. 240).

[399] Letzteres bedeutet auch eine stärkere Legitimation des Kommissionspräsidenten, vgl. Wirtz in: Bergmann/Lenz, Der Amsterdamer Vertrag, Kap. 16, Rn. 308.

[400] Vgl. Friedbert Pflüger, in „Einblicke", 1/1999 (Hrsg. Konrad-Adenauer-Stiftung), S. 7: „Das EP war noch nie so stark wie in diesen Stunden" (bezogen auf die Vorgänge anlässlich des vorhergehenden Misstrauensantrags des EP gegen die Kommission).

Als weitere wesentliche Kontrollbefugnis ist die Entlastung der Kommission im Haushaltsverfahren gemäß Art. 276 EGV zu nennen. Weiterhin steht dem EP ein umfassendes Fragerecht gegenüber der Kommission (Art. 197 Abs. 3 EGV) und vereinzelt auch gegenüber dem Rat zu.[401] Zudem bestehen Informationspflichten der genannten Organe gegenüber dem Parlament, so etwa in Art. 22 EGV und Art. 200 EGV für die Erörterung des Gesamtberichts der Kommission. Das EP kann auf Antrag eines Viertels seiner Mitglieder nach Art. 193 EGV einen nichtständigen Untersuchungsausschuss einsetzen, der „behauptete Verstöße gegen das Gemeinschaftsrecht oder Missstände bei der Anwendung desselben" überprüfen kann.[402]

*In der **EPG** sollte dem Parlament - und zwar beiden Kammern - das Recht zustehen, „Untersuchungen durchzuführen" (Art. 23 § 4 SEPG). Das Nähere sollte aber erst durch ein „Gesetz der Gemeinschaft" bestimmt werden. Der Begriff der „Untersuchungen" legt aber nahe, dass dem Parlament hier verschiedene Möglichkeiten, eben auch z.B. die Einsetzung unabhängiger Kommissionen bzw. Untersuchungsausschüsse wie im vorgenannten Sinn bei der EU zugestanden werden sollten.*

Möglichen Missständen in der Gemeinschaft soll auch die Einrichtung eines Bürgerbeauftragten gemäß Art. 195 (ex 138e) EGV entgegenwirken. Dieser darf allerdings keine „Superrevisionsinstanz" sein, sodass eine Kontrolle der Gerichte der Gemeinschaft ausscheidet: daher führt er keine Untersuchungen durch über Sachverhalte, die „Gegenstand eines Gerichtsverfahrens sind oder waren" (Art. 195 Abs. 1, S.2, 2. Hs. EGV). Das Europäische Parlament ist weiterhin befugt, über alle Fragen betreffend die Europäischen Gemeinschaften bzw. die Europäische Union zu beraten.[403] Dies umfasst das Recht, eine bestimmte Frage zu erörtern, einen einheitlichen Willen zu bilden und diesen kundzutun, z.B. durch sogenannte „Erklärungen des EP".[404] Diese erfolgen regelmäßig in Bereichen, in denen das EP über bisher nur geringe Mitwirkungsbefugnisse verfügt, so etwa im Rahmen der GASP.

c. Zusammenfassende Bewertung

Wie sind nun die Parlamente von EPG und EU/EG im Hinblick auf ihre Kompetenzen zusammenfassend zu würdigen? Hinsichtlich der Gesetzgebung ist festzustellen, dass das Parlament der EPG hier eine durchaus zentrale Rolle als Legislativorgan im Rahmen der noch eingeschränkten Kompetenzen einnehmen und dabei der Senat innerhalb des Parlaments bestimmte Vorrechte erhalten sollte. Im Hinblick auf die demokratische und föderale Zielsetzung und die noch beschränkt ausgestalteten Befugnisse glaubte

---

[401] Siehe Art. 39, ex Art. K.11 EUV für den Bereich der Zusammenarbeit in den Bereichen Justiz und Inneres und Art. 21, ex Art. J.11 EUV für den Bereich der GASP.

[402] Bemerkenswert für die Praxis in der Gemeinschaft ist dabei, dass der Rücktritt der Kommission im März 1999 nicht aufgrund des Druckes eines Untersuchungsausschusses, sondern nach dem Bericht eines vom Parlament eingesetzten Sachverständigenausschusses erfolgte.

[403] Vgl. für die Rechtslage vor Inkrafttreten des EGV: EuGH, Slg. 1983, S. 255.

[404] Vgl. Beutler/Bieber/Pipkorn/Streil, Die Europäische Union, 4. Auflage, S. 116.

man, diesen Schritt schon gehen zu können. Zugleich wurden im Bereich der „Binnenmarktgesetzgebung" der Rat der Minister und der Exekutivrat maßgeblich beteiligt. Demgegenüber ist in der EU/EG das Parlament mit zunächst praktisch keinen Kompetenzen im legislativen Bereich ausgestattet worden und musste erst den mühsamen Weg zum Mitgesetzgeber der Gemeinschaft über verschiedene Reformen der Verträge gehen. Dementsprechend hat der Rat die Gemeinschaft über Jahrzehnte dominiert und die wichtigsten legislativen Entscheidungen gefällt. Das Parlament hat sich aber deutlich in die von der EPG vorgezeichnete Rolle als Gesetzgeber weiterentwickelt.

Offener ist indessen die Bewertung bei der Kontrolle der Exekutive. Hinsichtlich der oft beklagten Schwäche des Europäischen Parlaments in diesem Bereich ist zu sehen, dass auch die Völkerkammer der EPG bei der Wahl des Europäischen Exekutivrates nicht die Stellung entsprechend einem nationalen Parlament hat. Nach der genannten Regelung in der Satzung der EPG (Art. 31 SEPG) birgt ein Misstrauensvotum für diese erhebliche Risiken. Erreicht sie die geforderte 3/5-Mehrheit (Art. 31 § 3 SEPG) nicht, kann der Präsident des Exekutivrates entscheiden, ob er zurücktreten will oder die Auflösung der Kammer beschließt (Art. 31 § 4 SEPG). Der Präsident des Exekutivrates entscheidet dabei nach „Ermessen"; er ist nicht an weitere Tatbestandsvoraussetzungen gebunden, wie etwa der Bundespräsident der Bundesrepublik Deutschland bei der Prüfung des Art. 68 GG, der - als ungeschriebenes Tatbestandsmerkmal - eine Art instabile Lage voraussetzt.[405] Kann demnach die Völkerkammer nicht auf eine absolut sichere Mehrheit für den Misstrauensantrag setzen, wird sie Zurückhaltung üben. Der Verlust des Mandats wäre zumeist sicher schmerzlicher für die Parlamentarier gewesen als die mögliche Demonstration der Macht reizvoll.[406] Ein Risiko, welches die Mitglieder des Europäischen Parlaments, sei es während der ersten BSE-Krise 1996 oder der Krise der Kommission 1999, nicht befürchten müssen. Im Hinblick auf den Aufwand, den Neuwahlen zum Europäischen Parlament jeweils verursachen würden, ist dies sicherlich auch eine weitgehend unstreitige Regelung der Verträge.[407] Art. 31 § 4 SEPG sieht auch eine für die heutigen Verhältnisse unrealistisch anmutende Frist von 40 Tagen für den Aufruf der Wählerschaft vor. Steht demnach das EP im Falle eines gescheiterten Misstrauensvotums besser als die Völkerkammer, so gilt dies im Ergebnis auch für die

---

[405] BVerfGE 62, 1/36ff, 50ff (Auflösung des Bundestages durch Bundespräsident Carstens 1983); Maunz/Dürig (Hrsg.), Kommentar zum Grundgesetz, Art. 68, Rn. 69ff und Jarass/Pieroth, Kommentar zum Grundgesetz, Art. 68, Rn. 3: danach besteht grundsätzlich kein Selbstauflösungsrecht des Bundestages, die Voraussetzung einer politischen Instabilität bzw. deren Feststellung durch den Bundespräsidenten wird verfassungsrechtlich jedoch nur sehr zurückhaltend geprüft.

[406] Ein plastisches Beispiel für die Haftung von Parlamentariern an ihren Mandaten (freilich in völlig anderen Sphären) bietet die Wahl des „jugendlichen" Ministerpräsidenten Sergej Kirijenko im Frühjahr 1998 in der russischen Duma im dritten Wahlgang, nachdem Präsident Jelzin vehement - auf Grundlage der Verfassung - mit der Auflösung der Duma gedroht hatte. Eine Vielzahl der Parlamentarier befürchtete offenbar den Rückfall in politische Bedeutungslosigkeit sowie finanzielle Einbußen und stimmte daher letztlich zu.

[407] Eine derartige Forderung ist für die EU nicht ersichtlich. Regelmäßig geht es bei den Reformdiskussionen um die Stärkung des EP, das Damokles-Schwert der Auflösung würde in diese Zielrichtung der Debatte nicht passen.

Wahl bzw. Ernennung des Präsidenten. Während die Völkerkammer bei der Ernennung des Präsidenten (rechtlich) keinerlei Mitbestimmungsrechte hat, ist das EP im Nominierungsverfahren durch die Notwendigkeit des Zustimmungsvotums und vorheriger Anhörung (Art. 214 bzw. Art. 158 a.F. EVG) eine schon bedeutende Größe bei der wohl wichtigsten Personalentscheidung in der Gemeinschaft, wenngleich sie den Staaten in praxi keine Alternativen aufzwingen kann.

Im Ergebnis ist festzuhalten, dass die Völkerkammer - isoliert ohne den Senat betrachtet - über weniger bedeutende Kompetenzen bei der Investitur der Exekutive verfügt als das Parlament der EU/EG. Nimmt man Völkerkammer und Senat als Einheit, so fällt die Bewertung allerdings zugunsten der EPG aus, da das Recht zur Einsetzung und Absetzung der Exekutive insgesamt damit beim Parlament angesiedelt ist. Die Verfasser der EPG-Satzung wollten eine parlamentarische Lösung und zugleich eine starke mitgliedstaatliche Verbindung und daher das Recht zur Einsetzung der „Europäischen Regierung" dem Senat zubilligen, der als den Staaten näherstehend und damit als vertrauenswürdiger angesehen wurde.[408]. Der Senat sollte den Kompromiss zwischen föderaler und staatenbündischer Lösung versinnbildlichen, indem er zugleich ein unabhängiges Parlament bilden und die spezifischen Interessen der jeweiligen Staaten vertreten sollte. Ein Gedanke, der auch heute im Zusammenhang mit der EU in die Diskussion eingebracht wird. So schlug etwa die Arbeitsgruppe „Europäische Verfassung" in ihrem Memorandum 1990 vor, den Ministerrat stufenweise zu einer „Staatenkammer" fortzuentwickeln, und zwar in dem Maße, in dem die Kommission mehr und mehr die Aufgaben einer europäischen Regierung übernimmt.[409] Genau dies machte freilich auch die Schwierigkeiten der EPG-Verfasser deutlich. Die nationalen Regierungen waren mit der durch die Einrichtung eines Senats einhergehenden Entmachtung des Rates nicht einverstanden. Die Regierungen wollten die Wahl der Exekutive keinesfalls einem parlamentarischen Organ (allein) überlassen, da sie insofern „vetosichere" Gemeinschaftskompetenzen nicht akzeptieren wollten und folglich ein Ernennungsrecht des Rates bei der Wahl des Präsidenten des Exekutivrates sowie zusätzlich exekutivische Befugnisse des Rates neben dem Exekutivrat forderten.[410]

> *Damit stellt der Vorschlag der genannten Arbeitsgruppe eine pragmatische Antwort auf die Realitäten in Europa dar. Er sieht auch die Wahl der Kommission durch den Rat unter Zustimmung des Europäischen Parlaments vor. Dass*

---

[408] Zurcher, The struggle to Unite Europe, S. 102 (auch zum Schutze bestimmter nationaler Interessen).

[409] Vgl. „Wie Europa verfasst sein soll", Bertelsmann Stiftung (Hrsg.) 1990, S. 15f; ähnlich zur Entwicklung des Rates zu einer Staatenkammer zuletzt Bundespräsident Rau in seiner Rede vor dem Europäischen Parlament in Straßburg (vgl. Frankfurter Neue Presse vom 5.4.2001, S. 4.) in Übereinstimmung mit den Vorschlägen der SPD zur Reform der EU; deutlich gegen solche Pläne votierte aber Frankreichs Außenminister Védrine am 9.5.2001 vor dem Europaausschuss des deutschen Bundestages (vgl. Blickpunkt Bundestag 5/2001, S. 72).

[410] Vgl. Briggs, The Proposed European Political Community, AJIL 1954, S. 122 zu den Außenministertreffen von Rom (22.9.-9.10.1953 (!)) und Den Haag (26.-28.11.1953). Schon bei diesen Treffen wurde deutlich, dass eine Ratifizierung angesichts der tiefgreifenden Differenzen zwischen dem formulierten Satzungsvorschlag und den Vorstellungen der Regierungen immer unrealistischer wurde.

dies auch noch bald 50 Jahre nach dem Scheitern der EPG so ist,[411] *zeigt, dass in dem Punkt der Entwurf zu weitgehend an nationalen Bedürfnissen vorbeiging. Dabei sei auf die Auffassung Debrés hingewiesen, der mit seiner pessimistischen Einschätzung zur „Zersplitterung der Souveränität in ihrem Wesen" und „Verschwinden der Nationalitäten"*[412] *zwar in wesentlichen Punkten Unrecht hatte, aber doch mit der Beteiligung der Staats- und Regierungschefs bei der Leitung einen zentralen Punkt traf. Diese Unterlassung ist als eines der wesentlichen Versäumnisse der Verfasser der EPG anzusehen. Eine Bereitschaft zur Ratifizierung konnte so bei den beteiligten Regierungen nicht erweckt werden. Dem Parlament der EPG (in der Gesamtheit beider Kammern) wurde damit die zentrale Rolle in der EPG zulasten des Rates letztlich auch um den Preis der Nichtrealisierung zuerkannt.*

Die gegenüber der Völkerkammer zumindest leicht überlegene Rolle des EP bei der Kontrolle der Exekutive basiert neben dem konstruktiven Unterschied (Zweikammerparlament der EPG) auch auf einem langen historischen Prozess. Gleichwohl darf der inzwischen erreichte Entwicklungsstand auch nicht überschätzt werden. Erstmals bei der EU-Krise im März 1999 zeigte das EP, dass es tatsächlich den Austausch der Kommission erzwingen kann,[413] nachdem zahlreiche Anläufe zuvor scheiterten. Nimmt man Senat und Völkerkammer in ihrer Gesamtheit, so ist gleichwohl fraglich, ob dieses Parlament insgesamt - abgesehen von der Wahl des Exekutivrates - tatsächlich dem EP deutlich überlegen gewesen wäre. Hätte nicht der Zwang zur Abstimmung mit dem Rat in vielen Fragen zu einer Schwächung der zunächst vorhandenen Kompetenzen geführt? Hätte nicht das Fehlen eines europäischen Wahlvolkes und die Schwierigkeit des nationenübergreifenden Konsenses zur Lähmung des Parlaments geführt, da gerade die häufige Geschlossenheit des Parlaments der EU/EG oftmals aus dessen konstitutiver Schwäche gegenüber Rat und Kommission und damit einem mittelbaren Zwang zur Einigung resultierte? Es ist daher nicht auszuschließen, dass ein Europäisches Parlament in Gestalt einer klassischen Legislative in Zeiten des Kalten Krieges überfordert gewesen wäre.[414] Dabei ist aber auch zu sehen, dass die primär sicherheitspolitischen und militärischen Fragen im Rahmen der EVG vom Rat der nationalen Minister dominiert werden sollten.

---

[411] Die „Wahl" (d.h. der Vorschlag) Romano Prodis beim Berliner Gipfel im März 1999 machte erneut - nach der Wahl Jacques Santers 1995 - deutlich, dass dies „Chefsache" ist.

[412] Ad hoc-Versammlung, Aussprache, Wörtlicher Bericht über den Verlauf der Sitzungen S. 54ff.

[413] Es entspricht wohl einer allgemeinen Auffassung, dass die Kommission mit ihrem Rücktritt am 16.3.1999 dem ersten erfolgreichen Misstrauensvotum zuvorgekommen ist; vgl. etwa die Äußerungen von José Maria Gil-Robles, damals Präsident des EP, zitiert in der FAZ vom 17.3.1999.

[414] Als Probleme sind etwa zu nennen die Integration des europäischen Parteienpluralismus, die Position zum sogenannten „Ostblock" und die damit zusammenhängende Problematik der „eurokommunistischen Parteien" sowie die nach wie vor vorhandenen nationalistischen Tendenzen.

4. Der Europäische Exekutivrat der EPG und die Kommission der EU/EG

a. Wahl und Zusammensetzung des Exekutivrates

Gemäß Art. 27 SEPG nimmt der Europäische Exekutivrat „die Regierung der Gemeinschaft wahr". Ihm können nur Staatsangehörige der Mitgliedstaaten angehören (Art. 29 SEPG), aber nicht mehr als zwei desselben Staates. Die Mitglieder tragen den Titel „Minister der Europäischen Gemeinschaft" (Art. 28 § 4 SEPG). Die Mitgliedschaft im Exekutivrat ist unvereinbar mit derjenigen in einer nationalen Regierung, im Wirtschafts- und Sozialrat oder im Gerichtshof der Gemeinschaft (Art. 30 SEPG). Der Verfassungsausschuss hat sich lange mit dem Problem der „Exekutive" beschäftigt. So führte der Berichterstatter Dehousse nach der Vorlage des Entwurfs an die Versammlung aus: *„Man darf wohl behaupten, dass der Verfassungssauschuss ständig darauf bedacht war, einen Europäischen Exekutivrat zu schaffen, der in jeder Weise die Stabilität besitzt, die zur Erfüllung seiner Aufgabe, nämlich die Regierung der Gemeinschaft wahrzunehmen, erforderlich ist."*[415]

Nach Art. 28 SEPG wählt der Senat den Präsidenten des Exekutivrates in geheimer Wahl mit der Mehrheit der ihn zusammensetzenden Mitglieder. Die Amtsdauer soll mit 5 Jahren grundsätzlich derjenigen der Völkerkammer entsprechen (Art. 31 § 2 i.V.m. Art. 16 § 1 SEPG). Bei einer Anzahl von 87 Senatoren benötigt ein Präsident ein Minimum von 44 Stimmen. In der ursprünglich angedachten Fassung sollte auch das Saargebiet mit drei Mandaten im Senat vertreten sein,[416] sodass demgemäß 46 Stimmen notwendig wären. Daraus folgt das Erfordernis von Koalitionsregierungen und entsprechenden Vereinbarungen, wobei allerdings wiederum fraglich ist, ob diese Koalitionen nach nationalen oder parteipolitischen Interessen gebildet würden. Wahrscheinlich wäre auch für die ersten Wahlperioden - zumindest bei der Wahl des Präsidenten - die Konsensbildung einer möglichst großen Mehrheit gesucht worden.[417] Als mögliche Schwäche des Entwurfs erweist sich dabei aber auch hier, dass dieser keinerlei Regularien bzw. Verfahren für die Entscheidungsfindung vorgibt, was nicht nur für den Senat, sondern auch für den Rat der nationalen Minister gilt.[418] Der Senat hätte dementsprechend zunächst einen eigenen Weg zur Regierungsbildung finden müssen, was wohl eine der schwersten Aufgaben dieses neuen Gremiums gewesen wäre. Massive Einflussnahmen der Regierungen, aber auch der nationalen Parlamente - die ja gemäß Art. 16 Abs. 1 SEPG die Senatoren wählen - wären sicher zu erwarten gewesen.

---

[415] Dehousse in: Verfassungsausschuss, Einleitender Bericht und Begründung vom 26.2.1953, S. 45.

[416] Bindschedler, Rechtsfragen der europäischen Einigung, S. 350, bezieht sich auf drei Mandate, was der Verfassungsausschuss vorgeschlagen hatte - vgl. Eberhard, EPG, S. 32. Die Abgeordneten Müller und Singer forderten in ihrem Änderungsantrag vom 7.3.1953 (abgedruckt bei Eberhard, a.a.O.) vier Mandate im Senat und 12 in der Völkerkammer.

[417] Bindschedler, Rechtsfragen der europäischen Einigung, S. 350 ist der Ansicht, dass sich die politischen Kämpfe in den ersten Jahren im Rahmen gehalten hätten; ebenso Dehousse in: Verfassungsausschuss, Einleitender Bericht und Begründung vom 26.2.1953, S. 45.

[418] Vgl. etwa Robertson, EPC, S. 400 - er sieht u.a. die Gefahr der Stagnation wegen der fehlenden Regelungen zu einer Mehrheitsfindung im Rat.

Nach den Art. 27-33 SEPG sind sowohl der Rat als auch die nationalen Regierungen - jedenfalls unmittelbar - von der Regierungsbildung ausgeschlossen. Dabei sieht die Satzung in konsequenter Weise nicht einmal ein Anhörungsrecht des Rates vor. Hier zeigt sich die Kühnheit des Entwurfs, die gerade in diesem Punkt ein Grund für dessen Scheitern war.

Die Wahl des Präsidenten durch den Senat zählte bereits während der Beratungen zu den umstrittensten Regelungen. In der Ad hoc-Versammlung wurde diese nur mit der denkbar knappen Mehrheit von 22:21 Stimmen angenommen. Nach Abschluss der Beratungen war es gerade diese Regelung, die schnell in die Kritik der nationalen Regierungen geriet. So wurde etwa bereits auf dem Außenministertreffen „der Sechs" in Rom (22.9. - 9.10.1953) die Forderung nach einer Ernennung des Exekutivrates durch den Rat der nationalen Minister erhoben. Letzterer sollte zugleich mit exekutivischen Befugnissen (neben dem Exekutivrat) ausgestattet werden.[419]

Der vom Senat in der beschriebenen Weise gewählte Präsident ernennt sodann die übrigen Mitglieder des Exekutivrates. Diese darf er auch nach Artikel 32 der Satzung jederzeit und einzeln abberufen, bedarf hierzu allerdings der Zustimmung des Parlaments. Auch soll der Präsident das Amt des Staatsoberhauptes bekleiden. Dies ergibt sich vor allem aus der Regelung des Art. 34 SEPG. Nach dieser Vorschrift vertritt der Präsident die Gemeinschaft in ihren zwischenstaatlichen Beziehungen.

Aus diesen Bestimmungen scheint sich zunächst eine starke Stellung des Präsidenten zu ergeben, die möglicherweise zu der Stellung des Kommissionspräsidenten der EU (zumindest bis Maastricht) deutlich kontrastieren könnte. Dafür spricht auch das in Art. 31 SEPG festgelegte Prinzip des konstruktiven Misstrauensvotums, wonach der Senat den Präsidenten nur mit einer 3/5-Mehrheit bei gleichzeitiger Wahl eines Nachfolgers stürzen kann. Destabilisierend erscheint dabei aber zunächst, dass die Völkerkammer auch ohne die Notwendigkeit der Wahl eines neuen Präsidenten dem amtierenden das Misstrauen aussprechen und diesen damit zum Rücktritt zwingen kann. Einen Ausgleich findet diese Regelung dabei wiederum in § 4 des Art. 31, wo bestimmt ist, dass bei Nichterreichen des 3/5-Quorums dem Präsidenten die Entscheidung zukommt, zurückzutreten oder die Auflösung der Völkerkammer zu verfügen. Mit dieser Gefahr eines „Bumerangs" wird zumindest ein gewisses Quantum an Stabilität gewährleistet, zumal bei dem bereits genannten Zwang zu Koalitionsbildungen auch keine allzu labilen Mehrheitsverhältnisse zu erwarten gewesen wären. Auch zeigt die Geschichte des Europäischen Parlaments, dass eine qualifizierte Mehrheit gegen die Kommission nur unter besonderen Bedingungen überhaupt in Aussicht genommen werden kann, mithin der Weg von der Kritik zum Sturz der Kommission (auch mental) doch ein weiter ist. Die Stärke des Exekutivrates hängt damit auch von der effektiven Bildung dieser Koalitionen ab. Voraussetzung für das Funktionieren des Systems wäre gewesen, dass diese auch nach politischen und nicht nur nach nationalen Kriterien ge-

---

[419] Vgl. Briggs, The Proposed European Political Community, AJIL 1954, S. 122 zur entsprechenden Forderung der Außenminister ("This exekutive should be double branched").

bildet worden wären. Die Verfasser der EPG-Satzung sahen die Bildung von Koalitionen als grundlegende Voraussetzung für ein künftiges funktionierendes Europa an und versuchten dementsprechend diesen Gedanken in der Satzung zu integrieren, ohne ihn ausdrücklich zu artikulieren. Nicht Nationalbündnisse, sondern Koalitionen von „moderaten proeuropäischen Parteien" sollten die Geschicke der Gemeinschaft lenken.[420]

Die Geschichte der Gemeinschaft (EU/EG) hat freilich gezeigt, dass nationale Interessen oft die hervortretenden Determinanten bei elementaren Entscheidungen waren. Dies gilt bei der Europäischen Union auch zu einem gewissen Teil für das Parlament selbst, welches ja grundsätzlich nach „Europäischen Parteienzusammenschlüssen"[421] organisiert ist. Problematische Fragen wie die Aufnahme neuer Mitglieder, Beitrags- bzw. Steuerprivilegien einzelner Mitgliedstaaten, Importverbote von Rindfleisch („BSE-Krise"), Fischereiquoten oder auch die Finanzierung der Agrar- und der Regionalförderungen sind auch bei parteibündischer Organisation im Parlament „Sprengstoff" für eine noch immer heterogene Europäische Gemeinschaft.

Andererseits dürfte die Zeit für starre Koalitionen nach bekanntem nationalen Muster wie etwa in der Bundesrepublik Deutschland noch nicht reif gewesen sein. Zum Zeitpunkt des EPG-Projekts bestanden weder europäische Parteien noch eine europäische Öffentlichkeit, auch wenn man bemüht und entschlossen war, beides zum Entstehen zu bringen. Bei einer Erweiterung der Gemeinschafts- und damit der Parlamentsbefugnisse wäre wohl eine heikle Gradwanderung in der Koalitionsbildung des Parlaments zu beobachten gewesen. Der Ausschluss wesentlicher Gruppen und möglicherweise damit teilweise einzelner Mitgliedstaaten hätte auch zu einem Scheitern des Gemeinschaftsprojekts führen können. Daher erscheint es als notwendig und damit zugleich wahrscheinlich, dass diese „harmonischen Koalitionen"[422] zugleich große Koalitionen gewesen sein müssten, mithin - zumindest für längere Zeit - eine Art Konsensdemokratie notwendig geworden wäre.[423]

Es dürfte andererseits nicht ausgeschlossen sein, dass ein unabhängiger - nicht regierungsgebundener - Senat bei elementaren Fragen, etwa der Beitragsgerechtigkeit (z.B.

---

[420] Vgl. Karp, European Political Community, International Organization 1954, S. 190f unter Hinweis auf die Aussage von M. Dehousse vor der Ad hoc-Versammlung: „There is a root of the Committee's text - not explicitly stated, because these are matters which are not inserted in Constitutions - but there is an implicit underlying idea ... that the draft proposed to you favours, as far as it can, the formation of these harmonious coalitions in the European Executive Council."

[421] Vgl. ausführlich: Woyke, Wahlen zum Europäischen Parlament, in: Informationen zur politischen Bildung, Februar 1999.

[422] Siehe nochmals Karp, European Political Community, International Organization 1954, S. 190f.

[423] Die Assoziation zu dem schweizerischen Bundesrat liegt hier nahe. Allerdings haben die Mitglieder des Verfassungsausschusses nach ersten Überlegungen von einem „Schweizer Modell" mit einer weitergehenden Stabilität des Exekutivrates (etwa festgelegte Amtszeiten) abgesehen, da es keine Erfahrungen mit vergleichbaren Systemen in den Teilnehmerländern gab - vgl. Dehousse in: Verfassungsausschuss, Einleitender Bericht und Begründung vom 26.2.1953, S. 45 sowie Bulletin der Bundesregierung Nr. 10 vom 16.1.1953, S. 77.

bei der Vereinbarung der Agenda 2000 in Berlin zu Beginn des Jahres 1999[424]) zu rationaleren bzw. gerechteren Ergebnissen gekommen wäre. So lässt sich etwa ein „britischer Beitragsrabatt" in einem parlamentarischen Organ sicher weniger gut durchsetzen als in einem Gipfeltreffen der Staats- und Regierungschefs, wo der Gastgeber unter immensem Erfolgsdruck steht und durch die Gefahr des Vetos stets ein Scheitern der gesamten Gipfelbemühungen droht.

Eine weitere Schwächung erfährt der Präsident des Exekutivrates durch die Regelung des Art. 32 SEPG. Zwar darf er nach Art. 32, S.1 SEPG „jedes Mitglied des Rates abberufen oder ablösen", was zunächst an die „Regierungsbildungskompetenz" des Bundeskanzlers im Rahmen des Grundgesetzes (Art. 64 Abs. 1 GG) erinnert.[425] Eine solche existiert jedoch nur begrenzt. Gemäß Art. 32, S.2 SEPG bedarf der Präsident der Zustimmung beider Kammern des Parlaments für solche personellen Entscheidungen.[426] Seine Macht wurde damit drastisch beschnitten, denn die Zustimmung beider Kammern ist eine hohe Hürde für eine Regierungsumbildung und dürfte abschreckende Wirkung besitzen. Nationale Interessen spielen bei den Personalfragen - wie die Praxis der EU zeigt[427] - stets eine bedeutende Rolle. Mit Personalmaßnahmen riskiert der Präsident ein Misstrauensvotum des Parlaments, welches ihn zum Rücktritt zwingen könnte.[428] Da dem Präsidenten auch keine (zumindest ausdrückliche) Richtlinienkompetenz zustehen sollte, kann nicht festgestellt werden, dass ihm eine herausragend starke Stellung zugestanden wurde. Allerdings dürften die genannten Bestimmungen insgesamt durchaus geeignet sein, dem Exekutivrat als Organ ein ausreichendes Maß an Stabilität und damit Kontinuität zu gewähren.

Zu fragen ist, ob nicht das Verfahren des EGV zur Ernennung des Kommissionspräsidenten in einem Konsensverfahren der - zumindest potenziellen - Konfliktwahl der EPG vorzuziehen ist. Das Verfahren in der EU/EG kommt zunächst wohl unstrittig den Bedürfnissen der Mitgliedstaaten entgegen und wird damit der noch bestehenden europäischen Wirklichkeit besser gerecht. Aber auch konstruktiv könnte die in Art. 214 EGV geregelte Form der Kompromissfindung vorzugswürdig sein, da dieses Verfahren allen Beteiligten die „Gesichtswahrung" garantiert, indem konkurrierende Abstimmungen vermieden und die Kandidatur im Vorfeld unter den Regierungen im Einvernehmen festgelegt wird. Auch dies ist ein nicht zu unterschätzendes stabilisierendes Element. Das konstruktive Misstrauensvotum des Senats der EPG hat dagegen den Vorzug

---

424 Kritisch zum Ergebnis der Agenda-Verhandlungen etwa Vorholz, in: Die Zeit vom 31.1.1999: „Schröders Missernte - Der Agrarkompromiss des Berliner EU-Gipfels wird der Osterweiterung und der Handelsliberalisierung nicht gerecht." Er hält die unter dem bekannten Einigungsdruck zustande gekommene Vereinbarung für eine „sogenannte Reform", der ein Schicksal baldiger Wiedervorlage nicht erspart bleibe.

425 Jarass/Pieroth, Kommentar zum Grundgesetz, Art. 64, Rn. 2; ausführlich Maunz/Dürig (Hrsg.), Kommentar zum Grundgesetz, Art. 64, Rn. 8-21.

426 Diese einschränkende Bestimmung wurde erst in der Märztagung der Ad hoc-Versammlung aufgenommen.

427 Vgl. nochmals den Streit um die Kommissare Cresson und Marin anlässlich des Korruptionsskandals im Frühjahr 1999. Fraktionsdisziplin und nationale Loyalität waren gleichermaßen festzustellen.

428 Vgl. Eberhard, EPG, S. 21, Fn. 20.

eines relativ klaren Übergangs von einer Regierung zur nächsten. Schwieriger - und der Regelung der EU/EG ähnlicher - ist die Situation im Falle eines erfolgreichen Misstrauensvotums der Völkerkammer gegen den Exekutivrat, sofern die Kammer also die in Art. 31 § 1 SEPG geforderte 3/5-Mehrheit erreicht. Art. 31 § 2 SEPG sieht in diesem Fall den obligatorischen Rücktritt des Exekutivrates vor. Da allerdings nur der Senat eine neue „Regierung" bestellen kann, entsteht eine Situation, wie sie die EU/EG vergleichbar zu Beginn des Jahres 1999 erlebte. Zwar war die Kommission unter Santer durch eigenen Rücktritt einem Misstrauensvotum des Europäischen Parlaments zuvorgekommen; die dadurch entstandene Situation eines „Interregnums" ist jedoch mit der genannten Abwahl im Rahmen der EPG ebenso vergleichbar wie der Fall des „freiwilligen" Rücktritts des Exekutivrates nach einem nicht qualifizierten Misstrauensvotum gemäß Art. 31 § 4 SEPG.

Der EGV sieht für jeden Fall der Beendigung des Amtes mit Ausnahme der Amtsenthebung (Art. 216, ex Art. 160 EGV) vor, dass die Mitglieder der Kommission bis zur Amtsenthebung im Amt bleiben (Art. 215, ex Art. 159 Abs. 4 EGV). Damit entstand nach dem Rücktritt der Kommission Santer die Frage, wie der Übergang zu gestalten war. Trotz der zügigen *Benennung* Prodis durch die Staats- und Regierungschefs ergaben sich hier schwerwiegende Probleme. Der Verbleib der angeschlagenen Kommissare, die Übernahme des Amtes durch Vizepräsident Marin (der ebenfalls stark in der Kritik stand) und insbesondere das Verfahren zur *Ernennung* Prodis, welches schon nach den Regeln des Amsterdamer Vertrages erfolgen sollte,[429] sind hierbei zu nennen. Diese Situation verursachte erhebliche Unsicherheiten[430], wobei die Tätigkeit der alten Kommission trotz Rücktritt als nachteilig für die Union angesehen wurde.[431] Der Berliner Gipfel im März 1999 stand demgemäß auch unter dem Erfolgsdruck, eine handlungsfähige Gemeinschaft darzustellen. Damit wird deutlich, dass die Besetzung der Kommission - als eigentlich unitarisches Organ - Regularien unterliegt, die stark von mitgliedstaatlichen Interessen beeinflusst werden.[432] Ob der Senat der EPG im Hinblick darauf bereits nach Konstituierung der Gemeinschaft (potenziell etwa 1954/1955) zur Regierungsbildung in der Lage gewesen wäre, ist eine offene Frage, die zumindest Zweifel hinterlässt.

Auch die Besetzung anderer Ämter in der EU zeigte mitunter deutlich, wie kritisch die in der EPG vom System ermöglichten Kampfkandidaturen für die Besetzung des

---

[429] Der Amsterdamer Vertrag war zwar im März 1999 noch nicht in Kraft, das baldige Inkrafttreten jedoch absehbar bzw. kurz bevorstehend (1.5.1999).

[430] Siehe FAZ vom 14.4.1999 zur Vorstellung Prodis vor dem Europäischen Parlament am 13.4.1999: „...herrschte in den Fraktionen Unsicherheit über den allgemein gewünschten raschen, aber auch rechtlich einwandfreien Übergang von der Santer- zur Prodi-Kommission." Als schwierig wurde dabei insbesondere die Auswahl der Kommissionsmitglieder durch den Präsidenten im Benehmen mit den Regierungen unter gleichzeitiger Einbindung des Europäischen Parlaments angesehen.

[431] Vgl. etwa Hort in: FAZ vom 26.4.1999: „Warten auf Prodi, Wursteln mit Santer".

[432] Vgl. exempl. zur Besetzung der Kommissionsposten unter parteipolitischen Gesichtspunkten in den Mitgliedstaaten bzw. in Deutschland: Frankfurter Neue Presse vom 10.7.1999, S. 6: „Die Kommissare des Signore Prodi - Schröder hat sich durchgesetzt".

höchsten Amtes hätten werden können. Ein Lehrstück hierfür war etwa die Kandidatur des Franzosen Trichet bei der Besetzung des Präsidentenamtes der EZB im Frühjahr 1998. Die zuvor fast einhellig beschlossene Nominierung des Niederländers Duisenberg wurde von Staatspräsident Chirac und Ministerpräsident Jospin plötzlich torpediert und Trichet als Kandidat nach vorne gerückt. Als Motivation der Franzosen vermuteten Beobachter das alte französische Streben, „mit Personalien Politik zu machen" sowie „den rückläufigen Einfluss Frankreichs im globalen Dorf nach Kräften zu stützen."[433] *Als Verhandlungsmasse wurde zunächst der Präsidentenposten bei der Londoner Europäischen Bank für Wiederaufbau und Entwicklung (EBRD) sowie der durch den Amsterdamer Vertrag neu geschaffene hohe Repräsentant der Außen- und Sicherheitspolitik ins Spiel gebracht, aber auch das Amt des Kommissionspräsidenten, welches die Franzosen mit Jacques Delors immerhin bereits von 1985 bis 1994 belegt hatten. Schließlich erklärte sich Duisenberg zu einer „temporären Ämterteilung" in der Form bereit, dass er nach etwa der Hälfte der Amtsperiode den Platz für einen Nachfolger freimachen werde. Das Beispiel zeigt eindrucksvoll die Schwierigkeiten der Ämterbesetzung in einer multinationalen europäischen Realität.*

b. Die Kommission der Europäischen Union

aa. Zusammensetzung

Bis zu dem Beitritt von Österreich, Finnland und Schweden im Jahre 1995 hatte die Kommission 17, hiernach 20 Mitglieder (Art. 213, ex Art. 157 Abs. 1 EGV). Dabei muss der Kommission mindestens ein Staatsangehöriger jedes Mitgliedstaates angehören. Die oben genannte Regelungslücke der SEPG im Hinblick auf die Mindestvertretung jedes Staates besteht im EGV also nicht. Entsprechend dem Art. 28 § 3 SEPG bestimmt Art. 213 Abs. 1, UAbs. 4 EGV darüber hinaus, dass nicht mehr als zwei Kommissare dieselbe Staatsangehörigkeit haben dürfen.

bb. Einsetzung der Kommission nach Maastricht

Für den EGV in der Fassung von Maastricht (seit November 1993) bis Amsterdam (ab Mai 1999) galt für die Einsetzung der Kommission, dass der Kommissionspräsident der Gemeinschaft zusammen mit den übrigen Kommissaren nach dem Verfahren des Art. 158 Abs. 2 EGV a.F. für fünf Jahre ernannt wurde. Nach Art. 158 Abs. 2 EGV benennen die Regierungen der Mitgliedstaaten nach Anhörung des EP „im gegenseitigen Einvernehmen die Persönlichkeit, die sie zum Kommissionspräsidenten zu ernennen beabsichtigen." Ebenfalls in Konsultationen der Regierungen, aber ohne Anhörung des Parlaments, werden die Kandidaten für die übrigen Mitglieder der Kommission benannt (Art. 158 Abs. 2, S.2 EUV a.F.). Dem Kommissionspräsidenten steht danach keine Einflussnahme auf die Ernennung der einzelnen Kommissionsmitglieder zu. Das Kollegium stellt sich sodann einem Zustimmungsvotum des Europäischen Parlaments

---

[433] Hort in: FAZ vom 21.4.1998 (S. 14) „Ein Spielball Frankreichs" - Hort sah das französische „Spiel" als kein gutes Omen für die künftige Unabhängigkeit der Zentralbank an.

und wird hiernach von den Regierungen im Einvernehmen ernannt (Art. 158 Abs. 2, S.4 EGV a.F.). Nach Art. 161 EGV a.F. (ebenso Art. 217 EGV/Amsterdam) kann die Kommission selbständig aus ihrer Mitte einen oder zwei Vizepräsidenten ernennen. Der Präsident, der die Kommission nach außen vertritt, war auch nach Maastricht noch primus inter pares, dem kein erhöhtes Stimmrecht oder besondere Befugnisse zukamen, der aber ein hohes politisches Ansehen genießen sollte.[434] Die Ernennungspraxis der einzelnen Kommissare ist vom Konsensgedanken geprägt. In der EU bestand bisher die Übung, dass nach gegenseitiger Konsultation die fünf großen Mitgliedstaaten zwei, die zehn anderen Staaten je ein Mitglied ihrer Staatsangehörigkeit vorschlagen, was von den anderen Mitgliedstaaten praktisch „automatisch" akzeptiert wird.[435] Danach erfolgt gegebenenfalls die genannte Zustimmung des Parlaments und die Ernennung durch die Regierungen der Mitgliedstaaten.

cc. Neuerungen von „Amsterdam"

Der Vertrag von Amsterdam hat die Stellung des Kommissionspräsidenten erheblich gestärkt.[436] Art. 219 Abs. 1 EGV bestimmt nunmehr, dass die Kommission ihre Tätigkeit „unter der politischen Führung ihres Präsidenten" ausübt, was die erstmalige Einführung einer politischen Leitlinienkompetenz bedeutet.[437] Von besonderer Bedeutung ist auch das bereits genannte modifizierte Ernennungsverfahren in Art. 214 EGV. Die konstitutive Zustimmung des Parlaments zur Benennung des Kandidaten stärkt die Legitimation des Kommissionspräsidenten.[438] Das Mitspracherecht des Präsidenten bei der Auswahl der Kommissare[439] hebt seine Position zusätzlich hervor.

Erster Anwendungsfall der neuen Bestimmungen war die Benennung von Romano Prodi für die Präsidentschaft durch den Europäischen Rat am 24.3.1999 (Art. 214 Abs. 2, S.1 EGV).[440] Das Parlament hat die Prärogative des Rates anerkannt und die-

[434] Bleckmann, Europarecht, Rn. 253; Schweitzer/Hummer, Europarecht, Rn. 200.
[435] Bleckmann, Europarecht, Rn. 245.
[436] Vgl. Wirtz in: Bergmann/Lenz, Der Amsterdamer Vertrag, Kap. 16, Rn. 13-15 m.w.N.
[437] Der 1999 gewählte Kommissionspräsident Prodi hat diese neue Stellung zunächst zur Erlangung von Verpflichtungserklärungen seiner Kommissare genutzt - vgl. etwa Frankfurter Neue Presse vom 19.7.1999: „EU-Kommissare einigen sich auf Verhaltenskodex" (S. 1) und „Prodi verfügt eine Lex Bangemann" (S. 4).
[438] Wirtz in: Bergmann/Lenz, Der Amsterdamer Vertrag, Kap. 16, Rn. 13.
[439] Die Benennung verbleibt nach Art. 214 Abs. 2 EGV bei den Mitgliedstaaten, diese müssen jedoch ein „Einvernehmen" mit dem Kommissionspräsidenten herstellen. Prodi hat dieses Recht bei der Bildung der Kommission zunächst offensiv interpretiert, hat dann jedoch keinen Vorschlag der Mitgliedstaaten abgelehnt - vgl. etwa Frankfurter Rundschau vom 10.7.1999, S. 6: „Prodi ist von Schröder gedeckelt worden".
[440] Vgl. hierzu die Beschreibung des späteren EU-Kommissars Verheugen am 24.3.1999 anlässlich des Berliner Gipfels im ZDF unmittelbar nach der Nominierung: Die Konferenzteilnehmer verließen - mit Ausnahme der Staats- und Regierungschefs - den Konferenzsaal. Diese verständigten sich dann in kurzer Zeit auf Romano Prodi. Zu Beginn der Konferenz hatte Bundeskanzler Schröder darauf gedrängt, die Entscheidung kurzfristig schon im Rahmen des Gipfels zu treffen.

sen Vorschlag mit großer Mehrheit bestätigt,[441] *sodass Prodi von den Regierungen ernannt werden konnte (Art. 214 Abs. 2, S.3 EGV). Es ist demnach Sache der im Europäischen Rat vereinigten Regierungen, Handlungsfähigkeit der Gemeinschaft bei der Einrichtung der „Exekutive" zu demonstrieren. Diese wollten auch das oft beklagte „Geschacher" bei der Wahl von Jacques Santer vergessen machen, als es erhebliche nationale Meinungsunterschiede gab, weil der zunächst von Deutschland favorisierte Belgier Dehaene abgelehnt wurde und Santer schließlich als Kompromisskandidat in den Vordergrund gerückt wurde. Dieses Verfahren machte deutlich, dass eine Ernennung der Kommission gegen den ausdrücklich erklärten Willen auch nur eines (größeren) Mitgliedstaates noch heute nur schwer denkbar erscheint.*

Mit dem Amsterdamer Vertrag sollte auch im Hinblick auf künftige Erweiterungen das Prinzip eingeführt werden, dass jeder Mitgliedstaat nur noch einen Kommissar stellt, „sofern zu diesem Zeitpunkt die Stimmenwägung im Rat ... in einer für alle Mitgliedstaaten annehmbaren Weise geändert worden ist".[442] Hinsichtlich der erwarteten Überschreitung der "Mitgliedszahl 20" soll dann eine Regierungskonferenz beauftragt sein, sogleich die „Arbeitsweise der Organe umfassend zu überprüfen".[443] Die Frage, ob künftig ein Mitgliedstaat auch ohne Kommissionsmitglied auskommen muss, wurde damit nur in dem genannten Protokoll Nummer 7 projektiert und nicht explizit im Vertrag von Amsterdam geregelt. Forderungen nach dem gänzlichen Verzicht einiger kleiner Mitgliedstaaten auf einen Platz in der Kommission konnten sich demnach nicht durchsetzen. Nach Art. 2 des Protokolls Nr. 7 über die Organe im Hinblick auf eine Erweiterung der Europäischen Union soll eine Regierungskonferenz einberufen werden, wenn die Union die Schwelle der 20 Mitglieder überschreitet und insoweit Handlungsbedarf in der Schere zwischen der angestrebten Höchstzahl 20 und dem Prinzip der Vertretung jedes Staates in der Kommission entsteht. Diese Regelungen wurden durch den Vertrag von Nizza allerdings bereits teilweise wieder aufgegeben bzw. modifiziert.[444]

Auch dieses dilatorische Verhandlungsergebnis von Amsterdam - 44 Jahre nach Verabschiedung des Satzungsentwurfs durch die Ad hoc-Versammlung - stützt die oben vertretene These, dass auch bei der EPG eine „Null-Vertretung" der kleinen Staaten im Exekutivrat in praxi nicht vorstellbar gewesen wäre und dies auch dem Willen der Verfasser nicht entsprochen hätte, wenn auch der Wortlaut des Art. 28 § 3 SEPG dies erlaubt hätte (vgl. o.). Die Entwicklung der Europäischen Gemeinschaften bzw. der Union hat gezeigt, dass die nationalen Interessen auch in dem „unitarischen Organ" Kommission eine bedeutende Rolle spielen, somit nicht nur im Rat einen Niederschlag

---

441 Bei der Abstimmung am 5.5.1999 erhielt Prodi 392 gegen 72 Stimmen bei 41 Enthaltungen, vgl. Frankfurter Neue Presse vom 6.5.1999, S. 1.

442 Vgl. Amsterdamer Vertrag, Protokoll Nr. 7 über die Organe im Hinblick auf eine Erweiterung der Europäischen Union (Art. 1).

443 Art. 2 des Protokolls Nr. 7; vgl. zu der Problematik der Regelung Wirtz in: Bergmann/Lenz, Der Amsterdamer Vertrag, Kap. 16, Rn. 9.

444 Siehe hierzu unter b, ee.

finden.[445] *Nach der Auffassung der SEPG-Verfasser sollte die Einflussnahme der Mitgliedstaaten auf die Besetzung der Exekutive aber nur über das Parlament erfolgen, also über Ausspruch des Misstrauens gegenüber der gesamten Regierung oder Verweigerung der Zustimmung bei Kabinettsumbildungen. Die Abberufung einzelner Minister hätte der Präsident ja gemäß Art. 32 SEPG nur mit Zustimmung des Parlaments vornehmen können, wobei die politische Rücksichtnahme auf die Koalitionen zwingend und auf die Mitgliedstaaten geboten gewesen wäre. Dennoch stellt diese Regelung eine ganz erhebliche Abweichung vom heutigen Stand der „EU-Verfassung" dar, da der Präsident durch die alleinige Ernennung der Minister bei der ersten Kabinettsbildung (Art. 28 § 2 SEPG) einen größeren Handlungsspielraum erhalten sollte, als dies für den Kommissionspräsidenten der EU absehbar ist.*

dd. Beendigung des Amtes

Die Art. 215 und 216 (Art. 159, 160 a.F.) EGV sehen fünf Möglichkeiten vor, die Mitgliedschaft in der Kommission zu beenden. Neben dem Ablauf der Amtsperiode als Normalfall der Beendigung des Amtes endet dieses mit dem Rücktritt (Art. 215 Abs. 1 und 3 EGV) oder mit dem Tod eines Mitgliedes (Art. 215 Abs. 1 EGV).

Im Hinblick auf die Betrachtung der Regelungen der EPG sind die Möglichkeiten der Amtsenthebung und des Misstrauensvotums von besonderem Interesse. Der „EU-Skandal" um die Aufdeckung verschiedener Korruptionsaffären[446] im Jahre 1998/99, der zunächst mit einem relativ knapp gescheiterten Misstrauensvotum am 14.1.1999 und dem Rücktritt der Kommission am 16.3.1999 einen vorläufigen Abschluss fand, machte deutlich, dass Möglichkeiten einer zwangsweisen Beendigung des Amtes einzelner Kommissionsmitglieder für das Parlament praktisch kaum gegeben sind.[447] Eine förmliche Amtsenthebung kann jedoch bisher[448] nur auf Antrag des Rates oder der übrigen Kommissionsmitglieder durch Urteil des EuGH erzwungen werden (Art. 216 EGV). Hiergegen steht regelmäßig die gepflegte nationale Rücksichtnahme im Rat und die naheliegende Tendenz der Kommission bzw. ihrer Mitglieder, Selbstschutzmechanismen zu entwickeln.[449] Demgegenüber hat das Parlament die härteste Konsequenz -

---

[445] Nochmals sei auf die Haltung der Mitgliedstaaten bei der Behandlung der sog. „Korruptionsaffären" der EU-Kommission im März 1999 hingewiesen. Trotz nahezu einhelliger Kritik hielt etwa Frankreich an der Kommissarin Cresson fest bzw. sah ein kollektives Problem der Kommission. Diese wiederum hielt eisern am Prinzip der Kollegialität fest, zumindest nach außen: vgl. etwa FAZ vom 17.3.1999: „Santer bleibt sich zum Ende seiner politischen Laufbahn treu".

[446] Zunächst ging es um (angeblich) fehlgeleitete Gelder der folgenden Projekte: „Europäisches Tourismusjahr 1990", Echo, Phare, Tacis, Leonardo, Mittelmeerprogramm Med sowie die Energieforschungsprogramme Joule und Thermie, vgl. FAZ vom 17.3.1999.

[447] Alle Versuche, etwa die Kommissare Cresson und Marin zum separaten Rücktritt zu bewegen, scheiterten.

[448] Der Vertrag von Nizza geht nunmehr den Weg eines durch den Kommissionspräsidenten erzwungenen Rücktritts (vgl. unten b, ee).

[449] Kommissionspräsident Santer bezeichnete die Kommission am 12 und 13.1.1999 als „Opfer ihrer eigenen Transparenz" und lehnte damit indirekt die Verantwortlichkeit einzelner Kommissare - auch mit Rücksicht auf die betroffenen Nationen - ab. Bundeskanzler Schröder lehnte als amtierender Ratspräsi-

ein Misstrauensvotum gegen die gesamte Kommission gemäß Art. 144 EGV a.F. bzw. Art. 201 EGV - bisher nicht mehrheitlich gezogen.[450] Immerhin hat es 1999 den (nahezu unausweichlichen) Rücktritt der Kommission nach dem „verheerenden Bericht"[451] der Sachverständigenkommission zu den Korruptionsvorwürfen zur Stärkung seiner Stellung nutzen können.

Im Fall eines erfolgreichen Misstrauensvotums muss die gesamte Kommission ihr Amt geschlossen niederlegen (Art. 201 Abs. 2, S.1 EGV). Anders als die Regelung des Deutschen Grundgesetzes (vgl. Art. 67 GG) ist das Misstrauensvotum ein „destruktives", sodass die Kommission die laufenden Geschäfte so lange weiterführen muss, bis ihre Nachfolger im Verfahren nach Art. 214 EGV ernannt sind (Art. 201 Abs. 2, S.2 EGV). Entsprechendes gilt im Falle des Rücktritts des Präsidenten bzw. der gesamten Kommission, da gemäß Art. 215 Abs. 4 EGV die Mitglieder der Kommission - außer im Fall der Amtsenthebung - bis zur Neubesetzung ihres Sitzes im Amt bleiben.[452] Nach einem erfolgreichen Misstrauensvotum oder einem Rücktritt der Kommission bedarf sowohl die Benennung des neuen Präsidenten als auch die Einsetzung der Kommission als Kollegium nach Benennung der übrigen Mitglieder eines Zustimmungsvotums des Europäischen Parlaments. Dieses wäre damit - entgegen dem teilweise öffentlich geäußerten Eindruck - durchaus in der Lage, auch "konstruktiv" auf die Bildung der Kommission Einfluss zu nehmen. Es fehlt hier grundsätzlich nicht an den rechtlichen Möglichkeiten, sondern eher im jeweiligen Fall an der politischen Entschlossenheit und dem notwendigen Grad einheitlicher Willensbildung, um auf die Zusammensetzung der „Exekutive" einzuwirken.

Die Krise der Kommission zu Beginn des Jahres 1999 hat auch aufgezeigt, dass ein gewisser Bedarf des Parlaments besteht, Maßnahmen unterhalb des Misstrauensvotums anzubringen. Daher erscheint es bedenkenswert, auch dem Europäischen Parlament die Klagebefugnis für ein Amtsenthebungsverfahren zum EuGH nach Art. 216 EGV zu gewähren, da das Klagerecht der Kommission gegen einzelne Kommissare seinen Zweck nicht erfüllen kann. In den Fällen Cresson und Marin wäre ein solches Klagerecht des EP eine mögliche Alternative aus der Krise gewesen, bei der das EP sein Gesicht schon im Januar 1999 hätte waren können. Voraussetzung wäre freilich, dass die Parlamentarier bereit wären, ohne Rücksicht auf nationale Zugehörigkeiten abzustim-

dent im Hinblick auf erhoffte Reformen während der deutschen Präsidentschaft eine Schwächung der Kommission ab. Dementsprechend formulierte auch der Bericht der Sachverständigen zur Korruptionsaffäre: „Es wird schwierig, irgendeine Person zu finden, die sich im Geringsten verantwortlich fühlt" (FAZ vom 17.3.1999).

450 Bei der Abstimmung stimmten 232 für das Misstrauensvotum, 293 dagegen (58 %), 27 enthielten sich. Die Abstimmung verursachte Konflikte, ja Gräben quer durch die Nationen und Parteien, was auch deutlich machte, dass die Parlamentarier eine strikte Parteibindung - unabhängig von ihrem Heimatstaat - in Extremsituationen kaum durchhalten können.

451 So der Fraktionsvorsitzende der Liberalen Cox am 16.3.1999 (vgl. FAZ vom 17.3.1999).

452 Dies war - wie ausgeführt - bei dem Rücktritt der Santer-Kommission erstmals der Fall.

men. Allerdings gibt es auch Erfahrungswerte[453], die den Erfolg einer solchen Reform fragwürdig machen würden. Dennoch sollte dem Parlament - neben dem Misstrauensvotum - dieses „kleine Schwert" zur Hand gegeben werden, wobei jedoch die Antragsbefugnis zum EuGH mit einem Quorum von einem Viertel der Abgeordneten zu erfüllen sein müsste, um die Regelung nicht leer laufen zu lassen.

ee. Änderungen durch den Vertrag von Nizza

Durch den Vertrag wird die Festlegung auf 20 Kommissionsmitglieder in Art. 213 Abs. 1 EGV mit Wirkung zum 1. Januar 2005 aufgegeben und im Hinblick auf die Osterweiterung der Union zunächst jedem Staat ein Kommissionsmitglied zugestanden. In diesem Rahmen kann die Zahl der Mitglieder der Kommission jeweils vom Rat einstimmig geändert werden (Art. 4 Abs. 1, S.3 des Erweiterungsprotokolls). Sobald aber die Anzahl der Mitgliedstaaten 27 erreicht, muss die Zahl der Kommissare gemäß der sodann in Kraft tretenden Fassung des Art. 213 Abs. 1 EGV mit der nächsten Amtsübernahme einer Kommission unter der der Mitgliedstaaten liegen. Folge ist sodann die Einführung einer „gleichberechtigten Rotation", deren Einzelheiten ebenso wie die genaue Anzahl der Kommissare durch einstimmigen Beschluss des Rates festgesetzt werden sollen. Inhaltlich gibt Art. 4 Abs. 3 des Erweiterungsprotokolls bereits Vorgaben für diese Entscheidung. Wie dabei einerseits die „vollkommene Gleichbehandlung" (Abs. 3a) und andererseits „das demografische und geografische Spektrum der Gesamtheit der Mitgliedstaaten auf zufrieden stellende Weise zum Ausdruck kommen" soll (Abs. 3b), lässt sich derzeit kaum beantworten, da sich beide Kriterien teilweise widersprechen. Im Zweifelsfall soll dann wohl aber die Gleichheit der Staaten vorrangig sein.[454]

Hervorzuheben ist im Rahmen der Neuregelung insbesondere auch, dass der Präsident und die Mitglieder der Kommission künftig mit qualifizierter Mehrheit des Rates benannt bzw. ernannt werden können und auch die Neubesetzung einzelner Ämter nicht mehr dem Einstimmigkeitserfordernis unterliegt (Art. 214 Abs. 2 EGV/Nizza). Zudem wird die mit dem Vertrag von Amsterdam ausdrücklich eingeführte politische Führung des Präsidenten gestärkt, indem ihm die interne Organisationsgewalt zur Wahrung von Kohärenz, Effizienz und Kollegialität zugestanden wird (Art. 217 Abs.1 EGV/Nizza) und er in diesem Zusammenhang auch die Zuständigkeitsverteilung regeln kann (Abs. 2), was ihm erstmals vertraglich eine Art Kabinettshoheit sichert. Art. 217 Abs. 4 EGV/Nizza kodifiziert sodann teilweise die bereits erwähnten Verpflichtungserklärungen der Kommissare („Lex Prodi"), wonach jedes Mitglied der Kommission seinen Rücktritt erklärt, wenn es der Präsident nach Billigung durch das Kollegium dazu auf-

[453] So das bereits zitierte Abstimmungsverhalten der jeweiligen nationalen Parlamentarier bei dem Misstrauensvotum im Januar 1999, als plötzlich - jeweils über die Fraktionsgrenzen hinweg - französische Abgeordnete zugunsten der Kommissarin Cresson und spanische Abgeordnete zugunsten des Kommissars Marin Stellung bezogen.

[454] Art. 4 Abs. 3b des Protokolls beginnt mit den Worten „vorbehaltlich der Einhaltung von Buchstabe a"; vgl. allgemein auch Epiney/Abt/Mosters, Der Vertrag von Nizza, DVBl 2001, S. 942f („... wird die Lösung des Problems letztlich auf später verschoben").

fordert. Gerade letztere Einschränkung dürfte aber der Vorschrift einen großen Teil ihrer Wirksamkeit nehmen, da eine „kollegiale Abwahl" aus Gründen traditioneller Rücksichtnahme regelmäßig eher unwahrscheinlich sein dürfte.

c. Aufgaben und Befugnisse des Exekutivrates der EPG

aa. Gesetzesinitiative

Der Exekutivrat hat nur diejenigen Befugnisse, die ihm durch die Satzung übertragen werden (Art. 27, S.2 SEPG). Wesentlich ist zunächst das Recht zur Gesetzesinitiative gemäß Art. 23 SEPG. Anders als im Bereich des EG-Vertrages, wo die Kommission regelmäßig das sog. „Initiativmonopol" besitzt, muss sich der Europäische Exekutivrat das „Recht der Initiative" grundsätzlich mit beiden Kammern des Parlaments teilen. Dies entsprach den ausgeprägten parlamentarischen Vorstellungen der Mitglieder der Ad hoc-Versammlung,[455] die ja schließlich selbst auch aus einem „Parlament", nämlich der Versammlung der EGKS, rekrutiert wurden. Allerdings steht auch dem Exekutivrat eine Dominanz bei den Initiativen zu. Dies wird insbesondere bei der Einführung des „gemeinsamen Marktes" nach den Bestimmungen der Art. 82ff SEPG deutlich. In diesem zentralen Bereich steht ihm (noch) allein das Initiativrecht zu, was sich aus der Spezialität des Art. 84 zu Art. 23 SEPG ergibt. Wirtschaftsgesetze kann das Parlament demnach nur auf Vorschlag des Exekutivrates und nach Billigung des Rates der nationalen Minister beschließen, jedoch keine eigenen Entwürfe in das Gesetzgebungsverfahren einbringen. Der Einfluss des Parlaments ist hier nur nachrangig ausgestaltet und kann entweder über eine Blockade der Vorschläge oder auf informellem Wege im Vorfeld geltend gemacht werden. In der ersten Phase der Gemeinschaft wäre demnach die Stellung des Exekutivrates zu derjenigen der Kommission im Bereich der Realisierung des gemeinsamen Marktes bzw. Binnenmarktes gar nicht so unterschiedlich gewesen, wie es die Programmatik des Art. 23 SEPG zunächst glauben machen könnte.

bb. Rechtssetzung

Auf dem Gebiet der Rechtssetzung steht dem Exekutivrat nach Art. 53 Abs.1 SEPG das Verordnungsrecht zur Ausführung der Gemeinschaftsgesetze zu, was ihn insgesamt konzeptionell (gemeinsam mit dem Initiativrecht) auch zu einem „Motor der Integration"[456] gemacht haben könnte. Immerhin ist auch die Kommission der EU/EG ein

---

[455] Die Mehrheit der Mitglieder wollte das Parlament als zentrales Organ der Gemeinschaft verstanden wissen, eine Ablehnung des Initiativrechts des Parlaments wurde - soweit ersichtlich - nicht erörtert.

[456] Der Begriff wird in der europarechtlichen Literatur oft der Kommission zugeschrieben, vgl. Koenig/Haratsch, Europarecht, Rn. 168 (S. 63); Huber, Integration, § 15, Rn. 18 (S. 244), gleichwohl wird auch der EuGH wegen seiner integrationsfördernden Rechtsprechung in weiter Auslegung der Vertragsbestimmungen als „Motor" beschrieben, allerdings teilweise begrifflich anders gefasst - vgl. etwa Kovar, Die Rechtsprechung des Gerichtshofes der Europäischen Gemeinschaften, ein Schritt auf dem Weg zur politischen Gemeinschaft, in: Zorgbibe (Hrsg.), Rechtliche Probleme der Einigung Europas, S. 9ff; ausdrücklich: „Wie Europa verfasst sein soll", Bertelsmann Stiftung (Hrsg.) 1990, S. 24 („Integrationsmotor").

sehr bedeutendes Rechtssetzungsorgan der Gemeinschaften.[457] Die weiteren Handlungsformen des Exekutivrates legt Art. 33 fest: Danach kann dieser „im Rahmen der Bedingungen der Satzung“ Entscheidungen erlassen, Empfehlungen aussprechen oder Stellungnahmen abgeben. Während die Stellungnahmen unverbindlich sind, stellen die „Empfehlungen“ eine Art Rahmenbeschlüsse - vergleichbar einer Rahmengesetzgebung oder den Grundverordnungen im Bereich der Legislative - dar; die Entscheidungen hingegen sind Einzelfallentscheidungen, vergleichbar den Verwaltungsakten des allgemeinen Verwaltungsrechts. Die Anlehnung der EPG-Satzung an den EGKS-Vertrag wird hier auch terminologisch deutlich.[458]

cc. Gesetzesvollzug

Hinsichtlich des Vollzugs der Gesetze der Gemeinschaft legt Art. 53 Abs. 2 SEPG fest: *„Der Europäische Exekutivrat und die Behörden jedes Mitgliedstaates sind jeweils in ihrem Geschäftsbereich mit der Durchführung der Gesetze der Gemeinschaft sowie der Verordnungen des Europäischen Exekutivrates betraut.“* Damit sieht die Satzung im Bereich des Gesetzesvollzugs zumindest die Möglichkeit einer echten konkurrierenden Kompetenz des Exekutivrates und der nationalen Behörden vor. Der Vollzug soll damit einem „jeweiligen Geschäftsbereich“ zugeordnet sein, ohne dass der Begriff näher erläutert wird. Die klare grundsätzliche Trennung wie innerhalb der EU/EG fehlt, wo der Grundsatz des indirekten Vollzugs von Gemeinschaftsrecht (Ausführung durch nationale Behörden) gilt und nur in bestimmten Bereichen (etwa der Fusions- und Beihilfenkontrolle) durchbrochen wird. In diesem Rahmen überwiegt wiederum der Vollzug nach nationalem Verwaltungs- und Verfahrensrecht (mittelbarer Vollzug).[459] Die Mitgliedstaaten bestimmen damit typischerweise die Zuständigkeit von Gerichten und Behörden sowie das anzuwendende Verfahren. Es wird daher in diesem Zusammenhang auch vom Grundsatz der institutionellen und verfahrensmäßigen Autonomie der Mitgliedstaaten gesprochen.[460]

Für die EPG wäre zu erwarten gewesen, dass die Frage künftiger (eigener) Vollzugskompetenzen erst in mühsamen weiteren Vertragsverhandlungen hätte geklärt werden können. Der Verfassungsausschuss war sich darüber im Klaren, dass die Gemeinschaft noch nicht über einen „machtvollen Verwaltungsapparat“[461] verfügen würde. Allerdings legte er mit der Bestimmung des Art. 88 SEPG bereits die Kompetenz der Gemein-

---

[457] So erließ die Europäische Kommission im Jahre 1996 insgesamt 2341 Verordnungen und 2806 Richtlinien (dazu zahlreiche Entscheidungen), während der Rat nur insgesamt 484 Rechtsakte erließ - vgl. Europäische Kommission, General Report on the activities of the European Union 1996, S. 424ff und Haibach, Komitologie nach Amsterdam, VerwArchiv 1999, S. 98.

[458] Art. 33 SEPG wurde dem Art. 14 EGKSV nachgebildet. Vgl. hierzu auch Ophüls, Juristische Gedanken des Schumanplans, NJW 1951, S. 291, der den Begriff der Grundsatzgesetzgebung für die Empfehlungen verwendet.

[459] Vgl. ausführlich Schoch, Europäisierung der Verwaltungsrechtsordnung, VBlBW 1999, S. 241ff = BDVR-Rundschreiben 3/1999 S. 55ff.

[460] Huber, Integration, § 25, Rn. 1 (S. 337).

[461] Dehousse in: Verfassungsausschuss, Einleitender Bericht und Begründung vom 26.2.1953, S. 44.

schaft zur Schaffung eigener „zentralisierter oder dezentralisierter Verwaltungen, Anstalten, öffentlicher Dienste oder Einrichtungen europäischen öffentlichen Interesses, Organisationen mit verwaltungsmäßiger und finanzieller Selbständigkeit ..." fest und schuf damit die Grundlage für den Aufbau einer echten gemeinschaftlichen Exekutive. Eingeschlossen werden sollten mit diesen spezialisierten Behörden auch die bereits zuvor vorgeschlagenen Einrichtungen wie der „Green Pool" für die Organisation des Agrarmarktes, der „White Pool" für medizinische bzw. Gesundheitsdienste sowie eine europäische Transportbehörde.[462] Mit der Schaffung und Integration solcher Sonderbehörden sollte auch klargestellt werden, dass der Weg der Spezialgemeinschaften nicht weiter verfolgt wurde, sondern die E(P)G eine umfassende Integration im Sinne einer europäischen Verfassung darstellen und damit verhindert werden sollte, dass durch immer neue Teilgemeinschaften bzw. eine unübersichtliche Vielzahl von kleinen Integrationseinheiten - etwa ein „Landwirtschafts-Europa", ein „Gesundheits-Europa" und ein „Transport-Europa" - die Vereinigung des Ganzen letztlich blockiert würde. [463]

Anhand der weitreichenden Vorschrift des Art. 88 SEPG wird deutlich, dass die Verfasser der Satzung möglicherweise einen durchaus unterschiedlichen Ansatz im Grad einer „Bundesexekutive" beabsichtigt haben könnten, als er heutige Realität im Rahmen des EG-Rechts darstellt. Freilich hatte die Satzung der EPG auch keine ausdrückliche Bestimmung der Subsidiarität (vgl. Art. 5, ex Art. 3b EGV); man verließ sich vielmehr auf das Gebot restriktiver Auslegung (Art. 6 Abs. 1 SEPG) und die Notwendigkeit der Zustimmung des Rates der nationalen Minister und der nationalen Parlamente bei jeder weiteren Übertragung von Hoheitsrechten. Dabei lässt aber die Formulierung „in ihrem Geschäftsbereich" die Möglichkeit eines (grundsätzlich) konkurrierenden Vollzugs des Gemeinschaftsrechts offen. Immerhin stellt Art. 53 EPG in Gegenüberstellung mit den Regeln über den Rat der nationalen Minister (Art. 35 bis 37 SEPG) klar, dass es grundsätzlich keine doppelköpfige Exekutive in der neuen Gemeinschaft geben, sondern diese grundsätzlich beim Exekutivrat angelegt werden sollte,[464] was ja auch durch dessen Benennung versinnbildlicht wird. Die Probleme der exekutivischen Befugnisse des Ministerrates in den Teilgemeinschaften EGKS und EVG waren aber damit nicht behoben. Während in dem spezifischen Teil der Politi-

---

[462] Vgl. zu diesen Plänen: Hallstein, United Europe, S. 14; Robertson, EPC, S. 392; Abg. Klompé, Ad hoc-Versammlung, Aussprache, Wörtlicher Bericht über den Verlauf der Sitzungen, S. 134; Janz, Die Geschichte der europäischen Einigung nach dem Zweiten Weltkrieg, in: Weidenfeld (Hrsg.), Die Identität Europas, S. 91 („ ... geradezu eine modische Welle von weiteren Teilintegrationsplänen").

[463] „It would no longer be Europe; it would be anarchy" - Teitgen, zitiert bei Zurcher, The struggle to Unite Europe, S. 97; Original: Europe Today and Tomorrow 1953, S. 8.

[464] Dementsprechend findet sich bereits in dem Kommuniqué zur Außenministerkonferenz von Den Haag (28.11.1953) die unverblümte Forderung der dauerhaften Einbeziehung des Ministerrates in die Exekutive: „Die geplante Exekutive soll durch die Aufrechterhaltung des Gleichgewichts zwischen dem supranationalen und dem nationalen Element gekennzeichnet sein. Sie hat dementsprechend zwei Organe, nämlich ein supranationales Element, das durch ein neues Organ mit einem Präsidenten gebildet wird, und ein nationales Element, welches durch den Rat der nationalen Minister vertreten wird...";in der Januarsitzung der Ad hoc-Versammlung war die Frage der Zuordnung des Rates der nationalen Minister noch durchaus umstritten.

schen Gemeinschaft die Exekutive damit klar zugeordnet war, mussten die Befugnisse des Rates in der EGKS und insbesondere der EVG integriert werden. Mit den entsprechenden Übergangsbestimmungen (Art. 59 i.V.m. Art. 61 SEPG) sollten zunächst die entsprechenden Organe fusioniert werden, wobei die Exekutivbefugnisse der Räte der beiden Spezialgemeinschaften erhalten geblieben wären. Ob letztlich die reale Möglichkeit eines zentralen Vollzugs in bedeutenden Teilbereichen zu erwarten gewesen wäre, kann zumindest bezweifelt werden. Der genannte Grundsatz der EU/EG einer „institutionellen und Verfahrensautonomie der Mitgliedstaaten" wäre für die EPG mit der Formulierung des Art. 88 SEPG nicht zwingend geboten, gleichwohl auch nicht endgültig ausgeschlossen gewesen.

dd. Kompetenzen im Bereich der Außenpolitik

Eine bedeutende Kompetenz wurde dem Exekutivrat auch im Bereich der Außenpolitik der Gemeinschaft zugeschrieben und ihm deren Ausfüllung offenbar bereits zugetraut. Gemäß Art. 68, S.1 SEPG verhandelt der Exekutivrat über die zwischenstaatlichen Verträge oder Abkommen, welche die Gemeinschaft verpflichten und schließt diese Verträge oder Abkommen ab. Dies bedarf freilich der Zustimmung anderer Organe, wenn „die Satzung" dies vorsieht (Art. 68, S.2).[465] In diesem Bereich kommen auch die Verträge der EGKS und EVG in Betracht, welche in zahlreichen Fällen die Zustimmung des Ministerrates vorschreiben.

> *Demgegenüber liegen die Außenkompetenzen der EG weitgehend in der Hand des Rates, der allerdings nach Festlegung der Grundsätze die Verhandlungen an die Kommission delegiert. So etwa bei der Konzipierung einer gemeinsamen Handelspolitik (Art. 133, ex Art. 113 EGV) oder dem Abschluss von Abkommen mit Drittstaaten oder internationalen Organisationen (Art. 300, ex Art. 228 EGV). Im Bereich der EU (z.B. GASP) ist die Dominanz des Rates bisher noch deutlicher ausgeprägt.*

Das Konzept der Delegation verfolgt die Satzung der EPG im Rahmen der Koordinierung der Außenpolitik, die der Gemeinschaft gemäß Art. 69 SEPG zukommen soll. Hier kann der Rat der nationalen Minister den Europäischen Exekutivrat durch einstimmigen Beschluss „zum gemeinschaftlichen Beauftragten der Mitgliedstaaten" bestellen. Gemäß Art. 70 § 2 SEPG ist der Exekutivrat im Rahmen der Koordinierung der Außenpolitik befugt, dem Rat der nationalen Minister zweckdienliche Vorschläge zu unterbreiten. Er hat danach das Recht, in allen Sitzungen des Rates der nationalen Minister, in deren Verlauf über die genannten Vorschläge beraten wird, gehört zu werden.

Nach Art. 71 § 4, S.2 SEPG „ersucht" der Exekutivrat die Mitgliedstaaten, bestimmte - in Art. 71 näher bezeichnete - Verträge und Abkommen zur Konsultation und Vermitt-

---

[465] Gemäß Art. 108 § 2 SEPG beinhaltet der Begriff „diese Satzung" auch den EVGV und den EGKSV, hingegen ist „dieser Vertrag" für die Satzung der EPG vorbehalten (Art. 108 § 1 SEPG).

lung der Mitgliedstaaten in der Außenpolitik entsprechend ihren verfassungsmäßigen Verfahren in Kraft zu setzen. Der Begriff „ersuchen“ zeigt, dass dem Exekutivrat keinerlei Befugnisse zur Durchsetzung dieser „Kompetenz“ zustehen, was auch selbstverständlich ist, da es dabei lediglich um die Notwendigkeit der Ratifizierung völkerrechtlicher Verträge geht (worauf die Gemeinschaft keinen direkten Einfluss hat) und nicht um die Durchsetzung supranationaler Befugnisse, da diese bereits bestehende Verpflichtungen voraussetzen.[466] Gemäß Art. 73 SEPG haben die Mitgliedstaaten die Pflicht, den Europäischen Exekutivrat über die im Verhandlungsstadium befindlichen Vertragsentwürfe oder andere Initiativen, *„welche die Interessen der Gemeinschaft berühren“*, zu unterrichten. Sofern der Exekutivrat der Auffassung ist, dass solche Verträge (bzw. Entwürfe) oder Initiativen der *"Anwendung dieser Satzung"* entgegenstehen oder Interessen der Gemeinschaft beeinträchtigen, kann er die Sache gemäß Art. 73 Abs. 2 SEPG nach erfolglosen Vermittlungsbemühungen einem förmlichen Vermittlungsverfahren und gegebenenfalls einem Schiedsverfahren unterwerfen.

ee. Weitere Befugnisse des Exekutivrates

Der Exekutivrat hat nach Art. 76 § 1 SEPG das (alleinige) Vorschlagsrecht für den Haushalt der Gemeinschaft. Nach Art. 76 § 3 kann der Exekutivrat bei Scheitern des Haushalts - jeweils vierteljährlich - eine Art Nothaushaltsrecht auf Grundlage des Vorjahreshaushalts in Vollzug setzen. Der Haushaltsvollzug obliegt gemäß Art. 81 SEPG allein dem Exekutivrat nach dem noch zu verabschiedenden Haushaltsgesetz (Art. 75 SEPG). Nach Art. 78 SEPG ist der Exekutivrat zuständig für die Entwürfe betreffend die Modalitäten künftiger Steuerveranlagung, für die Festsetzung des Steuersatzes und die Erhebung der „Steuern der Gemeinschaft“ selbst. Diese bedürfen allerdings der einstimmigen Zustimmung des Rates der nationalen Minister, bevor eine Vorlage an das Parlament erfolgen kann. Auch hinsichtlich der Beiträge der Mitgliedstaaten hat der Exekutivrat ein Vorschlagsrecht; für die Entscheidung ist hier die einstimmige Zustimmung des Rates maßgeblich (Art. 80 SEPG).

Der Umstellungsfonds nach Art. 85 SEPG, der auch die Beihilfen nach Art. 56 EGKSV beinhaltet,[467] wird von dem Exekutivrat „unter der Kontrolle des Parlaments“ verwaltet. Nach Art. 87 SEPG haben die Mitgliedstaaten den Exekutivrat bei Wirtschaftsabkommen zu konsultieren, die das Projekt des gemeinsamen Marktes beeinträchtigen könnten. Kommt der Exekutivrat zu dem Ergebnis, dass solche Maßnahmen dem Ziel des gemeinsamen Marktes zuwiderlaufen oder geeignet sind, tiefgreifende und anhaltende Störungen in der Wirtschaft der anderen Mitgliedstaaten hervorzurufen, so kann er mit Zustimmung des Rates der nationalen Minister die „erforderlichen Vorschläge“ an die betreffenden Mitgliedstaaten richten.

---

[466] Vgl. hierzu in der EU/EG das Vertragsverletzungsverfahren nach Art. 226, ex Art. 169 EGV, wodurch die Kommission ihre Rolle als „Hüterin der Verträge“ wahrnehmen kann.

[467] Vorbild für diese Vorschrift waren auch die Bestimmungen des EGKSV, vgl. Robertson, EPC, S. 392.

Bei der Revision der Satzung teilen sich Exekutivrat und beide Kammern des Parlaments das Initiativrecht gemäß Art. 110 SEPG. Das Verfahren leitet der Exekutivrat nach den Art. 111 bis 115 SEPG in jedem Fall selbst, also auch in den Fällen, wo das Parlament die Initiative ergreift (Art. 110, S.2 SEPG). Dabei hat der Exekutivrat seine Vorschläge dem Rat und dem Parlament (bei Erweiterung der Zuständigkeiten der Gemeinschaft gemäß Art. 111 SEPG) bzw. nur dem Parlament (in den übrigen Fällen der Satzungsrevision nach den Art. 112-113 SEPG) zur Genehmigung vorzulegen und gegebenenfalls Änderungen zu verkünden, die sich aus den Abstimmungen der anderen Organe ergeben. Schließlich steht dem Exekutivrat auch bei dem Beitritt dritter Staaten zur Gemeinschaft eine wichtige Koordinierungsfunktion gemäß Art. 116 SEPG zu. Anträge von beitrittswilligen Staaten[468] sind zunächst dem Exekutivrat vorzulegen, der sie dann dem Parlament „mitteilt". Die notwendigen „Zusatzakte" zur Anpassung der Satzung werden vom Exekutivrat mit Zustimmung des Rates der nationalen Minister errichtet und anschließend dem Parlament zur Zustimmung vorgelegt.

d. Exkurs: Überleitung der Exekutive

Besondere Schwierigkeiten machte die Überleitung der Exekutive,[469] die in Grundzügen in den Art. 61-63 SEPG geregelt ist. Art. 61 verweist zunächst auf Art. 59, welcher eine Übergangszeit von höchstens zwei Jahren (vom Zeitpunkt der Konstituierung der Völkerkammer an gerechnet) vorsieht, in der die Integration schrittweise durchgeführt werden soll. Art. 63 § 1 SEPG sieht dann konkretisierend vor, dass der Europäische Exekutivrat nach Ablauf der Frist des Art. 59 SEPG an die Stelle des Kommissariats der EVG tritt. Die hohe Behörde der EGKS soll dagegen gemäß Art. 63 § 2 SEPG als „kollegiales Verwaltungsorgan" fortbestehen, der Exekutivrat dann aber als eine Art oberste Behörde fungieren und sowohl die Mitglieder der Hohen Behörde (nach Vorschlag der nationalen Regierungen) ernennen als auch die Leitung und Aufsicht der Hohen Behörde übernehmen. Für die Übergangszeit stehen dem Exekutivrat allgemeine Befugnisse „zur Durchführung" zu, um das reibungslose Verschmelzen der Gemeinschaften zu gewährleisten (Art. 65 SEPG).[470] Für diese Periode ist demnach ein Fortbestehen der Hohen Behörde der EGKS und des Kommissariats der EVG unter Kontrolle und Verantwortung des Exekutivrates vorgesehen, wobei der Präsident der Hohen Behörde und der Präsident des Kommissariats dem Europäischen Exekutivrat mit beschließender Stimme angehören, im Übrigen aber ihre alte Rechtsstellung behalten. Nach Ablauf der zweijährigen Übergangszeit soll der Verschmelzungsprozess abgeschlossen sein und die Befugnisse der EGKS und der EVG von der Politischen Ge-

---

[468] In Betracht kommen gemäß Art. 116 SEPG nur Mitglieder des Europarates oder andere europäische Staaten, die die Menschenrechte und Grundfreiheiten garantieren.

[469] Vgl. von Puttkamer, Der Entwurf eines Vertrages über die Satzung der Europäischen Gemeinschaft, ZaöRV 1953/54, S. 122.

[470] Die vollständige Integration der Exekutive war noch in der Januarsitzung der Ad hoc-Versammlung zunächst unklar, da auch Tendenzen zur Verschiebung dieser Frage bestanden - vgl. Benvenuti, Ad hoc-Versammlung, Aussprache, Wörtlicher Bericht über den Verlauf der Sitzungen, S. 31.

meinschaft ausgeübt werden, wobei die beiden Spezialverträge inhaltlich weitgehend in Kraft bleiben.[471]

Diese Regelungen der Überleitung wurden in allen wesentlichen Punkten schon vom Verfassungsausschuss im Dezember 1952 (Beratungen November bis Dezember) beschlossen und von der Ad hoc-Versammlung in ihrer Januar-Sitzung gebilligt.[472] Unbeantwortet blieb dabei die Frage, ob nicht bei der Überleitung der Exekutive Probleme durch Kompetenzüberschneidungen entstanden wären. Der Rat der nationalen Minister wäre in seiner Funktion als Rat der EVG möglicherweise in eine ganz andere Verantwortung als leitendes Organ gekommen, als dies von der Satzung der EPG selbst vorgesehen war. Problematische Überschneidungen hätten die Folge sein können, etwa wenn der Rat mit seinen Kompetenzen im Verteidigungsbereich weit in die Außenpolitik und gegebenenfalls in die internationale Handelspolitik eingegriffen hätte.[473]. Hier wären auch die integrierenden Fähigkeiten des Präsidenten des Europäischen Exekutivrates besonders gefragt gewesen, der eine Art von „Richtlinienkompetenz" innerhalb der EPG-Befugnisse mit einer Koordination im Bereich der gemeinsamen Verteidigung hätte verbinden müssen.

e. Die Kompetenzen der Kommission der EU/EG

Die Kommission ist keine Regierung, wie sie von den parlamentarischen Systemen ihrer Mitgliedstaaten bekannt ist und auch - in gewissem Rahmen - für die EPG intendiert war. Art. 211 (ex Art. 155) EGV beschreibt die Aufgaben der Kommission, die das „ordnungsgemäße Funktionieren und die Entwicklung des Gemeinsamen Marktes gewährleisten" sollen. Die in vier Spiegelstrichen folgende abstrakte Aufzählung beinhaltet im Wesentlichen Initiativ-, Kontroll- und Exekutivrechte.

aa. Initiativrecht / Initiativmonopol

In der EU/EG, vor allem im Anwendungsbereich des EGV, kommt der Kommission ein Initiativmonopol zu. Dies bedeutet, dass der Rat regelmäßig erst nach einem Kommissionsvorschlag tätig werden kann, aber auch das Parlament in den maßgeblichen Verfahren der Normgebung von den Vorschlägen der Kommission abhängig ist und allenfalls deklaratorische Beschlüsse außerhalb der Initiative der Kommission fassen kann. Freilich können Rat und Parlament nach den Art. 208 EGV, Art. 192 Abs. 2 EGV sowie Art. 122 EAGV die Kommission auffordern, entsprechende Vorschläge zu unterbreiten. Eine Pflicht zum Handeln ergibt sich jedoch nur in den Fällen, in denen die Kommission in den Verträgen zur Initiative ausdrücklich verpflichtet ist. Dann

[471] Vgl. von Puttkamer, a.a.O., mit Hinweis auf die diesbezüglichen Initiativen der niederländischen Abgeordneten Blaisse und Klompé sowie des deutschen Abgeordneten Preusker in der Ad hoc-Versammlung.

[472] Vgl. Puttkamer, a.a.O., S. 123 mit dem Hinweis auf die Entschließung II des Verfassungsausschusses, die Grundlage der späteren Fassung war.

[473] Zu denken ist etwa an eine sicherheitspolitisch motivierte Embargopolitik oder (umgekehrt) die Verleihung von „Meistbegünstigungsklauseln" für militärisch verbündete Drittstaaten.

kann die Untätigkeitsklage das probate Mittel sein (Art. 232, ex Art. 175 EGV, Art. 148 EAGV, Art. 35 EGKSV). In den übrigen Fällen bliebe nur das zweifelhafte Mittel eines Misstrauensvotums gegen die Kommission. Auch im Vertrag von Amsterdam bleibt das Initiativmonopol der Kommission weitgehend unangetastet. Allerdings wird den Mitgliedstaaten im Bereich der „Dritten Säule" erstmals ein (vertragliches) Initiativrecht für eine Übergangsphase von 5 Jahren zugestanden.[474] Die Bedeutung der Kommission im Hinblick auf ihr Initiativrecht hat Huber wie folgt zusammengefasst: *„Durch die Ausfüllung des Initiativrechts, aber auch durch ihre konzeptionelle Vorarbeit, die in zahllosen „Weiß- und Grünbüchern" ihren Ausdruck gefunden hat, kommt der Kommission neben der Rolle des „Hüters" der Verträge auch und gerade die Rolle des Motors der Integration zu."*[475]

bb. Kontrollbefugnisse (Art. 211, 226 EGV)

Gemäß Art. 211 (ex Art. 155) 1. Spiegelstrich EGV hat die Kommission die Aufgabe, „für die Anwendung dieses Vertrages sowie der von den Organen aufgrund dieses Vertrages getroffenen Bestimmungen Sorge zu tragen..." Vorwiegend diese elementare Bestimmung führt zu der bereits genannten Bezeichnung der Kommission als „Hüterin (der Integration und) der Verträge". Ihr kommt auch aus diesem Grunde eine entscheidende Bedeutung im institutionellen Gefüge der EU/EG zu. Die Aufgabe der Vertragsüberwachung erfüllt die Kommission mit den ihr zugewiesenen Einzelkompetenzen, etwa mit ihren exekutivischen Befugnissen in der Kartellaufsicht (Art. 85, 86, ex Art. 89, 90 EGV i.V.m. VO Nr. 17[476]) oder der Beihilfenaufsicht (Art. 88, ex Art. 93 EGV). Wichtiges Instrument für die Überwachung der Vertragstreue der Mitgliedstaaten ist das Vertragsverletzungsverfahren nach Art. 226 (ex Art.169) EGV. Stellt die Kommission - aus ihrer Sicht - eine Vertragsverletzung eines Mitgliedstaates fest, so kann sie nach der obligatorischen Aufforderung zur Stellungnahme „den Gerichtshof anrufen", der die Vertragsverletzung gegebenenfalls feststellt. Das Verfahren stellt auch eine Kompensation für die weitgehend fehlenden eigenen Exekutivbefugnisse der Kommission in den Mitgliedstaaten dar.

Ein anschauliches Beispiel für die begrenzten Exekutivkompetenzen der Kommission war etwa der belgische „Dioxinskandal" im Mai/Juni 1999. Nach Bekanntwerden der Lebensmittelvergiftungen und der zögerlichen Behandlung durch die belgischen Behörden konnte Agrarkommissar Fischler nur mit einer Klage vor dem EuGH gegen Belgien drohen und nicht selbst in den Vollzug eingreifen.[477] *Die Möglichkeiten der Kommission sind damit begrenzt, wenn die mitgliedstaatlichen Exekutiven Gemeinschaftsrecht nur unzureichend umsetzen. Der Grundsatz des indirekten Vollzugs führt damit unter Umständen auch zur Uneinheitlichkeit in der Rechtspraxis zum Nachteil*

---

[474] Vgl. Wirtz in: Bergmann/Lenz, Der Amsterdamer Vertrag, Kap. 16, Rn. 7.
[475] Huber, Integration, § 15, Rn. 8 (S. 240).
[476] Verordnung (EWG) Nr. 17/62 des Rates vom 6.2.1962 (ABl. Nr. 13 vom 21.2.1962, S. 204).
[477] Interview mit Kommissar Fischler am 3.6.1999 im „Heute-Journal"; FAZ vom 4.6.1999: „Erhöhte Dioxin-Werte offenbar auch bei Schweinen und Rindern - EU-Kommission weitet Vermarktungsverbot aus - Ärger über belgische Informationspolitik".

der übrigen Mitgliedstaaten;[478] *der Verweis der Kommission auf das Verfahren nach Art. 226 EGV kann zu erheblichen Zeitverzögerungen führen, die etwa im Falle gesundheitsgefährdender Praktiken innerhalb der Ernährungskette nicht hingenommen werden dürften. Gleichwohl wird ein „Bundeszwang" bzw. eine Erweiterung der „Bundesexekutive" im Sinne eines weitreichenden direkten Vollzugs des Gemeinschaftsrechts nicht nachhaltig in Erwägung gezogen, sodass insoweit noch eine staatenbündische Denkweise vorherrscht.*

cc. Exekutivrechte der Kommission

Der Kommission stehen gleichwohl auch bedeutende eigene Exekutivrechte zu. Neben den bereits genannten Befugnissen in der Kartell- und Beihilfenaufsicht (Art. 85f, 88f EGV) sind dabei insbesondere die allgemeinen Durchführungsbefugnisse der Kommission zu nennen. Gemäß Art. 211 (ex Art. 155), 4. Spiegelstrich i.V.m. Art. 202 (ex Art. 145), 3. Spiegelstrich EGV wird die Kommission grundsätzlich zur Durchführung der vom Rat erlassenen Rechtsakte ermächtigt (Prinzip der Regeldelegation).[479] Zur Erreichung dieses Zweckes kann die Kommission die erforderlichen Durchführungsmaßnahmen treffen und sich hierbei der in Art. 249 (ex Art. 189) EGV genannten Handlungsformen bedienen. Häufiges Mittel zur Durchsetzung sind dabei die Durchführungsverordnungen, die zugleich eine bedeutende Rechtssetzungsfunktion darstellen. Wegen des genannten Grundsatzes des indirekten Vollzugs von EG-Recht kommt der Gemeinschaft indessen nur in einigen Bereichen die Befugnis zum direkten Vollzug zu. Sofern solche Befugnisse bestehen, werden diese von der Kommission wahrgenommen. Durch Art. 211, 3. Spiegelstrich EGV wird die Kommission zum Erlass verbindlicher Entscheidungen im Rahmen der ihr übertragenen Befugnisse ermächtigt (vgl. Art. 249 Abs. 4 EGV). Schließlich vertritt sie die Gemeinschaft im privatrechtlichen Verkehr (Art. 282 EGV).

f. Zusammenfassende Bewertung: Exekutivrat der EPG und Kommission der EU

aa. Der Exekutivrat

Die Abhängigkeit des Exekutivrates vom Parlament wurde dargestellt. Der Präsident benötigt das Vertrauen beider Kammern für seine Ernennung, das Misstrauensvotum steht ebenfalls beiden Kammern zu, die Neuernennung aber nur dem Senat. Der Präsident des Exekutivrates hat die Möglichkeit, die Völkerkammer aufzulösen, wenn ein Misstrauensantrag nicht die notwendige 3/5-Mehrheit erreicht (Art. 32 § 4 SEPG). Die Ernennung der „Minister der Europäischen Gemeinschaft" durch den Präsidenten ohne vorherige Zustimmung des Parlaments (Art. 28 § 2 SEPG) stellt ein Vorrecht des Präsidenten dar, das über das Konsensmodell der EU zunächst hinausragt. Allerdings muss sich der Präsident nach Bildung des Kabinetts einem Vertrauensvotum in beiden Kammern stellen (Art. 31 § 1 SEPG), was auch zu Konsens und Rücksichtnahme führt

---

478 Vgl. Magiera, Die Durchsetzung des Gemeinschaftsrechts im Europäischen Integrationsprozess, S. 20.

479 Vgl. Schweitzer/Hummer, Europarecht, Rn. 932.

und nur die Prärogative - anders als in der EU - beim Präsidenten belässt. Dies ergibt sich deutlich auch aus dem Umstand, dass der Präsident jede spätere Ministerentlassung oder -ernennung von beiden Kammern genehmigen lassen muss (Art. 32, S.2 SEPG). Dieses Prinzip eines „im Ersten bist du frei, im Zweiten bist du Knecht" lässt sich nur so erklären, dass die Satzungsgeber auch bei der Bildung des Kabinetts dem Präsidenten nicht wirklich eine organisatorische Regierungsbildungskompetenz wie dem Deutschen Bundeskanzler (Art. 64 GG)[480] zugestehen wollten, sondern eine Einflussnahme der Mitgliedstaaten (wenn auch über den Senat) für unabdingbar hielten. Die differenzierte Regelung des Entwurfs zeigt aber auch, dass die Kritik an der fehlenden Mitwirkung der Staaten (und ihrer Regierungen) bei der „europäischen Regierungsbildung" zwar im Kern gerechtfertigt, jedoch in Art und Ausmaß überzogen war.

Die Frage, ob für den Europäischen Exekutivrat schon der Begriff „Regierung der Gemeinschaft" angemessen war, ist zurückhaltend zu betrachten. Immerhin wären mit den Befugnissen des Kommissariats der EVG und der Hohen Behörde der EGKS dem Exekutivrat zahlreiche und gewichtige weitere Kompetenzen zugefallen. Zusammen mit den neuen Befugnissen aus der Satzung der EPG kann dem Exekutivrat demnach eine zentrale Funktion im Gemeinschaftsgefüge nicht abgesprochen werden. Für den Begriff „Regierung" spricht die bewusst enge Verflechtung mit dem Parlament, was dem Vorbild der meisten europäischen demokratischen Staaten entsprach. Gleichwohl ist der Begriff einer „Europäischen Regierung" als noch zu weitgehend einzuordnen. Er dürfte in den Folgeberatungen des Entwurfs auch eher kontraproduktiv gewesen sein, suggerierte er doch den Regierenden in den potenziellen Mitgliedstaaten einen bedeutenden Souveränitätsverlust, den diese in der Anfangsphase gerade nicht hinzunehmen bereit waren. Die nüchterne Auflistung der Aufgaben der Kommission in Art. 211, ex Art. 155 EGV ist sicherlich auch eine Reaktion auf diese Ängste. Die Kommission wurde nicht zur Regierung Europas, sondern nur als „Funktionsträger" (vgl. Art. 211, S.1 EGV) bzw. zu einer Art „Superbehörde" erklärt, die das „ordnungsgemäße Funktionieren und die Entwicklung des Gemeinsamen Marktes zu gewährleisten" hat. Eine nähere Bezeichnung der Kommission als Organ unterbleibt tunlich, sondern wird letztlich der Praxis in der EU, der Rechtswissenschaft und nicht zuletzt der Rechtsprechung des Europäischen Gerichtshofs[481] überlassen. Dem entspricht auch der Umstand, dass in regelmäßigen Abständen der Ausbau der Europäischen Kommission zu einer Europäischen Regierung gefordert wird,[482] wobei im Einzelnen viele Fragen offen bleiben.

---

480 Vgl. nochmals Jarass/Pieroth, Kommentar zum Grundgesetz, Art. 64, Rn. 1ff sowie Meyen, in: von Münch/Kunig, Grundgesetz-Kommentar, Bd. 2, Art. 64, Rn. 1 („Rechtsstellung des Bundeskanzlers kann als materielles Kabinettsbildungsrecht bezeichnet werden").

481 Zu nennen ist nochmals die vom EuGH (fort-)entwickelte Figur des „institutionellen Gleichgewichts" zwischen den Organen der EU/EG.

482 Siehe etwa die CDU in ihren Europathesen auf dem Erfurter Parteitag 1999 und Außenminister Fischer in seiner Berliner Rede vom 12.5.2000 (Bildung einer „europäischen Regierung" aus dem Europäischen Rat *oder* Fortentwicklung der Kommission") sowie Frankfurter Neue Presse vom 30.4.2001:„Des Kanzlers Traum von einer Europa-Regierung"; vgl. auch zur „ursprünglich erhofften Regierungsrolle": Oppermann, Europarecht, Rn. 370 (S. 147) und zur offensiven Interpretation der

Die Position des Rates der nationalen Minister war im Verhältnis zum Exekutivrat nicht so stark ausgeprägt wie in den späteren Europäischen Gemeinschaften bzw. der EU. Der Rat war weder als Hauptrechtssetzungsorgan konzipiert noch standen ihm exekutivische Befugnisse zu, wenngleich auch Letzteres in den Beratungen noch umstritten war. Ebenso war er im Verfahren der Wahl und Ernennung des Präsidenten des Exekutivrates völlig unbeteiligt, was auch zum Scheitern des Projekts beigetragen hat. Dennoch standen dem Rat der nationalen Minister bei den Beiträgen und dem Haushaltsrecht sowie im zentralen Bereich der Wirtschaftsgesetzgebung bedeutende Kompetenzen zu, die im Konfliktfall zu einer Blockade oder auch zum Stillstand der Integration hätten führen können.[483]

Im Bereich der Gesetzgebung wird dem Exekutivrat kein Initiativmonopol zugestanden. Allerdings wurde im Bereich des Wirtschaftsrechts die Gesetzgebung tatsächlich von Entwürfen des Exekutivrates abhängig gemacht, sodass hierin - zumal in dem zentralen Bereich der wirtschaftlichen Integration - ein Vorläufer des Initiativmonopols der EU/EG bereits in dem Entwurf der EPG 1953 gesehen werden kann. Bei den Exekutivbefugnissen sieht die Satzung keinen strikten Vorrang des mitgliedstaatlichen Vollzugs vor und sperrt auch nicht die weitere Übertragung solcher Rechte, zumal ein ausdrücklicher Grundsatz der Subsidiarität nicht in der Satzung enthalten ist. Das Recht zur Verordnungsgebung dürfte für Exekutivrat und Kommission gleichermaßen von Bedeutung sein, die Kommission hat im Rahmen der EU/EG als Normgeber auch eine überragende Bedeutung erlangt. Beiden Organen - Exekutivrat und Kommission - kommt eine „Wächterfunktion" für die Einhaltung der Verträge zu, da sie als unitarische Organe die Interessen der Gemeinschaft als solche zu wahren haben.

In der Außenpolitik hätte der Europäische Exekutivrat eine bedeutende Rolle einnehmen können, sofern die Regierungen eine Beauftragung dieses Organs nach Art. 69 § 2 SEPG vorgenommen hätten.[484] Demgegenüber konnte die Europäische Kommission in diesem Bereich bisher kaum Profil gewinnen. Die Nominierung und spätere Wahl eines „Hohen Repräsentanten für die Gemeinsame Außen- und Sicherheitspolitik", der auch als „Außenminister der EU", „Mr. Europa" oder „Mr. GASP"[485] bezeichnet wird, gibt der Kommission hier keine größere Bedeutung, sondern verlagert sie auf eine weitere - dem Rat zugehörende - Ebene. Hier wird sichtbar, dass die EU diesen empfindlichen Bereich nicht dem Gemeinschaftsorgan Kommission überlassen möchte, wogegen die Schöpfer der EPG dies durchaus in Betracht zogen, wenngleich auch hier dem Rat die Grundsatzentscheidungen vorbehalten bleiben sollten. Zusammenfassend lässt sich sagen, dass der Europäische Exekutivrat nach alledem zwar den Titel „Regierung

---

Rolle der Kommission durch Walter Hallstein als deren erster Präsident: Huber, Integration, § 15, Rn. 1 (S. 237).

483 Kritisch zur Kompetenzvielfalt in der EPG insbesondere Robertson, EPC, S. 401.

484 Vgl. ausführlich zu der gemeinsamen Außenpolitik unter D, II. 5.

485 Vgl. z.B. Süddeutsche Zeitung vom 5.6.1999: „Solana wird erster „Außenminister" der Europäischen Union"; Frankfurter Neue Presse vom 5.6.1999: „Von der Nato-Spitze zum Mister Europa"; FAZ vom 4.6.1999: „Die EU soll eigenständig militärisch handeln können".

der Gemeinschaft“ getragen, jedoch im Ergebnis voraussichtlich nicht wesentlich mehr Integrationspotential gehabt hätte als die Kommission der Europäischen Gemeinschaften.

bb. EU/EG - Verhältnis der Kommission zu den anderen Organen

Zwischen der Kommission und den übrigen Organen gilt der vom EuGH entwickelte Grundsatz des institutionellen Gleichgewichts[486]. Das schließt es aus, die Kommission als ein gegenüber dem Rat oder dem Parlament nachgeordnetes Organ zu betrachten.[487] Die Kommission übt die Kontrolle über die übrigen Organe der Gemeinschaft und die Mitgliedstaaten aus, notfalls durch Aufsichtsklage und Zwangsgeldverfahren (Hüterin der Verträge). Für die Verwirklichung und Fortentwicklung der Ziele der Verträge hat die Kommission das alleinige Recht zur Initiative („Initiativmonopol“ / „Motor der Integration“). Das Verhältnis zum Parlament ist von einer permanenten Fortentwicklung geprägt. Durch die Vertragsänderungen von Maastricht und Amsterdam entwickelt es sich von einer reinen Kontrolle durch das Parlament hin zu einer echten demokratischen Verantwortlichkeit der Kommission, gleichsam einer nationalen Regierung, was ja den Schöpfern der EPG 1952/53 ebenfalls vorschwebte.

Während die Kommission als das gemeinschaftliche Organ schlechthin bezeichnet werden kann, verkörpert der Rat (der europäischen Union) primär die Mitgliedstaaten, stellt das mitgliedstaatlich am stärksten rückgebundene EG-Organ dar. Während der Rat nach wie vor als zentrales Lenkungsorgan angesehen wird, wird der Kommission im Schwerpunkt noch immer eher die Exekutive zugeschrieben und sie daher weniger als „Regierung Europas“ wahrgenommen. Der Rat ist im Kernbereich des Unionsrechts - dem EGV -[488] noch immer („qualitativ“) das Hauptrechtssetzungsorgan, da das Parlament noch nicht ganz ebenbürtig ist und der Kommission nicht die Grundsatzentscheidungen zukommen. Demgegenüber war die Kommission im Bereich des EGKSV bereits originär weitgehend für die Setzung des sekundären Gemeinschaftsrechts zur Durchführung des Vertrages zuständig.[489] Sie ist aber gerade auch im Bereich EG ein bedeutendes Rechtssetzungsorgan.[490] Der Grund hierfür liegt vor allem in der Regelung des Art. 202 (ex Art. 145), 3. Spiegelstrich EGV, wonach der Rat verpflichtet ist, der Kommission Durchführungsbefugnisse zur Ausführung der von ihm erlassenen Regelung zu übertragen (Prinzip der Regeldelegation).[491] Initiativmonopol und Rechtssetzungskompetenz machen die Kommission zu einem zentralen Organ des Fortgangs der Integration und deren Erhalt. Gerade die Ereignisse im Jahre 1999 haben die Bedeutung einer starken Kommission für den Erfolg der Gemeinschaft verdeutlicht. Der Rat und der Europäische Rat können immer nur grobe Linien vorgeben, maßgeblich für die

---

486 Vgl. hierzu auch Oppermann, Europarecht, Rn. 370 (S. 147); Koenig/Haratsch, Europarecht, Rn. 77-79, (S. 30f); kritisch: Beutler/Bieber/Pipkorn/Streil, Die Europäische Union, Rn. 381, (S. 220).

487 Huber, Integration, § 15, Rn. 1 (S. 237).

488 Gleiches gilt für den Bereich der Euratom-Gemeinschaft.

489 Schweitzer/Hummer, Europarecht, Rn. 205.

490 Vgl. nochmals Haibach, Komitologie nach Amsterdam, VerwArchiv 1999, S. 98.

491 Vgl. Schweitzer/Hummer, a.a.O.

Umsetzung bleibt die Kommission. Von einer echten „Regierung der EU“ ist diese allerdings auch nach über 50 Jahren Integrationsgeschichte noch weit entfernt.[492]

5. Der Rat der nationalen Minister der EPG / Der Rat der EU (Art. 202ff EGV) und der Europäische Rat (Art. 4 EUV)

a. Der Rat der nationalen Minister der EPG

aa. Entstehungsgeschichte und Einordnung in das System der Gemeinschaft

Der Abgeordnete Dehousse führte als Berichterstatter des Ausschusses für Politische Institutionen in seinem Bericht vom 26.2.1953 aus:[493] *„Ausdrücklich widmet der Entwurf dem Rat der nationalen Minister nur drei Artikel, nämlich Artikel 33 bis 35.[494] Es hieße aber seine Wichtigkeit und die Rolle, die er in der Gemeinschaft zu spielen berufen ist, verkleinern, wenn man ihn nach diesem Anschein urteilen wollte. ... Es ist bekannt, zu welchen Auseinandersetzungen das Bestehen des Rates in den europäischen Kreisen Anlass gegeben hat. Es ist kaum anzunehmen, dass sich die Geister beruhigen werden, solange hinsichtlich der Gemeinschaft die beiden großen Gedankenströmungen fortbestehen, von denen die eine den Föderalismus und die andere die Tradition des Nationalstaates als Ideal anstrebt.“*

Die Rolle des Rates der nationalen Minister war in den Beratungen von Anfang an umstritten, da sie den Kern der nationalen Interessen betraf und zudem konstruktiv als äußerst problematisch angesehen wurde, was zunächst die Frage betraf, ob der Rat überhaupt ein Gemeinschaftsorgan sei und ob er auch der Exekutive zugeordnet werden könne.[495] Die Entstehung der entsprechenden Regelungen soll daher zunächst näher dargestellt werden.
In dem bisherigen System der Montanunion und der geplanten Verteidigungsgemeinschaft war eine wirksame Vertretung der Staatenregierungen gewährleistet.[496] So war insbesondere auch in dem im Ratifizierungsverfahren befindlichen EVG-Vertrag der Rat als zentrales Leitungsorgan konzipiert, das Kommissariat dagegen auf engere exekutivische Aufgaben beschränkt.[497] Auf eine unmittelbare Vertretung der Staaten konnte schon aus realpolitischen Gründen kaum verzichtet werden, da ansonsten aus der Sicht der Versammlung die Zustimmung der Mitgliedstaaten zum Entwurf nur schwer-

---

[492] Vgl. hierzu exempl. die Bestandsaufnahme von Stabenow, in FAZ vom 15.5.2001: „Europa braucht eine unabhängige Kommission“.
[493] Dehousse in: Verfassungsausschuss, Einleitender Bericht und Begründung vom 26.2.1953, S. 46.
[494] In der Endfassung waren dies wegen einer Einfügung sowie Verschiebungen die Art. 35 bis 37.
[495] Der Verfassungsausschuss ordnete den Ministerrat noch in seinem Bericht vom Februar 1953 der Exekutive zu, vgl. Dehousse in: Verfassungsausschuss, Einleitender Bericht und Begründung vom 26.2.1953, S. 46.
[496] Buerstedde, Ministerrat, S. 73.
[497] Vgl. etwa Kunz, Treaty establishing the European Defence Community, AJIL 1953, S. 278 („... merely a supra-national executive organ“).

lich zu bekommen gewesen wäre, mithin der Rat von den meisten Abgeordneten vorwiegend als eine Art notwendiges Übel angesehen wurde, auf welches nach dem Erreichen eines ausreichenden Maßes an Integration möglicherweise verzichtet werden könne.[498] In der Tat bezogen sich auch spätere Änderungswünsche der Mitgliedstaaten auf einen geforderten Ausbau der Kompetenzen des Rates.[499] Es erschien als Notwendigkeit, dass die neue Politische Gemeinschaft institutionell eng mit den Staaten als bisherige alleinige Inhaber der Souveränität über den Rat verbunden blieb. Insbesondere machte auch die Übernahme der Befugnisse der bisherigen Teilgemeinschaften eine gewisse Kontinuität im institutionellen Aufbau notwendig. Ein völliger Umbau der Zuständigkeiten in der Montanunion und in der EVG erschien der Ad hoc-Versammlung daher in einem so frühen Stadium nicht opportun.[500]

Problematisch war dabei die Einordnung des Ministerrates in dem vorgegebenen System des Art. 38 EVGV, wonach die Gemeinschaft auf dem System der Gewaltenteilung und einem bikameralen Parlament aufbauen sollte: Der 2. Unterausschuss für „Politische Institutionen“ wies den Ministerrat zunächst der Exekutive zu.[501] Aus grundsätzlichen demokratischen Erwägungen sei für eine dritte Kammer kein Platz in der Legislative. So hätte der Exekutivrat insbesondere seine Beschlüsse dem Rat zur Genehmigung vorlegen müssen und hätte seine „leitende“ Funktion stets unter dem Vorbehalt der Zustimmung des Rates gestanden. [502] Mit dieser Konzeption wäre aber der dann in Anlehnung an die Hohe Behörde der EGKS und das Kommissariat der EVG geschaffene Europäische Exekutivrat lediglich ein Verwaltungsorgan des Ministerrates geworden, ein Führen der Regierungsgeschäfte, wie es Art. 27 SEPG in seiner von der Ad hoc-Versammlung verabschiedeten Version schließlich vorsah, hätte hierin nicht gesehen werden können. Gegen diese Vorschläge des Unterausschusses regte sich sehr bald entschiedener Widerspruch; sie wurden insbesondere als Verkennung der Natur des Ministerrates in den Spezialgemeinschaften angesehen. Der Rat der Montanunion und der geplanten EVG hatten jeweils bereits sowohl exekutive als auch legislative Aufgaben zu erfüllen, wobei die legislativen Funktionen künftig überwiegen

[498] Exempl. Abg. Maroger in: Ad hoc-Versammlung, Aussprache, Wörtlicher Bericht über den Verlauf der Sitzungen, S. 123; vermittelnd auch Dehousse in: Verfassungsausschuss, Einleitender Bericht und Begründung vom 26.2.1953, S. 47 („von den in Zukunft bestehenden Verträgen abhängig“).

[499] Vgl. Jaenicke, Der übernationale Charakter der Europäischen Wirtschaftsgemeinschaft, ZaöRV 1957/58, S. 162.

[500] Buerstedde, a.a.O.

[501] Vgl. den Berichterstatter des Ausschusses Dehousse in: Verfassungsausschuss, Einleitender Bericht und Begründung vom 26.2.1953, S. 45; zur weiteren Zusammensetzung des Ausschusses vgl. den Anhang II bei Eberhard, EPG, S. 16; den Vorsitz hatte Pierre-Henri Teitgen (Frankreich). Die deutschen Vertreter waren Hans Joachim von Merkatz (DP) und Georg Pelster (CDU), dazu für das Saarland Heinz Braun von der Sozialdemokratischen Partei des Saarlandes.

[502] Buerstedde, Ministerrat, S. 73; vgl. Bericht des Verfassungsausschusses vom 20.12.1952, Entschließung II, Ziff. 14: „Der Aufbau der Exekutive umfasst den Europäischen Exekutivrat und den Rat der nationalen Minister; Entschließung III, Ziff. 19: „Alle Beschlüsse im Rahmen der Zuständigkeiten des Europäischen Exekutivrates sind dem Rat der nationalen Minister zur Genehmigung vorzulegen; Entschließung III, Ziff. 22: „Mit Zustimmung des Rates der nationalen Minister obliegt dem Europäischen Exekutivrat die allgemeine Führung der Geschäfte der Gemeinschaft.“

sollten.[503] So sprachen sich insbesondere Spaak, Monnet und De Menthon gegen diese „zweiköpfige Exekutive“ aus und erreichten auch tatsächlich in der Januarsitzung der Ad hoc-Versammlung die Annahme eines Abänderungsvorschlages des Abgeordneten Reynaud[504]. Damit entfiel insbesondere der umfassende Zustimmungs- bzw. Genehmigungsvorbehalt des Rates der nationalen Minister und es wurde durchgesetzt, dass der Europäische Exekutivrat mit der allgemeinen Leitung der Gemeinschaft zu beauftragen sei. Dieser Vorschlag, der auch vom Verfassungsausschuss unterstützt wurde, fand eine Mehrheit von 51 Stimmen bei lediglich zwei Enthaltungen. Bei den Beratungen wurde die Überzeugung zum Ausdruck gebracht, dass eine Verbindung von Ministerrat und Exekutivrat in der Exekutive nicht praktikabel sei. Auch sei der Rat der nationalen Minister als intergouvernementale Institution anzusehen und folglich an zentraler Stelle einer supranational konzipierten Gemeinschaft falsch positioniert. Die von dem 2. Unterausschuss vorgeschlagene Fassung des Satzungstextes würde dem Rat eine zu dominierende Funktion zuweisen und damit zum „absoluten Herren der Gemeinschaft“ machen. Eine solche Stellung wäre aber insbesondere nicht mit der Souveränität des Parlaments zu vereinbaren, da der Rat dem Parlament nicht verantwortlich sein könne. Die Erfahrungen mit der Montanunion und insbesondere mit dem Europarat seien nicht dazu angetan, den Ministerrat mit weiteren Kompetenzen in der Exekutive auszustatten. Der Exekutive müsse die Möglichkeit gegeben werden, zusammen mit dem Parlament Motor einer fortschreitenden Einigung Europas zu werden; dies gehe aber nur mit dem Exekutivrat, nicht mit dem Rat der nationalen Minister.[505]

Auch der Kommission der EU/EG wurde - wie oben ausgeführt - die Rolle des Hüters und des Motors der Integration zugedacht, sie soll vor allem die Gemeinschaft durch ihre Initiativen und ihre Rechtssetzung maßgeblich weiterentwickeln und die effektive und einheitliche Verwirklichung des Gemeinschaftsrechts in allen Mitgliedstaaten sicherstellen. Die Einschätzung der Ad hoc-Versammlung erscheint retrospektiv - mit dem Wissen von etwa einem halben Jahrhundert europäischer Integrationsgeschichte - eine weise Voraussicht gewesen zu sein. Denn gerade Kommission und Parlament der EG (EU) spielten in der Weiterentwicklung der Gemeinschaft eine bedeutende Rolle. Ohne das Initiativrecht der unabhängigen Kommission und das stete Drängen des Parlaments nach mehr Mitbestimmung (unter „Mithilfe“ des Bundesverfassungsgerichts[506]) wäre die Entwicklung bis zum EUV und zum Vertrag von Amsterdam nur schwerlich möglich gewesen. Ein Rat nationaler Minister erscheint als Mo-

---

503 Vgl. Schwarz-Liebermann v. Wahlendorf, Die Europäische Gemeinschaft, AVR 1953/54, S. 315f; Buerstedde, Ministerrat, S. 74; ebenso ist in der EU/EG die Rechtsetzung wohl die bedeutendste Aufgabe des Rates neben dem Budgetrecht und den Außenbeziehungen sowie Vertragsergänzungen - vgl. Huber, Integration, § 13, Rn. 32-40 (S. 203ff).

504 Buerstedde, Ministerrat, S. 74.

505 Vgl. zu alledem Buerstedde, a.a.O.

506 So im Maastricht-Urteil = BVerfGE 89, 155: Das Gericht hat dabei verfassungsrechtliche Grenzen für die Übertragung weiterer Zuständigkeiten aufgezeigt (vgl. hierzu Bleckmann, Europarecht, Rn. 85ff) und weitere Schritte in dieser Richtung u.a. von einer Stärkung des Europäischen Parlaments abhängig gemacht. Dieses Erfordernis wurde bei dem Vertrag von Amsterdam auch berücksichtigt.

tor[507] *nur bedingt geeignet, da das Bewahren der nationalstaatlichen Souveränität und die Suche nach dem kleinstmöglichen Nenner oftmals das primäre Interesse seiner Mitglieder sein kann, was wohl auch in dem Organ strukturell angelegt ist.*[508]

In den Richtlinien der Ad hoc-Versammlung vom Januar 1953 wurden dem Rat der nationalen Minister zunächst die Befugnisse zugestanden, die den Ministerräten der Spezialgemeinschaften zukamen. Weiterhin wurde ihm im Wesentlichen eine Koordinierungsfunktion zwischen dem Exekutivrat und den Mitgliedstaaten zugedacht.[509] In diesen Richtlinien war auch vorgesehen, dass die Vorschriften über den Rat der nationalen Minister in einem besonderen Abschnitt nach demjenigen über den Exekutivrat eingefügt werden sollten, wie es in den Art. 35 bis 37 der Satzung dann ja auch tatsächlich geschah.[510] Insgesamt ist in vielen Redebeiträgen und Anträgen der Mitglieder der Ad hoc-Versammlung deutlich geworden, dass der Ministerrat in der geplanten neuen Europäischen Gemeinschaft eher als „systemfremd" und nicht zeitgemäß angesehen wurde,[511] allerdings die Wünsche der Mitgliedstaaten und die Struktur der EGKS und der EVG eine Übernahme des Ministerrates bedingten. In den Spezialgemeinschaften waren die Ministerräte bereits mit bedeutenden exekutiven und legislativen Befugnissen ausgestattet, ein Verzicht auf dieses Organ daher aus rein praktischen Gründen schwer zu realisieren. Die meisten Versammlungsmitglieder hofften jedoch, dass der Rat stetig an politischer Bedeutung verlieren und womöglich eines Tages ganz überflüssig werden würde.[512] Im Ergebnis wurde der Rat der nationalen Minister dennoch mit bedeutenden Befugnissen ausgestattet. Zwar sollte ihm keine Lenkungsfunktion der Gemeinschaft im eigentlichen Sinne zukommen, die ihm zugedachte Macht lag jedoch im Wesentlichen in den bedeutenden Zustimmungsrechten, insbesondere im Bereich der Wirtschaftsgesetzgebung und des Haushaltsrechts; diese machten den Rat

---

[507] Vergessen werden darf in diesem Zusammenhang aber nicht, dass der EuGH durch seine integrationsfördernde Rechtsprechung sicherlich einen - wertungsfrei formuliert - entscheidenden Anteil an der Entwicklung der Gemeinschaften hatte und daher auch als „Motor der Integration" bezeichnet werden kann. Dies gilt ungeachtet der Problematik, die zugleich in dieser Feststellung liegt und der hierzu vielfach ergangenen Kritik.

[508] Dies dürfte nur teilweise für den Europäischen Rat gelten, da dieser durchaus in seiner hochkarätigen Besetzung und seinen zielgerichteten und intensiv vorbereiteten Tagungen entscheidende Impulse für die Weiterentwicklung geben kann und dies bereits mehrfach tat (siehe etwa die Tagung von Amsterdam im Juni 1997), zumal bei Gipfeln ein besonderer Einigungsdruck besteht. Als Gegenbeispiel mag etwa das Ratstreffen der Verkehrsminister in Luxemburg am 20.9.2000 dienen („Ölpreiskrise") - der Vorrang nationaler Interessen wurde wieder einmal offenkundig, an eine Einigung war praktisch nicht zu denken.

[509] Ad hoc-Versammlung, Dokument 10, Richtlinien III, Ziff. 19-24; Buerstedde, Ministerrat, S. 74.

[510] Dies bedarf der Erwähnung, weil vielfach angezweifelt wurde, ob der Rat der nationalen Minister überhaupt ein Gemeinschaftsorgan ist, was aus heutiger Sicht eher abwegig erscheint, damals aber eine ernsthafte Diskussion darstellte.

[511] Siehe Abg. Becker, Ad hoc-Versammlung, Aussprache, Wörtlicher Bericht über den Verlauf der Sitzungen, S. 66: „Ein alter Gehrock, der ...für eine entschlossene Staatsführung nicht mehr als richtiges Kleidungsstück anzusehen ist" sowie Abg. Vixseboxse (Niederlande), ebenda, S. 112, der insbesondere auf die Entbehrlichkeit eines Rates der nationalen Minister in der Exekutive abstellt.

[512] Buerstedde, Ministerrat, S. 74f.

- entgegen der eigentlichen Intention der Mehrheit in der Ad hoc-Versammlung - zu einem Organ, auf dessen Mitwirkung das Parlament und die Exekutive wesentlich angewiesen gewesen wären.[513]

bb. Zusammensetzung und Vorsitz des Ministerrates

Nach der schließlich von der Ad hoc-Versammlung angenommenen Fassung setzt sich der Ministerrat der EPG nach Art. 36 Abs. 1 SEPG aus „den Vertretern der Mitgliedstaaten" zusammen. Jeder Staat der Gemeinschaft entsendet danach ein Mitglied seiner Regierung in dieses Gremium. Damit sollte der Rat die aktuellen politischen Mehrheitsverhältnisse und damit „Machtverhältnisse" in den Mitgliedstaaten widerspiegeln. Die Präsidentschaft des Rates wechselt alle drei Monate nach der alphabetischen Reihenfolge der Mitgliedstaaten (Art. 36 Abs. 2 SEPG).

Eine nahezu gleiche Regelung wurde für den Ministerrat der EU/EG auf Grundlage des Art. 146 Abs. 2 EGV a.F. (Art. 203 Abs. 2 EGV/Amsterdam) getroffen, wonach die Reihenfolge des Vorsitzes einstimmig vom Rat beschlossen wird. Auf Grundlage solcher Vereinbarungen wechselt der Vorsitz ebenfalls nach der alphabetischen Reihenfolge der Mitgliedstaaten in ihrer jeweils eigenen Sprache.[514] Anders als in der EPG vorgesehen, wechselt der Vorsitz allerdings erst nach 6 Monaten, obwohl die EU/EG seit 1995 das 2 ½-fache an Mitgliedern aufweist als die projektierte EPG. Angesichts der schwierigen Probleme und Reformvorhaben stellt die Regelung in der EU/EG im Hinblick auf die praktische Wirksamkeit eine klar vorzugswürdige Lösung dar, auch wenn es nach einer Osterweiterung in Zukunft über 10 Jahre dauern kann, bis ein Land den Vorsitz erneut besetzen kann.

cc. Aufgaben und Befugnisse des Ministerrates

(1.) Übernahme der Befugnisse der Räte von EGKS und EVG

Gemäß Art. 60 § 2 SEPG tritt der Ministerrat sofort nach Inkrafttreten des Vertrages an die Stelle der entsprechenden Räte der EGKS und EVG und übt deren Befugnisse aus. Insbesondere im Bereich der Verteidigungsgemeinschaft sollten dem Rat neben der Aufgabe, die Tätigkeit des Kommissariats und die Politik der Regierungen der Mitgliedstaaten in Einklang zu bringen (Art. 39 § 1 EVGV), auch herausragende Kompetenzen bei der Rechtssetzung und Leitung der Gemeinschaft zukommen.[515]

---

[513] Buerstedde, Ministerrat, S. 76; Robertson, EPC, S. 401 erwartete eine eindeutig verringerte Effizienz des Exekutivrats und befürchtete Stagnation durch das System gegenseitiger Kontrollen.
[514] Bleckmann, Europarecht, Rn. 215.
[515] Vgl. Art. 39 - 50 EVGV; Kunz, Treaty establishing the European Defence Community, AJIL 1953, S. 277: („... the principal, the directing organ, is the Council"); vgl. auch Wigny, La Communauté Politique Européenne, La Revue Politique 1953, S. 455.

(2.) Koordinierung der Tätigkeiten des Europäischen Exekutivrates und der nationalen Regierungen (Art. 35, 36 SEPG)

Gemäß Art. 35 SEPG übt der Rat seine Befugnisse in den in der Satzung vorgesehenen Fällen aus, um die Tätigkeit des Europäischen Exekutivrates und diejenige der Regierungen der Mitgliedstaaten miteinander in Einklang zu bringen. Die Satzung geht demnach von ihrem Wortlaut her primär von einer Koordinierungsfunktion des Rates aus und „verharmlost" insoweit in den knapp gehaltenen Art. 35-37 der Satzung etwas die wahre Bedeutung des Rates.[516] Demgemäß wird auch die Koordinierung als herausragende Funktion des Rates genannt, die „in erster Linie" stehe.[517] Fraglich ist allerdings, ob die dem Rat zugeschriebene Koordinierungsfunktion auch in den einzelnen Ermächtigungsnormen ihren entsprechenden Niederschlag gefunden hat. Es ist nämlich - wie bereits erwähnt - für bestimmte wichtige Maßnahmen bzw. Legislativakte die einstimmige Zustimmung des Rates erforderlich, sodass der Rat insoweit keineswegs nur Koordinierungsaufgaben wahrnimmt. Letztere hat er nach Art. 35 Abs. 2 SEPG vor allem durch Austausch von Informationen und Konsultation mit dem Exekutivrat zu erfüllen. Thematisch lassen sich die Funktionen des Rates im Wesentlichen in die Bereiche Außenpolitik, Wirtschaft, Haushalt und Finanzen der Gemeinschaft sowie Revision der Satzung zusammenfassen. Hinzu kommt die Mitwirkung bei einer Art Notstandsgesetzgebung der Gemeinschaft und den daraus resultierenden Maßnahmen.

(3.) Außenpolitik (Art. 69, 70 SEPG)

Nach Art. 69 Abs. 2 SEPG ist es der Rat der nationalen Minister, der den Europäischen Exekutivrat durch einstimmigen Beschluss zum „gemeinschaftlichen Beauftragten" (Mandatar) der Mitgliedstaaten bestellen kann. Hierdurch soll die Koordinierung der gemeinsamen Außenpolitik nach Art. 69 Abs. 1 im einzelnen Fall oder allgemein wirksamer durchgesetzt werden. Art. 70 SEPG macht aber deutlich, dass der Rat der nationalen Minister im Bereich der Koordinierung der Außenpolitik selbst die maßgebliche Rolle übernehmen sollte. Nach Art. 70 § 1 führen die Vertreter im Rat ein Verfahren „zur ständigen gegenseitigen Konsultation über alle Fragen ein, welche die Interessen der Gemeinschaft berühren". Initiativen des Exekutivrates (§ 2) und des Parlaments (§ 3) sind in diesem Bereich nur als Vorschläge an die nationalen Minister möglich, was letztlich auch heißt, dass in diesem Stadium an eine echte Vergemeinschaftung der Außenpolitik nicht gedacht war.[518] Dafür spricht auch, dass sich das Parlament bei der Unterbreitung von Vorschlägen der Vermittlung des Exekutivrates bedienen muss (§ 3, S.1). Der Exekutivrat sollte damit auch Mittler zwischen Parlament und dem Ministerrat bzw. den Regierungen sein. Die Dominanz des Rates der nationalen Minister und die Rahmengebung für Koordinationsverfahren sollte die hinreichende Grundlage für die Außenpolitik der Gemeinschaft sein, insbesondere im Hinblick

---

[516] Der Unterschied zu den 12 einschlägigen Artikeln zum Rat der EVG ist schon optisch hervorstechend.

[517] So etwa Bindschedler, Rechtsfragen der europäischen Einigung, S. 352.

[518] Vgl. zur Außenpolitik ausführlich unten D, II,5.

auf die Verteidigungsunion. Auch im Bereich der Wirtschaftsabkommen kann nach Art. 68 Abs. 2 SEPG eine Mitwirkung des Rates der nationalen Minister notwendig sein.

(4.) Finanzen der Gemeinschaft (Art. 78, 80 SEPG)

Eine selbständige und überaus wichtige Entscheidungskompetenz fällt dem Rat im Bereich der finanziellen Beiträge gemäß Art. 80 SEPG zu. Nach dieser Vorschrift wird das Verfahren für die Festsetzung der Beiträge der Mitgliedstaaten sowie deren Höhe auf Vorschlag des Exekutivrates durch einstimmigen Beschluss des Rates der nationalen Minister bestimmt. Die Frage einer Kompetenz-Kompetenz im Beitragsrecht stellt sich ähnlich wie bei Art. F Abs. 3 EUV a.F. (= Art. 6 Abs. 4 EUV/Amsterdam), wo eine solche vom Bundesverfassungsgericht klar abgelehnt wurde.[519] Bemerkenswert ist dabei, dass die Entscheidung über die Beiträge im Rat der Minister fallen sollte und hierfür nicht etwa zusätzlich ein innerstaatliches Ratifizierungsverfahren oder gar eine Regierungskonferenz notwendig gewesen wäre. Denn weder der Wortlaut noch der systematische Zusammenhang der Norm ergibt bei den Beiträgen eine Ratifizierungspflicht der Mitgliedstaaten. Dies ergibt sich insbesondere auch aus einem Umkehrschluss zu Art. 111 SEPG, wonach substanzielle Satzungsänderungen (Änderungen der Zuständigkeit der Gemeinschaft) nach dem gemeinschaftlichen Verfahren noch der Genehmigung der mitgliedstaatlichen Parlamente bedürfen. In allen anderen wesentlichen Kompetenznormen - insbesondere den Art. 112 bis 113 (andere Satzungsänderungen), Art. 78ff (Beiträge und Steuern) sowie Art. 82ff (Wirtschaft) - sind die gemeinschaftlich gesetzten Rechtsnormen ohne weiteres gültig[520] und haben somit eine den Verordnungen der EU vergleichbare Wirksamkeit, allerdings in einer ungleich größeren Bandbreite. So sollen etwa bei der Steuerveranlagung und der Festsetzung der Steuersätze Gesetze der Gemeinschaft maßgeblich sein, die der einstimmigen Billigung des Rates der nationalen Minister, jedoch keiner mitgliedstaatlichen Umsetzung bedürfen (Art. 78 SEPG).[521] Die Frage der Konkurrenz zum Steuerrecht der Mitgliedstaaten soll an dieser Stelle nicht weiter vertieft werden.[522] Hervorzuheben ist hier nur, dass dem Ministerrat selbst - und nicht den Mitgliedstaaten unmittelbar oder den anderen Organen - die zentrale Rolle bei der Finanzierung der Gemeinschaft zukommen sollte.

---

519 BVerfGE 89, 155/194 (Maastricht): „Art. F Abs. 3 ermächtigt die Union jedoch nicht, sich aus eigener Macht die Finanzierungsmittel und sonstigen Handlungsmittel zu verschaffen, die sie zur Erfüllung ihrer Zwecke für erforderlich erachtet. ... Die deutschen Staatsorgane müssten etwaigen auf eine derartige Handhabung des Art. F Abs. 3 EUV gestützten Rechtsakten die Gefolgschaft verweigern.".

520 Für den Bereich der Wirtschaft gilt dies uneingeschränkt erst nach Ablauf der Übergangsperiode (6 Jahre nach Inkrafttreten der Satzung), vgl. Art. 84 § 2, S. 1 SEPG.

521 Vgl. von Puttkamer, Der Entwurf eines Vertrages über die Satzung der Europäischen Gemeinschaft, ZaöRV 1953/54, S. 125, die die Einstimmigkeit im Rat als genügende Begrenzung der „Steuerhoheit" ansieht, auf die fehlende Umsetzungs- bzw. Ratifizierungspflicht jedoch nicht eingeht.

522 Vgl. zur Finanzverfassung näher unten C, III, 1.

Blickt man auf die Finanzierung der EU/EG, so wird der Unterschied deutlich. Art. 201 EGV sieht eine „vollständige Finanzierung des Haushalts aus Eigenmitteln" vor. Soweit Art. 201, S.2 bestimmt, dass der Rat auf Vorschlag der Kommission und nach Anhörung des EP einstimmig die Bestimmungen über das System der Eigenmittel der Gemeinschaft festlegt, scheinen die Bestimmungen im Ergebnis identisch zu sein. Allerdings sind die Beschlüsse sodann den Mitgliedstaaten „zur Annahme gemäß ihren verfassungsrechtlichen Vorschriften" vorzulegen. Eine Festsetzung durch den Rat unter Ausschaltung der nationalen Parlamente ist damit im System der EU/EG keineswegs möglich, währenddessen die Schöpfer der EPG in der Bestimmung durch den Rat offenbar kein Problem sahen und die nationalen Interessen als hinreichend berücksichtigt wähnten.

(5.) Mitentscheidung im Bereich der wirtschaftlichen Zuständigkeiten (Art. 82, 84 SEPG)

Bei der Errichtung des gemeinsamen Marktes sollte dem Ministerrat ebenfalls eine bedeutende Mitwirkung zukommen. Gemäß Art. 84 § 2 SEPG steht dem Exekutivrat - allerdings erst nach einer Übergangsfrist von einem Jahr nach Inkrafttreten des Vertrages (Art. 84 § 1) - das Initiativrecht zu, Gesetzesentwürfe zur Realisierung des gemeinsamen Marktes entsprechend Art. 82 SEPG vorzulegen. In den dann folgenden fünf Jahren bedürfen diese Entwürfe der einstimmigen Zustimmung des Rates, dessen Mitglieder „erforderlichenfalls" noch ihre nationalen Parlamente „konsultieren", worin eine konstitutive Zustimmung der Parlamente gesehen werden muss, sofern die nationalen Verfassungen dieses verlangen. Durch diese Bestimmung wird den Entscheidungen des Ministerrates zunächst ein mehr „zwischenstaatlicher Charakter" gegeben.[523] Freilich muss auch die Völkerkammer mit einfacher und der Senat mit 2/3-Mehrheit zustimmen. Die Hürden für ein Gesetz waren damit jedenfalls in der 5-Jahresperiode denkbar hoch. Nach dieser fünf- bzw. sechsjährigen Übergangsperiode könnte man einen Übergang der Gesetzgebungskompetenzen auf das Parlament erwarten. Dies geschieht jedoch nur teilweise. Hiernach obliegt es nämlich allein dem Exekutivrat, die Vorschläge für die Binnenmarktgesetzgebung dem Rat vorzulegen. Im Unterschied zu der ersten Periode entfällt allerdings das Einstimmigkeitsgebot für Abstimmungen im Rat[524] ebenso wie die Konsultationspflicht gegenüber den nationalen Parlamenten.

An dieser Stelle ist hervorzuheben, dass eine Gewichtung der Stimmen im Rat der nationalen Minister nach der Satzung der EPG anders als in der EU/EG (vgl. Art. 205 Abs. 2 EGV) nicht vorgesehen war. Jeder Staat sollte nur einen Minister mit gleichem Stimmrecht in den Rat entsenden. In der Ad hoc-Versammlung und dem Verfassungs-

---

[523] So ausdrücklich Buerstedde, Ministerrat, S. 76; von Merkatz, Der Entwurf eines Vertrages über die Satzung der Europäischen Gemeinschaft, FS Bilfinger, S. 225.

[524] Die einfache Mehrheit (4:2) entspricht allerdings bei 6 Teilnehmern einer 2/3-Mehrheit. Die generelle Forderung nach einer 2/3-Mehrheit im Rat (relevant bei Aufnahme neuer Mitglieder) konnte sich in der Ad hoc-Versammlung nicht durchsetzen.

ausschuss bestand ersichtlich auch nicht das Bestreben, hier einen Proporz bei den Abstimmungen im Rat einzuführen. Dies lag wohl auch an dem genannten Phänomen, dass der Rat nur als Übergangsgremium angesehen wurde und damit letztlich in seiner historischen Bedeutung für die Mitgliedstaaten unterschätzt wurde. Immerhin sah schon der ursprüngliche Schuman-Plan einen Rat der nationalen Minister nicht vor.[525] Andererseits stellte die absolute Parität auch die Kompensation zur teilweise als atypisch empfundenen Ponderierung im Senat dar, wo die kleinen Staaten - insbesondere Belgien - ja vehement für eine Gleichstellung gefochten hatten. Der Verzicht auf eine Ponderierung im Rat und das Unterlassen jeglicher Verfahrensregelungen für die Abstimmung mit qualifizierter oder gar mit einfacher Mehrheit birgt jedoch die Gefahr, dass die Mitgliedstaaten nur auf einstimmige Entscheidungen bedacht sein würden, um die Gemeinschaft in dieser frühen Phase nicht zu destabilisieren. Zugleich wäre aber damit die Gefahr entstanden, dass durch das Suchen des kleinsten gemeinsamen Nenners bzw. durch ein ungeschriebenes faktisches Vetorecht eine Paralysierung der Gemeinschaft und Stagnation der Integrationsbemühungen verursacht worden wären.[526] Demgegenüber zeigten sich der Unterausschuss und der Verfassungsausschuss optimistisch, dass die Nichtanerkennung eines Vetos einen bedeutenden Fortschritt der Gemeinschaft darstellen würde. Der Abgeordnete Dehousse formulierte hierzu nahezu pathetisch:[527] *„Den Fortschritt, den wir nach meiner Meinung erzielt haben, besteht darin, dass, nachdem einmal der Rat der nationalen Minister zugestanden werden musste, wenigstens grundsätzlich die Einstimmigkeitsregel beseitigt worden ist. Das ist wichtig. Der Rat, den wir errichten, hat nichts mit dem Sicherheitsrat der Vereinten Nationen gemein. Er ist nicht wie dieser mit einem Vetorecht belastet, das allen oder gewissen Staaten zusteht. Wir haben das Vetorecht beseitigt, und ich glaube, dass wir damit einen Fortschritt erzielt haben, der in die Geschichte der Organisation Europas und der Organisation der internationalen Beziehungen eingehen wird."*

> *Diese Einschätzung erwies sich letztlich als Irrtum, und zwar sowohl für die gescheiterte EPG als auch für die spätere EWG. Die Schwierigkeiten einer geforderten Einstimmigkeit blieben Letzterer auch nicht erspart, was schließlich - entgegen den vertraglichen Bestimmungen - zu der "Luxemburger Vereinbarung" vom 29.1.1966[528] führte, wonach Mehrheitsentscheidungen nicht erfolgen sollen, wenn „sehr wichtige Interessen eines oder mehrerer Partner" berührt sind. Eine solche Bestimmung in der EPG - gegebenenfalls mit einer Überprüfungsmöglichkeit des Gerichtshofs - hätte unter Umständen eine höhere Zustimmungsbereitschaft bei den beteiligten Staaten im späteren Beratungsstadium nach März 1953 hervorrufen können. Dies hätte allerdings mit einem Verfahren zur Entscheidungsfindung unter Einschluss von Vermittlungsmechanis-*

---

[525] Hierauf auch abstellend: Briggs, The Proposed European Political Community, AJIL 1954, S. 119.

[526] Vgl. Robertson, EPC, S. 400: „... the practice of other European organizations leads one to believe that the National Ministers will probably prefer to act by unanimous agreement or not at all, even though the Treaty does not compel them to do so."

[527] Ad hoc-Versammlung, Aussprache, Wörtlicher Bericht über den Verlauf der Sitzungen, S. 43.

[528] Bull EG 3/1966, S. 9 = EuR 1966, S. 73; auszugsweiser Abdruck und weitere Nachweise etwa bei Bleckmann, Europarecht, Rn. 232 sowie bei Geiger, EUV/EGV-Kommentar, Art. 205, Rn. 8.

men und der Möglichkeit eines Gipfels unter Einbeziehung des Rates der nationalen Minister verbunden werden können, um Blockadesituationen zu vermeiden und gegebenenfalls aufzulösen. Die Forderung nach der Einbeziehung der Regierungschefs in den Rat und eine Ausweitung der Befugnisse wurde auch bei den Beratungen der Außenminister im Herbst 1953 erhoben. Gerade hier zeigte sich, wie sensibel die Regierungen die Frage des Souveränitätsverzichts behandelten. Die Rolle des Rates sollte - wie ausgeführt - wesentlich gestärkt, der Exekutivrat als untergeordnetes Organ konzipiert[529] *und nennenswerter Souveränitätsverzicht verhindert werden.*

Die Regelung der Gesetzgebung im Bereich der Wirtschaft macht jedoch auch deutlich, dass das Ziel einer umfassenden parlamentarischen Gesetzgebung praktisch noch nicht erreicht wurde. Das Parlament wird in dem wichtigsten Bereich der wirtschaftlichen Integration nur zu einem (jedenfalls zeitlich) nachgeordneten Mitgesetzgeber, der einen Entwurf genehmigen oder ablehnen kann und damit insoweit keine echte Gestaltungsfunktion erhält. Die Nachrangigkeit des Parlaments, das erhöhte Quorum im Senat und das Fehlen jeglicher Vermittlungsvorkehrungen hätte das Parlament in diesem Bereich zu einem „Ja/Nein-Sager" oder einer Art Veto-Organ machen können, während der Rat der nationalen Minister nach dem Wortlaut der Bestimmungen schon in der Ausarbeitungsphase Einflussmöglichkeiten erhalten hätte.[530] Der Rat wurde letztlich entgegen dem ursprünglich erklärten Willen der Satzungsverfasser[531] durch seine Kompetenzen im Bereich der Wirtschaftsgesetzgebung und weitere wichtige Zustimmungs- und Entscheidungsbefugnisse (Haushalt, Beiträge, Verfassungsänderungen) zu einem durchaus zentralen Organ der neuen „Politischen Gemeinschaft".[532] Die grundsätzlich kritische Haltung der mitgliedstaatlichen Regierungen zu dem Entwurf nach dessen Verabschiedung im März 1953 ist gerade vor diesem Hintergrund nur schwer nachvollziehbar.

(6.) Interventionsrechte der Gemeinschaft unter Beteiligung des Rates

Zu erwähnen sind auch die Befugnisse bei der „Aufrechterhaltung der verfassungsmäßigen Ordnung und der demokratischen Einrichtungen". Hier sollte der Exekutivrat mit einstimmiger Zustimmung des Rates der nationalen Minister die Voraussetzungen festsetzen, unter denen die Gemeinschaft ermächtigt werden sollte, *„aus eigener Initiative einzugreifen"* (Art. 104 SEPG). Der Bestimmung wurde durch die Pflicht der genannten Organe Nachdruck verliehen, einen entsprechenden Entwurf innerhalb eines Jahres

---

[529] Vgl. nochmals Briggs, The Proposed European Political Community, AJIL 1954, S. 122.

[530] Art. 84 § 2 SEPG: „...mit Zustimmung des Rates der nationalen Minister ... ausgearbeitet werden..."; Art. 84 § 3 SEPG: „... Entwürfe, die der Europäische Exekutivrat mit Zustimmung des Rates der nationalen Minister ausarbeitet".

[531] Buerstedde, Ministerrat, S. 76; Karp, European Political Community, International Organization 1954, S. 191.

[532] Vgl. Buerstedde, Ministerrat, S. 76, der die anderen Organe als nicht handlungsfähig ohne den Rat ansieht; Karp, European Political Community, International Organization 1954, S. 196 stellt mehr auf ein mögliches Veto des Rates ab.

nach Konstituierung der Völkerkammer beiden Kammern des Parlaments zur Genehmigung vorzulegen (Art. 104 Abs. 2, S.2). Allerdings lässt die Vorschrift jegliche Konturen einer solchen Regelung vermissen, sodass zu bezweifeln ist, ob hier nennenswerte Interventionsrechte geschaffen worden wären. Letztlich dürfte der Vorschrift mehr politisch-programmatische Bedeutung zugekommen sein, wie dies auch bei Art. 37 GG der Fall ist. Letztlich kommt es bei der fortwährenden Vertragstreue mehr noch als bei der Bundestreue in einer echten Föderation auf die andauernde Bereitschaft der Kooperation, die Durchführung des Prinzips der Einvernehmlichkeit, die Akzeptanz von Mehrheitsentscheidungen und die Letztverbindlichkeit gerichtlicher Entscheidungen an. Gerade auch die fortwährende Akzeptanz der Entscheidungen des Europäischen Gerichtshofs in der EU/EG stellt ein wesentliches Element der Stabilität und Fortentwicklung der Gemeinschaft dar, wenn auch teilweise die Ansichten des Gerichtshofs nicht geteilt werden bzw. im Einzelfall sogar auf heftige Kritik stoßen.

(7.) Revision der Satzung (Art. 111, 112 SEPG)

Bei substanziellen Revisionen der Satzung, also solchen, die die Änderungen der Zuständigkeit der Gemeinschaft betreffen oder „eine Änderung der Definition der Persönlichkeitsrechte oder Grundfreiheiten zur Folge haben", muss der Rat der nationalen Minister Entwürfe des Exekutivrates einstimmig billigen, bevor das Parlament der Gemeinschaft und die Parlamente der Mitgliedstaaten um ihre Zustimmung ersucht werden (Art 111). Auch bei Kompetenzverschiebungen innerhalb der Gemeinschaft - also bei Veränderungen der Organkompetenzen - ist eine einstimmige Billigung des Rates erforderlich (Art. 112). Bei allen weiteren Revisionen der Satzung entscheidet immerhin das Parlament nach Vorschlag des Exekutivrates alleine.

(8.) Beitritt neuer Mitgliedstaaten

Der Beitritt neuer Mitglieder sollte durch eine Zusatzakte zur Satzung erfolgen, die der Exekutivrat mit „Zustimmung" des Rates der nationalen Minister errichten und anschließend dem Parlament zur Genehmigung vorlegen sollte. Eine Zustimmung mit einfacher Mehrheit im Rat der nationalen Minister sollte danach ausreichend sein, was zur Regelung der EU deutlich kontrastiert.[533] Demgegenüber hatte der Verfassungsausschuss ursprünglich vorgeschlagen, auch in diesem Fall eine einstimmige Billigung des Rates zu fordern, was die Ad hoc-Versammlung letztlich jedoch nicht übernahm.[534]

(9.) Zusammenfassung

Im Ergebnis lässt sich feststellen, dass der Rat der nationalen Minister entgegen der ursprünglichen Absicht der Mitglieder der Ad hoc-Versammlung eine durchaus machtvoll ausgeprägte Rolle im Gemeinschaftsgefüge hätte einnehmen können; ihm wurde

[533] Art. 49 (ex Art. O) EUV sieht nach der Anhörung der Kommission und neben der Zustimmung der absoluten Mehrheit des EP die einstimmige Zustimmung im Rat vor.
[534] Vgl. Eberhard, EPG, S. 30, Fn. 44.

zwar keine Initiative zur Fortentwicklung der Gemeinschaft zugestanden, jedoch eine zentrale Stellung insofern, als in den wesentlichen Kompetenzbereichen nicht ohne ihn hätte entschieden werden können, sodass die anderen Organe daher rechtlich und faktisch oftmals nicht handlungsfähig gewesen wären.[535] Im Bereich der Finanzen kommt dem Rat sogar die dominierende Rolle im Gemeinschaftsgefüge zu.

b. Der Rat der Europäischen Union und der Europäische Rat

Bei dem Begriff des Rates ist im Hinblick auf den Vergleich zur EPG 1953 auf die Unterscheidung zwischen dem Rat (der Europäischen Union) und dem Europäischen Rat zu achten. Da dem Europäischen Rat eine direkte Parallele fehlt, soll hier zunächst das auch als „Ministerrat" bekannte Gemeinschaftsorgan in Bezug genommen werden.

aa. Zusammensetzung des Rates der Europäischen Union

Mit Art. 1 des Fusionsvertrages vom 8. April 1965[536] wurden die Räte der drei Teilgemeinschaften zu einem gemeinsamen Rat zusammengeschlossen. Gemäß Abs. 2 dieses Artikels übt dieser gemeinsame Rat die den früheren Räten zustehenden Befugnisse und Zuständigkeiten nach Maßgabe des jeweiligen Gemeinschaftsvertrages aus. Gemäß Art. 27 Abs. 1 EGKSV, Art. 203 (ex Art. 146) EGV und Art. 116 Abs. 1 EAGV setzt sich der Rat aus je einem Vertreter jedes Mitgliedstaates auf Ministerebene zusammen, der befugt ist, für die Regierung des Staates verbindlich zu handeln. Für Bundesstaaten (Deutschland, Österreich) oder Staaten mit regionalen Regierungen (z.B. Italien, Spanien) bedeutet diese Formulierung, dass Ratsmitglied neben Vertretern der Zentralregierung auch ein Vertreter der Landes- oder Regionalregierung sein kann.[537]

> *Eine solche Rücksicht auf die innerstaatliche Machtbalance nimmt der Entwurf der EPG von 1953 noch nicht, da der bereits zitierte Art. 36 SEPG nur von „Mitgliedern seiner Regierung" spricht. Die Satzung der EPG beachtet auch in den übrigen Bestimmungen nicht die föderale Verfassung ihrer Mitgliedstaaten (sprich: der Bundesrepublik Deutschland), sondern ist insoweit als „länderblind" anzusehen, ganz zu schweigen von einer Berücksichtigung von Regionen oder gar Kommunen.[538] Dies zeigt, dass die Problematik des „zweistufigen Föderalismus" von der Versammlung und ihren Ausschüssen noch nicht hinrei-*

---

535 Kritisch Robertson, EPC, S. 401: „It may legitimately be feared, therefore, that the presence of both types of organ - the federal and the inter-governmental - in one and the same structure may incorporate the disadvantages of both methods ... if the situation should arise in which the two organs do not agree while neither can act without the consent of the other."

536 „Vertrag zur Einsetzung eines gemeinsamen Rates und einer gemeinsamen Kommission der Europäischen Gemeinschaften" vom 8.4.1965 (BGBl. II 1965, S. 1454).

537 Siehe Art. 23 Abs. 6 GG und § 6 Abs. 2 des Gesetzes über die Zusammenarbeit von Bund und Ländern in Angelegenheiten der Europäischen Union vom 12.3.1993 (BGBl. I 1993, S. 313).

538 Vgl. zur Rolle der Kommunen in der EU und im Rahmen des Europarates: Knemeyer, Kommunale Selbstverwaltung in Europa, BayVBl 2000, S. 449ff.

chend erkannt bzw. nicht als vordringlich erachtet wurde, wobei freilich auch der Zeitdruck der Sonderversammlung als Grund heranzuziehen ist. Ebenso verhielt es sich in den ersten Jahrzehnten der Entwicklung der Europäischen Gemeinschaften, die auch regelmäßig als „länderblind" bezeichnet wurden,[539] *bis der mehrstufige Föderalismus und das Europa der Regionen auf die Tagesordnung der Gemeinschaft kamen.*[540]

bb. Aufgaben und Befugnisse des Rates der EU

Die Aufgaben und Befugnisse werden in sehr allgemeiner Weise in den Art. 202 (ex 145) EGV, Art. 26 EGKSV und Art. 115 EAGV aufgezählt. Dies täuscht zunächst etwas darüber hinweg, dass der Rat als das zentrale Organ der Gemeinschaft konzipiert wurde und diese Rolle wohl noch immer einnimmt,[541] wenngleich auch die verschiedenen Vertragsreformen die Rolle von Kommission und EP gestärkt haben. Gemäß Art. 202 EGV sorgt der Rat für die Abstimmung der Wirtschaftspolitik der Mitgliedstaaten, „besitzt die Entscheidungsbefugnis" und überlässt regelmäßig die Durchführung der Rechtsakte der Kommission (Regeldelegation), nachdem er zuvor maßgeblich (unter Beteiligung von Kommission und EP) die Modalitäten der Ausübung dieser Kompetenz festgelegt hat. Detailliert finden sich die Aufgaben und Befugnisse des Rates in den entsprechenden Einzelbestimmungen der Verträge. Art. 202 EGV ist wegen seiner allgemeinen Fassung nicht als Kompetenzzuweisungsnorm zu werten; Pflichten und Rechte werden nur grob umschrieben.[542] Hierzu zählen neben den bedeutenden Bereichen der Rechtssetzung, des Haushaltswesens und der bereits genannten Koordinierungsfunktion vor allem die Außenbeziehungen und organisatorische Entscheidungen im Inneren, wie bestimmte Ernennungen und das Personalrecht der Beamten.[543]

Eine überragende Bedeutung hat der Rat noch immer im Bereich der Rechtssetzung, soweit er innerhalb der Kompetenzen des EGV und des EAGV tätig wird, sodass er nach wie vor auch als „Hauptrechtssetzungsorgan" bezeichnet wird.[544] Entscheidend ist dabei, dass dem Rat in allen wesentlichen und grundsätzlichen Akten der Rechtssetzung eine maßgebliche Rolle zukommt und letztlich ohne bzw. gegen den Rat grundlegende Richtlinien oder Verordnungen nicht erlassen werden können.[545] Daran änderte sich im Grundsatz auch nichts durch den Amsterdamer Vertrag; auch nach der Auswei-

---

539 Exempl. Huber, Integration, § 18, Rn. 4 (S. 261).

540 Vgl. Kopp, Föderalismus - Modell für Europa, der gegen „die herrschende Vorstellung des einstufigen Föderalismus", für einen „Föderalismus im Föderalismus" und für ein „Europa der Regionen" plädiert; vgl. zu letzterem auch exempl.: Huber, Integration, § 18, Rn. 1ff (S. 260ff); Oppermann, Europarecht, Rn. 205 (S. 91).

541 Huber, Integration, § 13 Rn. 1 (S. 195); Oppermann, Europarecht, Rn. 280 (S. 119): „... das wichtigste EU-Organ".

542 Vgl. Wirtz in: Bergmann/Lenz, Der Amsterdamer Vertrag, Kap. 15, Rn. 3.

543 Schweitzer/Hummer, Europarecht, Rn. 153ff.

544 So ausdrücklich Schweitzer/Hummer, a.a.O.; Koenig/Haratsch, Europarecht, Rn. 148 (S. 57): „gemeinsam mit dem Parlament".

545 Vgl. Huber, Integration, § 13, Rn. 34 (S. 204).

tung des Mitentscheidungsverfahrens nach Art. 251 (ex Art. 189b) EGV auf weitere Politikbereiche und die Stärkung der Rolle des Parlaments gegenüber dem Rat[546] können gegen den Rat die genannten Rechtsakte nicht erlassen werden. Allerdings hat sich das Europäische Parlament von einer rein beratenden Versammlung zu einem zunehmend gleichberechtigten Organ entwickelt.[547]

Auch die Außenbeziehungen bzw. Außenkompetenzen der EG liegen zunächst grundsätzlich in der Hand des Rates. Der Rat ist allgemein zuständig für den Abschluss von Abkommen mit Drittstaaten und internationalen Organisationen (Art. 300, ex Art. 228 EGV), insbesondere auch von Assoziierungsabkommen (Art. 310, ex Art. 238 EGV). Der Rat ist weiterhin gemäß Art. 133 (ex Art. 113) Abs. 2 EGV für die Konzipierung einer gemeinsamen Handelspolitik zuständig. Immerhin ist bei der Aushandlung von Abkommen mit Drittstaaten und internationalen Organisationen die Kommission zur Einleitung und Durchführung von Verhandlungen zu ermächtigen. Die Kommission hat sich dabei freilich mit dem Rat ins „Benehmen" zu setzen und etwaige Richtlinien des Rates zu befolgen (Art. 133 Abs. 3 EGV).

> *In der EPG waren dagegen die Außenkompetenzen des Exekutivrates von vornherein stärker ausgeprägt. Die Verhandlung über zwischenstaatliche Verträge oder Abkommen wurde generell dem Exekutivrat zugedacht, lediglich in bestimmten Fällen substanzieller Entscheidungen sollte eine nachträgliche Zustimmung des Rates oder des Parlaments erfolgen (Art. 68 SEPG). In dem sensiblen Bereich der Außenpolitik sollte der Exekutivrat jedoch nur als „gemeinschaftlicher Beauftragter" fungieren, wenn der Rat ihn hierzu zuvor einstimmig bestellt hatte (Art. 69 SEPG).*

Dem Rat kommt weiterhin im Verfahren zur Feststellung des Gemeinschaftshaushalts gemäß Art. 203 EGV eine maßgebliche Rolle zu, wenngleich auch dem Parlament in diesem Bereich besondere Mitwirkungsrechte zugestanden wurden, wovon schon der Umfang der Vorschrift des Art. 203 EGV beredtes Zeugnis gibt.[548] Die Feststellung des Haushaltsplanes erfolgt dabei in acht Schritten, wobei der Kommission im Wesentlichen das Vorschlagsrecht zukommt, Rat und Parlament dagegen im Wechselspiel die Beratung des Haushalts durchführen.[549] Da der Rat aber in dem wichtigen Bereich der obligatorischen Ausgaben das letzte Wort behält (vgl. Art. 203 Abs. 5 EGV), ist er auch in diesem Bereich als das dominante Organ anzusehen. Schließlich bedarf es auch für die Entlastung der Haushaltsführung der Kommission durch das EP zuvor einer mit qualifizierter Mehrheit abgegebenen Empfehlung des Rates (Art. 206 EGV).

---

[546] Vgl. Wirtz in: Bergmann/Lenz, Der Amsterdamer Vertrag, Kap. 14, Rn. 3ff.

[547] Wirtz, a.a.O.

[548] Vgl. zu der Kritik, das Haushaltsrecht primärrechtlich zu verankern und den Schwierigkeiten der Haushaltspraxis mit den in Art. 203 Abs. 2 bis 5 EGV vorgesehenen Zeitplänen: Bleckmann, Europarecht, Rn. 1284.

[549] Vgl. Koenig/Haratsch, Europarecht, Rn. 445ff (S. 163f); Bleckmann, Europarecht, Rn. 1286.

cc. Beschlussfassung

Der Rat entscheidet gemäß Art. 205 (ex Art. 148) Abs. 1 EGV, soweit nichts anderes bestimmt ist, mit der einfachen Mehrheit seiner Mitglieder. In zahlreichen Fällen sehen die Verträge allerdings eine qualifizierte Mehrheit oder Einstimmigkeit vor. Ist eine qualifizierte Mehrheit erforderlich, so werden die Stimmen gemäß Art. 205 Abs. 2 EGV gewogen. Die Stimmenanzahl reicht derzeit noch von 2 (Luxemburg) bis 10 (Deutschland, Frankreich, Italien, Vereinigtes Königreich) und stellt damit ebenfalls ein ponderiertes System dar. Eine qualifizierte Mehrheit erfordert dabei eine Mindeststimmenzahl von 62 Stimmen und im Falle, dass der Rat nur nach Vorschlag der Kommission tätig werden kann, müssen auch mindestens 10 Mitgliedstaaten im Rat zugestimmt haben (doppelt qualifizierte Mehrheit).[550] Sind einstimmige Beschlüsse erforderlich, so sind gemäß Art. 205 Abs. 3 EGV immerhin Stimmenthaltungen von anwesenden oder vertretenen Mitgliedern für die Beschlussfassung unschädlich (konstruktive Enthaltung). Zudem sieht Art. 309 Abs. 4, UAbs. 2 EGV/Amsterdam nunmehr die Aussetzung der Stimmrechte eines Mitgliedstaates wegen dessen schwerwiegender und beharrlicher Verletzung der in Art. 6 Abs. 1 EUV niedergelegten Grundsätze vor. Eine Vorschrift, die mehr programmatischer Natur sein dürfte, wie der Gang der zweifelhaften „bilateralen Sanktionen“ (weit im Vorfeld dieser Vorschrift und des Art. 7 EUV) aufgezeigt hat.[551] Von praktischer Relevanz für die Beschlussfassung des Rates war dagegen die bereits genannte Luxemburger Vereinbarung vom 29. Januar 1966. Ungeachtet der überwiegend bestrittenen rechtlichen Verbindlichkeit der Vereinbarung entfaltete sie jedoch tatsächlich bei bestimmten Beschlussfassungen des Rates noch lange Zeit eine gewisse Wirkung, da sich die Mitgliedstaaten in praxi an die Vereinbarung hielten.[552]

In der Einleitung wurde darauf hingewiesen, dass der Vertrag von Nizza eine Neugewichtung der Stimmrechte im Rat im Hinblick auf die bevorstehende Erweiterung der Union nach Osten und Südosten vorgenommen hat. Zunächst legt Art. 3 des Erweiterungsprotokolls die neue Stimmengewichtung mit Wirkung ab dem 1.1.2005 fest und bestimmt zudem, dass Beschlüsse, die auf Vorschlag der Kommission zustande kommen, eine Mindestzahl von 169 Stimmen benötigen und zugleich die Mehrheit der Mitglieder umfassen muss. In allen anderen Fällen soll die gleiche Stimmenzahl und die Zustimmung von zwei Dritteln der Mitglieder erforderlich sein. Zusätzlich ist gemäß Art. 205 Abs. 4 EGV/Nizza auf Antrag eines Mitgliedes des Rates zu überprüfen,

---

[550] Koenig/Haratsch, Europarecht, Rn. 149 (S. 58).

[551] Vgl. ausführlich: Schorkopf, Verletzt Österreich die Homogenität in der Europäischen Union?, DVBl 2000, S. 1036ff und dessen Bewertung („untauglicher Präzedenzfall für Art. 7 EUV“); Frankfurter Neue Presse vom 13.9.2000: „Die Isolierung Wiens schadete vor allem der EU“ und FAZ vom 13.9.2000: „Europa braucht Vertrauen - Was kann Europa aus der missratenen und am Ende auf wundersame Weise gegenstandslos gewordenen Strafaktion gegen Österreich lernen?“; Saarbrücker Zeitung vom. 4.9.2000: „EU sucht Ausweg aus der Sanktionspolitik gegen Wien“.

[552] Vgl. Streinz, Europarecht, Rn. 264ff; Schweitzer/Hummer, Europarecht, Rn. 172f; Bleckmann, Europarecht, Rn. 232f; siehe auch zum Kompromiss von Ioannina: Koenig/Haratsch, Europarecht, Rn.151f (S. 58f).

ob die Mehrheit mindestens 62 % der Gesamtbevölkerung der Union umfasst, was dann für das Zustandekommen des Beschlusses notwendige Voraussetzung wird. Die in Anlage II des Vertrages enthaltene Stimmengewichtung für den Fall des Beitritts der 12 Kandidaten sieht bei dann insgesamt 345 Stimmen eine Mindeststimmenzahl von 258 vor, was wie zuvor praktisch einer Mehrheit von drei Vierteln entspricht. Für die Übergangszeit (Beitritt jeweils einzelner Länder bzw. Ländergruppen) ist dann eine proportional entsprechende Regelung vorgesehen. Auch (gerade) das „demografische Quorum" von 62 % soll nach der Erweiterung entsprechend der Erklärung beibehalten werden. Dieses soll das Gewicht der großen Staaten im Hinblick auf den Beitritt zahlreicher kleinerer Staaten[553] sichern, indem es eine Majorisierung durch Letztere erheblich erschwert.

dd. Der Ausschuss der Ständigen Vertreter (Art. 207 EGV)

Eine Besonderheit zeigt der EGV gegenüber der EPG des Jahres 1953 auf, die zum einen mit der hervorgehobenen Rolle des Rates in der EU/EG zu tun hat und zum anderen auf einer realistischeren Einschätzung der Entscheidungsvorgänge in der Gemeinschaft beruhen dürfte. Gemäß Art. 207 (ex Art. 151) Abs. 1 EGV bzw. Art. 30 Abs. 1 EGKSV und Art. 121 Abs. 1 EAGV) wird ein Ausschuss aus „Ständigen Vertretern" der Mitgliedstaaten gebildet (bzw. dessen Bildung vorausgesetzt), der die Aufgabe hat, die Arbeiten des Rates vorzubereiten und die ihm von diesem übertragenen Aufträge auszuführen. Die Mitgliedstaaten entsenden ihre Ständigen Vertreter im Botschaftsrang, die dem jeweiligen Außenministerium unterstellt sind.[554] Die Ständigen Vertreter können als Bindeglied zwischen den nationalen Regierungen und den Gemeinschaftsorganen, insbesondere der Kommission, angesehen werden, sind aber zuallererst Interessenvertreter der jeweiligen Mitgliedstaaten bzw. ihrer Ministerien. Ihre wichtigste Funktion nehmen sie in dem vorgenannten „Ausschuss der Ständigen Vertreter" (COREPER) ein. Er trägt dem Umstand Rechnung, dass der Rat kein permanent tagendes Organ ist und die Fülle der notwendigen Beschlussfassungen - insbesondere auch die zahlreichen legislativen Aufgaben - nicht ohne vorbereitende Unterstützung wahrnehmen kann. Wegen der erwünschten Wahrung der nationalen Interessen kamen die Kommission oder das Generalsekretariat des Ministerrates für diese Aufgabe nicht in Betracht; die Bildung eines Ausschusses aus weisungsgebundenen nationalen Beamten unterhalb des Rates war daher die folgerichtige Konsequenz. Durch die Beteiligung der Kommission kann der COREPER als eine Art „kleiner Ministerrat" bezeichnet werden, auch wenn eine Delegation der Entscheidungsbefugnisse selbst auf den Ausschuss unzulässig ist.[555] Dem Ausschuss kommt in der Praxis eine wichtige Bedeutung zu, weil er politische Fragen unter Beteiligung der Kommission im Vorfeld abklärt und dabei eine Art Koordinierungsfunktion übernimmt.[556]

---

[553] Zu erwähnen sind insbesondere Malta, Zypern, Estland, Slowenien, Lettland, Litauen und die Slowakei.
[554] Bleckmann, Europarecht, Rn. 236.
[555] Schweitzer/Hummer, Europarecht, Rn. 180; Bleckmann, Europarecht, Rn. 237f.
[556] Vgl. Geiger, EUV/EGV-Kommentar, Art. 207, Rn. 3.

Eine dem Ausschuss der Ständigen Vertreter vergleichbare Einrichtung (zur Effektivierung der Entscheidungsprozesse) findet sich in der Satzung der EPG nicht. Die Artikel 35 bis 37 beschreiben kaum mehr als die Zusammensetzung und Aufgabenumschreibung einer diplomatischen Konferenz nationaler Minister; konkrete Hinweise für die Arbeitsweise und Entscheidungsfindung des Rates fehlen dagegen vollständig, auch bei den übrigen in der Satzung genannten Kompetenzen. Dies mag zum einen an dem engen zeitlichen Rahmen der Ad hoc-Versammlung gelegen haben, der diesem Sachverhalt auch praktisch keinen Raum gab, zum anderen aber auch an dem Unwillen der Delegierten, dem Rat der nationalen Minister eine besonders exponierte Rolle in der Gemeinschaft zuzugestehen, sofern man ihn überhaupt als Teil der Gemeinschaft betrachten wollte.[557] *Da der Rat jedoch in der Endfassung des Entwurfs über dennoch beachtliche Kompetenzen verfügte (vgl. o.), hätte die Ausklammerung jeglicher Verfahrensvorschriften insoweit sicherlich bald zu erstem Reformbedarf der Gemeinschaftsnormen geführt. Zumindest hätte sich der Rat eine umfassende Geschäftsordnung geben und eine Art Stab schaffen müssen.*

c. Der Europäische Rat (Art. 4, ex Art. D EUV)

Der Europäische Rat besteht aus den Staats- und Regierungschefs der Mitgliedstaaten sowie dem Präsidenten der Kommission, die von den Außenministern und einem weiteren Kommissionsmitglied unterstützt werden (Art. 4 Abs. 2, S.2 und 3 EUV). Er soll der Union die für ihre Entwicklung erforderlichen Impulse geben und die allgemeinen politischen Zielvorstellungen für diese Entwicklung festlegen (Art. 4 Abs. 1 EUV). Zu beachten ist, dass auch der EU/EG-Rat in der Zusammensetzung der Staats- und Regierungschefs tagen kann, letzterer aber im Gegensatz zum Europäischen Rat mit qualifizierter Mehrheit und ohne den Kommissionspräsidenten entscheiden kann, während der Europäische Rat an das für ein intergouvernementales Organ typische Einstimmigkeitserfordernis gebunden ist.[558]

Der Europäische Rat kann als originäres Organ der EU und im Hinblick auf seine besondere Regelung im EUV auch als „Vertragsorgan" bezeichnet werden.[559] Er ist kein Gemeinschaftsorgan, wie bereits die fehlende Nennung in Art. 4 EGV belegt. Der Europäische Rat prägt aber die Tätigkeiten der Gemeinschaften politisch; ihm kommt zusammengefasst nach Maßgabe der Regelung des Art. 4 EUV eine generelle Leitungsfunktion zu,[560] wie sie in Art. 2 EEA gerade noch nicht ausdrücklich enthalten

---

[557] Vgl. von Puttkamer, Der Entwurf eines Vertrages über die Satzung der Europäischen Gemeinschaft, ZaöRV 1953/54, S. 115, Fn. 47 mit dem Hinweis auf den Antrag des belgischen Abgeordneten Vermeylen, den Rat der nationalen Minister aus der Liste des Art. 9 herauszunehmen (Antrag Nr. 54 zu Dok. 12 der Versammlung) und Dehousse, Ad hoc-Versammlung, Aussprache, Wörtlicher Bericht über den Verlauf der Sitzungen, S. 43 („... kein Platz für einen Rat der nationalen Minister ... aber politische Gegebenheiten, denen Rechnung getragen werden muss").

[558] Vgl. etwa Art. 121 (ex Art. 109j) Abs. 3 und 4 EGV und Koenig/Haratsch, Europarecht, Rn. 763 (S. 284).

[559] Klein, in: Hailbronner/Klein/Magiera/Müller-Graf, EUV/EGV-Kommentar, Art. D, Rn. 3 m.w.N.

[560] Vgl. Klein, a.a.O., Rn. 3 und 5, der diese auch als „Führungs- und Inspirationsfunktion" bezeichnet.

war. Entsprechend seiner politischen Rolle unterliegt der Europäische Rat nicht der Jurisdiktionskompetenz des EuGH (vgl. Art. 46, ex Art. L EUV).

Diese „Leitlinienkompetenz" des Europäischen Rates entspricht der historischen Entwicklung, ausgehend von den Gipfeltreffen der Rats- und Regierungschefs, die Art. 4, ex Art. D EUV nunmehr zusammenfassend darstellt.[561] Der Europäische Rat wurde durch den Vertrag von Maastricht nicht geschaffen, wohl aber weitergehend in die vertragliche Struktur der Gemeinschaft eingefügt, nachdem durch Art. 2 der Einheitlichen Europäischen Akte die bereits seit den 60er Jahren abgehaltenen Gipfelkonferenzen institutionalisiert worden waren.[562] Diese Gipfeltreffen waren notwendig geworden, da die Gemeinschaftsorgane wegen ihrer beschränkten Kompetenzen nicht in der Lage waren, der Gemeinschaft entscheidende politische Impulse zu geben. Der Europäische Rat gleicht daher dieses Defizit aus, da er zwar regelmäßig keine echten Entscheidungsbefugnisse hat, er aber andererseits durch seine Stellung und seine Zusammensetzung in der Lage ist, in der Union die entscheidende Rolle für die Fortentwicklung der europäischen Integration einzunehmen.[563]

Die Schaffung des Europäischen Rates hat dem französischen Abweichler in der Ad hoc-Versammlung, Michel Debré,[564] in gewisser Weise eine späte - posthume - Genugtuung zukommen lassen. Sein Gegenvorschlag[565] einer Gemeinschaft souveräner Völker mit rein intergouvernementalem Charakter und einem aus den Regierungschefs der Mitgliedstaaten zusammengesetzten politischen Rat für Europa und einer aus nationalen Parlamentariern zusammengesetzten parlamentarischen Versammlung der Staaten sowie einem Konsultativrat der Nationen wurde zwar mit übergroßer Mehrheit abgelehnt;[566] seine Idee, die Staats- und Regierungschefs als leitendes Organ in die Gemeinschaft einzubinden, war jedoch - bei aller sonstigen Kritik an seinen Vorschlägen - von beachtlicher Weitsicht. Regelmäßig führt bei der Europäischen Union die Einbindung der höchsten Ebene zu merklichen Fortschritten; dies gilt auch und gerade für die Verträge von Maastricht, Amsterdam und Nizza. Die Bestimmung der allgemeinen Leitlinien durch die Staats- und Regierungschefs im Europäischen Rat entsprach dem Bedürfnis der Praxis, welches sich bei Tagungen der Staats- und Regierungschefs in den 70er-Jahren manifestiert hatte. Dieses hatten die Schöpfer der EPG wohl zu wenig beachtet, als sie Debrés Vorschlag einhellig zurückwiesen. Denkbar wäre es zumindest gewesen, den Rat der nationalen Minister zu einem Organ umzufunktionieren, welches

---

[561] Vgl. Klein, a.a.O., Rn. 3 („Synthese der tatsächlichen und rechtlichen Entwicklung").

[562] Vgl. Bleckmann, Europarecht, Rn. 56ff.

[563] Bleckmann, Europarecht, Rn. 63ff m.w.N.

[564] Michel Debré war Gaullist (Sammlungsbewegung des Französischen Volkes) und Mitglied im Unterausschuss für Zuständigkeitsgebiete, wo er - ebenso wie in der Sonderversammlung selbst - vehement für seine Vorstellungen focht.

[565] Vgl. Kapteyn, Introduction to the law of the European communities, S. 11.

[566] Vgl. zu dem Vorschlag Debrés: Karp, European Political Community, International Organization 1954, S. 185; Bindschedler, Rechtsfragen der europäischen Einigung, S. 361, Fn. 32 sowie Debré in: Ad hoc-Versammlung, Aussprache, Wörtlicher Bericht über den Verlauf der Sitzungen S. 52-62 (Gegenentwurf) und S. 163 (Rücknahme des Entwurfs).

auch die Staats- und Regierungschefs einbezieht, etwa in turnusmäßigen Spitzenkonferenzen unter Hinzuziehung der jeweiligen Fachminister. Da viele Mitglieder des Verfassungsausschusses bzw. der Ad hoc-Versammlung jedoch den Rat der nationalen Minister nur als Übergangsorgan oder als notwendiges Übel ansahen, war an eine solche Ausweitung des Rates nicht gedacht. Man ging offenbar von einer aus sich heraus entwicklungsfähigen supranationalen Gemeinschaft aus, die auf die Einbeziehung der Staats- und Regierungschefs verzichten konnte und über den Rat der Minister ausreichende Repräsentanz der Regierungen aufweisen sollte.

d. Abschließender Vergleich und Zusammenfassung: Die Räte der EPG und der EU

Nimmt man die Montanunion und die Verteidigungsgemeinschaft als konstruktiven Ausgangspunkt der Integrationsbemühungen der Mitglieder der Ad hoc-Versammlung, so wird deutlich, dass der Rat der nationalen Minister in der neuen Gemeinschaft Befugnisse zugunsten des Parlaments einbüßen musste.[567] Die Ernennung der Exekutive durch das Parlament ist hier besonders hervorzuheben, ebenso die Konzeption des Parlaments als wichtiges Gesetzgebungsorgan[568] im Zusammenhang mit der stufenweisen Einführung des Mehrheitsprinzips im Rat, welches ein weitreichendes Vetorecht dieses Organs verhindern sollte. Dementsprechend hat die Stellung des Rates auch im Verlauf der Beratungen eine Schwächung erfahren, da die zunächst vom Verfassungsausschuss geplante Verpflichtung des Exekutivrates, alle Beschlüsse vom Rat der nationalen Minister genehmigen zu lassen, im späteren Verlauf fallen gelassen worden ist.[569] Gleichwohl darf die (wahre) Bedeutung des Rates der EPG nicht verkannt werden, da er doch unter dem Strich mit bedeutenden Kompetenzen ausgestattet wurde. Der fehlende Einfluss auf die Ernennung des Präsidenten des Exekutivrates bedeutet zwar eine Schwächung und hindert ihn möglicherweise daran, lenkend in die Exekutive einzugreifen. Andererseits sind substanzielle Fortschritte bei der politischen und wirtschaftlichen Integration nur über den Rat zu erreichen, sodass diesem gleichwohl eine Schlüsselrolle in der Gemeinschaft zuzuschreiben ist. Dies umso mehr, als Fortentwicklungen des Gemeinschaftsrechts, wie etwa bestimmte Satzungsänderungen, nur mit Beschluss des Rates, also ohne Regierungskonferenz, auf den Weg gebracht werden können.[570] Beim Einnahmesystem der Gemeinschaft (Steuern und Beiträge) ist die Dominanz des Rates eindeutig festgeschrieben worden. Insbesondere ist auch die Entwicklung des gemeinsamen Marktes ohne die konstruktive Mitwirkung des Rates nicht möglich, wenngleich auch nach dem Ablauf von 6 Jahren nach Inkrafttreten der Satzung hierfür nur noch eine einfache Mehrheit erforderlich sein sollte. Gerade aber der stufenweise Übergang zum Mehrheitsprinzip ohne „Rückversicherung" der Mitgliedstaaten, bei wesentlichen

---

[567] Von Merkatz, Der Entwurf eines Vertrages über die Satzung der Europäischen Gemeinschaft, FS Bilfinger, S. 239.

[568] Auf die Einschränkungen der Gesetzgebungskompetenzen wurde bereits hingewiesen.

[569] Wie erwähnt, wurde im ersten Bericht des Verfassungsausschusses ausdrücklich noch diese Pflicht vorgeschlagen, vgl. Entschließung III, Ziff. 19 (Dok. 1) und von Puttkamer, Der Entwurf eines Vertrages über die Satzung der Europäischen Gemeinschaft, ZaöRV 1953/54, S. 119.

[570] Diesen Punkt hebt auch von Puttkamer, a.a.O., S. 111 hervor.

nationalen Interessen nicht einfach überstimmt zu werden, dürfte zu den problematischen Punkten der Satzung gehören, wenn man die Entwicklung der Gemeinschaften seit der Gründung der EWG („Luxemburger Kompromiss") in den Blick nimmt. Das ambivalente und zögerliche Verhalten der Regierungen bzw. Außenminister nach Vorlage des Entwurfs[571] dürfte gerade hier mit dem schwer zu überschauenden Verlust von Souveränitätsrechten in Zusammenhang stehen. Der Rat lässt sich daher in seinem Kollektiv als durchaus mächtiges Kontrollorgan bezeichnen, welches andererseits die einzelnen Mitgliedstaaten nicht in allen Fällen vor einer Entscheidung gegen ihre erklärten nationalen Interessen bewahren kann. Hier böte sich konstruktiv ein Vermittlungs- und Schiedsverfahren analog Art. 73 SEPG an.

Demgegenüber ist der Rat der EU/EG seit den Römischen Verträgen von 1957 als zentrales Organ der Gemeinschaft(en) anzusehen, der an allen wesentlichen Fragen maßgeblich beteiligt ist und wohl noch immer das Hauptrechtssetzungsorgan darstellt. Die Lehren aus dem Scheitern der EPG sind damit in die Gemeinschaftsverträge eingeflossen. Dies verwundert insofern auch nicht, als der Präsident der Ad hoc-Versammlung, Paul-Henri Spaak, zugleich der Vorsitzende des nach ihm - bescheidener - benannten „Studienausschusses" wurde, der auf der Außenministerkonferenz in Messina im Juli 1955 eingesetzt wurde, um weitere Möglichkeiten einer wirtschaftlichen Integration der sechs Schumanplan-Staaten zu überprüfen.[572] Ähnliche Erfahrungen hatte auch Walter Hallstein gemacht, der bereits die EVG-Verhandlungen zum Erfolg gebracht hatte und der noch auf der Außenministerkonferenz im November 1953 mit der Bildung einer Kommission zur Fortentwicklung des EPG-Satzungsentwurfs betraut wurde[573] und später der erste Kommissionspräsident der neuen Gemeinschaft wurde. Weitere wichtige Persönlichkeiten waren konzeptionell an beiden Projekten beteiligt. Diese Erfahrungen der Männer „der ersten Stunde" mussten zwangsläufig zu einer Änderung der Organkompetenzen zugunsten des Rates,[574] einer Anpassung der Methode („functional approach")[575] und einer Änderung der Terminologie[576] führen.

Anders als in der EPG steht dem Rat der EU/EG ein Stab von Fachleuten (u. a. COREPER) zur Vorbereitung der Entscheidungen zur Seite. Ebenso sind die Verfah-

---

571 Vgl. Karp, European Political Community, International Organization 1954, S. 196.

572 Vgl. Huber, Integration, § 2, Rn. 9 (S. 16); Steiniger, Von sechs auf zwölf: Von der Gründung der EWG zu den ersten Erweiterungen, in: Breuss/Fink/Griller (Hrsg.), Vom Schuman-Plan zum Vertrag vom Amsterdam - Entstehung und Zukunft der EU, S. 77ff.

573 Die Bildung dieses Ausschusses war ein dilatorischer Kompromiss, vgl. Briggs, The Proposed European Political Community, AJIL 1954, S. 122.

574 Dies wurde oben dargestellt. Walter Hallstein hat indessen die im EWGV nicht exakt konkretisierte Rolle der Kommission im Organgefüge offensiv interpretiert (vgl. Huber, Integration, § 15, Rn. 1 = S. 237) und ist damit in gewisser Weise zum Ausgangspunkt der EPG zurückgekehrt.

575 Vgl. zu Funktionalismus und dem erhofften „Spillover-Effekt" ausführlich: Frei, Integrationsprozesse, in: Weidenfeld (Hrsg.), Die Identität Europas, S. 122ff.

576 So insbesondere die Vermeidung der Begriffe „Regierung", „Minister", „Parlament" und „Völkerkammer".

ren der Entscheidungsfindung und die Gewichtung bei den Abstimmungen genau geregelt, wenngleich die Frage der Mehrheitsentscheidungen nach wie vor nicht hinreichend geklärt ist, da der Luxemburger Kompromiss nach wie vor „gilt" und die Reformdiskussionen gerade die Mehrheitsverhältnisse im Rat betrafen, die auch mit dem Vertrag von Nizza noch keinen Abschluss gefunden haben dürften. Auffallend ist, dass der Rat als primärer „Gesetzgeber" der Gemeinschaft dem Parlament mehr und mehr die Rolle eines gleichberechtigten „Mitentscheiders" überlassen muss, sodass sich die Modelle EPG und EU hinsichtlich der Legislative eher annähern, d.h. die EU/EG einen Prozess hinter sich bringt, den die Schöpfer der EPG schon damals als verabschiedungsfähig ansahen. Obgleich insofern dem Rat der EPG weniger legislative Kompetenzen als dem Rat der EU zukommen, so hat er in anderen Bereichen eine bedeutende Machtstellung, weil etwa bestimmte Satzungsänderungen nur mit Zustimmung des Rates und ohne Regierungskonferenz und Ratifizierung beschlossen werden können. Dies mag wie eine marginale Abweichung im Hinblick auf die Bindung des Rates an die nationalen Regierungen aussehen, könnte aber hinsichtlich der Beweglichkeit und Dynamik des Integrationsprozesses durchaus erhebliche Bedeutung erlangen.

6. Die Gerichtshöfe der EPG und der EU

a. Der Gerichtshof der EPG

Art. 38 § 1 SEPG beschreibt in Anlehnung an die Formulierung der beiden Spezialverträge[577] die Aufgaben des Gerichtshofs, der danach „die Wahrung des Rechts bei der Auslegung und Anwendung dieser Satzung sowie der Gesetze der Gemeinschaft und der Durchführungsbestimmungen" zu sichern hat.

aa. Die Einsetzung des Gerichtshofs

Die Gerichtshöfe der neuen Politischen Gemeinschaft, der EGKS und der Verteidigungsgemeinschaft bilden nach Art. 38 § 2 SEPG einen einzigen Gerichtshof und üben die Gerichtsbarkeit nach dem „Grundsatz der Einheit der Rechtsprechung" aus. Praktisch sollte der zum Zeitpunkt der Entstehung der EPG-Satzung bereits eingesetzte Gerichtshof der Montanunion auch die Zuständigkeit für die Gerichtsbarkeit der neuen Politischen Gemeinschaft übernehmen. Dies bestimmte auch bereits Art. 52 des EVG-Vertrages für die Verteidigungsgemeinschaft.[578] Dementsprechend sieht Art. 60 § 2, 2. Spiegelstrich SEPG die Ausübung der Gerichtsbarkeit durch den Gerichtshof auch für die EGKS bzw. die EVG „mit dem Tag des Inkrafttretens dieses Vertrages" vor.[579] Die

---

[577] Vgl. Art. 31 EGKSV und Art. 51 EVGV.

[578] Art. 52 EVGV: „Der Gerichtshof ist der Gerichtshof der Europäischen Gemeinschaft für Kohle und Stahl".

[579] Die Verfasser sahen dies zwar nicht als unproblematisch, jedoch als „zweckmäßig und erforderlich" an - vgl. von Merkatz in: Verfassungsausschuss, Einleitender Bericht und Begründung vom 26.2.1953, S. 49.

Verschmelzung der Teilgemeinschaften zu einer Gesamtgemeinschaft, wie sie in Art. 5 SEPG begründet ist, wird also auf dem Gebiet der Gerichtsbarkeit vollkommen und ohne jegliche zeitliche Verzögerung umgesetzt.[580] Mit der Fusion der Gerichtshöfe sind auch die entsprechenden Vorschriften der EGKS und der EVG über Richterzahl, Wahlverfahren und Amtsdauer hinfällig[581] und können allenfalls noch zur Schließung von Vertragslücken entsprechend herangezogen werden. So endet etwa die Amtsdauer der ersten sieben Richter gemäß der im EGKSV vorgesehenen Frist (Art. 39 § 3 SEPG).

bb. Die Zusammensetzung des Gerichtshofs

Der Gerichtshof besteht gemäß Art. 39 SEPG aus höchstens fünfzehn Richtern. Diese Zahl wurde aus zwei Gründen gewählt. Einerseits sollte damit die Bildung von drei aus jeweils fünf Richtern zusammengesetzten Kammern ermöglicht werden,[582] nachdem zunächst vom Verfassungsausschuss 5 Kammern mit jeweils 3 oder 5 Richtern vorgeschlagen wurden.[583] Zugleich konnten mit dieser Zahl die drei großen Staaten jeweils drei und die kleinen Staaten jeweils zwei Richter entsenden. Dies wurde zwar nicht ausdrücklich in die Satzung aufgenommen, jedoch von den Beteiligten als naheliegende Möglichkeit betrachtet bzw. stillschweigend vorausgesetzt,[584] und ergibt sich auch aus der Richteranzahl 15, da diese keine paritätische Lösung zulässt. Ein solcher „milder Proporz" erschien den Entwurfsverfassern und den Mitgliedern der Ad hoc-Versammlung offenbar nicht problematisch, da er - entgegen den ursprünglichen Plänen des Unterausschusses[585] - ohne kontroverse Debatte eingeführt wurde.

Die Satzung der EPG ermöglicht damit einen Proporz, der in der EU/EG fremd ist, wo jeder der 15 Mitgliedstaaten regelmäßig einen Richter ernennt. Dies ist freilich nicht in Art. 221, ex Art. 165 EGV explizit geregelt, sondern ergibt sich nur indirekt aus der Anzahl der Richter und entspricht ständiger Praxis.[586] Immerhin stieg die Zahl der Richter im Laufe der Geschichte der EU/EG auch nicht immer kongruent mit den Bei-

---

580 Genzer, Die Satzung der Europäischen Gemeinschaft, EA 1953, S. 5662 sieht die Verschmelzung in diesem Bereich nicht nur als vollkommen, sondern auch als „am augenfälligsten" an, was nicht ganz zutreffend ist, da auch der Ministerrat vom Tage des Inkrafttretens als fusioniertes Organ der drei Teilgemeinschaften seine Arbeit aufnimmt (vgl. Art. 60 § 2 1. Spiegelstrich SEPG).

581 Bindschedler, Rechtsfragen der europäischen Einigung, S. 357.

582 Ursprünglich waren noch 5 Kammern bzw. Senate vorgesehen, die bei einer Gesamtzahl von 18 Richtern in wechselnder Besetzung hätten tagen müssen - vgl. Verfassungsausschuss, Unterausschuss für juristische Institutionen, Januar-Februar 1953 AA/CC/SCJ (4) 10, S. 6; vgl. ferner die Begründung des Berichterstatters von Merkatz, Verfassungsausschuss, Einleitender Bericht und Begründung vom 26.2.1953, S. 50.

583 Verfassungsausschuss, Unterausschuss für juristische Institutionen, Januar-Februar 1953, AA/CC/SCJ (4) 9, S. 2f.

584 Von Merkatz in: Verfassungsausschuss, Einleitender Bericht und Begründung vom 26.2.1953, S. 51; Bindschedler, Rechtsfragen der europäischen Einigung, S. 353.

585 Verfassungsausschuss, Unterausschuss für juristische Institutionen, Januar-Februar 1953 AA/CC/SCJ (4) 10, S. 5.

586 Wirtz in: Bergmann/Lenz, Der Amsterdamer Vertrag, Kap. 17, Rn. 2.

tritten neuer Mitgliedstaaten, wobei es allerdings planmäßig nie weniger Richter als Staaten gab.[587] Zu berücksichtigen sind aber noch die acht bzw. neun Generalanwälte, die eine gegenüber dem Richterkollegium unabhängige und durchaus bedeutende Rolle einnehmen, ohne dabei dem Spruchkörper selbst anzugehören.[588] Durch die nicht der Anzahl der Staaten entsprechende Zahl der Generalanwälte ist bei dem EuGH eine absolute Parität der Mitgliedstaaten nur bei den Richtern selbst zu konstatieren. Die Gründe, warum den Schöpfern der EPG ein Proporz bei den Richtern zumindest möglich erschien, während das Thema heutzutage fast als Tabu bezeichnet werden kann, sollen hier nicht vertieft erörtert werden. Möglich erscheint, dass der richterlichen Unabhängigkeit in der EU ein noch höheres Vertrauen entgegengebracht wird als dies zu den Zeiten der EPG der Fall war. Möglich erscheint auch, dass die Richter noch unbefangener (auch) in gewisser Weise als „Vertreter" bzw. Repräsentanten ihrer Mitgliedstaaten angesehen wurden, demnach eine Art (abgeschwächter) Proporz nur als logische Konsequenz erschien. Dabei muss aber auch gesehen werden, dass das Ernennungsverfahren (Art. 39 SEPG s.u.) durchaus die Möglichkeit einer anderen Verteilung beinhaltet. Das Verfahren in der EU/EG nach Art. 223 (ex Art. 167) Abs. 1 EGV kommt den Beteiligungswünschen der Mitgliedstaaten sicher näher als dasjenige der EPG, da eine Überstimmung ausgeschlossen und eine Beteiligung der Kommission nicht vorgesehen ist, was sicher nicht als Nachteil bezeichnet werden kann.

Eine Aufteilung des Gerichtshofs in drei nach Sachgebieten (Verwaltungssachen, Zivilsachen und Strafsachen) spezialisierte Senate oder Kammern hatte zunächst der Verfassungsausschuss vorgeschlagen. Über Verfassungsstreitigkeiten sollte ein Sondersenat entscheiden, dem der Präsident des Gerichtshofs und die Vorsitzenden der Senate angehören sollten. Dieser Vorschlag des Ausschusses wurde von der Sonderversammlung jedoch nicht übernommen und zurückgestellt.[589] Man wollte offenbar die Einrichtung des Gerichtshofs in der Anfangszeit nicht durch eine Überregulierung erschweren und dem Gerichtshof gewisse Entscheidungen der Organisation in seiner künftigen Geschäftsordnung selbst überlassen, die gemäß Art. 40 § 2 SEPG aufzustellen gewesen wäre. Ein besonderes Problem bei der Bildung der Senate hätte sich auch durch die Integration der zwei anderen Teilgemeinschaften ergeben. Wegen der Verschmelzung der drei Gemeinschaften zu einer Rechtseinheit wird hierbei die Ansicht vertreten, dass es a priori unzulässig sei, besondere Kammern für die Behandlung von Streitigkeiten für Angelegenheiten betreffend die Montanunion und die EVG zu bilden, sondern nur Kammern für die Behandlung aus ein und demselben juristischen Gebiet.[590] Dies erscheint überzogen, da durch spezialisierte Kammern die Einheit der Gemeinschaft nicht in Frage gestellt würde. Denn im Ergebnis würde es keinen bedeutenden Unterschied ergeben, ob etwa Verfahren in einer Kammer für „Streitigkeiten betreffend die

[587] Vgl. etwa Bleckmann, Europarecht, Rn. 336.

[588] Sie nehmen an der Beratung und Beschlussfassung des Richterkollegiums nicht teil, vgl. etwa Koenig/Haratsch, Europarecht, Rn. 197 (S. 71).

[589] Eberhard, EPG, S. 21.

[590] Bindschedler, Rechtsfragen der europäischen Einigung, S. 354, unter Berufung auf den Bericht des Abg. von Merkatz; vgl. allg. zur Gerichtsbarkeit der EPG, EGKS und EVG auch Breitner, Supranationaler Rechtsschutz, EA 1954, S. 6263ff.

EVG“ oder in einer Kammer für „Rechtsstreitigkeiten aus dem Bereich der gemeinsamen Verteidigung (der EPG)“ behandelt würden.
Verfahrensrechtlich wird zumindest gemäß Art. 49, S.1 SEPG vorgegeben, dass beim Gerichtshof erhobenen Klagen keine aufschiebende Wirkung zukommt.[591] Es steht aber im Ermessen des Gerichtshofs, im Einzelfall die Vollstreckung auszusetzen oder „andere erforderliche einstweilige Anordnungen zu erlassen“ (Art. 49, S.2 und 3). Die Vorschrift hat ihr Vorbild in dem praktisch wortgleichen Art. 39 EGKSV. Die Parallele zu Art. 242 (ex Art. 185) EGV ist von Inhalt und Wortlaut her deutlich zu erkennen.

cc. Wahl und Einsetzung der Richter des Gerichtshofs der EPG

Das Verfahren zur Wahl der Richter verdient besondere Beachtung. Gewählt werden die Richter in der EPG nämlich nicht von den Mitgliedstaaten bzw. deren Regierungen, sondern vom Exekutivrat mit Zustimmung des Senats aus einer doppelten Liste. Gemäß Art. 39 § 1, S.2 SEPG kann jeder Mitgliedstaat drei Kandidaten vorschlagen. Das gleiche gilt für „die nationalen Gruppen des ständigen Schiedshofes in jedem Mitgliedstaat“. Nach Art. 39 § 2 SEPG müssen die Kandidaten „das höchste moralische Ansehen genießen und zur Ausübung der höchsten richterlichen Ämter ... befähigt oder Rechtsgelehrte von anerkannter Sachkenntnis sein.“ Die Amtszeit der Richter beträgt nach § 3 dieser Norm 9 Jahre, die Wiederernennung ist zulässig. Mit dieser Regelung wurde von den Amtszeiten des Montanunion-Gerichtshofs nach oben abgewichen, wo nur 6 Jahre vorgesehen waren. Jeder Mitgliedstaat kann drei Kandidaten vorschlagen (Art. 39 § 1, S.2 SEPG), einen Proporz sah die Satzung - wie erwähnt - nicht ausdrücklich vor, er war vielmehr unausgesprochene Grundlage der Regelung.

Ein anderes Verfahren der Richterernennung hatte dagegen ursprünglich der Verfassungsausschuss vorgeschlagen. Hiernach sollten die Richter entweder „durch die Regierungen unter Zustimmung der parlamentarischen Organe der Gemeinschaft“ oder „durch die Wahl der parlamentarischen Organe der Gemeinschaft aus einer von den Regierungen vorzuschlagenden Liste“ ernannt werden.[592] Demgegenüber hat sich die Ad hoc-Versammlung gegen die Beteiligung der nationalen Regierungen entschieden und damit deren Einfluss zurückgedrängt. Dies geschah zugunsten des Exekutivrates und damit der „Regierung der Gemeinschaft“. Die Mitgliedstaaten werden bei der Richterwahl parlamentarisch über den Senat berücksichtigt und damit zugleich die nationalen Parlamente. Bemerkenswert ist dabei, dass der Senat hier mit einfacher Mehrheit entscheiden kann, demnach theoretisch auch Kampfabstimmungen möglich wären. Eine solche Regelung entspricht zwar der Tendenz der Ad hoc-Versammlung zu Mehrheitsentscheidungen, jedoch weniger den europäischen Realitäten, sodass insofern sicherlich Wege zur Herstellung eines Einvernehmens gefunden worden wären. Die Konsensregelung des Art. 223, ex Art. 167 EGV kommt daher den Interessen der Mitgliedstaaten näher und hilft, überflüssige Konflikte zu vermeiden.

---

[591] Ebenso Art. 59 EVGV.
[592] Vgl. Entschließung IV des Verfassungsausschusses vom 20.12.1952, EA 1953, S. 5510.

b. Der Europäische Gerichtshof der EU/EG (EuGH)

aa. Zusammensetzung

Der EuGH besteht derzeit aus 15 Richtern (Art. 221 Abs. 1 EGV) und 8 Generalanwälten (Art. 222 Abs. 1 EGV).[593] Die Richter wählen aus ihrer Mitte den Präsidenten des Gerichtshofs (Art. 223 Abs. 5 EGV). Der Gerichtshof kann aus seiner Mitte Kammern mit je drei, fünf oder sieben Richtern bilden. (Art. 221 Abs. 2, S.2 EGV). Das Verfahrensrecht ergibt sich aus den Gemeinschaftsverträgen, den jeweiligen Satzungen der Teilgemeinschaften und der Verfahrensordnung vom 19.6.1991 (EuGHVerfO).

bb. Fusion der Gerichtshöfe

Die in der Satzung der EPG vorgesehene Fusion der Gerichtshöfe wurde auch im Rahmen der EG schnell als vernünftig angesehen. Mangels Vereinigung der Gemeinschaften selbst blieb nur die Verschmelzung der Organe zur gemeinsamen Ausübung der Aufgaben aus den drei Verträgen. Gemäß Art. 3 und 4 des Abkommens über gemeinsame Organe für die Europäischen Gemeinschaften vom 25. März 1957[594] fusionierten die neu gegründeten Gerichtshöfe von EWG und EAG mit dem bereits bestehenden Gerichtshof der EGKS. Durch dieselben Bestimmungen wurde festgelegt, dass dieser gemeinsame Gerichtshof die den abgelösten Organen übertragenen Zuständigkeiten nach Maßgabe der jeweiligen Gemeinschaftsverträge ausübe. Der Europäische Gerichtshof ist somit ein Organ der EG gemäß Art. 7 (ex Art. 4) EGV und zugleich ein Organ der EAG (Art. 3 Abs. 1 EAGV) und der EGKS (Art. 7 Abs. 1 EGKSV). Über diesen engeren Bereich des spezifischen Unionsrechts hinaus wird der EuGH ferner in geringerem Umfang auch im Wege der Organleihe für die EU tätig (Art. 46, ex Art. L EUV).

In der EU/EG wurde damit weitgehend das Gleiche erreicht, das die Schöpfer der EPG durch einen „großen Federstrich" von Bestehen der Gemeinschaft an einführen wollten. Gemäß Art. 5 SEPG bilden die drei Teilgemeinschaften eine „Rechtseinheit", wobei allerdings bestimmte Institutionen ihre verwaltungsmäßige und finanzielle Selbständigkeit behalten können.[595] Art. 38 § 2 SEPG normiert ausdrücklich, dass die Gerichtshöfe der EPG, der EGKS und der EVG nur „einen einzigen Gerichtshof" bilden. In den Europäischen Gemeinschaften EWG, EAG und EGKS wurde dieses durch den Drang nach Einheitlichkeit und Effektivität bedingte Ergebnis mit den bereits genannten Fusionsbestimmungen ermöglicht. Die Wahrnehmung einheitlicher Rechtsprechung in allen Teilgemeinschaften sowie in gewissem Maße in der EU als „Dach" die-

---

[593] Gemäß Art. 222 (ex Art. 166) Abs. 1, S. 2 EGV wurde für die Zeit vom 1.1.1995 bis zum 6.10.2000 ein 9. Generalanwalt gewählt.

[594] BGBl. II 1957, S. 1156 (sog. Fusionsabkommen).

[595] Die Einzelheiten der Verschmelzung sind in Teil III, Kapitel II („Integration der Europäischen Gemeinschaft für Kohle und Stahl und der Europäischen Verteidigungsgemeinschaft in der Gemeinschaft") geregelt.

ser Gemeinschaften wurde damit nur auf einem konstruktiv unterschiedlichen Weg erreicht. Der EuGH wird demnach zwar in unterschiedlicher Funktion, aber als einheitliches Organ für die jeweiligen Teilgemeinschaften tätig. Der naheliegende Gedanke eines einheitlichen Gerichtshofs für die Teilgemeinschaften hat sich demgemäß nur ziemlich genau vier Jahre nach Vorstellung der EPG-Satzung durchgesetzt. Auch dies ist ein Beleg dafür, dass die Vorschläge der Ad hoc-Versammlung in der folgenden Integrationsgeschichte der Gemeinschaften noch eine nachhaltige Wirkung entfaltet haben.

cc. Ernennung der Richter / Vertretung und Mitwirkung der Mitgliedstaaten

Die Richter des EuGH werden im gegenseitigen Einvernehmen von den Regierungen der Mitgliedstaaten auf 6 Jahre ernannt (Art. 223, ex Art. 166 Abs. 1 EGV).[596] Im gegenseitigen Einvernehmen bedeutet dabei mit Zustimmung aller Regierungen.[597] Die Schöpfer der EU/EG haben sich damit - im Gegensatz zur EPG - auf ein reines Konsensmodell verständigt, bei dem keine Gemeinschaftsorgane beteiligt sind. Allerdings sind die individuellen Voraussetzungen der Wählbarkeit die gleichen: Die Richter werden aus einem Kreis von Persönlichkeiten ausgewählt, die jede Gewähr für Unabhängigkeit bieten und in ihrem Staat die für die höchsten richterlichen Ämter erforderlichen Voraussetzungen erfüllen oder sonst Juristen von anerkannt hervorragender Befähigung sind. Alle drei Jahre findet eine teilweise Neubesetzung der Richterstellen statt, wobei abwechselnd acht und sieben Stellen betroffen sind. Eine Wiederernennung der Richter ist möglich und wird in der Praxis zur Wahrung der Kontinuität auch vorgenommen.[598] Die Dauer bzw. die Höchstgrenze der Amtszeit eines Richters am EuGH wird durch die Verträge nicht festgelegt.

Demgegenüber werden die Richter des Gerichtshofs der EPG gemäß Art. 39 § 3 SEPG auf neun Jahre ernannt. Zwar ist eine Wiederernennung zulässig, jedoch endet die Amtstätigkeit der ersten sieben Richter nach Ablauf der Frist, die im EGKSV vorgesehen ist, also 6 Jahre nach Inkrafttreten dieses Vertrages.[599] *Hierin wurde teilweise eine Lücke für die in Art. 39 § 5 SEPG deklarierte richterliche Unabhängigkeit gesehen.*[600] *Die in Art. 32 EGKSV festgelegten Fristen seien nur eine kurzfristige (und damit unzureichende) Sicherung der Stellung der Richter in der Anfangszeit der Gemeinschaft. Vergleicht man jedoch die Regelung mit den Bestimmungen der EGKS und der EVG, so ist doch längerfristig eine Besserstellung der Richter festzustellen. In den letztgenannten Gemeinschaften sollte die Wahl der Richter durch die Regierungen der Mitgliedstaaten jeweils für nur sechs Jahre erfolgen. Durch die nun in der EPG geplante Ernennung auf 9 Jahre durch den Exekutivrat mit Zustimmung des Senats wä-*

---

596 Ebenso Art. 32b EGKSV und Art. 139 EAGV.
597 Schweitzer/Hummer, Europarecht, Rn. 257.
598 Schweitzer/Hummer, a.a.O.
599 Die Amtszeit der Richter der EKGS betrug zu diesem Zeitpunkt 6 Jahre (Art. 32 EGKSV a.F.).
600 Genzer, Die Satzung der Europäischen Gemeinschaft, EA 1953, S. 5662; auch Bindschedler, Rechtsfragen der europäischen Einigung, S. 353 sieht die Ernennung auf „nur" neun Jahre als problematisch an.

ren die Einflussmöglichkeit der Mitgliedstaaten zudem konstitutionell zurückgedrängt worden[601]*. Unproblematisch ist die Ernennung der Richter durch die Exekutive gleichwohl nicht. In der EU zeigt die Vielzahl der Verfahren unter Beteiligung der Kommission und der Hohen Behörde*[602]*, dass durch die maßgebliche Einbeziehung Letzterer in das Wahlverfahren durchaus ein Spannungsfeld entstehen könnte. Die Wahl der Richter im Einvernehmen durch die Mitgliedstaaten erscheint daher vorzugswürdig. So werden etwa auch die Mitglieder des Bundesverfassungsgerichts nicht durch die Bundesregierung gewählt, sondern im Rahmen eines besonderen Verfahrens von Bundestag und Bundesrat.*[603]

Den im EGV bisher nicht ausdrücklich normierten, aber stillschweigend vorausgesetzten Grundsatz, dass jedes Mitglied auch im Gerichtshof der Gemeinschaft vertreten sein soll, hat die EU/EG weitgehend eingehalten. Die Zahl der Richter des EuGH wurde nach dem Beitritt von Großbritannien, Dänemark, Irland und Griechenland von 7 auf 10 erhöht. „Wachsender Arbeitsanfall" führte zum Beschluss des Rates vom 30.3.1981[604], in dem die Zahl der Richter auf 11 erhöht wurde. Infolge des Beitritts Portugals und Spaniens stieg die Zahl der Richter auf 13, und seit dem Beitritt Finnlands, Österreichs und Schwedens 1995 besteht der Gerichtshof aus 15 Richtern, die derzeit von 8 Generalanwälten unterstützt werden (Art. 221 Abs. 1, 222 Abs. 1 EGV).

Auch bei der künftigen Osterweiterung wird von diesem Prinzip nicht abgegangen. Während der Vertrag von Amsterdam noch keine größeren Reformansätze betreffend den Gerichtshof enthielt,[605] brachte der ***Vertrag von Nizza*** einige bedeutende Neuerungen, die eingangs bereits skizziert worden sind. In dem hier gegebenen Zusammenhang ist zunächst hervorzuheben, dass Art. 221 Abs. 1 EGV/Nizza nunmehr ausdrücklich die gleichmäßige Berücksichtigung aller Mitgliedstaaten bei der Besetzung der Richterstellen des Gerichtshofs vorsieht („ein Richter je Mitgliedstaat"), sodass dessen Zusammensetzung künftig direkt an die Anzahl der Mitglieder gekoppelt ist, ohne dass bei weiteren Beitritten eine Vertragsrevision erforderlich wäre. Ein (abgeschwächter) Proporz, der den Verfassungsgebern der EPG noch möglich und naheliegend gewesen ist, scheint im Rechtsschutzsystem der EU damit (derzeit) undenkbar zu sein; so etwa die Möglichkeit, dass einzelne - etwa kleinere Staaten - für einen Zeitraum keinen Richter stellen, sondern nur im turnusmäßigen Wechsel. Für einen Gerichtshof erscheint freilich auch die Beschränkung der Richter auf eine Anzahl unter der der Mitgliedstaaten - wie dies bei der Kommission im Hinblick auf die Problematik der Arbeitsfähigkeit und Effizienz angestrebt wird - nicht zwingend notwendig, da die Arbeitsfähigkeit des Gerichts und damit der entschiedenen oder sonst erledigten Verfah-

---

601 Vgl. Bindschedler, a.a.O., S. 353.

602 Vgl. etwa die Zusammenstellung wichtiger Entscheidungen des EuGH im Register bei Bleckmann, Europarecht, S. 1069ff.

603 Vgl. Art. 94 Abs. 1 GG und §§ 2, 3 BVerfGG.

604 ABl. Nr. L 100 vom 11.4. 1981, S. 20.

605 Vgl. zusammenfassend Wirtz in: Bergmann/Lenz, Der Amsterdamer Vertrag, Kap. 17, Rn. 4ff; irrtümlich wird dort aber der 9. Generalanwalt als Änderung durch den Amsterdamer Vertrag bezeichnet (a.a.O., Rn. 8), obgleich er schon in Art. 166 Abs. 1 EGV/Maastricht vorgesehen war.

ren mit der Anzahl der Richter regelmäßig steigen dürfte. Als eine Alternative zum Proporz wäre auch ein rollierendes System zwischen Generalanwälten und Richtern denkbar, sodass jedes Land mit einem Mitglied vertreten sein könnte, wenn auch in gegebenenfalls unterschiedlichen Funktionen.

Bemerkenswert für den Proporz in hochsensiblen Bereichen ist etwa die Regelung der EU/EG bei dem durch den Vertrag von Maastricht eingeführten Europäischen Zentralbankrat (Art. 112, ex Art. 109a EGV). Ebenso wie bei dem Gerichtshof ist die Unabhängigkeit des für die gemeinsame Währung verantwortlichen Gremiums von besonderer Bedeutung. Art. 112 Abs. 1 EGV bestimmt für die 6 Mitglieder des Direktoriums keinerlei Vorgaben für nationale Anrechte auf einzelne Positionen. Allerdings ist infolge des maßgeblichen Anteils der Regierungen bei der Besetzung dieser Positionen und dem Ablauf der Ernennung in der Öffentlichkeit der Eindruck entstanden, dass es sich letztlich um nationale Positionen handele. Festzuhalten ist aber, dass sich der Gedanke einer Ponderierung oder eines „Leistungsproporzes" insoweit im EGV nicht durchgesetzt hat; immerhin hat die Bundesrepublik Deutschland mit der D-Mark etwa einen Anteil von 30 % in den gemeinsamen Währungskorb eingebracht, ohne jedoch eine - vertragliche - Besserstellung gegenüber kleineren Ländern mit geringerem Währungsanteil zu erhalten.

7. Verfahren des Gerichtshofs der EPG und des EuGH

a. Die Konzeption des Verfassungsausschusses

Der Verfassungsausschuss bzw. der Unterausschuss für gerichtliche Institutionen[606] hatte sich bis zur Präsentation des Entwurfs ausgiebig mit den möglichen Zuständigkeitsbereichen des künftigen Gerichtshofs beschäftigt und in seiner Entschließung IV zusammengefasst vorgestellt.[607] Darin galt es zunächst, die Zuständigkeiten der beiden Spezialgemeinschaften auf den Gerichtshof überzuleiten und ein sinnvolles Maß neuer Klagemöglichkeiten für die Politische Gemeinschaft zu schaffen. Ein deutlicher Schwerpunkt lag dabei auf den größtenteils neu zu schaffenden oder zu ergänzenden verfassungs- und verwaltungsrechtlichen Streitigkeiten. Vorgesehen war zunächst allgemein, Nichtigkeitsklagen bzw. Aufhebungsklagen gegen die generellen oder individuellen „Akte der Gemeinschaft" und Untätigkeitsklagen gegen Gemeinschaftsorgane zuzulassen. Im Hinblick auf die Schaffung eines gemeinsamen Marktes sollten Klagen gegen Gemeinschaftsakte wegen „tiefgreifender wirtschaftlicher Störungen" ermöglicht werden, um nationalstaatlichen Bedenken Rechnung zu tragen. Weiterhin sollten die Verfahren der Sondergemeinschaften auf den Gerichtshof der EPG übergehen, so etwa Streitigkeiten betreffend die allgemeinen vertraglichen Verpflichtungen der Mitgliedstaaten und die wegen deren Nichtbefolgung eingeleiteten Sanktionen (vgl. Art. 88

---

[606] Vorsitzender des Ausschusses war der Italiener Giovanni Persico, Berichterstatter Hans Joachim von Merkatz (Deutsche Partei), der maßgeblichen Anteil an dem Entwurf hatte; vgl. zur Zusammensetzung des Ausschusses die Aufstellung bei Eberhard, EPG, S. 16.

[607] Entschließung IV - „Die gerichtlichen Institutionen der Gemeinschaft", EA 1953, S. 5509f.

EGKSV und Art. 117 EVGV) sowie Streitigkeiten kraft nationaler Zuständigkeitsordnung (Art. 43 Abs. 2 EGKSV, Art. 64 Abs. 2 EVGV). Erweiternd waren Inzidentfestellungsklagen im Rahmen von Vorlagen nationaler Gerichte vorgesehen.

Unter dem Titel „Strafrechtliche Streitigkeiten" fasste der Ausschuss sowohl die Festsetzung von Ordnungsstrafen, finanzielle Sanktionen, Geldbußen und Zwangsgelder (vgl. Art. 36 EGKSV, Art. 107 Abs. 6 und Art. 108 Abs. 2 EVGV) als auch - als Strafrecht im eigentlichen Sinne - Militärstrafsachen gemäß Art. 61, 67 EVGV und den Art. 19, 22, 23 des Justizprotokolls zum EVGV. Unter den Bereich der zivilrechtlichen Streitigkeiten wurden insbesondere Amtshaftungsklagen einschließlich des „sehr umfassenden Komplexes"[608] der Schadensersatzklagen[609] sowie die sog. „Vertragsklagen" (vgl. Art. 42 EGKSV, Art. 63 EVGV) gefasst. Für Vollstreckungssachen sollte der Gerichtshof insoweit zuständig sein, als die Aussetzung der Zwangsvollstreckung aus Titeln der Gemeinschaft (vgl. Art. 39 Abs. 2, 92 EGKSV, Art. 59 Abs. 2 EVGV) oder die Vollstreckung in das Vermögen der Gemeinschaft aufgrund von Titeln von Organen der Mitgliedstaaten[610] betroffen war und ihm allgemein die Befugnis zu Sicherungsmaßnahmen und einstweiligen Anordnungen entsprechend Art. 39 Abs. 3 EGKSV und Art. 59 EVGV gegeben werden.

Schließlich wurden die bereits durch EVGV und EGKS vorgegebenen „Einzelzuständigkeiten kraft Sonderbestimmungen" aufgeführt, also Neubesetzungen und Amtsenthebungen in der Hohen Behörde bzw. im Kommissariat (vgl. Art. 10 Abs. 11 und Art. 12 EGKSV a.F. und Art. 23 EVGV), Streitigkeiten zwischen der Hohen Behörde und Marktteilnehmern aufgrund von Kontrahierungsverboten (Art. 63 § 2 EGKSV), Aberkennung von Ruhegehaltsansprüchen von Mitgliedern des Kommissariats (Art. 20 Abs. 2, UAbs. 4 EVGV), Entscheidung über die Auskunftspflicht der Mitgliedstaaten gegenüber dem Kommissariat (Art. 114 EVGV) und die Mitwirkung bei der Abänderung der Befugnisse der Hohen Behörde nach Ablauf der Übergangszeit (Art. 95 EGKSV). Einige der genannten Zuständigkeiten hätten durch die geplante Verschmelzung der Organe nach der Übergangszeit modifiziert werden müssen. In vielen Bereichen sind die Vorschläge übernommen worden, wie im Folgenden aufzuzeigen ist. Anderes - wie etwa die Untätigkeitsklage - wurde von der Sonderversammlung letztlich verworfen.

b. Die einzelnen Zuständigkeiten des Gerichtshofs

Nach der Endfassung des Satzungsentwurfs verfügt der Gerichtshof zunächst grundsätzlich über diejenigen Kompetenzen, die ihm bereits aufgrund der Verträge über die Montanunion und der EVG zustehen.[611] Die Entscheidung über Streitigkeiten aus den

---

608 Vgl. ausdrücklich Entschließung IV, a.a.O.

609 Art. 34 Abs. 2, 40 EGKSV, Art. 60 EVGV mit Titel I des Justizprotokolls und Art. 114 Abs. 2 EVGV.

610 Siehe auch Art. 1 Protokoll über Vorrechte und Immunitäten der Montanunion und Art. 1 des Entwurfs des Protokolls über Vorrechte und Immunitäten der EVG.

611 Vgl. zu den Einschränkungen Bindschedler, Rechtsfragen der europäischen Einigung, S. 354.

beiden Spezialverträgen richtet sich daher nach Maßgabe dieser Verträge.[612] Diese in Art. 42 § 2 SEPG festgelegte Regelung folgt dem bei der Integration der beiden Teilgemeinschaften verbindlichen Prinzip der Aufrechterhaltung der dortigen Bestimmungen,[613] was in Art. 57 SEPG mit den entsprechenden Ausnahmen geregelt ist. Der Vertrag über die Politische Gemeinschaft zählt damit nur diejenigen Zuständigkeiten auf, welche dem Gerichtshof neu übertragen worden sind und verweist im Übrigen auf die Verträge über die EGKS und die EVG.[614] Die Zuständigkeiten des Gerichtshofs für die die Politische Gemeinschaft betreffenden gerichtlichen Verfahren sind in den Artikeln 41 bis 45 SEPG in „Grundzügen“[615] aufgestellt worden. Danach entscheidet der Gerichtshof insbesondere in „verfassungs- bzw. verwaltungsgerichtsähnlicher Kompetenz“[616] über Streitigkeiten von Mitgliedstaaten untereinander und bei Streitigkeiten zwischen einem Mitgliedstaat und der Gemeinschaft (Art. 41). Darüber hinaus besteht eine Zuständigkeit für Schadensersatz- und Nichtigkeitsklagen gegen die Gemeinschaft, die auch von Privatpersonen erhoben werden können (Art. 42, 43). Weiterhin sieht die Satzung eine Art Vorabentscheidungsverfahren vor (Art. 44) sowie die Überprüfung des Handelns der Gemeinschaftsorgane auf Verstöße gegen die EMRK (Art. 45), die ja gemäß Art. 3 SEPG integraler Bestandteil der Satzung ist.

aa. Gemeinschaft/Länder-Streitigkeiten

Gemäß **Art. 41** § 1 SEPG entscheidet der Gerichtshof „endgültig“[617] über Streitigkeiten unter den Mitgliedstaaten oder zwischen den Mitgliedstaaten und der Gemeinschaft über die Anwendung und Auslegung der Satzung oder eines Gesetzes der Gemeinschaft.[618] In letzterem Fall sind sowohl die Mitgliedstaaten als auch die Gemeinschaft klageberechtigt. Dies wird in Art. 41 nicht ausdrücklich gesagt, ist aber als selbstverständlich miterklärt anzusehen.[619] Die Vorschrift ist etwa mit den „Bund-Länder-Streitigkeiten“ des Art. 93 Abs. 1 Ziff. 3 und 4 GG zu vergleichen.

---

612 Siehe Art. 33-43 EGKSV, Art. 53-65 EVGV.

613 Vgl. Genzer, Die Satzung der Europäischen Gemeinschaft, EA 1953, S. 5662.

614 Vgl. von Merkatz in: Verfassungsausschuss, Einleitender Bericht und Begründung vom 26.2.1953, S. 50.

615 Genzer, Die Satzung der Europäischen Gemeinschaft, EA 1953, S. 5663; von Puttkamer, Der Entwurf eines Vertrages über die Satzung der Europäischen Gemeinschaft, ZaöRV 1953/54, S. 118; insbesondere hatten die Vorschläge des französischen Abgeordneten Teitgen dazu geführt, dass die Regelungen über den Gerichtshof nur in Grundzügen getroffen wurden und die Einzelregelungen späteren Gesetzen vorbehalten werden sollten.

616 Genzer, a.a.O., S. 5663.

617 Der franz. Text lautet: „La cour connaît souverainement litiges..."; Bindschedler, Rechtsfragen der europäischen Einigung, S. 355, schließt daraus, dass der Gerichtshof „vollständig frei in der Beurteilung solcher Konflikte“ sei. Dieser Aussage ist nur insoweit zuzustimmen, als dem Gerichtshof bei diesem Verfahren die Letztverbindlichkeit der Entscheidung zukommt (anders bei Art. 45 SEPG in Menschenrechtsfragen). Der Ausdruck „vollständig frei“ ist daher überzogen, wie schon der Blick auf den Grundsatz der restriktiven Auslegung in Art. 6, S. 2 der Satzung ergibt.

618 Vgl. Art. 89 EGKSV und Art. 65 EVGV, die auf den Streit „unter den Mitgliedstaaten“ abstellen.

619 Vgl. Bindschedler, Rechtsfragen der europäischen Einigung, S. 355.

bb. Revision gegen Urteile erstinstanzlicher Gemeinschaftsgerichte

Art. 41 § 2 SEPG sieht vor, dass der Gerichtshof im Wege der „Kassation oder der Revision“ über Urteile oder Entscheidungen der nachgeordneten Gerichte entscheidet. Der Gerichtshof soll hier offenbar auf die Überprüfung von Rechtsfragen beschränkt werden. Die Ersetzung der Worte „par la voie de l'appel“ in Art. 39 des Entwurfs der Verfassungskommission durch „par la voie de cassation ou de la révision“ im endgültigen Entwurf der Ad hoc-Versammlung weist deutlich darauf hin, dass der Gerichtshof in zweiter Instanz keine Tatsacheninstanz sein sollte.[620] Bemerkenswert ist dabei, dass die Satzung der Politischen Gemeinschaft selbst keine „nachgeordneten Gerichte“ vorsieht, sondern die Zuständigkeit in allen normierten Streitigkeiten dem Gerichtshof selbst überträgt,[621] der damit auch für die Feststellung des Tatsachenstoffs zuständig sein müsste. Eine Revision oder Kassation kommt daher nur in Betracht, sofern ein unteres Gericht der beiden Teilgemeinschaften in erster Instanz tätig war.[622]

cc. Schadensersatzklagen gegen die Gemeinschaft

Der Gerichtshof entscheidet über alle „Klagen gegen die Gemeinschaft“, sofern nicht die Satzung oder ein Gesetz die Zuständigkeit einer anderen Instanz zuweisen (**Art. 42** § 1 SEPG). Diese Bestimmung ist unklar, da der Wortlaut nicht angibt, welche Art von „Klagen“ hier erfasst sind und welche Voraussetzungen erfüllt sein müssen. Art. 42 ist keine allgemein vor die Klammer gezogene Norm, was sich ohne weiteres aus der systematischen Stellung ergibt. Gemeint sind hier nicht etwa Anfechtungsklagen gegen Gemeinschaftsakte, sondern insbesondere Schadensersatzklagen gegen die Gemeinschaft.[623] Dies ergibt sich vor allem aus der Gegenüberstellung dieser Norm mit Art. 43, wo die Aufhebungsklage ausdrücklich geregelt ist, sowie Art. 41 (s.o.). Allerdings fehlen in der Satzung ausdrückliche Vorschriften über die Haftung der Gemeinschaft, sodass diesbezüglich für die EPG eine Regelungslücke anzunehmen ist. Da andererseits die entsprechenden Bestimmungen der Montanunion und der EVG in Kraft bleiben sollen, ist insofern eine analoge Anwendung naheliegend. Durch die unterschiedlichen Materien der beiden Teilgemeinschaften entsteht allerdings eine weitere Schwierigkeit, sodass die jeweilige Analogiebildung auch stark vom Einzelfall abhängen dürfte[624] und für die wirtschaftliche Integration eher die EGKS Vorbild sein dürfte als die auf gemeinsame Verteidigung und Rüstungsprogramme ausgerichtete EVG.

---

620 Vgl. Bindschedler, a.a.O.

621 Dementsprechend kritisiert Robertson, EPG, S. 390 die Vorschrift: „This is one of the obscure provisions of the Draft Treaty, since the latter does not provide for any subordinate tribunals...“.

622 Robertson, EPG, S. 390.

623 Vgl. Bindschedler, Rechtsfragen der europäischen Einigung, S. 355.

624 Bindschedler, a.a.O.

dd. „Aufhebungsklagen“

Art. 43 SEPG regelt mit den „Aufhebungsklagen“ den Typ von Klageart, der im Bereich des Verwaltungsrechts der Anfechtungsklage entsprechen würde. Obwohl das System der Gerichtsbarkeit weitgehend dem der EGKS und der EVG nachgebildet wurde, so ergeben sich im Hinblick auf die Klage nach Art. 43 SEPG Unterschiede von größerer Bedeutung.[625] Nach dieser Vorschrift können Klagen gegen Entscheidungen oder Empfehlungen des Europäischen Exekutivrates und der ihm nachgeordneten Verwaltungsstellen „wegen Unzuständigkeit, Verletzung wesentlicher Formvorschriften, Verletzung der Satzung oder sonstiger gemeinschaftlicher Rechtsnormen oder wegen Ermessensmissbrauch erhoben werden.“ Diese Norm ist ersichtlich Art. 33 EGKSV nachgebildet[626] und beinhaltet demnach nur Klagen gegen die Exekutive, nicht aber gegen Entscheidungen des Rates und des Parlaments der EPG, die grundsätzlich nicht justitiabel sein sollten. Aufhebungsklagen bzw. Nichtigkeitsklagen gegen Beschlüsse des Ministerrates und des Parlaments sieht die Satzung selbst damit nicht mehr vor. Unzutreffend ist es jedoch, daraus zu folgern, dass die entsprechenden Klagen gegen die Ministerräte und die gemeinsamen Versammlungen der EGKS und der EVG ebenfalls entfallen, da diese Organe in den entsprechenden der EPG aufgehen.[627] Trotz der Fusion der Gemeinschaftsorgane resultiert das Gegenteil aus der Regelung Art. 42 § 2 SEPG. Danach entscheidet der Gerichtshof allgemein über Streitigkeiten, die aus dem EGKSV und dem EVGV entstehen, „nach Maßgabe dieser Verträge“. Dies bedeutet zugleich, dass die in diesen Spezialgemeinschaften vorgesehenen Anfechtungsmöglichkeiten gegen Beschlüsse des Ministerrates fortbestehen, sofern und soweit der Rat in seiner Eigenschaft als Nachfolgeorgan der Räte dieser Gemeinschaften entscheidet.[628]

Die fehlende Anfechtbarkeit von Ratsbeschlüssen der neuen Gemeinschaft war eine Konzession an diejenigen, die das nationale Element gestärkt sehen wollten und trug zugleich der sich in den späteren Beratungen durchsetzenden Ansicht der Mehrheit der Abgeordneten Rechnung, den Gerichtshof nicht zu einem politischen Organ zu machen bzw. die „Gefahr einer Politisierung der Justiz“ auszuschalten.[629] Eine mögliche Anfechtung von Beschlüssen des Ministerrates oder auch des Exekutivrates vor nationalen Gerichten musste jedoch berücksichtigt werden, um die Autorität der Gemeinschaft vor der nationalstaatlichen Justiz zu wahren. Hierzu wurde die Ausschlussregelung des

---

[625] Bindschedler, a.a.O., S. 357.

[626] Vgl. ebenso Art. 54 EVGV.

[627] So aber ausdrücklich Bindschedler, Rechtsfragen der europäischen Einigung, S. 358.

[628] Vgl. Breitner, Supranationaler Rechtsschutz, EA 1954, S. 6263f, der auch diese Möglichkeit erwägt, jedoch wegen des generellen Ausschlusses der Anfechtbarkeit von Ratsbeschlüssen hieran Zweifel hegt - vgl. Art. 60 SEPG zur Fusion der Organe und die Verfahren nach Art. 38 EGKSV und Art. 58 EVGV (jeweils Aufhebungsklagen gegen Beschlüsse der Versammlung).

[629] Genzer, Die Satzung der Europäischen Gemeinschaft, EA 1953, S. 5663; von Puttkamer, Der Entwurf eines Vertrages über die Satzung der Europäischen Gemeinschaft, ZaöRV 1953/54, S. 118; vgl. insbesondere auch die Begründung des Abg. von Merkatz in: Verfassungsausschuss, Einleitender Bericht und Begründung vom 26.2.1953, S. 45.

Art. 44 geschaffen (s.u.). Gleichwohl erscheint die insgesamt bestehende Beschränkung der Überprüfung von Rats- und Parlamentsbeschlüssen, insbesondere der Verzicht auf Organstreitverfahren, problematisch zu sein. Gerade die neuartige institutionelle Struktur der EPG,[630] die historisch ohne echtes Vorbild war, lässt vermuten, dass es zu zahlreichen Meinungsverschiedenheiten zwischen den Organen gekommen wäre, wenngleich die „echten Kompetenzen" der Gemeinschaft noch begrenzt waren. Das Fehlen dieser Regelung könnte sich allerdings schnell als schmerzliche Unterlassung herausgestellt haben. Der generelle Ausschluss verfassungsrechtlicher Streitigkeiten zwischen den Organen ist damit als bewusste, jedoch kritische Regelungslücke zu konstatieren, die nur mit der selbst auferlegten Zurückhaltung der Mitglieder der Versammlung und des Unterausschusses zu erklären ist.

Klageberechtigt soll - in missverständlicher Formulierung - „irgendein Beteiligter" sein[631]. Ohne Zweifel sind die Mitgliedstaaten als Teile der Gemeinschaft und Rechtssubjekte aktivlegitimiert, ebenso können Privatpersonen klagen, sofern sie eine Interessenverletzung geltend machen können.[632] Die Anforderung einer konkreten Rechtsbeeinträchtigung wie im deutschen Verwaltungsrecht (vgl. § 42 Abs. 2 VwGO) lässt sich dagegen zumindest dem Wortlaut der Vorschrift nicht entnehmen.[633] Dagegen ist davon auszugehen, dass ein Klagerecht der einzelnen Organe der Gemeinschaft grundsätzlich nicht bestehen soll,[634] was sich aus der bereits erwähnten Absicht des Verfassungsausschusses und der Sonderversammlung ergibt, Organstreitigkeiten nicht zuzulassen.[635]

ee. Vorabentscheidungsverfahren

Gemäß **Art. 44** SEPG entscheidet der Gerichtshof über die Gültigkeit von Entscheidungen und Empfehlungen des Exekutivrates oder (anders als in Art. 43) des Rates der nationalen Minister, sofern die Gültigkeit in einem Prozess vor einem nationalen Gericht in Zweifel gestellt wird. In einem Falle des Art. 44 können die nationalen Gerichte das Verfahren aussetzen und die Entscheidung des Gerichtshofs einholen. Es handelt sich demnach um ein Verfahren der Vorabentscheidung, wie es das heutige Gemeinschaftsrecht ähnlich in Art. 234 (ex Art. 177) EGV vorsieht. Fraglich ist dabei zunächst, ob die nationalen Gerichte nicht nur berechtigt, sondern auch verpflichtet sind, in derartigen Fällen den Gerichtshof anzurufen. Eine genaue Regelung wie in Art. 234 EGV, wo die letztinstanzlichen Gerichte, nicht aber die Untergerichte zur

---

630 Drastischer Robertson, EPC, S. 400: „The result is a more complicated political structure than has been known hitherto".

631 Die französische Fassung spricht von „tout intéresse".

632 Bindschedler, Rechtsfragen der europäischen Einigung, S. 356.

633 Vgl. auch Breitner, Supranationaler Rechtsschutz, EA 1954, S. 6264.

634 Bindschedler, Rechtsfragen der europäischen Einigung, S. 357; Genzer, Die Satzung der Europäischen Gemeinschaft, EA 1953, S. 5663.

635 Von Merkatz in: Verfassungsausschuss, Einleitender Bericht und Begründung vom 26.2.1953, S. 51: „Die Entscheidung von Organstreitigkeiten ist im Laufe der Verhandlungen ausgeschieden worden, weil die Gefahr nahe liegt, dass es sich hier vorwiegend um Verfassungsstreitigkeiten handeln würde, die ihrem Wesen nach politische Streitigkeiten sind."

Vorlage verpflichtet sind, fehlt in Art. 44 SEPG, der ohnehin nur fragmentarischen Charakter aufweist. Die Formulierung „ist ausschließlich zuständig ... falls sich die Frage der Gültigkeit erhebt“ weist indessen darauf hin, dass bei entsprechend begründeten Zweifeln auch den Untergerichten die Pflicht zur Vorlage zukommt.[636] Fraglich ist dagegen, welche Anforderungen an die Vorlagepflicht bzw. Vorlageberechtigung zu stellen sind. Der Entwurf der Arbeitsgruppe vom 18.2.1953 an den Verfassungsausschuss sah zunächst noch die Formulierung „falls bei einem staatlichen Gericht diese Gültigkeit in Frage gestellt wird“ vor.[637] Die spätere Formulierung „...falls sich bei einem Streitfall vor dem Gericht eines Mitgliedstaates die Frage der Gültigkeit erhebt“[638] spricht etwas mehr für eine (objektivierte) Entscheidung des nationalen Gerichts, eine Erzwingung der Vorlage durch die Beteiligten war wohl nicht beabsichtigt. Man wird damit dem unteren Gericht einen weiteren Ermessensspielraum in der Frage zubilligen können, ob ernsthaft und substanziell „die Frage der Gültigkeit“ gestellt wird, ob also erhebliche Bedenken tatsächlich bestehen und diese auch für den konkreten Fall entscheidungserheblich sind.

Ein ganz anderes Problem stellt sich aber in diesem Zusammenhang mit dem Verhältnis von nationalem Recht zu dem Gemeinschaftsrecht. Die Satzung enthält keine ausdrückliche Regelung zur Konkurrenz der Rechtsordnungen, sie setzt jedoch unausgesprochen den Vorrang des Gemeinschaftsrechts voraus, was durch eine (zunächst) zurückhaltende Auslegung der Gemeinschaftskompetenzen ausgeglichen werden sollte (Art. 6 § 2 SEPG). Der Wortlaut des Art. 44 legt jedoch nahe, dass auch nationales Verfassungsrecht - etwa die Grundrechte des Grundgesetzes - der Überprüfung durch den Gerichtshof unterliegen, sofern die genannten Rechtsakte der Gemeinschaftsorgane in einem Verfahren in Frage gestellt werden. Der Konflikt in der EU/EG hinsichtlich des Vorrangs des Gemeinschaftsrechts vor nationalem Verfassungsrecht[639] hätte sich in gleicher Weise gestellt, wie dies bei Inkrafttreten der EPG-Satzung der Fall gewesen wäre. Allerdings scheint es, dass die Dimension des Problems der Kollision von Gemeinschaftsrecht mit nationalen Grundrechten noch nicht hinreichend in seiner Brisanz und Dimension erkannt worden ist. Die spätere Entwicklung der Gemeinschaft und der Rechtsprechung des EuGH zeigt deutlich auf, dass Art. 44 eine bedeutende Problematik enthielt, die erst in späterer Zeit in aller Konsequenz zutage getreten wäre und einer Lösung hätte zugeführt werden müssen. Sicher erscheint jedoch, dass Art. 44 SEPG die Autorität der Gemeinschaftsorgane und eine einheitliche Rechtsprechung in Europa gefördert hätte. Die Norm beinhaltet daher ein beachtliches - aber damals nur wenig beachtetes - Integrationspotential.

---

[636] Auch Bindschedler, a.a.O., geht offenbar von einer allgemeinen Pflicht aus: „... haben die nationalen Gerichte das Verfahren auszusetzen und den Entscheid des Gerichtshofes einzuholen.“ In die gleiche Richtung formuliert Robertson, EPC, S. 396: „Any disputes arising ... shall be referred to the court.“

[637] Ad hoc-Versammlung, Satzung der Europäischen Gemeinschaft, Entwurf der Artikel von der Arbeitsgruppe dem Verfassungsausschuss vorgelegt am 18.2.1953, AA/CC (4) 28.

[638] Vgl. hierzu Art. 41 EGKSV und Art. 62 EVGV.

[639] Siehe nur die Entscheidungen Solange I (BVerfGE 37, 271) und Solange II (BVerfGE 73, 339) sowie exempl. Wieseler/Schmitz, Das Verhältnis des europäischen Gemeinschaftsrechts zum Recht der Mitgliedstaaten, MDR 1993, S. 723ff.

ff. Untätigkeitsklagen

Eine Untätigkeitsklage gegen Gemeinschaftsorgane, insbesondere den Exekutivrat, sieht das Statut der EPG nicht vor. Die entsprechenden Regelungen des EGKS und der EVG wurden nicht übernommen.[640] Sie bleibt aber im Verhältnis zur Hohen Behörde der Montanunion bestehen, während sie in der EVG mit der Abschaffung des Kommissariats hinfällig ist.[641] Dic Funktion der Untätigkeitskontrolle wird - auf politischer, nicht auf juristischer Ebene - vom Parlament oder vom Ministerrat übernommen. Demgegenüber hatte der Verfassungsausschuss noch im Dezember 1952 vorgesehen, „*Untätigkeitsklagen und Klagen auf Vornahme von Handlungen durch den Europäischen Exekutivrat sowie der Hohen Behörde und das Kommissariat gemäß der Verpflichtung auf Vornahme bestimmter Handlungen*" der Gerichtsbarkeit des Gerichtshofs zu unterstellen.[642] Diese Entschließung wurde jedoch in die endgültige Fassung nicht übernommen, was wiederum der beschriebenen politischen Zurückhaltung bei der Zuweisung der Kompetenzen des Gerichtshofs entspricht.[643] Wie bereits ausgeführt, sieht die Satzung eine verfassungsrechtliche Streitigkeit zwischen den obersten Organen grundsätzlich nicht vor, sondern unterwirft nur die Akte des Exekutivrates einem möglichen Anfechtungsverfahren.

Damit unterscheidet sich das Statut deutlich von der Regelung des EGV, wo die Untätigkeitsklage in Art. 232 (ex Art. 175) ausdrücklich vorgesehen ist. Sie kann sich gegen jedes Organ der Gemeinschaft richten und steht in „privilegierter" Form den Mitgliedstaaten und (übrigen) Organen zur Verfügung (Art. 232 Abs. 1 EGV) sowie bei der Geltendmachung individueller Rechtsverletzungen auch natürlichen und juristischen Personen (Art. 232 Abs. 3 EGV). Sie ist nach wohl einhelliger Auffassung als Feststellungsklage einzuordnen.[644] Auf den ersten Blick mag daher in der Regelung der EPG ein nur unzureichender Schutz gegen Untätigkeit und damit auch gegen Stagnation vorgesehen sein. Allerdings ist zu bedenken, dass die Untätigkeitsklage des EGV auch einen Ausgleich für die zunächst schwachen legislativen Kompetenzen des Europäischen Parlaments darstellt(e)[645] und damit ein Bedürfnis für diese Klageart bestand. Das mehr nach dem „klassischen parlamentarischen Muster"[646] aufgebaute System der

---

640 Vgl. Art. 35 EGKSV und 55 EVGV.

641 Bindschedler, Rechtsfragen der europäischen Einigung, S. 358.

642 Entschließung IV des Verfassungsausschusses der Ad hoc-Versammlung vom 20.12.1952, „Die gerichtlichen Institutionen der Gemeinschaft" in EA: 1953, S. 5509.

643 Vgl. Abg. Montini in: Ad hoc-Versammlung, Debatte, S. 85: „Der Gerichtshof möge kein politisches Organ werden"; vgl. auch die Begründung des Berichterstatters von Merkatz in: Verfassungsausschuss, Einleitender Bericht und Begründung vom 26.2.1953, S. 49ff; Genzer, Die Satzung der Europäischen Gemeinschaft, EA 1953, S. 5663 („... um die bei einer solchen Verfassungsstreitigkeit auftauchende Gefahr einer Politisierung der Justiz auszuschalten").

644 Huber, Integration, § 19, Rn. 35ff (S. 278ff); Bleckmann, Europarecht, Rn. 894ff.

645 Vgl. Oppermann, Europarecht, Rn. 748 (S. 281).

646 Vgl. Snoy et d'Oppuers, Des Traites de Rome a l'Europe Politique, FS Ophüls S. 193: „...était de type classique"; Robertson, EPC, S. 399 (mit Einschränkungen) „The shadow of Montesquieu is once more with us...".

EPG sieht demgegenüber - zumindest perspektivisch - die beiden Kammern des Parlaments in einer zentralen Funktion, sodass die Untätigkeitsklage im Rechtsschutzsystem der EPG eher als verzichtbar erschien. Dies auch deswegen, weil grundsätzlich das Initiativrecht ebenso beim Parlament wie bei dem Europäischen Exekutivrat liegt (Art. 23 § 1 SEPG). Allerdings könnte sich hier der Ausschluss des parlamentarischen Initiativrechts im Bereich der Wirtschaftsgesetzgebung spürbar auswirken.

gg. Einklagbarkeit der Menschenrechte und Grundfreiheiten der EMRK

Art. 45 SEPG setzt auf dem Gebiet der Rechtsprechung die Einbeziehung der Menschenrechte und Grundfreiheiten der EMRK um, die nach Art. 3 Bestandteil der Satzung sind und deren Wahrung zu den allgemeinen Zielen und Aufgaben der Gemeinschaft gehört (Art. 2 Abs. 1); die Vorschrift besitzt für das Rechtsschutzsystem der Gemeinschaft und das in ihr verankerte Verständnis von Menschenrechten eine herausragende Bedeutung.[647] Mit Art. 45 wird die Möglichkeit geschaffen, Rechtsverletzungen von Gemeinschaftsorganen in der gleichen Weise geltend zu machen, wie dies vor den Gerichten der Mitgliedstaaten gegenüber einzelstaatlichen Rechtsakten möglich ist. Die Gemeinschaftsorgane sind nicht nur gemäß Art. 2, 1. Spiegelstrich und Art. 3 SEPG an die Bestimmungen der EMRK gebunden, sondern es können auch hiervon Betroffene (Bürger der Gemeinschaft, juristische Personen) ihre subjektiven Rechte in einem Verfahren vor dem Gerichtshof geltend machen. Ohne Art. 45 hätten die Betroffenen bei Verletzungen der EMRK durch Organe der Gemeinschaft satzungsgemäß keine Rechtsmittel, da die Gemeinschaft kein Mitglied der EMRK bzw. des Europarates war[648] und somit gegen Rechtsakte der Gemeinschaftsorgane der Weg zu den Konventionsorganen versperrt war. Auch ein Beitritt der Gemeinschaft selbst zur Konvention wurde vorsichtig erörtert.[649] Es erschien daher zunächst notwendig und folgerichtig, die Politik und Maßnahmen der Gemeinschaft bereits frühzeitig auf die Rechte und das Verfahren der EMRK auszurichten, wobei Art. 45 den ersten Schritt darstellte. Einer der nächsten Schritte hätte dann der Beitritt der Gemeinschaft zur EMRK sein können[650], der in der EU/EG später trotz jahrzehntelanger Diskussion nicht realisiert wurde.[651]

Art. 45 § 2 SEPG normiert ein weiteres Zugeständnis an das Regelungssystem der EMRK. Wird eine Klage nach Maßgabe des § 1 erhoben, so gilt sie „als nach den Bestimmungen des Art. 26 der Konvention zur Wahrung der Menschenrechte und Grund-

647 Robertson, EPC, S. 396: „The most important reference to human rights...".

648 Zum Zeitpunkt der Vorstellung der Satzung hatten aber bereits alle sechs „EPG-Staaten" die Konvention unterzeichnet und es wurde deren Ratifizierung allgemein erwartet, vgl. Robertson, a.a.O.

649 Vgl. Sonderversammlung, Verfassungsausschuss, Aufzeichnungen und Berichte, Band I, AA/CC (3)17.

650 Dies fordert ausdrücklich Robertson, a.a.O.; zurückhaltend aber: Verfassungsausschuss, Unterausschuss für richterliche Einrichtungen, Januar-Februar 1953, unter Verweis auf die technischen Schwierigkeiten eines Beitritts: „Es ist bisher nicht vorgesehen, dass die Gemeinschaft Mitglied des Europarates werden soll" (AA/CC/SCJ (4) 6, S. 3).

651 Exempl. Oppermann, Europarecht, Rn. 77 (S. 40f); Busse, Die Geltung der EMRK für Rechtsakte der EU, NJW 2000, S. 1074 m.w.N. zur langjährigen Diskussion zu dieser Frage.

freiheiten erhoben". Diese unklar formulierte Bestimmung kann im Ergebnis nur heißen, dass eine vorgeschaltete Klage vor den nationalen Gerichten als Zulässigkeitsvoraussetzung nicht verlangt wird und somit auf die in Art. 26 EMRK geforderte Rechtswegserschöpfung durch Bildung einer Fiktion verzichtet wird.[652]

Ein weiteres Problem ergibt sich aus der Tatsache als solcher, dass dem Gerichtshof der Gemeinschaft mit dem vorgenannten Verfahren die Kompetenz zugewiesen wird, zu entscheiden, ob Handlungen von Gemeinschaftsorganen die Bestimmungen der EMRK verletzen. Damit wird dem Gerichtshof die Interpretation der Menschenrechtskonvention zugeschrieben, die eigentlich die originäre Aufgabe des Europäischen Gerichtshofs für Menschenrechte (EGMR) bzw. der Kommission wäre, sodass offensichtlich die Gefahr divergierender Auslegungen besteht.[653] Dieser Gefahr tritt § 3 des Art. 45 entgegen, der bestimmt, dass nach Schaffung der entsprechenden Instanzen der EMRK eine Vorlagepflicht des Gerichtshofs der EPG besteht, sofern *„eine grundsätzliche Frage bezüglich der Auslegung oder des Umfangs der Verpflichtungen aus der genannten Konvention aufgeworfen wird, die alle an ihr beteiligten Vertragspartner berührt"*. In einem solchen Fall ist der Gerichtshof der Gemeinschaft verpflichtet, das Verfahren auszusetzen, *„bis die grundsätzliche Frage durch die in der Konvention zur Wahrung der Menschenrechte und Grundfreiheiten geschaffenen Instanzen geklärt ist."* Diese Bestimmung setzt korrespondierende Bestimmungen der EMRK voraus und könnte dazu beitragen, die Autorität der Konventionsorgane zu wahren und widersprüchliche Interpretationen zu vermeiden.

Fraglich ist indessen, ob diese Bestimmung ausreichend ist, effektiven Rechtsschutz im Anwendungsbereich der Menschenrechtskonvention zu gewährleisten. Das Aussetzungsverfahren kann u.U. ein langwieriges sein und Rechtsmittel beim Gerichtshof haben grundsätzlich keine aufschiebende Wirkung (Art. 49, S.1 SEPG). Diese Bedenken sind indessen im Ergebnis nicht durchgreifend. Bei drohender Rechtsgutsbeeinträchtigung bzw. -vereitelung kann der Gerichtshof die Vollstreckung zunächst nach Art. 49, S.2 SEPG aussetzen. Sodann ist die erhebliche Zeitersparnis durch die direkte Klagemöglichkeit zum Gerichtshof - ohne Zwischenschaltung eines unteren Gerichts - zu sehen. Auch sind die Anforderungen an eine Vorlage hoch, da die aufgeworfene Rechtsfrage für alle Konventionsstaaten von Bedeutung sein muss. Daher dürfte es dem Gerichtshof in einer Vielzahl von Fällen möglich sein, bereits ohne Vorlage letztverbindlich zu entscheiden. Hervorzuheben ist, dass die Vorlagepflicht des Gerichtshofs zu den Instanzen der EMRK nicht seine Verwerfungskompetenz bzw. sein Verwerfungsmonopol betreffend Rechtsakte der Gemeinschaft berührt, da das „Vorabverfahren" nur zur Klärung von Grundsatzfragen, nicht jedoch zur Streitentscheidung führen kann. Allerdings bindet sich die Politische Gemeinschaft in einer Weise an die Rechtsprechung der Konventionsorgane, wie es in der EU/EG trotz Ori-

---

[652] Im Ergebnis ebenso: Robertson, EPC, S. 396f: Er bezeichnet die Vorschrift als „rather cryptic paragraph 2 of Article 45 of the Draft Treaty...".

[653] Robertson, a.a.O., S. 397; vgl. auch Schwarz-Liebermann von Wahlendorf, Die Europäische Gemeinschaft, AVR 1953/54, S. 437.

entierung an der EMRK durch Einfügung des Art. F Abs. 2 EUV (Art. 6 Abs. 3 EUV/Amsterdam) derzeit weder der Fall noch konkret geplant ist[654] und mit der nunmehr ernsthaft angegangenen Schaffung einer verbindlichen Grundrechtscharta in der EU auch auf Dauer ausgeschlossen sein dürfte.

Ergänzend geplant zur effektiven Durchsetzung der EMRK war von dem Unterausschuss für juristische Institutionen ein Recht des Exekutivrates, einzelne Mitgliedstaaten zur Klageerhebung vor dem Europäischen Gerichtshof zu ersuchen, einen anderen Mitgliedstaat vor dem (künftigen) Gerichtshof der Konvention von Rom zu verklagen. Der ersuchte Staat sollte verpflichtet sein, diesem Ersuchen stattzugeben.[655] Dieser Vorschlag konnte sich jedoch in der Folgezeit nicht durchsetzen, da Art. 45 als ausreichender Schutz der Menschenrechte nach der Konvention angesehen wurde und die Vorschrift wohl auch als zu konfliktträchtig betrachtet wurde.

hh. Schiedsgerichtsbarkeit

Art. 47 SEPG sieht vor, dass der Gerichtshof bestimmte Konflikte als Schiedsgericht entscheidet, sofern dies in der Satzung oder in einem Gesetz der Gemeinschaft so vorgesehen ist. Die Einsetzung eines Schiedsgerichtes war aus der Sicht der Entwurfsverfasser die notwendige Ergänzung zu der Zurückhaltung bei der Einräumung von Entscheidungskompetenzen im politischen Bereich. Denn während hinsichtlich der rechtsstaatlichen Garantien - etwa bei der Wahrung der Menschenrechte - die Befugnisse des Gerichtshofs durchaus beachtlich und umfassend sind, ist man bei Schaffung der Satzung darauf bedacht gewesen, ihrer Natur nach politische Streitigkeiten möglichst weitgehend einem Sachurteil des Gerichtshofs zu entziehen.[656] Diese Bestrebung schlägt sich insbesondere auch in der bereits dargestellten Entscheidung nieder, Streitigkeiten zwischen Organen der Gemeinschaft nicht dem Gerichtshof zu überantworten[657] und Verfahren gegen Rechtsakte des Rates und des Parlaments (im Bereich der EPG) nicht zuzulassen. Diese Bereiche wären daher mögliche Anwendungsbereiche für den Gerichtshof als Schiedsgericht, wobei allerdings vorrangig an Streitigkeiten zwischen den Mitgliedstaaten gedacht worden sein dürfte. Dabei hätten jedoch die notwendigen Bestimmungen zu Voraussetzung und Verfahren noch geschaffen werden müssen; insbesondere beinhaltet die Satzung gerade noch keine detaillierte Vorschrift,

---

[654] Vgl. zur Bindung der EU/EG an die EMRK etwa Bleckmann, Europarecht, Rn. 19f, 102ff und 1417, ausführlich in jüngerer Zeit Busse, Die Geltung der EMRK für Rechtsakte der EU, NJW 2000, S. 1074ff.

[655] Verfassungsausschuss, Unterausschuss für richterliche Einrichtungen, Januar-Februar 1953, AA/CC/SCJ (4) 6, S. 6.

[656] Vgl. Schwarz-Liebermann von Wahlendorf, Die Europäische Gemeinschaft, AVR 1953/54, S. 436 und von Puttkamer, Der Entwurf eines Vertrages über die Satzung der Europäischen Gemeinschaft, ZaöRV 1953/54, S. 118 sowie v. Brentano in: Bulletin der Bundesregierung 1953, Nr. 105, S. 891: „So wird der Gerichtshof der Gemeinschaft im Bereich der eigentlichen Verfassungsstreitigkeiten vor allem Schiedsrichter sein."

[657] Vgl. Schwarz-Liebermann von Wahlendorf, Die Europäische Gemeinschaft, AVR 1953/54, S. 436f.

die die Zuständigkeit des Gerichtshofs („*...auf Grund dieser Satzung oder eines Gesetzes*") umfassend festlegen würde.

Ein ausdrücklich geregelter Zuständigkeitsbereich für den Gerichtshof bzw. einen noch gesondert zu errichtenden Schiedsgerichtshof ergibt sich aus **Art. 73** SEPG im Rahmen der Regelungen über die zwischenstaatlichen Beziehungen der Gemeinschaft. Absatz 1 begründet zunächst eine Unterrichtungspflicht der Mitgliedstaaten gegenüber dem Exekutivrat, sofern diese Verträge verhandeln, „*welche die Interessen der Gemeinschaft berühren*". Diese weite Formulierung dürfte in nahezu allen Verträgen von wirtschaftlicher Relevanz, aber auch in zahlreichen anderen Bereichen eine Pflicht zur Unterrichtung auslösen. Sofern dann der Exekutivrat der Auffassung ist, dass Gemeinschaftsinteressen beeinträchtigt werden könnten und eine Einigung mit dem Staat nicht erreicht werden kann, so ist die Streitigkeit einem Vermittlungsverfahren und gegebenenfalls dem Schiedsverfahren zu unterwerfen (Art. 73 Abs. 2). Mit „Schiedsverfahren" ist hier primär das Verfahren vor einem gesonderten Schiedsgericht gemeint, dessen Aufgaben bis zu seiner Konstituierung der Gerichtshof der Gemeinschaft wahrnehmen soll. Dies ergibt sich aus der Regelung des Art. 86, wo ausdrücklich die Anrufung des „in Artikel 73 vorgesehenen Schiedsgerichtes" ermöglicht und der Gerichtshof für vorläufig zuständig erklärt wird. Zur Ausarbeitung des detaillierten Vermittlungs- und Schiedsverfahrens ist die Gemeinschaft im Übrigen gemäß § 71 § 3 ausdrücklich beauftragt.

ii. Schiedsgerichtsbarkeit bei der Verwirklichung des gemeinsamen Marktes

Auf Art. 73 verweist - wie ausgeführt - sodann **Art. 86** aus dem Bereich der wirtschaftlichen Zuständigkeiten der Gemeinschaft (Kapitel V). Danach können Mitgliedstaaten gegen Maßnahmen, die die Gemeinschaft zur Errichtung des gemeinsamen Marktes im Rahmen des Art. 84 § 3 ergriffen hat, den Gerichtshof als Schiedsgerichtshof anrufen, sofern nach ihrer Auffassung die betreffende Gemeinschaftsmaßnahme in der Wirtschaft des Mitgliedstaates eine grundlegende und dauernde Störung verursachen könnte. Dem Gerichtshof steht dann die Kompetenz zu, das Vorliegen oder Nichtvorliegen bzw. ein mögliches unmittelbares Bevorstehen solcher Störungen festzustellen. Er kann auch die Anwendung der beschlossenen Maßnahmen suspendieren, bis das zuständige Organ die notwendigen Vorkehrungen zur Verhinderung der Störungen ergriffen hat. In der Hauptsache kann der Gerichtshof in diesem Bereich nur ein Feststellungsurteil erlassen.[658]

Fraglich ist allerdings, welcher Art diese „Maßnahmen" sein müssen, ob dies also nur Akte der Exekutive sein können oder auch Gesetze der in Art. 86 geregelten Verfassungsklage unterworfen werden können, die das Parlament selbst als Gesetzgeber beschlossen hat. Nach einer Auffassung deute der Sinn des Art. 86 darauf hin, dass hier Regierungsmaßnahmen auf der Grundlage von formellen Gesetzen gemeint seien, ins-

---

[658] Vgl. Bindschedler, Rechtsfragen der europäischen Einigung, S. 357.

besondere Rechtsverordnungen.[659] Die in der Norm genannte Mitteilung an die Präsidenten der beiden Kammern (Art. 86 Abs. 3, S.2)[660] sei daher nur als besonderer Anlass zur Ausübung der parlamentarischen Kontrolle zu verstehen. Zudem bedürfe es der Überprüfung durch den Gerichtshof auf Antrag eines Mitgliedstaates eher bei Rechtsvorschriften der Exekutive als bei Parlamentsgesetzen, denen die nationalen Minister im Rat regelmäßig zuvor bereits zugestimmt haben dürften. Schließlich sei das Kontrollbedürfnis gegenüber dem Exekutivrat im Hinblick auf dessen marktpolitische Maßnahmen besonders groß.[661]

Diese Auffassung erscheint jedoch nicht überzeugend. Dem steht zum einen der klare Verweis in Art. 86 Abs. 1 auf Art. 84 § 3 SEPG entgegen,[662] in dem keine Trennung von Verordnungen und Parlamentsgesetzen vorgenommen worden ist. Zudem spricht insbesondere die definitive Zuständigkeit des besonderen Schiedsgerichtes gegen die erstgenannte Auffassung. Gerade das Schiedsgericht, welches für Streitigkeiten von besonderer Bedeutung und politischer Natur eingesetzt werden sollte, wäre die geeignete Instanz für diese Fragen,[663] dessen Zuständigkeit widerspricht daher nicht dem verfolgten Grundsatz der „politischen Zurückhaltung“ der Justiz in der neuen Politischen Gemeinschaft. Auch scheint gerade der Schutzzweck der Norm für die weitergehende Auffassung zu sprechen, um den bei der Gesetzgebung nur auf Mitwirkung beschränkten Staaten eine Kontrollmöglichkeit an die Hand zu geben und damit auch nationalen Vorbehalten gegen Souveränitätsverzicht entgegenzuwirken. Das Argument, die Mitgliedstaaten hätten über den Rat der nationalen Minister dem Gesetz zugestimmt, sodass es keines gerichtlichen Verfahrens bedürfe, greift im Hinblick auf den Übergang zu Mehrheitsentscheidungen im Rat nach dem Ablauf von sechs Jahren nicht durch. Auch entscheidet der Senat als weiterer Vertreter der Staaten ebenfalls mehrheitlich (2/3) im Bereich der Wirtschaftsgesetzgebung (vgl. o. und Art. 84 § 3 SEPG), sodass ein Vetorecht in beiden Organen nicht besteht. Eine Überprüfungsmöglichkeit auch von Parlamentsgesetzen durch den Schiedsgerichtshof ist daher anzuerkennen.

jj. Streitigkeiten betreffend Assoziierungen

Art. 92 SEPG beschreibt die Zuständigkeit des Gerichtshofs für Streitigkeiten zwischen der Gemeinschaft und einem assoziierten Staat und für solche Streitigkeiten, welche die Angehörigen eines assoziierten Staates betreffen.[664] Selbstverständlich muss die Zuständigkeit des Gerichtshofs in dem betreffenden Assoziationsvertrag zusätzlich vereinbart werden. Bemerkenswert ist aber, dass der assoziierte Staat entsprechend den

[659] Genzer, Die Satzung der Europäischen Gemeinschaft, EA 1953, S. 5658.

[660] Art. 86 Abs. 3, S. 2 SEPG lautet: „Das angerufene Gericht macht dem Präsidenten der Völkerkammer und dem Präsidenten des Senats von der Einreichung der Klage sowie von seinen Entscheidungen Mitteilung.“

[661] Genzer, a.a.O.

[662] Art. 84 § 3 beschreibt das Gesetzgebungsverfahren im Bereich des Wirtschaftsrechts auf Initiative des Exekutivrates; vgl. Bindschedler, a.a.O., S. 357, Fn. 29.

[663] Ähnlich Bindschedler, a.a.O.

[664] Siehe zur Assoziation mit der EPG unten E, II.

Abkommen Richter zu den Gerichten der Gemeinschaft entsenden kann, sofern es um Streitigkeiten im Rahmen des Art. 92 geht. Auch mit dieser Vorschrift wird deutlich, wie sehr die Regeln der Assoziation darauf zugeschnitten waren, insbesondere Großbritannien möglichst eng an die Gemeinschaft zu binden. Diese weitgehende Konzession an die assoziierten Staaten ist von der EU/EG nicht gemacht worden. So haben etwa Griechenland (1961) oder die Türkei (1963) bei Vereinbarung der Assoziierung keineswegs das Recht erhalten, Richter an den Gerichtshof der Gemeinschaft zu entsenden, ebenso wenig wie Malta (1970) und Zypern (1972) im Rahmen der Freihandelsassoziation.[665] So ist es etwa Aufgabe des EuGH, die Auslegung der für die Praxis inzwischen immens bedeutsamen Regelung des Assoziationsratsbeschlusses (ARB) 1/80 EWG/Türkei im Rahmen seiner Zuständigkeiten auszulegen, ohne dass hieran türkische Richter beteiligt wären. Voraussetzung für die Zuständigkeit des EuGH bei Streitigkeiten aus dem Assoziationsverhältnis ist aber auch hier eine Zuständigkeitsregel in dem jeweiligen Vertrag, da die Assoziation keine supranationale Ordnung begründet, sondern in diesem Rahmen primär dem allgemeinen Völkerrecht zuzuordnen ist.

kk. Änderung des Statuts

Art. 111-113 SEPG sehen für die Änderung des Statuts jeweils unterschiedlich strenge Verfahren vor, je nachdem wie grundlegend die betreffenden Bestimmungen für das Verhältnis der Gemeinschaft zu den Mitgliedstaaten sind. Dies kann zu Zweifeln und Streitigkeiten über die jeweils anwendbare Norm führen[666], sodass **Art. 114** hierfür die Zuständigkeit des Gerichtshofs vorsieht. Klageberechtigt sind gemäß dem Wortlaut des Art. 114 die Organe der Gemeinschaft oder ein Mitgliedstaat. Die Norm lässt hinsichtlich der berechtigten Organe die enumerative Aufzählung vermissen, wie sie etwa Art. 230 (ex Art. 173) Abs. 2 EGV[667] aufweist. Eine Klageberechtigung des Gerichtshofs als Organ der Gemeinschaft kommt jedoch bereits aus grundsätzlichen Erwägungen nicht in Betracht. Anders ist dies bei dem ebenfalls als Organ genannten Wirtschafts- und Sozialrat (vgl. Art. 9 SEPG). Dieser ist zwar nur als beratendes Gremium konzipiert (Art. 50 SEPG), sodass eine Klagebefugnis mangels möglicherweise betroffener Rechte nicht zwingend erscheint. Dennoch kann der insoweit eindeutige Wortlaut nicht umgangen werden, sodass das bemerkenswerte Ergebnis die Folge ist, dass der Wirtschafts- und Sozialrat zwar in Fragen einer „Verfassungsänderung" klagebefugt ist, nicht jedoch bei den (insofern näherliegenden) Zweifelsfragen bei der Einführung des gemeinsamen Marktes.[668] Allerdings hatten die Satzungsgeber durchaus dem Wirtschafts- und Sozialrat eine gewichtige Stimme - wenn auch ohne bedeutende Kompetenzen - zuweisen wollen, da er wirtschaftlichen Sachverstand verschiedener Interes-

---

665 Siehe zur Assoziierung dieser Staaten: Bleckmann, Europarecht, Rn. 1368ff.

666 Vgl. Bindschedler, a.a.O.

667 Sogenannte „Nichtigkeitsklage" - vgl. zu dem nicht im EGV vorgegebenen Begriff: Schweitzer/Hummer, Europarecht, Rn. 482 und Huber, Integration, § 19, Rn. 17 (S. 272).

668 Siehe diesbezüglich etwa das Anhörungsrecht des WSR bei Verwaltung und Verwendung des Umstellungsfonds gemäß Art. 85 § 3 SEPG.

sengruppen der Wirtschaft vereinen und dem Exekutivrat sowie dem Parlament zur Verfügung stellen sollte. Eine Klagebefugnis im Rahmen des Art. 114 SEPG ist immerhin auch damit zu erklären, dass hier die Organbefugnisse unmittelbar betroffen sein können. Da die Zuständigkeiten des WSR erst durch ein Gemeinschaftsgesetz näher bestimmt werden sollten, hätte insofern noch eine Veränderung im Rahmen der Satzung erfolgen können. Demgegenüber hat der Wirtschafts- und Sozialausschuss der EG explizit nur "beratende Aufgaben" (Art. 7 Abs. 2 EGV) und wird daher im institutionellen Gefüge der EG als „Nebenorgan" bezeichnet.[669] Eine Klagebefugnis scheidet hier schon a priori aus.[670]

II. Immunitäten und Vorrechte der Gemeinschaft

Gemäß Art. 15 des der Satzung beigefügten Protokolls über die Vorrechte und Immunitäten der Gemeinschaft[671] ist dem Gerichtshof „jeder Streit über die Auslegung oder Anwendung" dieser Vorschriften vorzulegen. Das Protokoll weist in der überwiegenden Zahl der Artikel entweder „der Gemeinschaft" oder „den Organen der Gemeinschaft" bestimmte Rechte zu. Der Gemeinschaft werden Vermögen und Guthaben (Art. 2) sowie Devisen und Konten jeder beliebigen Währung (Art. 3) garantiert. Diese Aktiva sind von allen Steuern, Zöllen und sonstigen Abgaben befreit (Art. 5). Die Organe der Gemeinschaft genießen die Unverletzlichkeit ihrer Räume (Art. 2) und die Stellung einer diplomatischen Vertretung in jedem Mitgliedstaat (Art. 6). Den Mitgliedern sämtlicher Organe werden weitgehende Immunität und sonstige Privilegien gewährt (Art. 7ff). Aus dem Zusammenhang des Art. 15 mit den vorgenannten Rechten sind die Gemeinschaft und die Mitgliedstaaten aktiv legitimiert,[672] wobei es ausreichend sein muss, dass ein Organ der Gemeinschaft die Verletzung der Immunität eines Mitgliedes rügt. Dies folgt schon daraus, dass die Organe von durchaus unterschiedlichen Regelungen betroffen sind (vgl. Art. 6-10, 12-13 des Protokolls). Denkbar sind allerdings auch Klagen von einzelnen Mitgliedern der Organe oder sogar „Bediensteten" (vgl. etwa Art. 12), sofern sie eigene Rechtsverletzungen geltend machen können, wie etwa bei der Aufhebung ihrer Immunität. Der Wortlaut des Art. 15 („jeder Streit") weist hier deutlich darauf hin, dass eine Beschränkung zugunsten der Gemeinschaft und ihrer Organe nicht beabsichtigt war. Gleichwohl wird man gerade bei den Klagen natürlicher Personen im Rahmen des Art. 15 auf ein berechtigtes Interesse achten müssen.

---

[669] Herdegen, Europarecht, (Rn. 155, S. 122); Huber, Integration, § 17 Rn. 6 (S. 258): „Neben- oder Hilfsorgan"; vgl. bereits Pflaumer, Der Wirtschafts- und Sozialausschuss im Rahmen der Europäischen Gemeinschaften, NJW 1966, S. 285: „ kein Wirtschaftsparlament in Konkurrenz zum EP...".

[670] Vgl. die allgemeine „Befugniszuweisungsnorm" des Art. 4 Abs. 1, S. 2 EGV, die sich nur auf die in Satz 1 genannten Organe bezieht und im Umkehrschluss keine „echten" Kompetenzen des WSA und des AdR zulässt.

[671] Abgedruckt bei Eberhard, EPG, S. 30ff: Das Protokoll entspricht dem Protokoll zum Montanvertrag fast vollständig.

[672] So auch Bindschedler, a.a.O., S. 357.

c. Die Verfahren vor dem EuGH

Der Europäische Gerichtshof judiziert hauptsächlich als Organ der EG (Art. 7 Abs. 1 EGV)[673] und soll die Wahrung des Rechts bei der Auslegung und der Anwendung des EGV sichern. Diese Aufgabe beinhaltet die rechtliche Kontrolle der EG-Organe ebenso wie die Überprüfung der Vertragserfüllung durch die Mitgliedstaaten. Für die EU wird der EuGH darüber hinaus in geringerem Umfang im Wege der Organleihe tätig.[674]

aa. Die Vertragsverletzungsverfahren gemäß Art. 226f EGV

Bedeutend für die Praxis ist zunächst das Verfahren nach **Art. 226 EGV**. Hat nach Auffassung der Kommission ein Mitgliedstaat gegen die Verpflichtungen aus dem EGV verstoßen, muss sie zunächst dem betreffenden Staat eine mit Gründen versehene „Stellungnahme" zuleiten und diesem die Gelegenheit zur Äußerung (Art. 226 Abs. 1) sowie eine Frist zur Abhilfe (Art. 226 Abs. 2) geben. Kommt der Staat der Aufforderung innerhalb der Frist nicht nach, ist das „Vorverfahren" abgeschlossen und damit die Voraussetzung zur Klageerhebung gegeben.[675] Das Vertragsverletzungsverfahren gemäß Art. 226 EGV ist ein objektives Verfahren, dessen vorrangiges Ziel die vollständige und einheitliche Durchsetzung des Unionsrechts ist und nicht der Durchsetzung von Befugnissen der Kommission dient. Ob die Einleitung des Klageverfahrens eine (echte) Ermessensentscheidung darstellt, ist zumindest fraglich.[676] Der EuGH verneint jedenfalls einen Anspruch von Privatpersonen auf Einleitung und Durchführung eines Vertragsverletzungsverfahrens.[677]
Nach **Art. 227 EGV** kann jeder Mitgliedstaat den Gerichtshof anrufen, wenn er der Auffassung ist, „dass ein anderer Mitgliedstaat gegen eine Verpflichtung aus diesem Vertrag verstoßen hat". Auch hier hat zunächst ein Vorverfahren unter Einschaltung der Kommission stattzufinden (Art. 227, S.2), die ein „kontradiktorisches Verfahren" durchführen soll, bevor sie eine abschließende Stellungnahme abgibt (Art. 227, S.3). Spätestens drei Monate nach der Antragstellung kann der betreffende Mitgliedstaat Klage beim Gerichtshof erheben. In der Praxis hat das Verfahren keine Bedeutung erlangt, da die Mitgliedstaaten „aus Prestigegründen und diplomatischer Rücksichtnahme" hierauf verzichten,[678] zumal im Einzelfall das Ziel mit einer Klage der Kommission ebenso effektiv verfolgt werden kann, also auch ohne förmlichen Antrag des jeweiligen Mitgliedstaates. In den von der Kommission angestrengten Vertragsverletzungs-

---

673 Siehe auch Art. 31 EGKSV und Art. 136 EAGV.
674 Vgl. Huber, Integration, § 19, Rn. 1 (S. 267).
675 Vgl. zum Vorverfahren Oppermann, Europarecht, Rn. 736 (S. 277); Huber, Integration, § 19 Rn. 6f (S. 268); das Vorverfahren soll auch eine „gütliche Einigung" ermöglichen, vgl. Oppermann, a.a.O., Rn. 735.
676 Huber, Integration, § 19, Rn. 9ff (S. 269ff).
677 EuGH, Slg. 1989, S. 291 (Star Fruit Company / Kommission).
678 Huber, Integration, § 19, Rn. 16 (S. 271f); vgl. auch Herdegen, Europarecht, Rn. 206 (S. 161); Oppermann, Europarecht, Rn. 733 (S. 276).

verfahren kommt es immerhin in der großen Mehrzahl zu einer Verurteilung des betroffenen Mitgliedstaates.[679]

Im Hinblick auf die genannten Verfahren der EPG entsprechen die Art. 226 und 227 EGV damit grundsätzlich dem Art. 41 SEPG, soweit Klagen gegen Mitgliedstaaten betroffen sind. Die dort genannten „Streitigkeiten" zwischen der Gemeinschaft und den Mitgliedstaaten bzw. diesen untereinander umfassen vom Wortlaut her auch ein Vertragsverletzungsverfahren im Sinne der genannten Vorschriften des EGV. Allerdings unterlässt es Art. 41 SEPG, sowohl den Anlass des Streites als auch die Frage des klagenden Organs näher zu klären, sodass eine alleinige Vertretung durch den Exekutivrat satzungsgemäß noch nicht abgesichert ist. Wesentlicher Unterschied ist damit, dass Art. 226 EGV der Kommission ihre Rolle als „Hüterin der Verträge" in einem gerichtlichen Verfahren absichert und dieses Organ insofern privilegiert, während Art. 41 SEPG ersichtlich in dem Bestreben einer neutralen Formulierung verfasst wurde und damit die genaue Ausgestaltung offen geblieben ist. Das Vertragsverletzungsverfahren des Art. 226 EGV ist daher im Sinne einer einheitlichen Durchsetzung des Gemeinschaftsrechts vom Wortlaut und von seiner Intention her eindeutig, während die „Satzungsgeber" der EPG offenbar ein höheres Maß an Zurückhaltung für geboten erachteten, wobei genauere Regelungen späteren Revisionen bzw. Gemeinschaftsgesetzen vorbehalten bleiben sollten.[680] Die Vorschrift des Art. 41 SEPG erweist sich insbesondere auch deshalb als schwer handhabbar, da die Voraussetzungen für eine Klageerhebung nicht geklärt sind, ob also eine Rechtsverletzung notwendig ist oder ob es sich - ebenso wie bei Art. 226, 227 EGV - um ein objektives Beanstandungsverfahren handelt. Im Ergebnis ist die Fassung der EGV-Bestimmungen wegen ihrer Klarheit und der Hervorhebung der Kommission als „Hüterin der Verträge" zu bevorzugen. Gleichwohl hätte auch der Wortlaut des Art. 41 SEPG eine Auslegung hin zu einem objektiven Beanstandungsverfahren ermöglicht, wobei das Gebot einschränkender Auslegung (Art. 6, S.2 SEPG) nicht zwingend entgegengestanden hätte, da es hierbei primär um die effektive Ausübung der gerichtlichen Kontrolle und nicht um die extensive Auslegung materieller Gemeinschaftskompetenzen gegangen wäre.

bb. Nichtigkeitsklagen gemäß Art. 230 EGV

Bedeutsame Klagearten[681] sind auch die unter **Art. 230 EGV** zusammengefassten Nichtigkeitsklagen. Unterschieden werden „privilegierte" Nichtigkeitsklagen zwischen den EG-Organen untereinander sowie zwischen den Mitgliedstaaten und den EG-Organen sowie sonstige Nichtigkeitsklagen, die auch von natürlichen und juristischen

[679] Oppermann, Europarecht, Rn. 739 (S. 278).
[680] Vgl. oben sowie nochmals von Merkatz in: Verfassungsausschuss, Einleitender Bericht und Begründung vom 26.2.1953, S. 51 („nur die allgemeinen Grundsätze").
[681] Für Huber, Integration, § 19, Rn. 17 (S. 272) ist sie die „wohl wichtigste Klageart".

Personen erhoben werden dürfen. Art. 230 Abs. 2 nennt als Klagegründe Unzuständigkeit, Verletzung wesentlicher Formvorschriften und Verletzung dieses Vertrages oder von Durchführungsbestimmungen sowie Ermessensmissbrauch. Dabei werden die Anfechtungsgründe in einem weiten Sinne verstanden und es kann im Rahmen eines zulässigen Antragsgegenstandes eine umfassende Überprüfung der Rechtmäßigkeit stattfinden.[682] Antragsgegenstand sind gemäß Art. 230 Abs. 1, S.1 zunächst alle Handlungen des Rates, der Kommission und der Europäischen Zentralbank, soweit sie verbindlichen Charakter haben. Handlungen des EP sind dann im selben Umfang Gegenstand gerichtlicher Kontrolle, wenn es um solche geht, die gemeinsam mit dem Rat durchgeführt werden, wie etwa im Mitentscheidungsverfahren nach Art. 251 EGV. Eigenständige Handlungen des EP sind dagegen nur insoweit angreifbar, als sie rechtliche Wirkungen gegenüber Dritten entfalten.[683] Die privilegierte Nichtigkeitsklage soll vorwiegend einer objektiven Rechtmäßigkeitskontrolle dienen, sodass ein besonderes Rechtsschutzbedürfnis des klagenden Organs oder Mitgliedstaates nicht erforderlich ist. Demgegenüber bedarf es bei sonstigen Nichtigkeitsklagen - zur Vermeidung von Popularklagen - einer Klagebefugnis in Form eines qualifizierten Rechtsschutzinteresses, welches teilweise Parallelen zu § 42 Abs. 2 VwGO aufweist.[684] Dementsprechend sind auch Klagen gegen normative Rechtsakte der Gemeinschaft stark eingeschränkt[685] und setzen - anders als bei der privilegierten Nichtigkeitsklage - die unmittelbare und individuelle Betroffenheit der Kläger voraus (Art. 230 Abs. 4). Maßgeblich sind hier besondere Umstände und eine qualifizierte Betroffenheit gegenüber anderen Personen.[686] Gegen Richtlinien ist die Nichtigkeitsklage Privater darüber hinaus grundsätzlich ausgeschlossen.[687] Bei Erfolg der Klage stellt der Gerichtshof die Fehlerhaftigkeit des angegriffenen Rechtsaktes fest und erklärt diesen rückwirkend (ex tunc) und gegenüber jedermann (erga omnes) für nichtig.[688] Zusammenfassend lässt sich feststellen, dass die Nichtigkeitsklage in ihrer „privilegierten" Form ein objektives Beanstandungsverfahren mit überwiegend primärrechtlichen Streitfragen darstellt, das gewisse Ähnlichkeiten mit den Verfahren der abstrakten Normenkontrolle, der Organklage oder des Bund-Länder-Streites (Art. 93 Abs. 1 GG) aufweist, während die sonstigen Nichtigkeitskla-

---

[682] Herdegen, Europarecht, Rn. 208 (S. 162); Huber, Integration, § 19, Rn. 22 (S. 274): "„Nicht im Sinne eines Enumerationsprinzips"; Oppermann, Europarecht, Rn. 744 (S. 280) spricht demgemäß auch von der geringen Begrenzungsfunktion der Anfechtungsgründe.

[683] Vgl. EuGH, Slg. 1986, S. 1339 (Les Verts / Parlament); kritisch zu dieser Einschränkung Huber, Integration, § 19, Rn. 20 (S. 273) unter Hinweis auf die Garantie effektiven Rechtsschutzes und mit der Forderung nach einer Vertragsrevision.

[684] Huber, Integration, § 19, Rn. 34 (S. 277).

[685] Kritisch zu der rechtspolitischen Rechtfertigung dieser Einschränkungen der Anfechtungsklage: Oppermann, Rn. 752f (S. 283f): er verweist insoweit auf die in Frankreich und Großbritannien besonders betonte Parlamentssouveränität und der damit einhergehenden beschränkten Überprüfbarkeit von Legislativakten.

[686] EuGH, Slg. 1994, S. I-1853 (Codorniu); Herdegen, Europarecht, Rn. 214 (S. 166).

[687] EuGH, Slg. 1995, S. I-4149 (Asocarne); Herdegen, Europarecht, Rn. 217 (S. 168).

[688] Koenig/Haratsch, Europarecht, Rn. 355 (S. 126); Oppermann, Europarecht, Rn. 747 (S. 281); ausführlicher bereits André, Zur Rechtskraft und Gestaltungswirkung der Urteile des Europäischen Gerichtshofes im Anfechtungsprozess, EuR 1967, S. 97ff.

gen nach Art. 230 Abs. 4 eher dem Typus der Anfechtungsklage nach § 42 Abs. 1 VwGO entsprechen.

Im Hinblick auf die beschriebenen Regelungen der EPG wird deutlich, dass das Rechtsschutzsystem der EU/EG hier wesentlich weiter ausgestaltet wurde als dies bei der „Politischen Gemeinschaft" gewagt wurde. Hervorzuheben ist dabei der Ausschluss von Organstreitigkeiten in Art. 41 SEPG sowie die Beschränkung der Anfechtbarkeit von Gemeinschaftsakten auf solche des Exekutivrates in Art. 43 SEPG, der in Anlehnung an Art. 33 EGKSV formuliert wurde und insofern beide Bestimmungen als Vorbilder des Art. 230 (bzw. Art. 173 a.F.) EGV bezeichnet werden können.[689]

cc. Untätigkeitsklagen

Die in **Art. 232 (ex Art. 175) EGV**[690]geregelte Untätigkeitsklage ist gegen rechtswidriges Unterlassen (von „Beschlüssen") des Europäischen Parlaments, des Rates oder der Kommission gerichtet. Ihre Struktur ist der Nichtigkeitsklage ähnlich.[691] Entgegen dem engen Wortlaut meint Art. 232 nicht nur die eigentliche Beschlussfassung, sondern alle Maßnahmen, die vom Vertrag in hinreichend bestimmter Weise vorgezeichnet werden.[692] Auch hier werden sogenannte privilegierte Untätigkeitsklagen der Mitgliedstaaten und der jeweils anderen Organe (Art. 232 Abs. 1) sowie die sonstigen Klagen natürlicher und juristischer Personen (Art. 232 Abs. 3) unterschieden. Für die sonstigen Untätigkeitsklagen bedarf es wieder einer besonderen Antragsbefugnis dergestalt, dass die unterlassene Maßnahme (grundsätzlich) gerade gegenüber dem Kläger zu erlassen wäre.[693] Ebenso wie bei der Nichtigkeitsklage ist auch bei der Untätigkeitsklage ein Vorverfahren durchzuführen (Art. 232 Abs. 2). Ist die Klage zulässig und begründet, stellt der Gerichtshof die rechtswidrige Unterlassung durch das betreffende Organ fest. Anders als die Nichtigkeitsklage ist das Verfahren bei Untätigkeit demnach als Feststellungsklage und nicht als Gestaltungsklage konzipiert.[694] Die praktische Bedeutung ist im Vergleich zur Nichtigkeitsklage allerdings deutlich geringer.[695]

---

689 Die Formulierung des Art. 33 EGKSV „wegen Unzuständigkeit, Verletzung wesentlicher Formvorschriften, Verletzung der Satzung oder irgendeiner bei ihrer Durchführung anzuwendenden Rechtsnorm oder wegen Ermessensmissbrauch" entspricht praktisch wortgleich der Formulierung des Art. 230 (ex Art. 173) EGV.

690 Siehe auch Art. 148 EAGV, Art. 35 EGKSV.

691 Herdegen, Europarecht, Rn. 218 (S. 168).

692 EuGH, Slg. 1985, S. 1513 (zu Art. 175 EWGV).

693 Vgl. Huber, Integration, § 19, Rn. 43 (S. 280); zur Untätigkeitsklage wegen nicht erlassener Rechtsakte gegenüber Dritten („positive Konkurrentenklage") siehe Koenig/Haratsch, Europarecht, Rn. 362 (S. 129) und Hailbronner, in: Hailbronner/Klein/Magiera/Müller-Graf, EUV/EGV-Kommentar, Art. 175, Rn. 10.

694 Koenig/Haratsch, Europarecht, Rn. 366 (S. 130).

695 Vgl. Oppermann, Europarecht, Rn. 748 (S. 281): „... schwacher Ausgleich der unvollkommenen Legislativrechte des EP" und Herdegen, Europarecht, Rn. 218 (S. 168): „... bisher nicht als wirksames Instrument zum Schutze Einzelner erwiesen."

Im Rahmen der EPG konnte sich dagegen - wie ausgeführt - die zunächst erhobene Forderung des Verfassungsausschusses nach einer Untätigkeitsklage nicht durchsetzen, was der politischen Zurückhaltung der Sonderversammlung im Bereich der Gerichtsbarkeit entsprach. Die seltene Inanspruchnahme der Untätigkeitsklage in der EU/EG spricht allerdings dafür, dass die Zweifel der Abgeordneten an der Notwendigkeit und Wirksamkeit einer solchen Klageart durchaus nicht völlig unberechtigt waren.

dd. Vorabentscheidungsverfahren nach Art. 234 EGV

Eine besonders bedeutsame Klageart, wohl die bedeutsamste, ist das Vorabentscheidungsverfahren gemäß **Art. 234 EGV** (s.a. Art. 35 Abs. 1 EUV, Art. 150 EAGV).[696] Verfahrensgegenstand sind Vorlagen nationaler Gerichte über die Auslegung und Gültigkeit des Gemeinschaftsrechts, einschließlich der „Handlungen“ der Organe der Gemeinschaft und der EZB (Art. 234 Abs. 1). Wesentliche Funktion des Vorabentscheidungsverfahrens ist die einheitliche Anwendung des Gemeinschaftsrechts vor den nationalen Gerichten und damit die Wahrung der Rechtseinheit.[697] Instanzgerichte, deren Entscheidung noch mit Rechtsmitteln angefochten werden können, erhalten die Möglichkeit einer sog. „fakultativen Vorabentscheidung“, haben also grundsätzlich ein Vorlagerecht und nur in bestimmten Fällen eine Vorlagepflicht. Demgegenüber besteht für die instanzabschließenden Gerichte eine Pflicht zur Vorlage an den EuGH, wenn die genannten Voraussetzungen vorliegen (Art. 234 Abs. 3).[698] Seiner Konzeption nach stellt sich das Verfahren der Vorabentscheidung nicht als Streit-, sondern als objektives prozessuales (nicht kontradiktorisches) Zwischenverfahren dar.[699] Das nationale Gericht setzt durch Beschluss das Verfahren aus (vgl. § 94 VwGO, § 148 ZPO) und legt die „Vorabfrage“ dem EuGH mit einer Sachverhaltsschilderung zur Entscheidung vor. Die Entscheidung des Gerichtshofs ergeht aufgrund mündlicher Verhandlung und wirkt grundsätzlich nur inter partes; bei der Auslegung und Überprüfung normativer Akte der Gemeinschaft tritt indessen auch eine (faktische) Bindung der Gemein-

---

696 Vgl. etwa Herdegen, Europarecht, Rn. 219 (S. 169): „...wohl das wichtigste Verfahren vor dem Gerichtshof“; Oppermann, Europarecht, Rn. 757 (S. 286): „... für die europäische Rechtspraxis wichtigste Verfahren ...“; ders., a.a.O., Rn. 756: „... die Hälfte aller beim Gerichtshof anhängigen Verfahren“, womit das Vorabentscheidungsverfahren bei insgesamt etwa 700 Verfahren vor dem EuGH und dem EuG den eindeutigen Schwerpunkt bildet, vgl. Karstens, Die Europäische Union als Rechtsgemeinschaft, BDVR-Rundschreiben, 4/1998, S. 92; siehe zu dieser Verfahrensart ausführlich auch: Dauses, Das Vorabentscheidungsverfahren nach Artikel 177 EG-Vertrag.

697 EuGH, Slg. 1987, S. 4199 (Foto-Frost); Oppermann, Europarecht, Rn. 757 (S. 285); Koenig/Haratsch, Europarecht, Rn. 377 (S. 136), heben zusätzlich den Individualrechtsschutz hervor.

698 Dabei ist nach wohl überwiegender Auffassung für die Frage des Instanzenabschlusses nicht die abstrakt-institutionelle, sondern eine konkrete Betrachtungsweise maßgeblich: vgl. Huber, Integration, § 20, Rn. 17 (S. 92); Herdegen, Europarecht, Rn. 220 (S. 169f): „herrschende Meinung“; Koenig/Haratsch, Europarecht, Rn. 381 (S. 138) unter Berufung auf EuGH, Slg. 1982, S. 3415, 3428.

699 Geiger, EUV/EGV-Kommentar, Art. 234 EGV, Rn. 23.

schaftsorgane und Mitgliedstaaten ein.[700] Das Verfahren der Vorabentscheidung hat sich in der Praxis im Wesentlichen bewährt und „einen großen Beitrag zur Durchsetzung und einheitlichen Geltung des Gemeinschaftsrechts erbracht".[701] Gleichwohl ist die lange Verfahrensdauer für die Frage des effektiven und schnellen Rechtsschutzes vor den nationalen Gerichten nach wie vor ein Problem.[702]

Im Rahmen der EPG findet sich - wie oben beschrieben - ein Vorabentscheidungsverfahren in Art. 44 SEPG. Wesentlicher Unterschied ist dabei, dass Art. 44 nur auf Einzelakte des Exekutivrates (Entscheidungen oder Empfehlungen) sowie Beschlüsse des Rates der nationalen Minister Anwendung findet, während im Rahmen des Art. 234 EGV über die Auslegung des Gemeinschaftsrechts schlechthin sowie die Gültigkeit von Handlungen aller Organe entschieden wird. Die Entscheidung über die Vereinbarkeit nationaler Legislativakte oder exekutiver Einzelfallentscheidungen mit den (Parlaments)-Gesetzen der EPG sieht Art. 44 SEPG gerade nicht vor und enthält damit eine problematische Regelungslücke, da die Frage gemeinschaftsrechtskonformer bzw. -widriger Auslegung der Gemeinschaftsgesetze für die Durchsetzung der gemeinschaftlichen Rechtsordnung elementar ist und so die einheitliche Anwendung in Gefahr geraten könnte. Ein Ausweg böte insofern nur eine extensive Auslegung des Art. 41 SEPG (vgl. o.).

ee. Amtshaftungsklagen

Art. 235 (ex Art. 178) EGV sieht die Möglichkeit von Amtshaftungsklagen gegen die Gemeinschaft vor. Danach ist der EuGH zuständig für Schadensersatzklagen, die auf Art. 288 Abs. 2 EGV gestützt werden. Nach dieser Vorschrift ersetzt die Gemeinschaft den Schaden, der durch ihre Organe oder Bedienstete in Ausübung ihrer Amtstätigkeit verursacht wurde. Maßgeblich sollen dabei die allgemeinen Rechtsgrundsätze sein, „die den Rechtsordnungen der Mitgliedstaaten gemeinsam sind." Klageberechtigt ist jedermann, der Inhaber eines entsprechenden Amtshaftungsanspruchs sein kann. Beklagter ist die jeweilige Gemeinschaft, deren Organ den zu ersetzenden Schaden verursacht hat.[703] Diese haftet grundsätzlich für jedes rechtswidrige Verhalten ihrer Organe, möglich ist daher auch eine Haftung für legislatives Unrecht.[704] Ein Verschuldenserfor-

---

[700] EuGH, Slg. 1981, S. 1191; Oppermann, Europarecht, Rn. 771 (S. 289f); vgl. zum „Verwerfungsmonopol" des EuGH betreffend sekundäres Gemeinschaftsrecht: Herdegen, Europarecht, Rn. 221f (S. 170f).

[701] Oppermann, Europarecht, Rn. 772 (S. 290).

[702] So sprach etwa der damalige deutsche Richter am EuGH Hirsch in einem Vortrag vor den Verwaltungsrichtern des Landes Rheinland-Pfalz im September 1999 davon, dass die Verfahrensdauer von durchschnittlich 15 Monaten zum großen Teil verfahrensbedingt sei und auch künftig kaum verringert werden könne. 1994 dauerten die Verfahren noch durchschnittlich 20 Monate - vgl. hierzu Lenz, Rechtsschutz im Binnenmarkt - Stand und Probleme, NJW 1994, S. 2063ff.

[703] Die Abgrenzung zwischen EG, EAG und EGKS erfolgt nach dem jeweils betroffenen Interesse.

[704] Voraussetzung ist allerdings eine „qualifizierte Verletzung höherrangigen Gemeinschaftsrechts"; vgl. EuGH, Slg. 1971, S. 975 (Schöppenstedt / Rat).

dernis besteht nicht,[705] allerdings muss die Klage innerhalb von fünf Jahren erhoben werden (Art. 43 EuGH-Satzung). Die Amtshaftungsklage setzt keine vorhergehende Erhebung einer Nichtigkeitsklage voraus, sondern ist von dieser vollständig unabhängig.

ff. Normenkontrolle

Art. 241 (ex Art. 184) EGV ermöglicht eine inzidente Normenkontrolle in einem laufenden Streitverfahren. Es handelt sich um eine Art Zwischenfeststellungsklage, bei der eine Verordnung oder sonstige Rechtsakte[706] einer Gemeinschaft im Wege einer Normenkontrolle dem Gerichtshof zur Überprüfung vorgelegt werden können. Dabei ist der Ablauf der Frist des Art. 230 (ex Art. 173) Abs. 5 EGV unerheblich. Hat die Klage Erfolg, so stellt der EuGH die „Unanwendbarkeit" des Rechtsaktes fest.

gg. Ergebnis und Zusammenfassung

Nimmt man das Rechtsschutzsystem der EU/EG im Verhältnis zu dem der EPG insgesamt in den Blick, so wird deutlich, dass das Modell des EGV deutlich weiter geht als das der „Politischen Gemeinschaft" und damit insoweit der Souveränitätsverzicht der Mitgliedstaaten und daraus folgend die „Supranationalität" der Gemeinschaft bei der EU/EG höher einzuschätzen sind als im Rahmen der EPG. Beanstandungs-, Nichtigkeits- und Vorlageverfahren sind in der EU/EG weitergehend ausgestaltet worden und haben das Gemeinschaftsrecht geprägt und fortentwickelt. Demgegenüber sind die Klagemöglichkeiten in der EPG deutlich zurückhaltender konzipiert, was sowohl für die Beteiligten als auch die Verfahren selbst gilt. Aus diesem Blickwinkel erscheint es wiederum bemerkenswert, dass der Entwurf der EPG auf so zahlreiche Vorbehalte stieß, während die (späteren) Römischen Verträge von der Messinakonferenz im Juli 1955 an zügig realisiert wurden und dabei dem EuGH mehr Rechte einräumten, als dies die Sonderversammlung vorgeschlagen hatte. Freilich ist in diesem Zusammenhang auch die umstrittene und durchaus nicht unproblematische Rolle des EuGH als „Motor der Integration" zu nennen, der durch eine weite Auslegung der Verfahrensnormen und der materiellrechtlichen Bestimmungen das Gemeinschaftsrecht wesentlich geprägt hat.[707] Möglich erscheint zwar, dass auch der Gerichtshof der EPG eine

---

[705] Huber, Integration, § 19, Rn. 50 (S. 282).

[706] Über den Wortlaut hinaus ist das Verfahren nicht auf Verordnungen beschränkt - EuGH, Slg. 1979, S. 777, 800 (Simmenthal); vgl. zu der Systematik der Rechtsakte allg. Magiera, Die Rechtsakte der EG-Organe, JURA, 1989, S. 595ff und Hahn/Oberrath, Die Rechtsakte der EG - eine Grundlegung, BayVBl 1998, S. 353-358 und S. 388-394 (Forts.)

[707] So weist etwa in neuerer Zeit der ehemalige Richter am EuGH Hirsch („Der EuGH im Spannungsverhältnis zwischen Gemeinschaftsrecht und nationalem Recht", NJW 2000. S. 1820) zutreffend darauf hin, dass der EuGH zumindest heute nicht mehr Motor der Integration sei bzw. sein dürfe, um damit die Geschwindigkeit der Europäischen Integration zu bestimmen. Den Begriff meidet etwa auch Zuleeg, Die Rolle der rechtsprechenden Gewalt in der europäischen Integration, JZ 1994, S. 1ff; demgegenüber hatte Walter Hallstein den Gerichtshof noch 1965 als „Integrationsfaktor erster Ordnung" und 1979 (vorsich-

solche Rolle angestrebt haben würde, er wäre aber durch die genannte Pflicht zur einschränkenden Auslegung (Art. 6 Abs. 2 SEPG) hiervon sicher zum Teil abgehalten worden. In einem wichtigen Punkt hebt sich die Satzung der EPG freilich gegenüber der Gemeinschaftsordnung der E(W)G und den anderen Gemeinschaften deutlich ab, da ein individuelles Klagerecht gegen Verletzungen der EMRK geschaffen wurde und damit nicht nur eine Art „Verfassungsbeschwerde" eingeführt und die enge Verbindung zum Europarat und der Konvention hervorgehoben wurde, sondern auch der Charakter einer politischen Wertegemeinschaft in den Vordergrund gerückt wurde, was für die E(W)G, EAG und EGKS als (vermeintlich) rein „wirtschaftliche" Vereinigungen nicht so im Vordergrund der Überlegungen stand. Freilich hat die Rechtsprechung des EuGH und endgültig der Vertrag von Maastricht (Art. F Abs. 2 EUV) diese Lücke im Sinne eines gemeinschaftsrechtlichen Grundrechtsschutzes teilweise geschlossen, sodass insoweit die Vorgaben der EPG letztlich materiell erreicht wurden. Die Vorlagepflicht des Gerichtshofs an den Europäischen Gerichtshof für Menschenrechte ist dagegen aus der beabsichtigten engen Verzahnung von Europarat und EPG zu erklären und dürfte insoweit historisch überholt sein, zumal sich die EU nunmehr anschickt, eine eigene (geschriebene) Grundrechtscharta zum Gegenstand ihrer Verträge zu machen.[708]

d. Die Gerichte erster Instanz

aa. „EuG" - das Gericht erster Instanz (Art. 225 EGV)

Seit dem Jahre 1988 wird der EuGH durch das „Gericht erster Instanz" unterstützt. Das Gericht wurde durch Beschluss des Rates 88/591 vom 24. Oktober 1988[709] gemäß den damals geltenden Rechtsgrundlagen eingerichtet[710] und übt seine Tätigkeit seit September 1989 aus. Mit der Einrichtung des Gerichts sollte die Rechtskontrolle der Tätigkeit der Organe und damit auch der „Charakter einer Rechtsgemeinschaft gestärkt" wer-

---

tiger) wie folgt charakterisiert: „Die Entwicklung unserer Gemeinschaft ist nicht denkbar ohne die unabhängige, präzisierende und konkretisierende, anpassende und Lücken ergänzende, kurz: ohne die führende Leistung unseres Gerichtshofes" - vgl. Hallstein, Die Europäische Gemeinschaft, S. 110.

[708] Die Grundrechtscharta wurde am 2.10.2000 von dem hierfür einberufenen Konvent unter der Beteiligung von Roman Herzog verabschiedet und am 7.12. 2000 anlässlich des Europäischen Rates in Nizza feierlich proklamiert. Obwohl eine Einfügung in die Verträge noch offen ist, wird eine Wirkung der Charta bereits erwartet - vgl. etwa Süddeutsche Zeitung vom 4.10.2000, S. 7 „Grundrechtscharta begrüßt", sowie „Die Welt" vom 4.10.2000, wo auf die Maßstabfunktion der Charta hingewiesen wurde und FAZ vom 24.4.2001: „Europäische Werte-Gemeinschaft"; vgl. exempl. für die zahlreichen fachlichen Veröffentlichungen zur Entstehung der Charta: Weber, Die Europäische Grundrechtscharta- auf dem Weg zu einer europäischen Verfassung, NJW 2000, S. 537ff; Pernice, Eine Grundrechte-Charta für die Europäische Union, DVBl 2000, S. 847ff; Hilf, Die Charta der Grundrechte der Europäischen Union, NJW-Sonderbeilage 2000, S. 5-6 mit dem verabschiedeten Text der Charta; Baer, Grundrechtscharta ante portas, ZRP 2000, S. 361ff.

[709] ABl. Nr. L 319 vom 25.11.1988, S. 1.

[710] Art. 32d EGKSV, Art. 168a EWGV und Art. 140a EAGV (jeweils a.F.) - eingeführt durch die Art. 4, 11 und 26 der EEA; vgl. zur Einrichtung des Gerichts und den zunächst übertragenen Zuständigkeiten auch Rabe, Das Gericht erster Instanz der Europäischen Gemeinschaften, NJW 1989, S. 3041ff.

den.[711] Das Gericht besteht aus 15 Mitgliedern, die von den Regierungen der Mitgliedstaaten im gegenseitigen Einvernehmen für sechs Jahre ernannt werden. Diese tagen grundsätzlich in Kammern von drei oder fünf Richtern, in Ausnahmefällen auch im gesamten Plenum.[712] Das Gericht erster Instanz ist heute in den Art. 225 EGV, Art. 32d Abs. 1 EGKSV und Art. 140a Abs. 1 EAGV geregelt. Die Zuständigkeiten des Gerichts werden nach diesen Vorschriften auf Antrag des EuGH und nach Anhörung von Parlament und Kommission durch einstimmigen Ratsbeschluss festgelegt. Aufgeführt sind die Zuständigkeiten zunächst in Art. 3 des vorgenannten Ratsbeschlusses. Danach beschränken sich diese auf Klagen von Bediensteten der Organe gegen die Gemeinschaften, im Bereich des EGKSV auf bestimmte Arten von Klagen von Unternehmen und Verbänden sowie im Bereich des EGV auf Klagen natürlicher oder juristischer Personen nach Art. 230 Abs. 1, 232 Abs. 3, 235 und 238 EGV wie auch entsprechende Klagen nach dem EAGV. Die weitere Ausdehnung der Zuständigkeiten auch auf Dumping- und Subventionsfälle nach Art. 133 EGV und Art. 74 EGKSV wurde auf Drängen Frankreichs und der Kommission zunächst aufgegeben.[713] Mit dem Beschluss des Rates 93/350 vom 8. Juni 1993 wurde die Zuständigkeit des Gerichts auf das Beihilferecht erweitert, womit seine Bedeutung erheblich gestärkt wurde.[714] Mit der Schaffung des Gerichts erster Instanz wurde allerdings kein weiteres Gemeinschaftsorgan geschaffen, sondern dem Gerichtshof lediglich ein „eigenständiger Spruchkörper“ zur Seite gestellt.[715] Die Möglichkeit, gegen Entscheidungen des Gerichts erster Instanz Rechtsmittel an den Gerichtshof einzulegen, stellte eine „grundlegende Neuerung“[716] im gemeinschaftlichen Rechtsschutzsystem dar. Es handelt sich dabei ausschließlich um eine Revision, denn gemäß Art. 224 EGV, Art. 140a EAGV und Art. 32d EGKSV sind eingelegte Rechtsmittel auf Rechtsfragen beschränkt.

bb. Änderungen durch den Vertrag von Nizza

Der Vertrag von Nizza hat hinsichtlich des Gerichts erster Instanz bedeutende Änderungen erbracht. Durch die ausdrückliche Nennung in Art. 220 EGV/Nizza wird das Gericht deutlich aufgewertet und erhält durch den Wegfall der bisherigen „Beiordnung“ zum EuGH (Art. 225 Abs. 1 EGV/Amsterdam) eine tragende Rolle im Rechtsschutzsystem der EU. Gemäß Art. 224 EGV/Nizza soll das Gericht aus mindestens einem Richter je Mitgliedstaat bestehen, die von den Regierungen im gegenseitigen Einvernehmen auf sechs Jahre ernannt werden. Die Zuständigkeiten des Gerichts werden erstmals in Art. 225 EGV/Nizza primärrechtlich festgelegt und zugleich in bemerkenswertem Umfang erweitert. So ist es gemäß Art. 225 Abs. 1 EGV/Nizza nunmehr

---

711 Nemitz, 10 Jahre Gericht erster Instanz der Europäischen Gemeinschaften, DÖV 2000, S. 437.

712 Siehe Art. 2 Abs. 4 des Ratsbeschlusses 88/591 sowie Schweitzer/Hummer, Europarecht, Rn. 273ff m.w.N.

713 Bleckmann, Europarecht, Rn. 343; Neye, Das neue europäische Gericht erster Instanz, DB 1988, S. 2393.

714 Ausführlich zur Rolle des EuG im Beihilferecht Nemitz, 10 Jahre Gericht erster Instanz der Europäischen Gemeinschaften, DÖV 2000, S. 437ff („Das Gericht tritt aus dem Schatten des Gerichtshofes“).

715 Schweitzer/Hummer, Europarecht, Rn. 273.

716 Schweitzer/Hummer, Europarecht, Rn. 282, 558ff.

grundsätzlich für die Klagen nach Art. 230 (Nichtigkeitsklagen), Art. 232 (Untätigkeitsklagen), Art. 235 (Amtshaftungsklagen), Art. 236 (Dienstrecht) und Art. 238 EGV (Schiedsklauseln) zuständig, wobei insbesondere die bisherigen Einschränkungen in Art. 230 und Art. 232 EGV auf bestimmte Klagekonstellationen entfallen. Weggefallen ist in der Neufassung auch der bisher in Art. 225 Abs. 1, S.2 EGV/Amsterdam ausdrücklich vorgesehene Ausschluss des Gerichts von Vorabentscheidungsverfahren gemäß Art. 234 EGV.[717] Vielmehr können in der Satzung des Gerichtshofs Bereiche festgelegt werden, in denen das Gericht erster Instanz auch für diese Klageart zuständig sein soll. Überhaupt kann durch die Satzung auch eine weitere Übertragung von Zuständigkeiten erfolgen, diese aber auch eingeschränkt werden (Art. 225 Abs. 1, S.1 und 2 EGV/Nizza).

Parallel zu dieser Umverteilung bei den Zuständigkeiten wird im Vertrag nunmehr auch ein weitgehend zweistufiges Rechtsschutzsystem der EU fest- bzw. fortgeschrieben. Gegen Entscheidungen des Gerichts erster Instanz nach Art. 225 Abs. 1, S.1 EGV/Nizza ist gemäß Abs. 1, S.2 ein auf Rechtsfragen eröffnetes Rechtsmittel zum EuGH eröffnet, im Rahmen des Art. 234 EGV jedoch nur in Ausnahmefällen (Art. 225 Abs. 1, S.3 EGV/Nizza). Zusätzlich wird dem Rat (nach Anhörung von Kommission, EP und EuGH) die Möglichkeit gegeben, durch einstimmigen Beschluss sogenannte „gerichtliche Kammern“ zu bilden, die für „Entscheidungen im ersten Rechtszug“ für bestimmte Klagearten zuständig sein sollen (Art. 225a S.1 EGV/Nizza). Gegen Entscheidungen dieser Kammern sollen gemäß Art. 225 Abs. 2, S.1 EGV/Nizza Rechtsmittel zum Gericht „erster“ Instanz möglich sein und in Ausnahmefällen (bei Gefährdung der Einheit bzw. Kohärenz in der Union) sogar eine Überprüfung durch den EuGH im Sinne einer Revision stattfinden (Abs. 2, S.2), womit im Vertrag von Nizza sogar erstmals Ansätze für ein dreistufiges Rechtsschutzsystem in der Union angelegt sind.

cc. Gerichtshof erster Instanz in der EPG?

Auch die Satzung der Europäischen Politischen Gemeinschaft sah die Einrichtung eines oder mehrerer „Gerichte erster Instanz“ vor. In Art. 38 § 3 SEPG heißt es: *„Durch die geltenden oder durch spätere Verträge eingesetzte andere Gerichte unterstützen den Gerichtshof bei der Erfüllung seiner Aufgaben.“* Mangels Inkrafttreten der Satzung lässt sich nicht mehr klären, welche Befugnisse genau diesen „anderen Gerichten“ zugewiesen worden wären. Der Begriff „unterstützen“ lässt jedoch vermuten, dass die Rolle dieser Untergerichte der EPG durchaus derjenigen des Gerichts erster Instanz der EU vergleichbar gewesen wäre.
In der EU/EG sollte bisher die Beschränkung auf „verwaltungsrechtliche Verfahren“ und damit auch der Ausschluss der Vorabentscheidung nach Artikel 234 (Art. 225 Abs. 1, S.2 EGV) die vorherrschende Stellung des EuGH in Grundsatzfragen bewahren. Die Wendung „andere Gerichte unterstützen den Gerichtshof“ in Art. 38 § 3

---

[717] Siehe hierzu Wegener, Die Neuordnung der EU-Gerichtsbarkeit durch den Vertrag von Nizza, DVBl 2001, S. 1259f.

SEPG weist in dieselbe Richtung, nämlich eine Dominanz des Gerichtshofs, also Delegation bestimmter Verfahren und keine generelle Funktion des Gerichtshofs als „zweite Instanz“. Zu erwähnen ist dabei auch, dass bereits der EVG-Vertrag derartige Gerichte erster Instanz obligatorisch vorsah. Der Gerichtshof sollte gemäß Art. 53 EVGV von einer „Gerichtsorganisation“ unterstützt werden, die „insbesondere untere Gerichte europäischen Charakters“ umfassen sollte. Dies war im Bereich der Verteidigungsgemeinschaft schon wegen der möglichen zahlreichen strafrechtlichen Streitigkeiten - insbesondere Sanktionsverfahren und Militärstrafsachen[718] - auch dringend erforderlich. Bei dem erhofften Inkrafttreten des EVG-Vertrages hätten diese Gerichte erster Instanz der EVG in die Struktur der Gemeinschaft direkt eingebunden werden können.

---

[718] Vgl. Art. 107 Abs. 6 und Art. 108 Abs. 2 EVG (Sanktionen), Art. 61, 67 EVGV und Art. 19, 22, 23 des Justizprotokolls zum EVGV.

C. Vergleich der beiden Gemeinschaften im Hinblick auf Kompetenzen, Rechtssetzungsverfahren und Finanzierung

I. Die Verteilung der Kompetenzen zwischen Gemeinschaft und den Mitgliedstaaten

1. Kompetenzübertragung und Kompetenzordnung der EPG

Art. 6 Abs. 1 SEPG formuliert zunächst grundsätzlich:„*Die Gemeinschaft übt diejenigen Zuständigkeiten aus, die ihr auf Grund dieser Satzung oder weiterer Akte übertragen werden.* “ Damit geht die Satzung auch von einem „Prinzip der begrenzten Einzelermächtigung“ aus, wie dies auch für die EU/EG gilt. Hiernach ist die Gemeinschaft nur dann (für die Rechtssetzung) zuständig, wenn die Verträge ausdrücklich eine Ermächtigung zum Tätigwerden der Gemeinschaft vorsehen.[719] Die neue „Politische Gemeinschaft“ sollte neben den Zuständigkeiten von EGKS und EVG und den bereits ausdrücklich genannten eine allgemeine Eventualzuständigkeit für die ihr zugewiesenen Sachgebiete erhalten.[720] Die durch die jeweiligen Ermächtigungsnormen übertragenen Kompetenzen sind gemäß Art. 6 Abs. 2 SEPG einschränkend auszulegen. Diese Vorschrift traf in der Sonderversammlung teilweise auf heftige Kritik. So führte etwa der Abgeordnete Dominedo aus, eine solche Auslegungsregel sei nur für den Bereich strafrechtlicher Sanktionen angebracht, widerspreche einem allgemeinen Grundsatz vieler Rechtsordnungen und stelle einen Makel dieser „europäischen Verfassung“ dar, den es zu beseitigen gelte.[721] Gleichwohl hat die Mehrheit der Sonderversammlung die Vorschrift mit Rücksicht auf die Mitgliedstaaten in der Satzung belassen und dem Prinzip der begrenzten Einzelermächtigung - und damit der Ablehnung einer Kompetenz-Kompetenz - ein zweites einschränkendes Prinzip hinzugefügt, um eine Ausdehnung der Befugnisse durch die Auslegung und Anwendung des Gemeinschaftsrechts zu verhindern.

Teil III der Satzung ist überschrieben mit dem Titel „Die Zuständigkeitsgebiete der Gemeinschaft“ und suggeriert damit sowie von seinem Umfang (**Art. 55-89** SEPG) her eine umfangreiche Übertragung von Kompetenzen der Mitgliedstaaten auf die Gemeinschaft. Dies steht im Widerspruch zu dem Beschluss der Ad hoc-Versammlung in ihrer Januar-Session und den Äußerungen einiger Protagonisten anlässlich und nach dem Abschluss der Beratungen. Die Gemeinschaft sollte zwar über weitgehend unab-

---

[719] Vgl. Bleckmann, Europarecht, Rn. 380ff; Beutler/Bieber/Pipkorn/Streil, Die Europäische Union, Rn. 121, (S. 100); Klein, Der Verfassungsstaat als Glied einer europäischen Gemeinschaft, VVDStRL 50 (1991), S. 61ff.

[720] Vgl. von Puttkamer, Der Entwurf eines Vertrages über die Satzung der Europäischen Gemeinschaft, ZaöRV 1953/54, S. 120 m.w.N.

[721] Dominedo in: Ad hoc-Versammlung, Aussprache, Wörtlicher Bericht über den Verlauf der Sitzungen, S. 95; deutlich kritisch auch Montini ebenda, S. 84: „Dieses Umstandswort „einschränkend“ lässt mir keine ruhige Minute, denn ich glaube, dass alles, was juristisch über den Inhalt und die Form der Auslegung unseres Entwurfes zu sagen ist, schon in der ersten Ziffer gesagt ist ...“ (*Anm: gemeint ist der spätere Art. 6 § 1 SEPG*).

hängige europäische Institutionen verfügen, auf die Übertragung weiterer Souveränitätsrechte sollte dagegen zunächst verzichtet werden. [722] Da letztlich dennoch - insbesondere im Rahmen der Marktintegration - bedeutsame Befugnisse übertragen wurden, sind die Art. 55-89 insoweit genauer zu betrachten. Von besonderer Bedeutung ist zunächst das Initiativrecht des Art. 55 Abs. 1 SEPG, welches sich auf die grundsätzliche Vorschrift des Art. 2 SEPG bezieht. Darin werden - wie ausgeführt - unter fünf Spiegelstrichen die Ziele und Aufgaben der neuen Gemeinschaft genannt. Dies sind insbesondere die Wahrung der Menschenrechte und Grundfreiheiten, der gegenseitige militärische Beistand im Rahmen der EVG und der NATO, eine gemeinsame Außenpolitik der Mitgliedstaaten sowie die Wahrung und Sicherung des Wohlstandes, insbesondere durch Schaffung eines gemeinsamen Marktes. Klarzustellen ist dabei zunächst, dass Art. 2 keine Kompetenznorm im eigentlichen Sinne darstellt. Art. 2 stellt jedoch einen allgemeinen Interpretationsgrundsatz für mögliche Kompetenznormen der Gemeinschaft dar und gibt zudem den Rahmen der Gemeinschaftsaktivitäten vor.[723] Die Initiativen in diesen Bereichen gehen gemäß Art. 55 Abs. 2 entweder von dem Europäischen Exekutivrat oder von zumindest einer Kammer des Parlaments aus. Adressat der Initiativen sind die Mitgliedstaaten, die der Exekutivrat nach entsprechenden Vorschlägen zur Stellungnahme auffordern kann (Art. 55 Abs. 3).[724]

Über dieses allgemeine Initiativrecht hinaus verfügt die neue Politische Gemeinschaft über die bisherigen Kompetenzen der EGKS und der EVG und übt demgemäß auch die Gesetzgebung aus (Art. 56 SEPG), wobei die administrative und finanzielle Autonomie der Sondergemeinschaften im Rahmen des Art. 5 SEPG gewahrt bleibt. Erweiterte Befugnisse ergeben sich vor allem im Bereich der wirtschaftlichen Zuständigkeiten der Gemeinschaft (Art. 82ff SEPG), auf die schon zuvor hingewiesen wurde. Danach kann die Gemeinschaft bereits ein Jahr nach Inkrafttreten des Vertrages Maßnahmen zur Schaffung eines gemeinsamen Marktes, *„der auf dem freien Umlauf der Güter und des Kapitals und der Freizügigkeit der Menschen beruht"*, ergreifen und hierfür die insbesondere in Art. 84 vorgesehenen gesetzgeberischen Befugnisse ausüben. Diese Erweiterung der Kompetenzen ist als tiefgreifendste Veränderung gegenüber den Teilgemeinschaften EGKS und EVG anzusehen,[725] die auch die Gemeinschaft im Falle ihrer Realisierung maßgeblich geprägt haben würde, was durch die tatsächliche Entwicklung der späteren EWG/EG bis hin zu Binnenmarkt und Währungsunion deutlich belegt wird.
Bedeutende Befugnisse erhält die Gemeinschaft zudem im Bereich der Finanzen. Zunächst kann sie die Art und Weise der Vorlage und Ausführung des Budgets (Art. 75 SEPG) selbst regeln. Ihr wird darüber hinaus ein umfassendes Recht zur Erhebung von

---

[722] Siehe etwa v. Brentano in: Verfassungsausschuss, Einleitender Bericht und Begründung vom 26.2.1953, S. 12: „2. Keine weiteren Souveränitätsverzichte zu verlangen, dagegen die europäischen Institutionen dergestalt zu schaffen, dass sie als echte europäische Einrichtungen in weitestem Maße unabhängig von nationalen Einflüssen ihre Aufgaben erfüllen können. Die Sonderversammlung hat sich im Januar für die Verwirklichung der zweiten Möglichkeit entschieden ...".

[723] Vgl. Bindschedler, Rechtsfragen der europäischen Einigung, S. 340.

[724] Es geht demnach nicht um die Gesetzesinitiative im Sinne des Art. 23 § 1 SEPG.

[725] Bindschedler, a.a.O.

Steuern und Festsetzung von Beiträgen zugestanden, ohne dass hierfür (auch) die Zustimmung der nationalen Parlamente notwendig wäre (Art. 77 bis 80 SEPG). Die Reichweite und Bedeutung dieser Vorschriften soll an anderer Stelle untersucht werden.[726]

Durchaus bedeutende Kompetenzen werden der Gemeinschaft auch im Bereich der internen Organisation zugestanden, insbesondere hinsichtlich der Einrichtung von Verwaltungsbehörden. Gemäß Art. 88 Abs. 1 SEPG kann die Gemeinschaft im Rahmen ihrer in Art. 2 genannten Ziele und Aufgaben *„zentralisierte oder dezentralisierte Verwaltungen, Anstalten, öffentliche Dienste oder Einrichtungen europäischen öffentlichen Interesses, Organisationen mit verwaltungsmäßiger und finanzieller Selbständigkeit einsetzen oder genehmigen sowie über diese ihre Kontrolle ausüben."* Dies bedeutet, dass die Satzung den Aufbau einer eigenen Gemeinschaftsverwaltung ermöglicht, was freilich im Einzelnen noch einem Gesetz der Gemeinschaft vorbehalten wäre (Art. 88 Abs. 3). Nur für den Bereich der Zwangsvollstreckung stellt die Satzung in Art. 106 unmissverständlich klar, dass hierfür das Verfahrensrecht und damit die Organe der einzelnen Mitgliedstaaten zuständig sein sollen. Beachtlich ist dabei die unmittelbare Vollstreckbarkeit der Entscheidungen des Exekutivrates und des Gerichtshofs in den Mitgliedstaaten (Art. 106 Abs. 1). Gesetzgebungskompetenzen im Bereich der internen Organisation bestehen weiterhin hinsichtlich der Prinzipien des Beamtenstatuts der Gemeinschaft (Art. 8), der Immunität und Besteuerung der Beamten (Art. 11 und Protokoll über Immunitäten), der Regelung des Wahlverfahrens und von Mandatsfragen (Art. 13, 19, 20 Abs. 5), hinsichtlich des Untersuchungsrechts des Parlaments (Art. 23 Abs. 4), der Übertragung schiedsrichterlicher Aufgaben auf den Gerichtshof (Art. 47) sowie der Regelungen über Zusammensetzung, Zuständigkeit und Verfahren des Wirtschafts- und Sozialrats (Art. 51).

Die Gemeinschaft hat im Bereich der Außenbeziehungen gemäß Art. 67 § 1 SEPG die Kompetenz, im Rahmen der übertragenen Zuständigkeiten zwischenstaatliche Verträge oder Abkommen zu schließen oder solchen beizutreten. Hervorzuheben ist in diesem Zusammenhang auch die Regelung des Art. 67 § 2. Danach kann die Gemeinschaft unter den in den Art. 90-92 SEPG vorgesehenen Bedingungen Assoziationsverträge oder -abkommen mit dritten Staaten abschließen. Die Bandbreite solcher Abkommen reicht von einfacher Wirtschaftskooperation bis hin zu einer „Quasi-Mitgliedschaft" unter Einbeziehung in die Entscheidungsgremien mit „uneingeschränkten Rechten" im Rat und Senat (Art. 91). Damit kommt die auch für die EG häufig verwendete Formel der „uneingeschränkten Bandbreite"[727] der Konzeption der EPG sehr nahe. Die weitgehenden Regelungen, die nur eine direkte Beteiligung der assoziierten Staaten im Exekutivrat und der Völkerkammer ausschließen, sollten vor allem die engstmögliche An-

---

[726] Vgl. zur Finanzverfassung unter C, III.

[727] „Assoziierung = zwischen Handelsabkommen plus 1 % und Mitgliedschaft minus 1 %"; vgl. etwa Oppermann, Europarecht, Rn. 1877 (S. 814).

bindung Großbritanniens ohne förmlichen Beitritt garantieren und den Vorwurf der Schaffung eines „Klein-Europa“ ausräumen.[728]
Bei den Kompetenzen der Gemeinschaft ist schließlich noch das Interventionsrecht gemäß Art. 104 SEPG zu erwähnen. Danach kann der Europäische Exekutivrat nicht nur auf Ersuchen der Mitgliedstaaten zur Wahrung deren verfassungsmäßiger Ordnung und demokratischen Einrichtungen „Beistand leisten“ (Abs. 1), sondern soll auch unter noch festzulegenden Umständen aus eigener Initiative tätig werden können (Abs. 2).

2. Rechtssetzungskompetenzen der EU/EG

Ebenso wie bei der EPG ist die Rechtssetzungskompetenz der EU/EG nicht umfassend und uneingeschränkt. Es gilt das bereits erwähnte Prinzip der begrenzten Einzelermächtigung bzw. Einzelzuständigkeiten[729] Dieses besagt, dass die Gemeinschaft nur dann für die Rechtssetzung zuständig ist, wenn die Verträge ausdrücklich eine Ermächtigung zum Tätigwerden der Gemeinschaftsorgane enthalten. Seit dem Vertrag von Maastricht ist dies auch ausdrücklich und programmatisch in Art. 5 Abs. 1 (ex 3b Abs. 1 EGV) normiert, wonach die Gemeinschaft „innerhalb der Grenzen der ihr in diesem Vertrag zugewiesenen Befugnisse und gesetzten Ziele tätig wird“. Dabei ist das Subsidiaritätsprinzip gemäß Art. 5 Abs. 2 EGV zu beachten, wonach in Bereichen, die nicht in die ausschließliche Zuständigkeit der Gemeinschaft fallen, diese nur tätig wird, „sofern und soweit die Ziele der in Betracht gezogenen Maßnahmen auf Ebene der Mitgliedstaaten nicht ausreichend erreicht werden können ...“ Diese Vorschrift, die einer „drohenden gemeinschaftlichen Zentralisierung“ entgegenwirken und bürgernahe Entscheidungen ermöglichen soll,[730] nimmt daher den Platz ein, den in der EPG Art. 6 Abs. 2 SEPG belegen sollte. Während letztere Vorschrift das Ausufern bestehender Kompetenzen durch restriktive Interpretation verhindern wollte, geht das Subsidiaritätsprinzip von einer mitgliedstaatlichen Sichtweise eines „Besserkönnens“ aus und ist damit mehr an dem Gesichtspunkt der Effektivität der Regelungen orientiert als Art. 6 der EPG-Satzung, die im Übrigen auch der Begründung eines „effet utile“ diametral entgegenstehen würde.[731]

Weiterhin sieht auch Art. 5 (ex Art. E) EUV vor, dass die Organe ihre Befugnisse nach Maßgabe und im Sinne der Verträge ausüben. Gleiches beschreibt Art. 7 (ex Art. 4) EGV für die Organe der EG. Zur Erfüllung ihrer Aufgaben erlassen die legislativ tätigen Organe (Rat, EP, Kommission) Verordnungen, Richtlinien und Entscheidungen „nach Maßgabe dieses Vertrages“. Mit der ausdrücklich begrenzten Ermächtigung der

---

[728] Siehe Schwarz-Liebermann v. Wahlendorf, Die Europäische Gemeinschaft, AVR 1953/54, S. 444f.
[729] „Compétences d'attribution“, vgl. Klein in: Hailbronner/Klein/Magiera/Müller-Graf, EUV/EGV-Kommentar, Art. 4, Rn. 51; siehe auch Oppermann, Europarecht, Rn. 513 (S. 197), der alternativ den Begriff „Prinzip der enumerativen Einzelermächtigung“ nennt.
[730] Klein/Haratsch, Neuere Entwicklungen des Rechts der Europäischen Gemeinschaften, DÖV 1993, S. 790f unter Hinweis auf die fragliche Wirksamkeit dieser Vorschrift.
[731] Nach dem Grundsatz des effet utile sollen die denkbaren Gemeinschaftsbefugnisse gerade voll ausgeschöpft werden; seit EuGH Slg. 1960, S. 683 ständige Rechtsprechung.

Gemeinschaft bzw. ihrer Organe ist zugleich klargestellt, dass die Gemeinschaft keine „Kompetenz-Kompetenz" besitzt, also die Ermächtigung, die Aufgaben und Befugnisse ihrer Organe autonom zu bestimmen.[732] Erforderlich ist demnach für jeden Rechtsakt eine durch die Mitgliedstaaten vertraglich übertragene Ermächtigungsnorm. Bei der Beurteilung dieses Prinzips ist allerdings zu sehen, dass durch eine großzügige Handhabung der Kompetenzzuweisungsregelungen eine Relativierung stattfand, die zu einer Erweiterung der Befugnis- und Aufgabenzuweisungsnormen geführt hat.[733] Verursacht wurde diese Relativierung insbesondere durch extensive Interpretationsansätze („implied power-Lehre" und „effet utile")[734], durch die Kombination verschiedener Rechtsgrundlagen und die weite Auslegung der Kompetenzergänzungsklausel des Art. 235 EGV a.F. (Art. 308 EGV/Amsterdam). Insbesondere diese Vorschrift hat dazu geführt, dass die disziplinierende Funktion des Prinzips der begrenzten Einzelermächtigung weitgehend eingebüßt wurde.

Hier zeigt sich zugleich ein signifikanter Unterschied zur EPG. Das in Art. 6 Abs. 2 der Satzung normierte Prinzip der einschränkenden Auslegung von Gemeinschaftskompetenzen dürfte bei Inkrafttreten der Satzung eine Ausdehnung der Befugnisse wie im Rahmen der E(W)G weitgehend verhindert haben. Weder eine implied power-Lehre noch eine extensive Auslegung von Kompetenzen im Rahmen der Vertragsergänzung wie bei Art. 235 EGV a.F. dürfte Wortlaut und Sinn dieser Vorschrift entsprechen. Damit wird deutlich, dass das auch wegen aktueller und potenzieller Kompetenzübertragungen kritisierte Projekt der EPG wahrscheinlich einen geringeren Zuwachs von Gemeinschaftsbefugnissen entwickelt hätte, als dies in der EU/EG der Fall war.

Bei der Beurteilung der Kompetenzen der EPG und der E(W)G sind auch hier die historischen Umstände in den Blick zu nehmen. Die Römischen Verträge von 1957 mit dem Konzept einer wirtschaftlichen Gesamtintegration basierten im Wesentlichen auf dem Spaak-Bericht von 1956, der durch den von der Messina-Konferenz 1955 eingesetzten Studien-Ausschuss erarbeitet wurde. Gerade Spaak war es aber, der die Beratungen der Ad hoc-Versammlung leitete und mit Nachdruck zum Ziel führen wollte. Der Umstand nun, dass sowohl die Satzung der EPG als auch der EWGV eine umfassende wirtschaftliche Zuständigkeit begründen, weist auf eine gleiche Urheberschaft (mit anderer Handschrift) und zeigt auch, dass der Übergang zur „funktionellen Methode" zum Teil nur die Etikette, nicht jedoch die Inhalte und Substanz in dem Maße betrafen, wie dies oftmals angenommen wurde. Vielmehr könnte man es auch als geschickten „Schachzug" der Verfasser der Römischen Verträge ansehen, dass nicht nur auf eine „Restriktionsklausel" wie Art. 6 Abs. 1 SEPG verzichtet wurde, sondern im

[732] Bleckmann, Europarecht, Rn. 143.

[733] Ausdrücklich Huber, Integration, § 10, Rn. 8 (S. 147).

[734] Vgl. zur implied power-Lehre und „effet utile" etwa Oppermann, Europarecht, Rn. 527f (S. 202f); der wichtigste praktische Anwendungsfall der implied power-Lehre ist im Bereich der Außenbeziehungen zu sehen, wo zum Teil der Schluss von der Innenkompetenz auf die Außenkompetenz gezogen wurde.

Gegenteil mit der Regelung des Art. 235 EGV ein Einfallstor für künftige Kompetenzerweiterungen geschaffen wurde.[735] Ob freilich die Schöpfer des Vertrages die Tragweite dieser Unterschiede in vollem Maße voraussahen, mag bezweifelt werden, wenn auch der „Lernprozess" an vielen Stellen der Römischen Verträge deutlich hervortritt.

3. Kompetenzverteilung zwischen der Gemeinschaft und den Mitgliedstaaten in der EU/EG

Bei der Kompetenzverteilung zwischen der Gemeinschaft und den Mitgliedstaaten sind im Wesentlichen ausschließliche und konkurrierende Kompetenzen zu unterscheiden. Ausschließliche Kompetenzen der Gemeinschaft sind nur dort anzuerkennen, wo sie durch die Verträge übertragen wurden. In Ermangelung eines Zuständigkeitskataloges ist dies allerdings jeweils durch Auslegung zu ermitteln.[736] Insbesondere im Hinblick auf die der EU/EG fehlende Kompetenz-Kompetenz und dem Prinzip der Subsidiarität ist dabei ein eher restriktiver Maßstab anzulegen.[737] Anerkannt ist die ausschließliche Zuständigkeit der Gemeinschaft im Wesentlichen im Bereich des übernationalen Verkehrs (Art. 71, ex Art. 75 Abs. 1 lit. a und b EGV), der Festlegung eines gemeinsamen Zolltarifs (Art. 26, ex Art. 28 EGV) sowie bei Fischerei-Erhaltungsmaßnahmen (Art. 32, ex Art. 38 EGV)[738] und der Gemeinsamen Handelspolitik (Art. 133, ex Art. 113 EGV).

Regelfall der rechtssetzenden Gemeinschaftsbefugnisse sind aber die sog. konkurrierenden Kompetenzen. Die Mitgliedstaaten bleiben originär zuständig, solange und soweit die Gemeinschaft von ihrer Rechtssetzungsbefugnis keinen Gebrauch gemacht hat.[739] Für die konkurrierende EG-Kompetenz ergibt sich insbesondere im binnenmarktrelevanten Bereich ein weit-gefasster Anwendungsbereich, wie in der Agrarpolitik (Art. 32ff, ex Art. 38ff EGV), der Freizügigkeit des Personen- und Kapitalverkehrs (Art. 39ff, ex Art. 48ff EGV), der Beihilfenaufsicht (Art. 87ff, ex Art. 92ff EGV), im Bereich bestimmter steuerlicher Regelungen (Art. 90ff, ex Art. 95ff EGV), der Rechtsangleichung (Art. 94f, ex Art. 100, 100a EGV), der Wirtschafts- und Sozialpolitik (Art. 98, ex Art. 102a bzw. Art. 136ff, ex Art. 117ff EGV), der Forschung und technologischen Entwicklung (Art. 163ff, ex Art. 130f ff EGV), der Umweltschutzpolitik (Art. 174, ex Art. 130r ff EGV) sowie in dem Fall des Art. 308 ex Art. 235 EGV. Die konkurrierenden Gemeinschaftskompetenzen unterliegen dem Subsidiaritätsprinzip des

---

[735] Vgl. zur Bedeutung des Art. 235 EGV a.F. Klein in: Hailbronner/Klein/Magiera/Müller-Graf, EUV/EGV-Kommentar, Art. 235, Rn. 4ff.

[736] Vgl. Huber, Integration, § 11, Rn. 5ff (S. 159f); in Art. 5 Abs. 2 (ex Art. 3b Abs. 2) EGV wird die Möglichkeit ausschließlicher Kompetenzen (indirekt) anerkannt.

[737] Zur Frage, ob die ausschließlichen Kompetenzen vom jeweils erreichten Stand der Integration bestimmt werden können: Huber, Integration, § 11, Rn. 7f (S. 160).

[738] Vgl. zur Problematik der Rechtsgrundlage Bleckmann, Europarecht, Rn. 2324.

[739] Beutler/Bieber/Pipkorn/Streil, Die Europäische Union, Rn. 125 (S. 102); Schweitzer/Hummer, Europarecht, Rn. 344.

Art. 5, ex Art. 3b EGV.[740] Soweit sie aber zulässigerweise ausgeübt wurden, verdrängen sie die nationalen Rechtsnormen.[741]

Schließlich wird in der Literatur auch noch die Figur der „parallelen Kompetenzen“ eingeführt, wonach sowohl die Gemeinschaft als auch die Mitgliedstaaten nebeneinander (parallel) zur Rechtssetzung befugt seien, wie etwa im Bereich des Kartellrechts und der Regionalpolitik. Nur im Falle sich widersprechender Ergebnisse gehe die gemeinschaftsrechtliche Regelung vor.[742] Zu bemerken ist dabei, dass der Unterschied zu den konkurrierenden Kompetenzen im Ergebnis nur ein theoretischer sein dürfte. In beiden Fällen können sowohl die Mitgliedstaaten als auch die Gemeinschaft rechtssetzend tätig werden und bei einer Kollision besteht jeweils der Vorrang des Gemeinschaftsrechts, sodass die Unterscheidung für die praktische Handhabung entbehrlich ist. Im Ergebnis ist hervorzuheben, dass die Kompetenzen der EU/EG seit den Gründungsverträgen eine erhebliche Ausweitung erfahren haben. Auch dies mag dazu geführt haben, dass das Bundesverfassungsgericht eine Kontrollbefugnis deutscher Behörden und Gerichte hinsichtlich der Einhaltung des Integrationsprogramms bei der Ausübung von Gemeinschaftskompetenzen reklamiert hat.[743]

4. Kompetenzgefüge der EPG

Der Satzungsentwurf der Politischen Gemeinschaft enthält weder einen Katalog der Gesetzgebungsbefugnisse noch eine explizite Unterscheidung der verliehenen Kompetenzen in ausschließliche und konkurrierende, was insoweit der Regelung im EGV entspricht. Für den Bereich der Wirtschaftsgesetzgebung heißt es etwa in Art. 82 Abs. 3: *„Die Gemeinschaft ist zuständig, die gemäß Art. 84 bis 87 erforderlichen Maßnahmen zu ergreifen.“* Die Formulierung weist auf einen Vorrang des Gemeinschaftsrechts, nicht jedoch auf eine ausschließliche Kompetenz der Gemeinschaft hin. Dies wäre im Hinblick auf die Übergangszeiten und den noch gänzlich unsicheren Umfang künftiger Kompetenzausübung auch fernliegend. Die Gesetzgebungsbefugnisse im Bereich der Wirtschaft sind daher als konkurrierende anzusehen.

Schwieriger erweist sich die Beurteilung für den Sektor der Steuern und Finanzen. Für die Haushaltsgesetzgebung und den Vollzug des Haushalts im Rahmen der Art. 75ff SEPG ist die Gemeinschaft zunächst gemäß Art. 75 § 2zuständig,[744] was sich im Übrigen auch aus der Natur der Sache ergeben würde. Problematisch ist dagegen die eigentliche Steuergesetzgebung der Gemeinschaft. Nach Art. 78 Abs. 1 bilden die Moda-

---

[740] Schweitzer/Hummer, Europarecht, Rn. 344 sowie Rn. 892ff.

[741] Umfang und Reichweite dieses Vorrangs des Gemeinschaftsrechts sind nicht unumstritten - vgl. exempl. Huber, Integration, § 7, Rn. 1ff (S. 121ff).

[742] Schweitzer/Hummer, Europarecht, Rn. 345; Huber, Integration, § 11, Rn. 13 (S. 162).

[743] BVerfGE 89, 155ff (Maastricht); vgl. hierzu Meessen, Maastricht nach Karlsruhe, NJW 1994, S. 549, 552; Herdegen, Europarecht, Rn. 247 (S. 195).

[744] Art. 75 § 2 SEPG formuliert: „Ein Gesetz der Gemeinschaft regelt die Modalitäten der Vorlage und des Vollzugs des Haushalts sowie die Modalitäten der Kontrolle des Vollzugs.“

litäten der Steuerveranlagung, der Festsetzung des Steuersatzes und der Erhebung der Steuern der Gemeinschaft den Inhalt von Entwürfen des Europäischen Exekutivrates, die von Rat und Parlament genehmigt werden müssen. In Ermangelung eines Steuerzuständigkeitskatalogs ergeben sich zunächst zwei Auslegungsmöglichkeiten. Zum einen könnte die Norm - wie bei Art. F Abs. 3 EUV bzw. Art. 6 Abs. 3 EUV/Amsterdam - nur als allgemeine Zielvorgabe angesehen werden, deren rechtliche Bedeutung darauf beschränkt bleiben müsste, die Auslegung etwaiger Einzelermächtigungen anzuleiten.[745] Zum anderen könnte auch eine umfassende (konkurrierende) Gesetzgebungskompetenz auf dem Gebiet der Steuergesetzgebung festgelegt worden sein. Für diese Möglichkeit spricht insbesondere die konkrete Regelung als Gesetzgebungsverfahren mit Zustimmung beider Kammern und einstimmiger Billigung des Rates der nationalen Minister. Gerade letzterer Umstand sorgt dafür, dass die Mitgliedstaaten und deren Bürger nicht mit Steuern belastet werden, denen zumindest die eigene Regierung (im Rat) nicht zugestimmt hätte. Zudem spricht die konkrete Formulierung der Art. 75ff SEPG im Vergleich zur vagen Programmatik des Art. F Abs. 3 EUV[746] für eine echte Gesetzgebungskompetenz in diesem Bereich. Es handelt sich dabei aber ohne Zweifel nicht um eine ausschließliche Kompetenz. Diese Bestimmungen dienen der Finanzierung der Gemeinschaft aus Eigenmitteln und lassen das innerstaatliche Finanzsystem der Mitgliedstaaten im Grundsatz zunächst unberührt. Allerdings ist hier Art. 82 Abs. 2 SEPG zu beachten, wonach die Gemeinschaft die Aufgabe hat, die „Währungs-, Kredit- und Finanzpolitik in Einklang zu bringen." Hierin ist nicht nur die Vision eines späteren gemeinsamen Währungssystems zu sehen, sondern es wären auch konkrete Auswirkungen auf die Steuergesetzgebung zu erwarten gewesen. Im Zusammenspiel mit Art. 78 SEPG hätten durchaus gewichtige Einflussnahmen auf das nationale Steuerrecht erfolgen können, sofern sich der Rat der nationalen Minister auf entsprechende Maßnahmen hätte einigen können.

Eine ausschließliche Kompetenz steht der Gemeinschaft bei den zuvor genannten Bereichen der internen Organisation zu, wie etwa betreffend den Status bzw. die Rechtsverhältnisse der gemeinschaftseigenen Beamten. Dementsprechend legt Art. 8 SEPG auch unmissverständlich fest: *„Die allgemeinen Rechtsverhältnisse der Beamten und Angestellten der Gemeinschaft werden durch ein Gesetz der Gemeinschaft bestimmt."* Wortlaut und Regelungsmaterie dürften keinen Zweifel daran lassen, dass nur die Gemeinschaft im Rahmen ihrer Gesetzgebung selbst über solche Rechtsverhältnisse verbindliche Normen schaffen und dies nicht Gegenstand von Regierungsvereinbarungen sein kann. Gleiches gilt für die übrigen internen Angelegenheiten der Gemeinschaft. Ein wichtiger Bereich ausschließlicher Gesetzgebung kommt der Gemeinschaft auf dem Gebiet der gemeinsamen Verteidigung im Rahmen der EVG zu. Insbesondere stehen dem Rat grundsätzliche Entscheidungen in Bereichen zu, die den Mitgliedstaaten - schon durch die Konstruktion der gemeinsamen Armee - entzogen wurden bzw. wer-

---

[745] Vgl. BVerfGE 89, 155/194; siehe hierzu Klein in: Hailbronner/Klein/Magiera/Müller-Graf, EUV/EGV-Kommentar, Art. F, Rn. 13ff m.w.N.

[746] Art. F Abs. 3 EUV a.F. (Art. 6 Abs. 4 EUV/Amsterdam) lautet: „Die Union stattet sich mit den Mitteln aus, die zum Erreichen ihrer Ziele und zur Durchführung ihrer Politiken erforderlich sind".

den sollten, worauf an späterer Stelle näher eingegangen wird. Im Ergebnis ist festzuhalten, dass auch im Bereich der EPG die konkurrierenden Zuständigkeiten der Regelfall werden sollten, insbesondere bei der Schaffung des gemeinsamen Marktes. Ebenso wie die Verträge der EU/EG meidet die Satzung der EPG einen verbindlichen Kompetenzkatalog im Sinne einer Verfassung, sondern beschränkt sich auf die Benennung einzelner Kompetenzen im Kontext der jeweiligen Regelung (Einzelermächtigung). Auch dieser Umstand spricht gegen die Annahme, dass die Satzung der EPG schon eine vollständige europäische Verfassung hätte darstellen können.

II. Die Rechtssetzung in der EPG und der EU

1. Die „Rechtserzeugungsverfahren" der EPG

Die Satzung der Politischen Gemeinschaft kennt Gesetze, Empfehlungen, Entscheidungen und Vorschläge. Letztere sind unverbindlich und sollen daher nicht Gegenstand näherer Betrachtung sein. Empfehlungen des Exekutivrates gemäß Art. 33 Abs. 3 SEPG entsprechen - entgegen ihrer missverständlichen Bezeichnung - den Richtlinien des EGV (Art. 249, ex Art. 189 Abs. 3 EGV)[747], da sie im Bezug auf die darin aufgestellten Ziele rechtsverbindlich sind, nicht jedoch hinsichtlich der Wahl der Mittel, die den Mitgliedstaaten verbleibt, wobei der Wortlaut eine Anlehnung an den im Wesentlichen bedeutungsgleichen Art. 14 Abs. 3 EGKSV darstellt.[748] Dementsprechend gilt auch das gleiche Verfahren wie in der (eigentlichen) Gesetzgebung gemäß Art. 54 i.V.m. Art. 52 SEPG. Entscheidungen sind Erlasse des Exekutivrates, welche in allen ihren Teilen verbindlich sind (Art. 33 Abs. 2 SEPG).[749] Dies können Rechtsverordnungen (allgemeines Recht) oder auch Einzelverfügungen (Verwaltungsakte) sein. Das Verordnungsrecht ergibt sich unmittelbar aus Art. 53 Abs. 1 SEPG, wonach der Europäische Exekutivrat Verordnungen zur Sicherung der Durchführung der Gesetze der Gemeinschaft erlassen kann und entspricht im Wesentlichen den Bestimmungen betreffend die Kommission der Europäischen Gemeinschaften (Regeldelegation nach Art. 202, 3. Spiegelstrich EGV).

Kernelement der gemeinschaftlichen Rechtssetzung ist jedoch die eigentliche Gesetzgebung unter maßgeblicher, aber (je nach Materie) unterschiedlicher Beteiligung des Parlaments, welches als zum Teil direkt gewähltes Gremium (Völkerkammer) stellvertretend für die demokratische Verfasstheit der Gemeinschaft steht. Das Verfahren der Gesetzgebung wurde schon teilweise bei der Darstellung der Organe und ihrer Kompetenzen erläutert, sodass an dieser Stelle nur eine zusammenfassende Beschreibung erfolgen soll. Die Kompetenz zur Gesetzgebung steht grundsätzlich zunächst Parlament zu, was aus der Vorschrift des Art. 52 § 1 SEPG folgt. Danach beschließen die beiden Kammern über die Gesetze nacheinander mit einfacher Mehrheit. Art. 52 stellt die lex

[747] Siehe auch Art. 161 Abs. 3 EAGV.
[748] Vgl. zu Art. 14 Abs. 3 EGKSV: EuGH, Slg. 1990, S. I-495.
[749] Vgl. Bindschedler, Rechtsfragen der europäischen Einigung, S. 369.

generalis für die Gesetzgebung dar. Überall, wo demnach Gesetze der Gemeinschaft erwähnt sind, werden sie nach dem Verfahren des Art. 52 erlassen, sofern die jeweilige Ermächtigungsnorm keine Ausnahmen vorsieht. Freilich sind diese Ausnahmen gerade die wichtigsten Fälle der Gesetzgebung, wie bei der Wirtschaft (Art. 82ff) und den Finanzen (Art. 75ff). Allerdings würde das Verfahren nach Art. 52 für künftige weitere Kompetenzen maßgeblich sein, sofern sie allgemein der Gemeinschaft übertragen würden.

Die Gesetzgebungsinitiative steht gemäß Art. 23 § 1 „den Mitgliedern des Parlaments und dem Europäischen Exekutivrat" zu. Ersteren steht gemäß Art. 23 § 2 das Recht zu, Änderungsanträge und Interpellationen einzubringen, ohne dass insoweit auf ein Mindestquorum oder Fraktionsstärke abgestellt wird. Somit stellt die Vorschrift eine Stärkung des Oppositionselements sowie der Unabhängigkeit der Mandatsträger dar. Sie entspricht insofern der Regelung des Art. 76 GG, wo für Gesetzesvorlagen „aus der Mitte des Bundestages" ebenfalls kein Quorum vorgesehen wird.[750] Nach Annahme eines Gesetzentwurfes kann ein Viertel der Mitglieder des Senats eine zweite Lesung fordern. Diese Vorschrift wurde - wie bereits erwähnt - zum Schutze der kleineren Staaten eingeführt, was erklärt, dass der Völkerkammer kein solches Recht zur Erzwingung einer zweiten Lesung zusteht. Die grundsätzliche Normierung nur einer Lesung setzt selbstverständlich eine besonders gründliche Vorbereitung der Gesetzgebungsvorhaben in den Ausschussberatungen voraus.[751] Dabei ist nochmals hervorzuheben, dass die Satzung noch keinerlei Bestimmungen über Ausschüsse oder Vermittlungsverfahren enthält, sodass dies späteren Regelungen vorbehalten war und damit zumindest für die Anfangszeit die Arbeitsfähigkeit der parlamentarischen Gremien in Frage gestellt werden kann. Um Verzögerungsstrategien zu vermeiden, kann für „ein und dasselbe Gesetz" nur einmal eine zweite Lesung beantragt werden (Art. 52 § 2, S.3). Wird innerhalb von 10 Werktagen nach Verabschiedung in erster Lesung kein Antrag auf eine zweite Lesung gestellt, so gilt das Gesetz als verabschiedet und wird hiernach innerhalb von 8 weiteren Werktagen durch den Präsidenten des Europäischen Exekutivrates verkündet. Quasi als Ersatz für einen Vermittlungsausschuss hat der Präsident - anders als etwa im deutschen Verfassungsrecht - das Recht, „eine neue Beschlussfassung" zu beantragen. Diese Bestimmung erinnert entfernt an das Vetorecht des amerikanischen Präsidenten, wenngleich sie nur kurze dilatorische Wirkung entfalten kann. Insbesondere gilt für die zweite Abstimmung in den Kammern die gleiche (einfache) Mehrheit wie im ersten Durchgang, was in Ermangelung einer Sonderregelung anzunehmen ist.

Eine besondere Konstellation ergibt sich für diejenigen Gesetzentwürfe, die vom Exekutivrat auszuarbeiten sind und bei denen die Zustimmung des Ministerrates notwen-

---

[750] Dieses wird freilich durch § 76 Abs. 1 GeschOBT eingeschränkt, wonach derartige Vorlagen von einer Fraktion oder von 5 % der Mitglieder des Bundestages eingebracht werden müssen; vgl. Jarass/Pieroth, Kommentar zum Grundgesetz, Art. 76, Rn. 2 sowie zur verfassungsrechtlichen Zulässigkeit dieser Vorschrift bereits BVerfGE 1, 144/153.

[751] Eberhard, EPG, S. 23, Fn. 33.

dig ist, wie etwa im Bereich der „Binnenmarktgesetzgebung“ des Art. 84 SEPG. Erst nach der Zustimmung des Rates (einstimmig im 2. bis 5. Jahr nach Inkrafttreten, mit einfacher Mehrheit ab dem 6. Jahr) werden die Entwürfe dem Parlament vorgelegt, wobei der Senat ab dem 6. Jahr - als Surrogat für den Wegfall der Einstimmigkeit im Rat - mit 2/3-Mehrheit zu entscheiden hat. Das Parlament hat dann nur die Möglichkeit, diese Entwürfe in toto anzunehmen oder zu verwerfen. Lehnt es die Verabschiedung des Gesetzes ab, ist dieses zunächst gescheitert und es muss gegebenenfalls ein neues Verfahren begonnen werden.[752]

Gemäß Art. 68 SEPG verhandelt der Exekutivrat über die zwischenstaatlichen Verträge oder Abkommen, welche die Gemeinschaft verpflichten und schließt diese ab. Sofern sich diese Verträge oder Abkommen allerdings auf Gegenstände beziehen, für die nach der Satzung die Mitwirkung eines anderen Organs der Gemeinschaft vorgesehen ist, so kann der Exekutivrat sie erst ratifizieren, wenn diese Organe unter den normierten Voraussetzungen zugestimmt haben (vgl. Art. 68 Abs. 2 SEPG). Dieser Passus bezieht sich nicht nur auf das normale Verfahren der Umsetzung in „innergemeinschaftliches“ Recht, sondern auch auf Mitwirkungsrechte des Rates im Rahmen der Sondergemeinschaften EVG und EGKS.[753] Schließlich kommt noch eine Rechtssetzung innerhalb der Gemeinschaft durch Staatsverträge unter den Mitgliedstaaten in Betracht. Dies betrifft etwa gemäß Art. 38 § 3 SEPG die Errichtung anderer (= unterer) Gerichte der Gemeinschaft, insbesondere aber nach Art. 71 § 2 die Schaffung *„eines Paktes zur friedlichen Beilegung aller Streitigkeiten ... ‚die nicht unter die Zuständigkeit des Gerichtshofes fallen.“* Der Umstand, dass diese Materie der Vertragshoheit der Mitgliedstaaten und nicht der Gesetzgebung der Gemeinschaft unterliegt, kann durchaus als Schwäche der neuen Gemeinschaft gesehen werden;[754] es ist aber als Konzession an die Mitgliedstaaten zu sehen, ihre Beziehungen in bestimmten Bereichen nach altem zwischenstaatlichen Muster lösen zu können, nämlich durch völkerrechtliche Verträge. Auch an dieser Stelle zeigt sich wieder, wie behutsam die Schöpfer der EPG vorgingen und wie sehr sie einen Konfrontationskurs mit den nationalen Regierungen meiden wollten.

---

752 Bindschedler, Rechtsfragen der europäischen Einigung, S. 368, folgert dieses Ergebnis aus einer „sinnvollen Interpretation des Vertrages“; dieses erscheint jedoch im Hinblick auf den klaren Wortlaut der Satzung sogar zwingend.

753 Vgl. Bindschedler, Rechtsfragen der europäischen Einigung, S. 369.

754 So ausdrücklich Bindschedler, Rechtsfragen der europäischen Einigung, S. 370.

2. Rechtssetzung in der EU/EG

a. Rechtssetzung nach dem Vertrag von Maastricht

Seit dem Vertrag von Maastricht sind das Vorschlagsverfahren, das Verfahren der Zusammenarbeit (Art. 189c EGV a.F.) und das Verfahren der Mitentscheidung (Art. 189b EGV a.F.) zu unterscheiden. Letztere haben im Vertrag eine umfassende Regelung erfahren, die hier nur angerissen werden soll. Das einfache „Vorschlagsverfahren" kommt immer dann zur Anwendung, wenn eine betreffende Ermächtigungsnorm nicht auf die Art. 189b, 189c EGV a.F. verweist. Ausgangspunkt ist eine Initiative der Kommission, die zu einer obligatorischen (vgl. z.B. Art. 100, 235 EGV a.F.) oder einer nur fakultativen Anhörung des Parlaments führt.[755] Nach der Anhörung des Parlaments beschließt der Rat den betreffenden Rechtsakt, bei Abweichungen vom Vorschlag der Kommission ist allerdings Einstimmigkeit vorgeschrieben (Art. 189a Abs. 1 EGV). Bei dem Verfahren der Zusammenarbeit gemäß Art. 189c EGV a.F. sind die Einflussmöglichkeiten des Parlaments dagegen bereits wesentlich gestärkt. Auch hier ist der Ausgangspunkt ein Vorschlag der Kommission, der nicht nur dem Rat, sondern auch dem EP zuzuleiten ist. Maßgeblich für das Verfahren ist die Erstellung eines „gemeinsamen Standpunktes" durch den Rat auf der Grundlage des Kommissionsvorschlages und der Anhörung des EP. Es ist sodann Sache des Parlaments, den „gemeinsamen Vorschlag" anzunehmen oder abzulehnen oder aber Änderungsvorschläge einzubringen. Im Falle der Annahme erlässt der Rat den Rechtsakt mit qualifizierter Mehrheit, bei Ablehnung des Parlaments bedarf es der Einstimmigkeit. Änderungsvorschläge des EP bedürfen bei nachgehender Zustimmung der Kommission nur einer qualifizierten Mehrheit im Rat, bei Ablehnung durch die Kommission bedarf es hingegen der Einstimmigkeit.

Die weitestgehenden Gestaltungsmöglichkeiten hat das Europäische Parlament im Rahmen des Mitentscheidungsverfahrens (Kodezisionsverfahren) nach Art. 189b a.F. EGV. Ausgangspunkt ist wie im Verfahren der Zusammenarbeit ein Vorschlag der Kommission, der zunächst dem Rat und dem EP zugeleitet wird. Das EP berät in erster Lesung über den Vorschlag und leitet ihn dem Rat zu, der einen „gemeinsamen Standpunkt" auf der Grundlage der Überzeugungsbildung der drei Organe bilden soll. Bei der weiteren Behandlung des „gemeinsamen Standpunktes" kommt es auf die Zustimmung der Kommission und des Parlaments an. Bei Änderungsvorschlägen des EP kann eine Ablehnung der Kommission wiederum durch Einstimmigkeit im Rat übergangen werden. Sowohl bei Änderungsvorschlägen als auch bei Ablehnung durch das EP kann es im Falle der Nichteinigung zur Einberufung eines Vermittlungsausschusses kommen. Sofern aber (hiernach) im Falle des fortdauernden Abweichens der Standpunkte von Rat und Parlament keine Einigung zu erzielen ist, gilt der vom Rat gebildete „gemeinsame Standpunkt" als endgültig abgelehnt (vgl. Art. 189b Abs. 5 und 6 EGV a.F.). Art. 189b EGV verleiht damit dem Europäischen Parlament ein echtes Vetorecht.[756] Auch das Verfahren der Mitentscheidung findet nur dort Anwendung, wo die jeweilige

---

755 In der Praxis wurde in allen Fällen der nichtobligatorischen eine fakultative Anhörung durchgeführt.

756 Vgl. nochmals Beutler/Bieber/Pipkorn/Streil, Die Europäische Union, Rn. 447f (S. 254f).

Ermächtigungsnorm ausdrücklich auf Art. 189b EGV verweist. Eine enumerative Aufzählung im Sinne eines Katalogs gibt es nicht. Das in insgesamt neun Verfahrensschritte aufgeteilte Verfahren wurde allgemein als zumindest „überaus kompliziert"[757] erachtet, was auch zu der Neuregelung im Vertrag von Amsterdam führte.

b. Änderungen durch den Vertrag von Amsterdam

Der Vertrag von Amsterdam hat einige entscheidende Veränderungen im Bereich der Normgebung erbracht, insbesondere eine Stärkung des Europäischen Parlaments, welches mit der dritten großen Vertragsrevision[758] seine Rolle als echter Mitgesetzgeber ausbauen konnte. Dabei wurden zunächst die Bereiche, in denen das Mitentscheidungsverfahren zur Anwendung kommt, erheblich ausgeweitet. Das Verfahren der Zusammenarbeit wurde mit Ausnahme der Bestimmungen über die Wirtschafts- und Währungsunion in das Mitentscheidungsverfahren überführt[759] und das Verfahren in Art. 251 EGV zudem deutlich gestrafft.[760] So kann das Europäische Parlament den „gemeinsamen Standpunkt" des Rates bereits durch eine Verwerfung mit absoluter Mehrheit endgültig scheitern lassen. Das Vermittlungsverfahren wird begrenzt und beschleunigt, die bisher vorgesehene dritte Lesung entfällt durch die Neuregelung. Von Bedeutung für das Renommee des Parlaments ist auch, dass die im Mitentscheidungsverfahren erlassenen Verordnungen und Richtlinien als Rechtsakte des Europäischen Parlaments und des Rates firmieren.[761] Die Änderungen durch den Vertrag von Amsterdam machen das EP zu einem weiter gestärkten Mitgesetzgeber, der freilich den Rat (noch) nicht dominieren kann. Dennoch scheint das EP endgültig auf dem Wege zu einem „echten Parlament" zu sein.

> *Die Rolle des Parlaments der **EPG** im Gesetzgebungsverfahren ist dagegen zunächst klarer strukturiert, da diesem grundsätzlich das Initiativrecht und die Gesetzgebungsbefugnis im Rahmen der Organkompetenzen zusteht. Betrachtet man jedoch die Regelungen im Einzelnen (vgl. o.), wird deutlich, dass eine Abhängigkeit von den anderen Organen (Exekutivrat und Rat) besteht, die zu einer Situation führt, die von der des EP nicht so wesentlich verschieden ist, wie dies zunächst anzunehmen sein könnte. Entscheidende Einschränkungen sind die obligatorische Zustimmung des Rates im Bereich der Finanzen und der Wirtschaftsgesetzgebung sowie das Initiativmonopol des Exekutivrates in diesen Bereichen. Nimmt man zusätzlich die dominierende Stellung des Rates im Bereich der EVG hinzu, so ist die Realität der EU/EG nach Maastricht und Amsterdam nicht mehr weit entfernt von der projektierten EPG. Die Vertragsrevisionen seit den Römischen Verträgen haben eine Entwicklung in Gang gesetzt, die das EP*

757 So etwa Koenig/Haratsch, Europarecht, Rn. 296 (S. 103), auch für die Regelung nach Amsterdam.
758 Mit der Europäischen Einheitlichen Akte 1986, dem Vertrag von Maastricht 1992 und dem Vertrag von Amsterdam 1997 erfuhr das Europäische Parlament jeweils eine bedeutende Aufwertung.
759 Riedel, Der Vertrag von Amsterdam und die institutionelle Reform der Europäischen Union, BayVBl 1998, S. 547.
760 Herdegen, Europarecht, Rn. 197 (S. 153); Riedel, a.a.O., S. 547.
761 Vgl. Herdegen, a.a.O.

auf die Konzeption des Parlaments der EPG zubewegt - ein zentrales Organ der Gemeinschaft, das in den wesentlichen Fragen Entscheidungs- oder zumindest Mitwirkungsbefugnisse hat. Das noch fehlende Initiativrecht kann durch das Einfordern der Initiativberichte gemildert werden, wäre aber sicherlich ein weiterer Schritt der Gemeinschaft in Richtung Parlamentarisierung und Demokratisierung.

III. Finanzverfassung und Haushaltsrecht der Gemeinschaften im Vergleich

1. EPG - Die Finanzverfassung der Gemeinschaft

Die Finanzen der Gemeinschaft sind unvollständig in den Artikeln 75 bis 81 SEPG geregelt. Gemäß Art. 75 § 2 sollte ein Gesetz der Gemeinschaft die Modalitäten der Vorlage und des Vollzugs des Haushalts regeln. Dieses Gesetz ist infolge des Scheiterns des EPG-Projekts nicht mehr geschaffen worden. Dennoch sind die Grundzüge des Haushaltsrechts der EPG durchaus dem IV. Kapitel der Satzung zu entnehmen. Die Finanzverfassung ist danach geprägt von folgenden Grundsätzen: Die Finanzierung der Gemeinschaft aus eigenen Einnahmen und Beiträgen, das Zusammenspiel von Exekutivrat und Parlament im Haushaltsverfahren sowie das Vorrecht des Rates bei Haushaltsverfahren, Steuerveranlagung und Beitragserhebung.

a. Das Haushaltsverfahren der EPG

Der Haushalt soll alle Einnahmen und Ausgaben der Gemeinschaft erfassen (Art. 75 § 1, S.1 SEPG). Allerdings ist der Haushalt der Montanunion noch für eine Übergangsfrist von zwei Jahren (Art. 64 § 1 i.V.m. Art. 59 SEPG) und der Haushalt der EVG auf unabsehbare Dauer von dem Haushalt der neuen Gemeinschaft getrennt.[762] Der Haushalt für das folgende Haushaltsjahr wird zunächst vom Europäischen Exekutivrat ausgearbeitet und vorgeschlagen, der nach der Verabschiedung auch für den Vollzug zuständig ist (Art. 81 i.V.m. Art. 75 SEPG).[763] Art. 76 § 1 SEPG unterwirft sodann das nachfolgende Verfahren den Bestimmungen über die Steuerveranlagung und Beitragsfestsetzung, sodass hier auf eine eigenständige weitere Regelung verzichtet wurde. Gemäß Art. 78 § 1 SEPG bedarf der Haushaltsentwurf des Exekutivrates der einstimmigen Billigung des Rates der nationalen Minister und der Genehmigung des Parlaments. Liegt diese zu Beginn des Haushaltsjahres noch nicht vor, so greift die Regelung des Art. 76 § 3 SEPG (Nothaushaltsrecht). Danach kann der Exekutivrat bis zur Zustimmung des Parlaments jeweils für ein weiteres Vierteljahr nach dem Haushalts-

[762] Art. 64 § 2 SEPG sieht lediglich vor, dass das Parlament die politische Kontrolle über den Haushalt der EVG erhält, währenddessen die Satzung keine Bestimmungen enthält, die eine Fusion der beiden Haushalte vorsieht; der Haushalt der EVG wird auch nach Inkrafttreten der Satzung nach den Art. 86ff EVGV aufgestellt, wobei allerdings auch viele Parallelen zum Verfahren der EPG bestehen.

[763] Art. 75 § 2 SEPG sieht dabei vor, dass die einzelnen Regelungen des Haushaltsvollzugs einem besonderen Gesetz vorbehalten sein sollen.

plan des Vorjahres verfahren. Das Parlament, welches mangels entgegenstehender Bestimmungen in beiden Kammern mit einfacher Mehrheit entscheidet, hat sodann die Letztentscheidung über den Haushalt. Fraglich ist indessen, welche Gestaltungsmöglichkeiten dem Parlament im Haushaltsverfahren verbleiben. Immerhin sieht Art. 76 § 2, S.2 ein Abänderungsrecht des Parlaments vor. Wörtlich heißt es dort: *„Das Parlament kann sein Abänderungsrecht nur im Rahmen des Gesamtumfangs der vorgeschlagenen Ausgaben ausüben. Es kann keine neuen Kapitel für Ausgaben schaffen."*

Damit setzt der Vertrag ein Abänderungsrecht des Parlaments voraus, ohne dies näher auszugestalten. Andererseits verweist Artikel 76 § 1 SEPG auf die Artikel 78-80 (s.o.), was eine gewisse Widersprüchlichkeit bedeutet: einerseits ein (gestaltendes) Abänderungsrecht, ein bloßes Genehmigungserfordernis andererseits. Denn das Verfahren nach den Artikeln 78-80 sieht die einstimmige Billigung des Rates vor der Zustimmung des Parlaments vor. Man wird Art. 76 § 2 als Spezialnorm den Vorrang zu geben haben, sodass tatsächlich ein Abänderungsrecht des Parlaments vor der Vorlage an den Rat anzunehmen ist und die Art. 78-80 nur ergänzende Anwendung finden können.[764] Damit bleibt aber die Frage nach Inhalt und Umfang dieses Rechts. Art. 76 § 2 SEPG stellt klar, dass das Parlament keine Erweiterung der Gesamtausgaben vornehmen darf und letztlich auf Umschichtung innerhalb der vorgegebenen Haushaltskapitel beschränkt bleibt. Auch die Formulierung des Artikel 76 § 3 (Nothaushaltsrecht, s.o.) spricht für diese Auslegung, wonach das Parlament den Haushalt „annehmen" muss. Zentrales Organ für die Verabschiedung des Haushalts ist demnach das Parlament. Damit lässt sich auch im Bereich der EPG von einer zwar eingeschränkten, aber echten und bedeutenden Haushaltskompetenz des Parlaments sprechen. Allerdings hat der Rat, der die mitgliedstaatlichen Interessen berücksichtigen soll, praktisch ein Vetorecht im Haushaltsverfahren, da er seinerseits den Haushalt einstimmig billigen muss. Damit findet hier das staatenbündische Element starken Ausdruck, da jeder einzelne Staat über seine Regierung den Haushalt im gegebenen Fall blockieren kann, um eigene Interessen durchzusetzen. Es handelt sich um eine weitere Regelung, die verdeutlicht, dass bei der EPG nicht von einer Föderation gesprochen werden kann, wofür eher eine Unabhängigkeit des Haushalts von den Teilstaaten sprechen würde.[765] Die Pauschalverweisung auf die Art. 78-80 SEPG ist in diesem Bereich auch eine deutliche Absage an ein Mehrheitsprinzip im Haushaltsverfahren, insbesondere im Hinblick auf eine vermutete Nichtakzeptanz der Regierungen der Mitgliedstaaten.

b. Die weitergehenden Bestimmungen der EVG

Zu beachten sind in diesem Zusammenhang auch die Bestimmungen des EVG-Vertrages zur Finanzierung der Verteidigungsgemeinschaft, insbesondere der Europa-

---

[764] So offenbar auch Robertson, EPC, S. 391.

[765] Dies würde für die Bundesrepublik Deutschland etwa bedeuten, dass die Länder - und zwar jedes einzelne - den Haushalt des Bundes durch ein Veto blockieren könnten (vgl. Art. 109 und Art. 110 GG); siehe insgesamt zur Frage der Föderation (der EPG): Jaenicke, Bundesstaat oder Staatenbund, FS Bilfinger, S. 71ff, 106f.

armee.[766] Diese Ausgaben würden in der neuen fusionierten Gemeinschaft den mit Abstand größten Anteil ausgemacht haben. Zunächst ist dabei fraglich, ob die detaillierten Bestimmungen der Art. 83 bis 100 EVGV eine ergänzende Funktion zur Lückenfüllung im weniger ausführlich geregelten Finanzsystem der EPG einnehmen könnten. Dies wird zu bejahen sein, soweit es um mehr „praktisch-technische" Fragen geht, nicht jedoch im Bereich der eigentlichen Haushalts- und Finanzordnung.[767] So könnten beispielsweise die Bestimmungen zu dem Ausgleich bei Wechselkursschwankungen (Art. 95 § 2 und § 3 EVGV) im Falle wirtschaftlicher Schwierigkeiten Anwendung finden; auch könnte der in der EPG nicht explizit vorgesehene Rechnungsprüfungshof (Art. 97 EVGV) für die neue Politische Gemeinschaft tätig werden, ohne dass hierdurch Rechte der Gemeinschaftsorgane oder der Mitgliedstaaten beeinträchtigt würden. Anders liegt der Fall bei dem in der EVG zusätzlich vorgesehenen *Finanzkontrolleur* (Art. 92 EVGV); die Pflicht des im Exekutivrat der EPG aufgehenden Kommissariats, alle ausgabenrelevanten Verpflichtungen dem Finanzkontrolleur zur Überprüfung und Gegenzeichnung vorzulegen, ist eine Beschränkung dieses Organs, die nicht mit der Satzung der Politischen Gemeinschaft zu vereinbaren ist, da im Falle des Dissenses von Finanzkontrolleur und Kommissariat die Angelegenheit dem Rat zur weiteren Veranlassung vorzulegen ist (Art. 92 Abs. 3 EVGV) und dies nicht mit der Rolle des Exekutivrates als „Regierung" der Gemeinschaft zu vereinbaren wäre.

Im Hinblick auf immer wieder auftretende Probleme in der EU hinsichtlich (angeblich) fehlgeleiteter Gelder durch einzelne Abteilungen der Kommission bzw. Kommissare stellt sich die Frage, ob das System der externen (Parlament und Rechnungshof) und der internen Haushaltskontrolle durch die den jeweiligen Organen zugewiesenen Finanzkontrolleure[768] im Ergebnis effektiv Fehlentwicklungen entgegensteuern kann. Ein - wie in der EVG - übergeordneter Finanzkontrolleur wäre hier möglicherweise eine (ergänzende) Möglichkeit, wenn dieser mit entsprechenden Rechten ausgestattet wäre.[769] Dabei dürfte eine Berichterstattung an das Europäische Parlament zeitgemäß sein, um dessen gewachsener Bedeutung gerecht zu werden und es in den Stand zu setzen, seine parlamentarischen Kontrollbefugnisse effektiv zu handhaben. Dies schlösse eine gleichzeitige Berichtspflicht an den Rat nicht aus, sofern die Position des Kontrolleurs nur unabhängig ausgestaltet wäre. Konstruktiv würde sich dabei eine Zuordnung zum Rechnungshof der Europäischen Gemeinschaft anbieten. Diesem steht bekanntlich die Prüfung der Rechnung aller Einnahmen und Ausgaben der Gemeinschaft zu; er unterstützt das Parlament bei der Kontrolle des Haushalts, wozu ihm seit der Maastricht-Konferenz eine „besondere Bedeutung" auch ausdrücklich zukommt.[770] Die Stärkung des Rechnungshofs kommt auch im Amsterdamer Vertrag deutlich zum Vorschein. Der

---

[766] Maßgeblich sind Art. 83-100 EVGV sowie das Finanzprotokoll der EVG (BGBl. II 1954, S. 398).

[767] Siehe auch die integrierende Bestimmung des Art. 64 § 2 SEPG, wonach das Parlament der EPG den Haushalt der EVG zu genehmigen hat.

[768] Vgl. hierzu Schweitzer/Hummer, Europarecht, Rn. 780f.

[769] Siehe etwa Art. 92 EVGV, der zunächst bestimmt: „Die Ausführung des Haushaltsplans wird vom Finanzkontrolleur überwacht" und sodann diesem bedeutende Kontrollrechte gegenüber dem Kommissariat zugesteht.

[770] Vgl. Oppermann, Europarecht, Rn. 389 (S. 154).

neue Art. 230 Abs. 3 EGV erkennt ihm nunmehr ein Klagerecht zum EuGH zu, sofern dies zur Wahrung seiner Rechte geboten ist. In diesem Kontext könnte auch ein Finanzkontrolleur in der EU sinnvoll sein, wenn ihm entsprechend dem Rechnungshof das Recht zugebilligt wird, Prüfungen auch vor Abschluss der Rechnung durchzuführen und damit eine Kontrolle „in größtmöglicher Nähe zum Eingang der Einnahmen oder zur Tätigung der Ausgaben" vorzunehmen.[771] Möglicherweise könnte ein Finanzkontrolleur, der regelmäßig auch in laufende Verfahren eingeschaltet wäre, der Verschwendung und dem Missbrauch von Gemeinschaftsgeldern effektiver vorbeugend entgegenwirken. Unabdingbar wäre dafür ein Recht zur Teilnahme an Sitzungen der Kommission. Weiterhin müsste ihm ein Berichts- und Interventionsrecht zustehen, was gegebenenfalls zu einer Eingabe im Parlament und einer Klage vor dem EuGH führen könnte. Gegen individuelles Fehlverhalten einzelner mag der „Verhaltenskodex", den der Kommissionspräsident Prodi von seinen 1999 ernannten Kommissaren verlangte, möglicherweise hilfreich sein;[772] dies zeigt aber auch strukturelle Defizite auf, für die der Kodex ohnehin keine Lösung sein kann. Die Einsetzung eines Finanzkontrolleurs könnte das System sinnvoll ergänzen, ohne den Haushalt mit neuer Verwaltung zu belasten, da der Rechnungshof in Luxemburg mit seiner Struktur zur Verfügung stünde.[773]

c. Die einzelnen Ausgaben der EPG

Die Satzung gibt über einzelne Ausgabenpositionen nur wenig Auskunft. Neben den ohnehin anfallenden Verwaltungs- und Personalkosten sind die Umstellungsfonds des Art. 85 SEPG gesondert geregelt und auch im Hinblick auf ihre Aktualität bemerkenswert.[774] Nach Art. 85 § 1 SEPG wird ein „europäischer Umstellungsfonds" entsprechend dem Vorbild des Art. 56 EGKSV gebildet, also zur Sicherung von Beschäftigung bei der Umstellung der Produktionsmethoden (Rationalisierung) in der (Montan)-Industrie. Dieser Fonds sollte vom Exekutivrat unter Kontrolle des Parlaments verwaltet (Art. 85 § 3 SEPG) und aus Beiträgen der Mitgliedstaaten, Anleihen der Gemeinschaft und einer 5-%-igen Steuer auf bestimmte Rüstungsprojekte der EVG gemäß Art. 85 § 2 SEPG gespeist werden. Die Rüstung selbst hätte im Gesamtbudget der Gemeinschaft voraussichtlich dauerhaft den größten Anteil ausgemacht[775], zumal die EPG keinen gemeinsamen Agrarmarkt mit umfangreichen Abnahmegarantien und verschieden-

---

[771] Mickel (Hrsg.), Handlexikon der Europäischen Union, S. 410.

[772] Vgl. nochmals Frankfurter Neue Presse vom 19.7.1999: „EU-Kommissare einigen sich auf Verhaltenskodex"; dieser Kodex (Selbstverpflichtung der Kommissare) war u.a. für die Zustimmung des EP zur neuen Kommission ausschlaggebend, da Prodi zusagte, auch einzelne Kommissare - auf Grundlage von deren Versprechen - zum Rücktritt zu zwingen (vgl. FAZ vom 14.4.1999: „Prodi wirbt vor dem Europäischen Parlament um Vertrauen" und Die Rheinpfalz vom 16.9.1999 „EP schenkt EU-Kommission unter Romano Prodi das Vertrauen".

[773] Dem Rechnungshof stehen etwa 500 Mitarbeiter zur Verfügung, vgl. Oppermann, Europarecht, Rn. 389 (S. 154).

[774] Siehe in der EU/EG die Stichworte „Strukturhilfen" und „gemeinsame Arbeitsmarktpolitik"; letztere bleibt freilich in der EG bisher eher programmatisch und ohne finanzielle Ausstattung - vgl. Frankfurter Neue Presse vom 2.6.1999: „Der Gipfel der guten Absichten".

[775] Bindschedler, Rechtsfragen der europäischen Einigung, S. 376.

artigsten Subventionen vorsah, der bekanntlich in der EG den Großteil des Haushalts erfordert.[776] Auch für die EVG ist eine einstimmige Billigung des Haushalts durch den Rat erforderlich, soweit es um den Gesamtumfang des Haushaltsplanes und die Beiträge der Mitgliedstaaten geht (Art. 87 § 2a EVGV). Allerdings hat das Mehrheitsprinzip in Art. 87 § 2b Einzug gehalten, wonach die Einzelansätze des Haushalts mit Zweidrittel-Mehrheit beschlossen werden können. Es ist aber anzunehmen, dass die Vorschrift für den Konfliktfall wenig praktische Relevanz erfahren hätte, da der betreffende Mitgliedstaat durch ein Veto bei den Gesamtausgaben auch die Einzelpositionen indirekt hätte blockieren können. Insgesamt ist zu konstatieren, dass die Haushaltsprärogative in allen Teilgemeinschaften der EPG dem Rat der nationalen Minister zukommt und damit letztlich bei den Regierungen der Mitgliedstaaten verbleibt. Nichts anderes gilt im Ergebnis für die EU/EG, wo der Rat auch nach den verschiedenen Reformen seit den 70er Jahren noch als dominierendes Organ im Haushaltsverfahren zu bezeichnen ist,[777] wenngleich dem Parlament zunehmend bedeutende Mitwirkungsrechte zugestanden wurden.

d. Das Einnahmesystem der EPG

Die Gemeinschaft verfügt zur Deckung ihres Finanzbedarfs über eigene Einnahmen und über Beiträge der Mitgliedstaaten (Art. 77 SEPG). Als eigene Einnahmen nennt Art. 77 Steuern, Anleihen und sonstige Erträge. Art. 78 § 2 scheint sodann der Gemeinschaft einen Freibrief zur Steuererhebung zu geben. Denn danach sollen die Modalitäten der Steuerveranlagung, die Festlegung des Steuersatzes und die Bedingungen für die Erhebung der Steuern der Gemeinschaft in gesonderten Gemeinschaftsgesetzen festgelegt werden. Die Steuergesetzgebung ist der originäre Anwendungsfall des oben schon skizzierten (Finanz)-Gesetzgebungsverfahrens. Steuergesetze werden nicht etwa aus der Mitte des Parlaments entwickelt,[778] sondern haben ihren Ausgangspunkt stets im Europäischen Exekutivrat, was deutlich wiederum an das Initiativmonopol der Kommission der EU/EG erinnert. Auch der Exekutivrat hat in mehreren bedeutenden Fällen das Recht des ersten Vorschlags und hätte dadurch - als das originär gemeinschaftliche Organ - auch zum „Motor, Moderator und Makler" der Gemeinschaft werden können, wie das in der EG von der Kommission erwartet wurde.

Der Exekutivrat arbeitet demnach die Vorschläge aus und legt sie dem Rat zur Zustimmung vor, der einstimmig entscheiden muss. Dann erfolgt das Genehmigungsverfahren im Parlament, wobei in beiden Kammern die einfache Mehrheit ausreicht. Der Unterschied zur Wirtschaftsgesetzgebung[779] erklärt sich vornehmlich daraus, dass den Regierungen der Mitgliedstaaten im Finanzbereich ein fortgeltendes Vetorecht zuge-

---

[776] So betrug der Anteil der Agrarausgaben im Jahre 1999 etwa die Hälfte des Haushalts von 85 Mrd. Euro (ca. 170 Mrd. DM); vgl. Oppermann, Europarecht, Rn. 812ff (S. 308f).

[777] Vgl. exempl. Oppermann, Europarecht, Rn. 848 (S. 318).

[778] So etwa Art. 76 Abs. 1 GG als eine von drei Varianten.

[779] Zweidrittelmehrheit im Senat und einfache Mehrheit im Rat nach der sechsjährigen Übergangsfrist (vgl. Art. 84 § 1-3 SEPG und oben).

standen werden sollte. Während im Wirtschaftsbereich, insbesondere auf Drängen der niederländischen Abgeordneten,[780] eine mehr „föderale" Regelung zur dynamischen Gestaltung des gemeinsamen Marktes gewagt wurde, musste für den sensiblen Sektor der Steuern und Beiträge das uneingeschränkte Widerspruchsrecht jedes einzelnen Mitgliedstaates erhalten bleiben, der Rat folglich die eigentliche Finanzhoheit behalten.

Eine andere Problematik ergibt sich aus dem Fehlen detaillierter Bestimmungen. Als einzigen materiellen Grundsatz bestimmt Art. 78 § 2, dass „Steuervorrechte" der Gemeinschaft ausgeschlossen sind. Alle weiteren Einzelheiten betreffend Steuern und Beiträge sind der nachfolgenden Gesetzgebung überlassen worden. Damit ist die Gemeinschaft theoretisch vollständig frei zu entscheiden, welche Steuern - seien es direkte oder indirekte - sie einführen will, sodass durchaus von einer Steuerhoheit gesprochen werden kann.[781] Damit ergeben sich aber besondere Schwierigkeiten aus den stark unterschiedlichen Steuersystemen der Mitgliedstaaten heraus. Gerade in den Hauptsteuerarten Mehrwertsteuer, Einkommenssteuer, Mineralölsteuer und Körperschaftssteuer ist der nationale Finanz- und damit der Regelungsbedarf weit ausgreifend, sodass eine zweigleisige Steuergesetzgebung erhebliche Probleme vermuten lässt, wie sie bei Bundesstaaten in diesem Bereich entstehen können.[782] Insbesondere ist bei einer konkurrierenden Steuergesetzgebung eine für die Bürger untragbare Doppelbesteuerung zu vermeiden.[783] Demnach dürfte eine Lösung entsprechend der EU/EG (mit z.B. festgesetztem Anteil an der Mehrwertsteuer) auch für die EPG vorzugswürdig zu sein, was praktikabler erscheint und die nationale Steuererhebung im Grundsatz unangetastet lässt, nur eben deren Verteilung - als eigene Einnahme der Gemeinschaft - bestimmt.[784] Möglich wäre für die EPG aber auch eine spätere Vertragsänderung dergestalt gewesen, in der die Besteuerungskompetenzen zwischen Gemeinschaft und Mitgliedstaaten in einem Katalog bestimmt und damit die problematische Konstellation einer „konkurrierenden Generalkompetenz" im Steuerwesen aufgehoben worden wäre. Hinsichtlich der noch fehlenden Konkurrenzvorschriften von nationaler und ge-

---

780 Vgl. Loth, Der Weg nach Europa, S. 102f, der ausführlich auf die Interessengegensätze der verschiedenen Nationen bei den EVG/EPG-Verhandlungen eingeht.

781 Schwarz-Liebermann v. Wahlendorf, Die Europäische Gemeinschaft, AVR 1953/54, S. 443 sowie Bindschedler, Rechtsfragen der europäischen Einigung, S. 375.

782 Die anhaltende Diskussion in der Bundesrepublik Deutschland um die Verteilung der Steuereinnahmen und die hierzu gehörenden Kompetenzen geben ein beredtes Beispiel hierzu, wozu auch der Streit um den Länderfinanzausgleich bis hin zum Bundesverfassungsgericht gehört. Bemerkenswert ist dabei auch, dass in neuerer Zeit auch die „Dritte Ebene", nämlich die regionalen Gebietskörperschaften, zunehmend einen eigenen Anteil fordern, der von den Bundesländern weitgehend unabhängig ist, so etwa in der Diskussion um die Sozialhilfelasten und der angedachten Zusammenführung von Arbeitslosenhilfe und Sozialhilfe.

783 Bindschedler, Rechtsfragen der europäischen Einigung, S. 375.

784 Auf die Kritik an den Finanzierungslasten für einzelne Mitgliedstaaten (insbesondere die Bundesrepublik Deutschland) durch das bestehende Umlagensystem der EU/EG soll an dieser Stelle nicht näher eingegangen werden. Zugleich ist darauf hinzuweisen, dass die „Europäische Steuer" inzwischen zum Forderungskatalog vieler Europapolitiker gehört, was insoweit eine Annäherung an das EPG-Modell darstellt.

meinschaftlicher Steuergesetzgebung haben die Verfasser offenbar auf das Einstimmigkeitserfordernis im Rat[785] gesetzt und wollten die weitere Entwicklung der Praxis überlassen.

In diesem Zusammenhang ist auch die Bestimmung des Art. 82 Abs. 2 SEPG zu beachten. Darin heißt es: *„Zur Erfüllung der in Abs. 1 bezeichneten Aufgabe hat die Gemeinschaft die Währungs-, Kredit- und Finanzpolitik der Mitgliedstaaten in Einklang zu bringen. Die Gemeinschaft ist zuständig, die gemäß Art. 84 bis 87 erforderlichen Maßnahmen zu ergreifen."*
Fraglich kann hier die Abgrenzung der genannten Politiken zu der Steuergesetzgebung des Art. 78 SEPG sein. Als einzig praktikable Abgrenzung erscheint hier, auf die Ausgabenrelevanz der jeweiligen Maßnahme abzustellen. Dies bedeutet, dass bei konkret bezifferbaren (erheblichen) Auswirkungen auf den Haushalt die Einstimmigkeit des Rates erforderlich ist, bei Maßnahmen allgemeiner Art, etwa finanzpolitischer Koordinierung, dagegen die einfache Mehrheit gemäß Art. 82 Abs. 2 i.V.m. Art. 84 SEPG. Diese Auslegung wird auch durch die Bestimmungen des EVG-Vertrages bestätigt. So unterliegt nicht nur der Gesamthaushalt gemäß Art. 87 EVGV der einstimmigen Annahme durch den Rat, sondern es bedürfen auch die Beiträge der Mitgliedstaaten der Zustimmung aller Vertreter im Rat, wobei zunächst das Verfahren der NATO gelten soll (Art. 94 EVGV). In diesen spezialvertraglichen Bestimmungen wurde zugleich eine gewisse Schwäche des Steuererhebungsrechts der Gemeinschaft gesehen,[786] obgleich mit Inkrafttreten beider Verträge das Haushaltsverfahren der EPG gemäß Art. 64 Abs. 2 i.V.m. Art. 76 SEPG auch für die EVG Anwendung finden soll. Bis zu einer etwaigen Satzungsrevision wäre die Verteidigungsgemeinschaft nämlich ausschließlich aus den im Rahmen dieses Vertrages erhobenen Einnahmen zu finanzieren. Eine Querfinanzierung von den Steuereinnahmen „der EPG" in die Verteidigungslasten der EVG ist den Verträgen nicht zu entnehmen. So beschreibt Art. 93 EVGV die Einnahmen „der Gemeinschaft" (= EVG) mit Beiträgen und sonstigen eigenen Einnahmen, die nicht näher bestimmt werden. Umgekehrt sieht aber Art. 85 § 2 SEPG eine 5%-Abgabe auf Rüstungsprogramme nach Art. 101 EVGV vor, die der Finanzierung des „europäischen Umstellungsfonds" dienen soll. Die Querfinanzierung erfolgt also allenfalls von EVG zu EPG und nicht umgekehrt. Weiterhin enthalten die Bestimmungen der Satzung der EPG zur Integration von EGKS und EVG (Art. 56-66) keine Vereinheitlichung oder gar Verschmelzung des Steuer- und Einnahmesystems von EPG und EVG, obgleich Letztere ja integraler Bestandteil der Politischen Gemeinschaft ist. Vielmehr sieht Art. 64 § 1 SEPG diese Verschmelzung nur für die Haushalts- und Finanzordnung der EGKS innerhalb eines Zeitraumes von 2 Jahren vor, währenddessen Art. 64 § 2 nur den Ausgabenhaushalt der Verteidigungsgemeinschaft nach Maßgabe des Art. 76 SEPG einer parlamentarischen Kontrolle unterwirft. Gleichwohl ist dieses Zugeständnis an das Parlament nicht zu unterschätzen, wird doch die Genehmigung des Verteidi-

---

[785] Die Einstimmigkeit im Rat heben etwa auch Schwarz-Liebermann v. Wahlendorf, Die Europäische Gemeinschaft, AVR 1953/54, S. 443 und von Puttkamer, Der Entwurf eines Vertrages über die Satzung der Europäischen Gemeinschaft, ZaöRV 1953/54, S. 125 hervor.

[786] Vgl. Bindschedler, Rechtsfragen der europäischen Einigung, S. 375f.

gungsetats damit - ähnlich wie in den Nationalstaaten - den „Volksvertretern" (hier: Vertreter *der Völker*) im Sinne einer Mitentscheidung vorbehalten. Für die Einnahmenseite trifft die Satzung der EPG keine ausdrückliche weitere Regelung, sodass es bei dem genannten System autonomer Finanzierung innerhalb der EVG zunächst bleiben dürfte.[787]

e. Währungs- und Finanzpolitik als „Ziel und Aufgabe" der Gemeinschaft

Im Hinblick auf die Bedeutung einer abgestimmten bzw. gemeinsamen Finanzpolitik für die Schaffung eines gemeinsamen Marktes wäre es darüber hinaus wünschenswert gewesen, die „Währungs-, Kredit- und Finanzpolitik" des Art. 82 SEPG auch in die Ziele der Gemeinschaft in Art. 2 SEPG aufzunehmen, um deren Bedeutung an exponierter Stelle hervorzuheben. So entsteht eine Situation, in der einerseits weitreichende „Ziele und Aufgaben" (Bsp. Außenpolitik) in Art. 2 definiert werden, ohne dass hierfür jeweils entsprechende Befugnisse übertragen wurden. Demgegenüber wären möglicherweise weitreichende Befugnisse im Bereich der Währungs- und Finanzpolitik übertragen worden, ohne dies in den Zielkatalog des Art. 2 aufzunehmen. Es könnte sich daher um ein redaktionelles Versehen handeln; möglich ist indessen auch, dass der „fortschreitende Ausbau eines gemeinsamen Marktes" in weiter Auslegung auch den finanzpolitischen Bereich umfassen sollte. Im Hinblick auf die klare Aufgabenzuweisung in Art. 82 hätte eine Einfügung in den Katalog des Art. 2 jedoch im Ergebnis nur deklaratorische Bedeutung gehabt. Dabei ist zu beachten, dass die Satzung den Begriff „Aufgaben" nicht einheitlich verwendet; insbesondere wurde - wie erwähnt - nicht das Begriffspaar „Aufgaben und Befugnisse" im Sinne des deutschen Verfassungs- und Verwaltungsrechts eingeführt, wo ja Aufgaben nicht zugleich als Kompetenzen zu ihrer Durchsetzung angesehen werden. Der Verfassungsausschuss sah vielmehr den Begriff der „Zuständigkeit" als maßgeblich an. Dieser bedeute zugleich „materielle Zuständigkeit" der Gemeinschaft und Befugnis der jeweiligen Organe zu ihrer Ausübung.[788] Dementsprechend ist auch die Überschrift des Kapitels V mit „wirtschaftliche Zuständigkeiten der Gemeinschaft" überschrieben, womit klargestellt ist, dass Art. 82 Abs. 2 SEPG eine Einzelermächtigung im Sinne einer echten Kompetenz darstellt. Probleme können demgemäß nur aus der Abgrenzung zu den haushaltsrelevanten Vorschriften der Art. 78-80 SEPG entstehen.

f. Beiträge der Mitgliedstaaten

Die Kompetenz für die Festsetzung der Beiträge ist so weit wie möglich bei den Mitgliedstaaten, d.h. bei dem Rat der nationalen Minister verblieben. Artikel 80 SEPG sieht vor, dass das Verfahren für die Festsetzung der Beiträge sowie deren Höhe durch einstimmigen Beschluss des Rates der nationalen Minister bestimmt wird. Allerdings

---

[787] Im Ergebnis ebenso Bindschedler, Rechtsfragen der europäischen Einigung, S. 376.

[788] Vgl. den Berichterstatter der Unterkommission für Zuständigkeitsgebiete, Lodovico Benvenuti, in: Ad hoc-Versammlung, Aussprache, Wörtlicher Bericht über den Verlauf der Sitzungen, S. 30 und ders. in: Verfassungsausschuss, Einleitender Bericht und Begründung vom 26.2.1953, S. 21.

erfolgt diese Festsetzung „auf Vorschlag" des Europäischen Exekutivrates, sodass insofern ein supranationales Element Eingang gefunden hat und die Stellung des Exekutivrates als Initiativorgan hervorgehoben wird. Fraglich ist, ob und inwieweit eine Bindung des Rates an die Vorschläge des Exekutivrates gegeben ist. Art. 78 SEPG schweigt sich zu dieser Frage aus. Die Dominanz des Rates der nationalen Minister im Bereich der Finanzen und Beiträge dürfte es aber verbieten, eine irgendwie geartete Bindung an die Vorschläge des Exekutivrates anzunehmen; allenfalls eine Pflicht, sich mit dem Standpunkt des Exekutivrates auseinander zu setzen und sich um ein Einvernehmen zu bemühen. Für den Fall, dass der Exekutivrat keine annehmbaren Vorschläge machen sollte, wird der Rat nicht an einer Entscheidung gehindert sein, um die Finanzierung der Gemeinschaft zu gewährleisten. Zum einen sollte zwar die Initiative bei der Gesetzgebung auf Parlament und Exekutivrat verteilt werden, zum anderen aber der Rat die Interessen der Mitgliedstaaten maßgeblich einbringen können, wenn er schon nicht - wie in der EG von den Römischen Verträgen an - das zentrale Rechtssetzungsorgan werden sollte. Die Entstehungsgeschichte und die stets befürchtete Missbilligung durch die Mitgliedstaaten bzw. deren Regierungen weisen auf eine weitgehende Befugnis des Rates in dieser Frage; dies gilt auch im Hinblick darauf, dass die Delegierten auf eine nur vorübergehende Installierung bedeutender Machtbefugnisse des Rates der nationalen Minister hofften und das Parlament als zentrales Organ der Gemeinschaft erachteten.[789] Den „Verfassungsvätern"[790] war bei der Abfassung des Entwurfs sehr wohl bewusst, dass für viele Politiker in den Mitgliedstaaten der insgesamt geforderte Souveränitätsverzicht schon schmerzlich genug war,[791] sodass über die besondere Stellung des Rates im Finanzbereich eine Kompensation erfolgen sollte.

2. Die Finanzverfassung der EU/EG

a. Die Finanzierung aus Eigenmitteln

Der Haushalt der Europäischen Gemeinschaft wird gemäß Art. 269 (ex Art. 201) EGV „unbeschadet der sonstigen Einnahmen vollständig aus Eigenmitteln finanziert". In der Praxis wird der ganz überwiegende Anteil tatsächlich aus dem System der Eigenmittel gespeist, die sich aus Einnahmen im Rahmen der Gemeinsamen Agrarpolitik, Zöllen des Gemeinsamen Zolltarifs, einem Anteil an den Mehrwertsteuereinnahmen und einem Abführungssatz auf den Betrag des Bruttosozialprodukts der Mitgliedstaaten er-

[789] Vgl. nochmals Benvenuti, Ad hoc-Versammlung, Aussprache, Wörtlicher Bericht über den Verlauf der Sitzungen, S. 42ff: Der Rat als „politische Gegebenheit", dessen Einstimmigkeitserfordernis später zu beseitigen sei und S. 37: „Das Parlament als Triebfeder, Lebensquell ... und Mittelpunkt der Gemeinschaft".

[790] Im „Verfassungsausschuss" und den Unterausschüssen waren keine Frauen direkt beteiligt, als Beobachterin war allerdings die isländische Abgeordnete Rannveig Thorsteindóttir (Fortschrittspartei) zugegen.

[791] Insbesondere bereits im Hinblick auf die erheblichen Einschnitte im Bereich der gemeinsamen Verteidigung durch die Schaffung einer gemeinsamen Armee im Rahmen der EVG.

geben.[792] Die sonstigen Einnahmen[793] fallen dagegen kaum ins Gewicht. Zu erwähnen ist etwa die Montanumlage gemäß Art. 49 und 50 EGKSV sowie Anleihen, die durch die Kommission zur Investitionsförderung in den Bereichen Energie, Industrie und Infrastruktur aufgenommen werden. Für die drei Gemeinschaften der Europäischen Union wird seit Inkrafttreten des Fusionsvertrages von 1965[794] ein einziger Gesamthaushaltsplan erstellt (Art. 20 Fusionsvertrag). In diesen Haushalt sind Einnahmen und Ausgaben von EG und EAG, einschließlich derjenigen des Europäischen Sozialfonds[795], einzubringen (Art. 199 Abs. 1 EGV; Art. 171 Abs. 1 EAGV). Für die Montanunion besteht teilweise eine Sonderregelung. Als Überbleibsel ihrer finanziellen Autonomie geht in den Gesamthaushalt nur der Verwaltungshaushalt ein. Ursache hierfür ist die Sonderstellung der Kommission (ehem. Hohe Behörde) als Haushaltsbehörde der Montanunion, die sich u.a. gemäß Art. 49 EGKSV durch Montanumlagen und Aufnahme von Anleihen Mittel beschaffen kann.[796] Darüber hinaus werden auch andere finanziell relevante Tätigkeiten der Europäischen Gemeinschaft aus dem Gesamthaushaltsplan ausgeklammert. Durch die Schaffung solcher Nebenhaushalte kann - wie auch in den Staatshaushalten[797] - die Aussagekraft des Haushaltsplans unter Umständen deutlich geschmälert werden.

b. Haushaltsprinzipien der Gemeinschaften

Zu den Haushaltsprinzipien[798] gehören das Prinzip der vollständigen Einstellung der Einnahmen und Ausgaben (Art. 268 Abs. 1 EGV), deren Ausgleich im Haushalt (Art. 268 Abs. 3, 272 Abs. 10 EGV sowie Art. 20 Abs. 1, S.2 Fusionsvertrag), die Jährlichkeit (Art. 268 Abs. 1. 271 Abs. 1 und 2 EGV) und die Spezialität, d.h. Ausweis von Einnahmen nach ihrem Entstehungsgrund sowie Ausgaben nach ihrem Verwendungszweck (Art. 271 Abs. 3 EGV). Der Haushaltsplan muss spätestens zu Beginn des jeweiligen Haushaltsjahres verabschiedet sein. Sofern dies nicht gelingt, greift das Nothaushaltsrecht gemäß Art. 273 EGV ein. Danach können monatlich grundsätzlich Ausgaben in Höhe von maximal einem Zwölftel der im abgelaufenen Haushaltsjahr bereitgestellten Mittel vorgenommen werden. Dieses Zwölftel kann überschritten werden, wenn der Rat dies mit qualifizierter Mehrheit beschließt und - nur im Falle sog. „nichtobligatorischer Ausgaben" - das EP in der in Art. 273, S.3 und 4 EGV genannten Weise nicht widerspricht. Bemerkenswert ist dabei, dass das Parlament die Missbilligung der Ratsentscheidung alternativ mit der Mehrheit seiner Mitglieder oder mit drei Fünfteln der abgegebenen Stimmen aussprechen kann. Eine Regelung, die wohl auch

---

792 Vgl. zu dem System der Eigenmittel: Läufer, Die Organe der EG - Rechtssetzung und Haushaltsverfahren zwischen Kooperation und Konflikt, S. 103ff.

793 Hierzu zählen etwa Steuern auf Bezüge der Gemeinschaftsbediensteten und diverse Verwaltungseinnahmen, vgl. Koenig/Haratsch, Europarecht, Rn. 442 (S. 162).

794 Vgl. nochmals Fusionsvertrag vom 8.4.1965 (BGBl. II 1965, S. 1454).

795 Vgl. Art. 146-148 EGV.

796 Vgl. Herdegen, Europarecht, Rn. 258 (S. 205).

797 So ist etwa auf die Diskussion um die Einrechnung sog. „Nebenhaushalte" einiger Mitgliedstaaten bei der Erreichung der „Maastricht-Kriterien" (insbesondere Staatsverschuldung) hinzuweisen.

798 Vgl. Herdegen, Europarecht, Rn. 259 (S. 205f).

dem Umstand Rechnung trägt, dass qualifizierte Mehrheiten im EP auch infolge geringer Präsenz oftmals nicht einfach zu erreichen sind. Die Ausgestaltung des Nothaushaltsrechts könnte im einzelnen Fall zu einer Schwächung der umfassenden Rechte des EP im Haushaltsverfahren führen. Denn im Falle einer Nichteinigung verbleibt die Haushaltsprärogative hinsichtlich der obligatorischen Ausgaben beim Rat und dem EP stehen nur verhältnismäßig geringe Einflussmöglichkeiten zur Verfügung.

c. Das Haushaltsverfahren

Das Haushaltsverfahren ist in Art. 272, ex Art. 203 EGV geregelt. Beteiligt sind Kommission, Rat und das Europäische Parlament. Es ist geprägt durch die Trennung von obligatorischen und nichtobligatorischen Ausgaben. Danach bestimmt sich auch das Maß der Beteiligung des Parlaments, dessen Stellung in der Vergangenheit zunehmend gestärkt worden ist, sodass nun von einem echten (partiellen) Budgetrecht gesprochen werden kann.[799] Obligatorische Ausgaben, also solche, bei denen eine Rechtspflicht zur Einstellung in den Haushalt besteht, machen derzeit etwa 75 % des Haushalts der EU aus.[800] Hier ist die Stellung des EP schwächer; es kann lediglich Abänderungsvorschläge zum Haushaltsentwurf des Rates machen. Dagegen ist im Bereich der nichtobligatorischen Ausgaben der Einfluss des EP beträchtlich und geht sogar soweit, dass im Streitfall das EP seine Auffassung gegenüber dem Rat durchsetzen kann.

Das dreistufige Haushaltsverfahren der EG stellt sich zusammengefasst wie folgt dar: Zunächst müssen alle Organe der EG im laufenden (vorhergehenden) Haushaltsjahr jeweils einen Haushaltsvorschlag machen, die die Kommission in einem Vorentwurf zusammenfasst. Auf dieser Grundlage erstellt der Rat mit qualifizierter Mehrheit einen Haushaltsentwurf und leitet ihn dem EP zu (Art. 272 Abs. 3, S.3 EGV). Das EP hat innerhalb einer Frist von 45 Tagen den Vorschlag anzunehmen, abzulehnen oder abzuändern. Ein Verstreichenlassen der Frist gilt als Genehmigung des Haushalts (vgl. Art. 272 Abs. 4 EGV). Kommt es in diesem Stadium nicht zu einer Genehmigung durch das EP, so folgt in einem Wechselspiel zwischen Rat und EP die endgültige Feststellung des Haushalts. Für die Frage, wer über das „letzte" Wort verfügt, ist dann die vorgenannte Unterscheidung zwischen obligatorischen und nichtobligatorischen Ausgaben maßgeblich.[801] Die differenzierte Verteilung der Haushaltskompetenzen hat in der Praxis mehrfach dazu geführt, dass eine gegenseitige Blockade der Organe zu Haushaltskrisen führte, sodass die Vorschriften des Nothaushaltsrechts des Art. 273, ex Art. 204 EGV zur Anwendung kommen mussten.

---

[799] Huber, Integration, § 14, Rn. 43 (S. 225); auch für den Haushaltsbereich wird teilweise der Begriff des „Mitgesetzgebers" verwendet, vgl. exempl. Streinz, Europarecht, Rn. 322.

[800] Vgl. Huber, Integration, § 14, Rn. 43 (S. 225).

[801] Vgl. im Einzelnen die detaillierte Regelung des Art. 272 EGV.

3. Zusammenfassende Betrachtung der Haushalts- und Finanzverfassung der EU/EG und der EPG

Die Gemeinsamkeiten in der Haushalts- und Finanzverfassung von EPG auf der einen sowie EU/EG auf der anderen Seit sind auffallend, gleichwohl gibt es auch erhebliche Unterschiede. Ausgangspunkt im Hauhaltsverfahren ist jeweils ein Vorentwurf der „Exekutive" (Exekutivrat, Kommission), der in einem mehr (EU/EG) oder minder (EPG) komplizierten Verfahren von den übrigen Organen erörtert und letztlich verabschiedet wird. Ein bedeutender Unterschied ist, dass der Rat der EG im Haushaltsverfahren - jedenfalls für den Bereich der obligatorischen Ausgaben - das maßgebende bzw. letztlich ausschlaggebende Organ ist, währenddessen das Parlament der EPG den gesamten Haushalt zu genehmigen hat. Auch diese Regelung war geeignet, das Misstrauen der Regierungen der Mitgliedstaaten zu verursachen. Dabei ist aber auch zu sehen, dass der Rat auf der Einnahmenseite (Beiträge, Steuern) das dominante Organ ist und damit auch den Umfang des Haushalts wesentlich mitbestimmen kann. Die Befugnisse des Parlaments der EPG sind dagegen auch im Haushaltsverfahren weniger ausgeprägt als erwartet, da das Abänderungsrecht nicht die Erhöhung der Gesamtausgaben beinhaltet (Art. 76 § 2 SEPG). Demgegenüber kann das EP eine Erhöhung der Gesamtausgaben im sog. „nichtobligatorischen" Bereich" gegen den Willen von Rat (und Kommission) durchsetzen. Die Regelungen des Nothaushaltsrechts sind weitgehend identisch und sollen eine pragmatische Handhabung für den Fall der Nichteinigung gewährleisten. Festzuhalten bleibt, dass sowohl bei der EPG als auch bei der EG das Haushaltsverfahren seinen Ausgangspunkt in der Exekutive nimmt und daraufhin von Rat und Parlament zu behandeln ist. Die Rechte des Parlaments der EPG sind trotz mehrerer Einschränkungen höher zu bewerten, da alle Einnahmen und Ausgaben letztlich von diesem zu billigen sind, sieht man von der direkten Erhebung der Beiträge von den Mitgliedstaaten nach Art. 80 SEPG ab.

Hinsichtlich der Finanzierung der Gemeinschaften ergeben sich im Grundsatz erhebliche Übereinstimmungen, bei der Ausführung jedoch Unterschiede der Finanzordnungen. Das in der EU/EG geltende Eigenmittelsystem wird auf der Grundlage des Art. 269 EGV vom Rat auf Vorschlag der Kommission und nach Anhörung des EP zunächst festgelegt. Sodann sind diese „Empfehlungen" den Mitgliedstaaten zur Annahme gemäß ihren verfassungsrechtlichen Vorschriften vorzulegen. Dies entspricht damit grundsätzlich dem Verfahren zu Vertragsänderungen gemäß Art. 48, ex Art. N EUV, was deutlich macht, dass hier das „grundlegende" Vertragsrecht betroffen ist.[802]
In der EPG ist für die Festsetzung der Steuern als Eigenmittel Ausgangspunkt ein Vorschlag des Exekutivrates, der vom Rat einstimmig genehmigt werden muss. Die Zustimmung des Parlaments ist konstitutiv (also keine bloße Anhörung), aber mit einfacher Mehrheit in beiden Kammern möglich. Bei der Festsetzung der Beiträge nach Art. 80 SEPG entfällt aber auch hier das Mitwirkungsrecht des Parlaments (s.o.). Wichtigste Unterscheidung ist aber die fehlende Genehmigungspflicht der Mitgliedstaaten bei

---

[802] Vgl. zum Verfahren und der Rechtsnatur der Eigenmittel-Beschlüsse der Gemeinschaft: Bleckmann, Europarecht, Rn. 1244ff.

der Mittelbeschaffung der Gemeinschaft. Die einstimmige Billigung durch den Rat wird als hinreichende Beteiligung der Staaten, eine Abstimmung in den nationalen Parlamenten damit als entbehrlich angesehen. Diese Regelung bedeutet einen nicht zu unterschätzenden Souveränitätsverzicht zugunsten der Gemeinschaft, da diese auch durch den Rat der nationalen Minister verkörpert wird, wenngleich der Rat die Interessen der einzelnen Staaten in besonderer Weise berücksichtigen soll und eng an die nationalen Regierungen gebunden ist. Eine Vorlage an die nationalen Parlamente verlangt die Satzung damit nur in Art. 111, wo die Satzungsänderung hinsichtlich der Zuständigkeitsverteilung zwischen den Mitgliedstaaten und der Gemeinschaft geregelt ist. Der Verzicht auf eine entsprechende Regelung in den Art. 77ff SEPG zeigt, dass dem Konzept der EPG insofern tatsächlich eine mehr „staatliche" Ordnung zugrunde lag,[803] als dies bei der EU/EG der Fall war bzw. ist, auch wenn stets betont wurde, dass ein neuer „Superstaat" nicht entstehen sollte. Allerdings wäre zugleich ein klarer Kompetenzkatalog auf dem sensiblen Bereich der Steuergesetzgebung geboten gewesen. Nimmt man beide Gemeinschaften in den Blick, so ist dem System der Eigenmittel in der EU/EG aus klar umrissenen Gebieten - ungeachtet der oftmals erhobenen Kritik an den Umlagequoten - der Vorzug zu geben, da eine Steuergesetzgebung ein höheres Maß an Staatlichkeit voraussetzen würde, als dies bei der EPG nach der vorgelegten Satzung und der europäischen Realität auf absehbare Zeit der Fall gewesen wäre.

---

[803] Vgl. von Puttkamer, Der Entwurf eines Vertrages über die Satzung der Europäischen Gemeinschaft, ZaöRV 1953/54, S. 101.

D. Die Satzung der EPG als „Europäische Verfassung" und Vorbild für die EU?

I. Europäische Verfassung - EPG und EU/EU als supranationale Gebilde

1. Rechtsnatur und Strukturprinzipien - EPG als Bundesstaat oder Staatenbund?

Auf der Grundlage der dargestellten Institutionen und Kompetenzen kann noch nicht abschließend entschieden werden, welche Rechtsnatur die Europäische Politische Gemeinschaft 1953 tatsächlich hatte. Nach Art. 1 SEPG wird „mit diesem Vertrag eine Europäische Gemeinschaft übernationalen Charakters errichtet". Damit ist aber noch nicht die Frage beantwortet, ob mit der „Politischen Gemeinschaft" eine bundesstaatliche oder staatenbündische Ordnung beabsichtigt war oder eine Gemeinschaft „sui generis" geschaffen werden sollte. Maßgebend für die Einordnung ist dabei nicht allein das Vorliegen übernationaler Institutionen, sondern der Gesamtcharakter der Rechtsordnung des Bundes, in die sie hineingestellt sind.[804] Gemäß Art. 4 Abs. 1 SEPG verfügt die Gemeinschaft über Rechtspersönlichkeit. Absatz 2 konkretisiert diese Rechtspersönlichkeit für den Bereich der internationalen Beziehungen dergestalt, dass die Gemeinschaft die für die Durchführung ihrer Aufgaben und die Erreichung ihrer Ziele erforderliche Rechts- und Geschäftsfähigkeit besitzt. Diese Vorschrift ist im Zusammenhang mit den Artikeln 67, 74 und 90 SEPG zu sehen, wonach die Gemeinschaft Staatsverträge abschließen oder solchen beitreten sowie Assoziationsverträge mit Drittstaaten abschließen kann. Sie hat das aktive und passive Gesandtschaftsrecht und genießt Immunitäten.[805] In Art. 4 Abs. 3 wird der Gemeinschaft die weitestgehende Rechts- und Geschäftsfähigkeit nach Maßgabe der einzelstaatlichen Rechtsordnungen zuerkannt. Die Gemeinschaft kann insbesondere Mobilien und Immobilien erwerben und vor Gericht auftreten.

Die neue Europäische (Politische) Gemeinschaft vereinigt die Montanunion (EGKS) und die Verteidigungsgemeinschaft (EVG) und stellt demnach gemäß Art. 5 SEPG eine neue Rechtseinheit dar,[806] wenn auch den Organen der bisherigen Teilgemeinschaften eine gewisse Autonomie zur Erfüllung ihrer besonderen Aufgaben zumindest vorläufig verbleiben sollte.[807] Diese neue Einheit entsteht - wie die vorherigen Gemeinschaften auch - durch Staatsvertrag und nicht durch eine verfassungsgebende Versammlung, was schon aus der Bezeichnung des Satzungsentwurfs[808] sowie Absatz 9 der Präambel und Art. 1 Abs. 1 hervorgeht. Der Vertragscharakter wird bestätigt durch die Bestimmungen der Art. 108 Abs. 1 (Definition „dieser Vertrag" und „Satzung"), Art.

---

[804] Jaenicke, Bundesstaat oder Staatenbund, FS Bilfinger, S. 75; vgl. auch Scheuner, ZaöRV 1956/57, S. 167: „Ich stimme dabei ... zu, dass nicht eines dieser Momente für sich genommen maßgebend ist, sondern ihre Häufung den Charakter übernationaler Strukturen ausmacht."

[805] Vgl. auch Art. 14 des Protokolls über die Privilegien und Immunitäten: Danach kann der Exekutivrat mit einem oder mehreren Mitgliedstaaten Zusatzabkommen zur näheren Ausführung dieses Protokolls abschließen (abgedruckt bei Eberhard, EPG, S. 30f).

[806] In der französischen Fassung entsprechend: „une entité juridique unique".

[807] Vgl. Art. 5 SEPG und Bindschedler, Rechtsfragen der europäischen Einigung, S. 333.

[808] „Entwurf *eines Vertrages* über die Satzung der Europäischen Gemeinschaft".

116 (Beitritt weiterer Staaten) und Art. 117 (Ratifikation und Inkrafttreten). Die mutige - in Abweichung zum EGKSV vorgenommene[809]- Proklamation der Unauflöslichkeit der Gemeinschaft (Art. 1 Abs. 2, S.2)[810] steht dem Vertragscharakter nicht entgegen. Auch lässt das Völkerrecht auf unbestimmte Zeit abgeschlossene Verträge ohne weiteres zu.[811] Weitgehend einig waren sich die Kommentatoren der damaligen Zeit[812], dass keiner der beiden Urtypen Bundesstaat oder Staatenbund in seiner reinen Lehre verwirklicht wurde. Fraglich ist daher, wo der Schwerpunkt des Entwurfs liegt bzw. wie diese Gemeinschaft „eigener Art“ näher zu charakterisieren ist.

2. Kreation durch Vertrag oder Verfassung?

Es wurde bereits erwähnt, dass die Gemeinschaft nicht durch eine verfassungsgebende Versammlung „gegründet“ werden sollte, sondern durch einen Vertrag der Mitgliedstaaten, der zwar von Parlamentariern entworfen wurde, jedoch letztlich von den Regierungen in seiner Endfassung ausgehandelt werden sollte. Die Entstehung eines Bundesstaates oder eines Staatenbundes kann aber naturgemäß nicht erschöpfend aus dem rechtlichen Gründungsvorgang erklärt werden, da nicht nur Form und Entstehung der Gründungsurkunde den Integrationsprozess bestimmen, sondern weitaus mehr der darin normierte Inhalt, wobei zusätzlich außerrechtliche Integrationsfaktoren berücksichtigt werden müssen.[813] Gleichwohl spricht eine verfassungsgebende Versammlung mehr für eine sehr enge Staatenverbindung (Föderation) und ist die Form eines Vertrages Indiz dafür, dass dem Entwurf insoweit staatenbündische Vorstellungen zugrunde gelegen haben. Betrachtet man indessen die Diskussion um einen „Verfassungsvertrag“[814] der Europäischen Union, so wird deutlich, dass sich auch diese Kategorien mit der normativen Kraft der europäischen Realitäten zu verändern beginnen.

3. Abänderung der Satzung zum Nachteil der Mitgliedstaaten

Maßgeblich für die rechtliche Einordnung der Gemeinschaft ist insbesondere auch, in welcher Form die Satzung *zum Nachteil* der Mitgliedstaaten abgeändert werden kann. Art. 111 SEPG sieht vor, dass jede Änderung der Bestimmung betreffend „die Zuständigkeiten der Gemeinschaft“ nicht nur der einstimmigen Zustimmung des Ministerrates als primäres Vertretungsorgan der Mitgliedstaaten bedarf, sondern auch den nationalen Parlamenten „zur Zustimmung“ vorzulegen ist. Nationaler Vorbehalt für Kompetenz-

---

809 Der EGKSV wurde für die Dauer von 50 Jahren geschlossen (Art. 97 EGKSV).

810 Von Puttkamer, Der Entwurf eines Vertrages über die Satzung der Europäischen Gemeinschaft, ZaöRV 1953/54, S. 112 sieht in dieser Bestimmung einen Hinweis darauf, dass die Gemeinschaft mehr einem Bundesstaat als einem Staatenbund angenähert werden sollte; vgl. ferner Eberhard, EPG, S. 8: Unauflöslichkeit wegen des konstitutionellen Charakters der Satzung.

811 Vgl. Bindschedler, Rechtsfragen der europäischen Einigung, S. 332.

812 Maßgeblich für die Kommentierung ist vor allem der nur verhältnismäßig kurze Zeitraum von der Vorstellung des Entwurfs im März 1953 bis zum endgültigen Scheitern der EVG in der französischen Nationalversammlung am 30.8.1954 - vgl. hierzu die einzelnen Nachweise unten.

813 Vgl. Jaenicke, Bundesstaat oder Staatenbund, FS Bilfinger, S. 78ff.

814 Schwarze, Auf dem Wege zu einer Europäischen Verfassung, DVBl 1999, S. 1680 m.w.N.

erweiterungen und damit das Fehlen einer Kompetenz-Kompetenz sprechen vordergründig klar für eine staatenbündische Organisationsform.[815] Nimmt man jedoch demgegenüber das Verfahren der EU/EG zur Änderung der Unionsverträge (Art. 48, ex Art. N EUV) in den Blick, so wird deutlich, dass die EPG - im Gegensatz zur EU/EG - auf eine Regierungskonferenz zur Vertragsrevision ebenso verzichtet wie auf die förmliche Ratifizierung der Verträge; es ist daher festzuhalten, dass die Satzung der EPG dem Rat (als Gemeinschaftsorgan) einen großen Teil der „Revisionskompetenz" zugesteht. Durch die Einrichtung des Europäischen Rates als Organ gleicht sich die Europäische Union indirekt diesem Verfahren an, da dieser im Rahmen von „Revisionsgipfeln" Vertragsänderungen vorgibt, die dann allerdings nach Maßgabe der verfassungsrechtlichen Vorschriften der Mitgliedstaaten zu ratifizieren sind. Damit wird die größere Unabhängigkeit der EPG von den Mitgliedstaaten deutlich, sodass diese insoweit zumindest ansatzweise „bundesstaatlicher" als die EU/EG konzipiert ist, was sich noch deutlicher aus Art. 112 SEPG ergibt, wonach Veränderungen des inneren (organschaftlichen) Gefüges der Gemeinschaft keiner Zustimmung der nationalen Parlamente und damit zugleich keinerlei einzelstaatlicher Umsetzung der Revisionsvorschriften bedürfen, sodass etwa die Zusammensetzung der EPG-Organe auf diesem Wege nur durch Beteiligung dieser selbst verändert werden könnte. Die Einstimmigkeit im Rat der nationalen Minister wurde als ausreichende Grundlage für diese Art der Revisionen angesehen.

4. Aufhebung bzw. Nullifikation kompetenzwidriger Akte der Bundesorgane

Ein „Nullifikationsrecht" der Mitgliedstaaten im Falle von kompetenzüberschreitenden Akten der Bundesorgane, wie dies teilweise als wesenstypisch für Staatenbünde angesehen wird,[816] ist von der Satzung nicht vorgesehen. Das umfassende Rechtsschutzsystem der Gemeinschaft mit einem Gerichtshof, der in gewissem Umfang auch als Verfassungsgerichtsbarkeit fungiert, weist in eine andere Richtung. Bestimmte Streitigkeiten zwischen der Gemeinschaft und den Mitgliedstaaten werden abschließend von dem Gerichtshof entschieden; die Staaten verzichten zugleich mit der Unterwerfung unter diese Gerichtsbarkeit auf ein selbständiges Verwerfungsrecht, *„solange eine funktionsfähige und unparteiische Rechtsprechung gewährleistet ist"*.[817] In dieser Weise dürfte durch Jaenicke zutreffend die Intention der Entwurfsverfasser beschrieben sein, sodass insoweit zumindest eine bundesstaatliche Finalität anzunehmen ist. Allerdings sollte das erwähnte Gebot der restriktiven Auslegung von Gemeinschaftskompetenzen (Art. 6 § 2 SEPG) dieser Stoßrichtung wiederum die Spitze nehmen.

> *Die Formulierung Jaenickes erscheint geradezu als Vorwegnahme der „Solange-Rechtsprechung" des Bundesverfassungsgerichts im Bereich der Grundrechte, wonach eine verfassungsgerichtliche Überprüfung von Gemeinschaftsakten solange nicht vorgenommen wird, als der EuGH einen Grundrechtsschutz ver-*

[815] So im Ergebnis wohl Jaenicke, Bundesstaat oder Staatenbund, FS Bilfinger, S. 82ff.
[816] Jaenicke, a.a.O., S. 85, Fn. 27.
[817] So wörtlich Jaenicke, a.a.O., S. 86.

bürgt, „der dem vom Grundgesetz als unabdingbar gebotenen Grundrechtsschutz im Wesentlichen gleich zu achten ist, zumal den Wesensgehalt der Grundrechte generell verbürgt ...“ [818] *Das Bundesverfassungsgericht hat in der Maastricht-Entscheidung weiterführend klargestellt, dass sich Rechtsakte der Gemeinschaft im Rahmen des jeweiligen Integrationsprogramms bewegen müssten, welches seinerseits einer demokratischen Legitimierung bedürfe und die Grundpfeiler des Grundgesetzes nicht verändern dürfe. Diese Ausführungen haben zu einer umfassenden Diskussion über das Verhältnis von EuGH und Bundesverfassungsgericht geführt.*[819]

5. Das Sezessionsrecht der Mitgliedstaaten

Art. 1 Abs. 2, S.2 SEPG sieht kategorisch die Unauflöslichkeit der Gemeinschaft vor[820] und weicht damit von der 50-jährigen Laufzeit der Montanunion (Art. 97 EGKSV) ab. Fraglich ist, ob diese nicht unumstrittene Bestimmung für eine bundesstaatliche Ordnung spricht oder ob der Verzicht auf die Regelung eines Austrittsrechts und eine zeitliche Begrenzung der Gemeinschaft nicht vielmehr nur politisch-programmatisches Leitbild für die künftige Gemeinschaft sein sollte. Es ist davon auszugehen, dass aus dem Begriff „unauflöslich“ für den Rechtscharakter der Gemeinschaft noch nichts Wesentliches entnommen werden kann.[821] Nur im Rahmen einer bundesstaatlichen Gesamtstruktur wäre die Interpretation im Sinne eines vollständig fehlenden Sezessionsrechts auch für den Konfliktfall möglich, was aber gerade in diesem frühen Stadium noch nicht angenommen werden kann. Dementsprechend wurde auch das Fortbestehen der Nationalstaaten sowohl in der Ad hoc-Versammlung als auch von den Vertretern der nationalen Regierungen stets unmissverständlich hervorgehoben.[822] Gleichwohl ist die zumindest terminologische Abgrenzung zu intergouvernementalen Staatenvereinigungen nicht zu gering zu achten. Die Unauflöslichkeit zeigt aus Sicht der Entwurfsverfasser eine klare bundesstaatliche Zielrichtung und Perspektive auf, wenngleich diese - auch nach dem Wissen der Delegierten - noch nicht zu realisieren war.

Etwas weniger pathetisch, aber im Grundsatz nichts anderes als Art. 1 Abs. 2, S.2 SEPG formuliert Art. 51 (ex Art. Q) EUV, wo es heißt: „Dieser Vertrag gilt

---

[818] BVerfGE 89, 155 (Solange II), siehe zuvor BVerfGE 37, 271 (Solange I) und in Fortentwicklung hinsichtlich der Kompetenzschranken BVerfGE 89, 155 (Maastricht); vgl. Klein, Grundrechtsdogmatische und verfassungsprozessuale Überlegungen zur Maastricht-Entscheidung des Bundesverfassungsgerichts, Gedächtnisschrift für Grabitz, S. 271ff; Hirsch, Europäischer Gerichtshof und Bundesverfassungsgericht - Kooperation oder Konfrontation?, NJW 1996, S. 2457ff.

[819] Vgl. die Nachweise bei Hirsch, a.a.O., S. 2457, Fn. 4 und S. 2458, Fn. 15.

[820] Wörtlich formuliert Art. 1 Abs. 2 SEPG: Die Gemeinschaft ist gegründet auf den Zusammenschluss der Völker und Staaten, die Achtung ihrer Eigenart, die Gleichheit der Rechte und Pflichten. *Sie ist unauflöslich.*

[821] Jaenicke, a.a.O., S. 88, 89.

[822] So machte der französische Außenminister Bidault etwa bei der Annahme des Entwurfs am 9.3.1953 deutlich, dass Europa als „Schicksal“ nur als zusätzliche Realität zu den „Vaterländern“ zu sehen sei - vgl. Ad hoc-Versammlung, Aussprache, Wörtlicher Bericht über den Verlauf der Sitzungen, S. 491.

auf unbegrenzte Zeit".[823] *Gleiches bestimmen Art. 312 (ex Art. 240) EGV und Art. 208 EAGV, sodass alle Verträge nach dem EGKSV und dem EVGV*[824] *ohne „Verfallsdatum" ausgestaltet wurden, was der Finalität zu einem Bundesstaat oder zumindest der Schaffung einer dauerhaften und „immer engeren Union der Völker Europas" entspricht. Nach Auffassung des Bundesverfassungsgerichts könnten allerdings die Staaten ihre Zugehörigkeit zur Union durch einen gegenläufigen vertraglichen Akt auch wieder aufheben.*[825]

Ein einseitiges Austrittsrecht der Mitgliedstaaten nach völkerrechtlichen Grundsätzen wird allerdings in der Literatur im Hinblick auf die durch die Verträge intendierte immer enger werdende Integration vielfach kritisch gesehen und grundsätzlich nicht anerkannt.[826] Die Mitgliedstaaten seien durch die Notwendigkeit der Zustimmung zu Vertragsänderungen, durch zahlreiche Regelungsvorbehalte und Schutzklauseln sowie umfassende Rechtsschutzmöglichkeiten hinrechend geschützt, sodass nur in besonderen Ausnahmesituationen ein Austrittsrecht in Betracht kommen könne.[827] Die Frage ist bisher noch nicht vor Gerichten zu verhandeln gewesen; letztlich basiert die Union insbesondere auch auf der permanenten Vertragstreue der Mitgliedstaaten.

6. Kompetenzen der Bundesorgane

a. Umfang der Kompetenzübertragungen - restriktive Auslegung

Die EPG erhält neben den bereits aus der Montanunion und der EVG resultierenden einige wichtige neue Kompetenzen, insbesondere im Bereich der Schaffung eines Binnenmarktes, die bereits im Rahmen der Organ- und Verbandsbefugnisse beschrieben wurden. Unter Bezugnahme auf diese Analyse[828] kann hier zusammengefasst werden, dass der Gemeinschaft neben der Kompetenz zur „Binnenmarktgesetzgebung" auch erhebliche Befugnisse im Bereich der Finanzen zugestanden wurden, die aber durch die Prärogative des Rates eher intergouvernemental als föderal ausgestaltet wurden.

Eine wichtige Einschränkung der Kompetenzen erfolgt durch die generalklauselartige Bestimmung des Art. 6 Abs. 2 SEPG, wonach die der Gemeinschaft durch die Satzung

---

[823] Vgl. hierzu Schweitzer in: Grabitz/Hilf, EU-Kommentar, Art. 51, Rn. 1ff.

[824] Art. 128 EVGV: „Dieser Vertrag gilt für die Dauer von fünfzig Jahren vom Zeitpunkt seines Inkrafttretens an." Nach Art. 128 Abs. 2 EVGV sollte der Vertrag bei „Erlöschen" des Nordatlantikpaktes jedoch einvernehmlich neu beraten werden.

[825] BVerfGE 89, 155/190 (Maastricht); vgl. Koenig/Haratsch, Europarecht, Rn. 879 (S. 333); siehe zur Frage des Teilaustrittes Schweitzer in: Grabitz/Hilf, EU-Kommentar, Art. 51, Rn. 4.

[826] Klein in: Hailbronner/Klein/Magiera/Müller-Graf, EUV/EGV-Kommentar, Art. O, Rn. 28 m.w.N; Koenig/Haratsch, Europarecht, Rn. 879ff (S. 333f), jeweils auch zur Anwendbarkeit des Art. 62 WVK; Schweitzer in: Grabitz/Hilf, EU-Kommentar, Art. 49, Rn. 17; zum (fehlenden) Kündigungsrecht auch Schwarze, zitiert bei Niewöhner, Mitteilungen: Tagung der Wissenschaftlichen Gesellschaft für Europarecht NJW 1983, S. 497.

[827] Vgl. Klein, a.a.O.

[828] Vgl. im Einzelnen oben C, I, 1.

übertragenen Zuständigkeiten einschränkend auszulegen sind. Eine schleichende Ausdehnung der Kompetenzen, wie sie in vielen Bundesstaaten charakteristisch ist und auch in der EU/EG stattfand, sollte damit gerade verhindert werden. Die Vorschrift, die bereits in den Beratungen der Sonderversammlung heftige Kritik erfahren hatte,[829] steht gegen die Annahme eines Bundesstaates.

b. Monopolisierung der Außenbeziehungen

Für einen Bundesstaat kann die Monopolisierung der Außenbeziehungen bei einem Organ des Bundes ein wesentliches Kriterium sein. Maßgeblich muss es dabei darauf ankommen, inwieweit dieses Organ unabhängig von den Mitgliedstaaten selbständig politische Entscheidungen treffen kann oder nur ausführendes Organ von „intergouvernementalen" Beschlüssen ist.[830] Nur bei einer echten außenpolitischen Kompetenz kann demnach von einem Indiz für einen bundesstaatlichen Charakter der Gemeinschaft ausgegangen werden. Nach dem vorgelegten Satzungsentwurf sind die außenpolitischen Kompetenzen eng begrenzt worden, worauf noch ausführlicher einzugehen sein wird.[831] Die Gemeinschaft verfügt zunächst (neben den Mitgliedstaaten) über das aktive und passive Gesandtschaftsrecht (Art. 74 SEPG). Vertragsabschlusskompetenzen stehen ihr unmittelbar kraft Satzung nur im Bereich der Assoziationsabkommen zu (Art. 67, 68 SEPG) und soweit die Mitgliedstaaten den Exekutivrat ermächtigen, als Mandatar in bestimmten außenpolitischen Fragen mit Drittstaaten in Verhandlungen zu treten (Art. 69 SEPG).[832] Im Ergebnis sind die außenpolitischen Kompetenzen (noch) nicht geeignet, für ein bundesstaatliches Gebilde zu sprechen, das Gegenteil ist eher der Fall. Allerdings waren diese Bestimmungen kurzfristig als „Grobrahmen" für die gemeinsame Verteidigungsgemeinschaft bestimmt und schließen perspektivisch auch eine bundesstaatliche Ordnung ein, die in dieser Phase noch nicht erreichbar war. Die noch zurückhaltend gewährten außenpolitischen Befugnisse sprechen dann auch mehr für den Realitätssinn der Ausschussmitglieder und nicht gegen deren (allerdings langfristige) bundesstaatliche Zielrichtung.

> *In der EU/EG war demgegenüber die Außenpolitik lange - auch bedingt durch das Scheitern von EVG und EPG - aus dem „eigentlichen" Gemeinschaftsrecht ausgeklammert, stellte mithin die „Achillesferse" der Gemeinschaft dar. Mit der Einführung der EPZ und nachgehend der GASP (Art. J EUV a.F.) durch den Vertrag von Maastricht wurden Versuche unternommen, die Außenpolitik stufenweise in das Gemeinschaftsrecht zu integrieren. Gleichwohl bleibt diese auch zu Beginn des 21. Jahrhunderts ein Bereich, der deutlich macht, dass von einer Föderation nicht gesprochen werden kann. Die massiven Erweiterungs-*

---

[829] Montini, Ad hoc-Versammlung, Aussprache, Wörtlicher Bericht über den Verlauf der Sitzungen, S. 84.

[830] So zutreffend Jaenicke, Bundesstaat oder Staatenbund, FS Bilfinger, S. 92f.

[831] Vgl. zur „Außenpolitik" der Gemeinschaft ausführlich unten D, II, 5.

[832] Art. 69 SEPG sieht primär eine „Koordinierung" der Außenpolitik der Mitgliedstaaten vor, in deren Rahmen der Exekutivrat beauftragt werden kann (vgl. im Einzelnen unten D, II, 5).

pläne nach Osten und Südosten machen es darüber hinaus fraglich, ob jemals eine solche einheitliche Außenpolitik tiefgreifend und dauerhaft erreicht werden kann.

c. Unmittelbare Hoheitsbefugnisse gegenüber den Einwohnern des Bundes

In einem Bundesstaat gibt es gewöhnlich Gesetzgebungs-, Verwaltungs- und Rechtsprechungsorgane, deren Entscheidungen für die Einwohner des Bundesgebietes unmittelbare Bindungswirkung entfalten können. Gesetze der „Politischen Gemeinschaft" (Art. 52ff SEPG) sind unmittelbar anwendbares Recht; nur in bestimmten Fällen der Satzungsrevision (Art. 111 SEPG) ist die Zustimmung der nationalen Parlamente erforderlich. [833] Entscheidungen des Europäischen Exekutivrates und Urteile des Gerichtshofs sind im Gebiet der Mitgliedstaaten vollstreckbar (Art. 106 SEPG). Die perspektivisch bundesstaatliche Intention ist diesen Bestimmungen deutlich zu entnehmen. Gerade die unmittelbare Anwendbarkeit von Gesetzen und Rechtsprechung sichert die Autorität der Bundesorgane, führt zu einer einheitlichen Rechtsanwendung und fördert damit zugleich eine einheitliche Rechtskultur.

Die Geschichte der EU/EG hat gezeigt, welche Wirkungen die unmittelbar wirkenden Rechtsnormen (einschließlich der Richtlinien in bestimmten Fällen[834]) sowie die Urteile des EuGH und die Entscheidungen der Kommission - etwa im Kartellrecht -[835] seit den Gründungsverträgen entfaltet haben. Insoweit bestimmt die Satzung der SEPG hinsichtlich der unmittelbar wirkenden Kompetenzen letztlich nichts wesentlich anderes als die EU/EG später tatsächlich realisiert hat: unmittelbare Hoheitsgewalt von immer weitreichenderer Bedeutung und mit stetig wachsenden Kompetenzen. Die Rechtsordnungen der Mitgliedstaaten gelten nach über 50 Jahren Integrationsgeschichte als vom Gemeinschaftsrecht durchdrungen,[836] was auch der Satzungsentwurf der EPG perspektivisch ermöglicht hätte und eine strukturelle Ähnlichkeit der beiden Systeme im Hinblick auf ihre praktische Wirksamkeit verrät.

---

[833] Art. 111 SEPG behandelt die Änderung des Statuts betreffend die Zuständigkeiten der Gemeinschaft in Bezug auf die Mitgliedstaaten und die Änderung der Definition der Persönlichkeitsrechte oder Grundfreiheiten.

[834] Vgl. Klein, Objektive Wirkungen von Richtlinien, FS Everling I, S. 641ff.

[835] Vgl. zu Art. 83/85 EGV und der Verordnung Nr. 17/62 etwa Oppermann, Europarecht, Rn. 1061 (S. 406f).

[836] Etwa Stüer/Hermanns, 12. Deutscher Verwaltungsrichtertag in Mainz, DVBl 1998, S. 768: „Das Europarecht beeinflusst 80 % des Wirtschaftsrechts der Mitgliedstaaten, genießt in seinem Anwendungsbereich Vorrang vor nationalem Recht und hat nicht selten unmittelbare Rechtswirkungen für den Bürger. In zunehmendem Maße wird aber auch das Verwaltungsrecht der Mitgliedstaaten vom Gemeinschaftsrecht durchdrungen."

d. Eigene oder delegierte Staatsgewalt durch die Bundesorgane

Ein bundesstaatlicher Verband kann sich durch eine endgültige Entäußerung von Hoheitsbefugnissen der Gliedstaaten zugunsten der Bundesorgane auszeichnen und damit durch Kompetenzausübung kraft eigener Macht. Für einen Staatenbund spricht eher die Ausübung von Kompetenzen kraft Delegation. So scheinbar klar diese Differenzierung auch in der Theorie sein mag, so problematisch ist sie allerdings bei ihrer Umsetzung auf das konkrete Modell. Man wird nicht bezweifeln können, dass die Mitglieder der Sonderversammlung eine endgültige (und stetig anwachsende) Übertragung von Hoheitsrechten im Blick hatten. Dementsprechend sollte eine Europäische Gemeinschaft *supranationalen* Charakters errichtet werden und diese „unauflöslich" sein (Art. 1 SEPG). Allerdings ist es durch die noch begrenzte Ausgestaltung des Kompetenzrahmens und die dargelegte Bedeutung des Rates der nationalen Minister noch nicht möglich, tatsächlich von einer Kompetenzordnung innerhalb eines Bundesstaates zu sprechen. Auch hier ist aber hervorzuheben, dass ein föderales Gerüst mit Realisierung des Satzungsentwurfs geschaffen und damit zumindest konstruktiv eine entsprechende Entwicklung ermöglicht worden wäre.[837]

7. Willensbildung innerhalb des Bundes

Voraussetzung für die Bildung einer über den Gründerstaaten stehenden Staatsgewalt ist auch das Vorhandensein bzw. Ermöglichen einer von den Mitgliedstaaten unabhängigen gesamtstaatlichen Willensbildung. Dabei ist von wesentlicher Bedeutung, ob die grundlegenden Entscheidungen von einem „unitarischen" (= von den Mitgliedstaaten unabhängigen) oder einem „mitgliedstaatlich orientierten" [838] (= von den Mitgliedstaaten abhängigen und weisungsgebundenen) Organ getroffen werden können. Der Ministerrat ist ohne Zweifel als Organ in diesem letzteren Sinne zu bezeichnen, da er aus Entsandten der nationalen Regierungen besteht und die Mitglieder an die Weisungen dieser Regierungen gebunden sind. Der Senat ist hingegen nur teilweise hier einzuordnen. Zwar werden dessen Mitglieder von den Mitgliedstaaten (genauer: den nationalen Parlamenten) bestimmt, jedoch haben die Senatoren kein gebundenes Mandat und entscheiden - einmal im Amt - nur „nach bestem Wissen und Gewissen".[839] Als unitarisches Organ ist dagegen - wie die Kommission der EU/EG - der Europäische Exekutivrat zu bezeichnen. Seine Kompetenzen liegen zwar zunächst im Schwerpunkt im Bereich der Exekutive, jedoch sind auch das nicht unbedeutende Verordnungsrecht

---

[837] Vgl. Robertson, EPC, S. 400.

[838] Jaenicke, Bundesstaat oder Staatenbund, FS Bilfinger, S. 100, verwendet hierfür den Begriff „föderales Organ", was in diesem Sinne nicht zu beanstanden ist, jedoch zu Missverständnissen führen kann, da der Begriff „Föderation" gerade in der EU/EG auch als Synonym für den weitestgehenden Zusammenschluss steht und daher - so etwa in Großbritannien oder Skandinavien - mit Argwohn betrachtet wird.

[839] Art. 12 Abs. 2 SEPG bestimmt, dass Abgeordnete und Senatoren nicht an Weisungen gebunden werden dürfen. Die in Art. 12 Abs. 1 vorgesehene „einzelne und persönliche" Abstimmung ermöglicht freilich einen mittelbaren Druck der Interessengruppen auf die Stimmabgabe, insbesondere durch die Fraktion des jeweiligen Parlaments, die den Senator entsandte.

sowie die umfassenden Initiativrechte, insbesondere bei der Binnenmarktgesetzgebung, in den Blick zu nehmen. Das „Monopol“ in diesem Bereich (vgl. Art. 84 Abs. 3 SEPG) gibt dem unitarischen Element in der Gemeinschaft durchaus zusätzliches Gewicht. Dies gilt auch für die Konzeption der Völkerkammer, da hier die Willensbildung nationenübergreifend stattfinden sollte. Unitarische und mitgliedstaatliche Elemente sind im Satzungsentwurf insgesamt ausgewogen vertreten und könnten sich im Ernstfall möglicherweise gegenseitig paralysieren.[840] Nach Vorstellung der Satzungsgeber sollte sich in einem evolutionären Prozess die unitarische Willensbildung stufenweise durchsetzen, der Rat zunehmend an Einfluss verlieren und somit der Senat als primäres Vertretungsorgan der Mitgliedstaaten fungieren. Der vorgelegte Entwurf ist indessen noch als echte Mischform zu bewerten, die die Bezeichnung Bundesstaat auch im Hinblick auf die Willensbildung durch deren Organe noch nicht „verdient“. Die Intention der Delegierten lässt sich etwa mit den Worten „so viel Parlament wie möglich, so viel Ministerrat wie nötig“ beschreiben, wobei die Notwendigkeit an der Zustimmungswahrscheinlichkeit der nationalen Regierungen gemessen wurde. Konfrontiert mit zwei Möglichkeiten - loser Staatenbund oder enger Bundesstaat - hat die Sonderversammlung den Versuch unternommen, beide Typen im Entwurf zu vereinigen, was letztlich auch maßgebliches Vorbild für die EG und ihre Weiterentwicklung gewesen ist. Dabei hat man aber nach dem Scheitern der EPG auf eine genauere Definition der Gemeinschaft und Beschreibung ihrer Organe bewusst verzichtet, auch um die Frage der Finalität nicht frühzeitig beantworten zu müssen.

8. Staatsbewusstsein als Indiz für ein bundesstaatliches Wesen?

Die Loyalität des Bürgers gegenüber einer staatlichen Gemeinschaft kann nicht lediglich aus dem Charakter der Staatsmacht als Zwangs- und Herrschaftsgewalt erklärt werden. Vielmehr bedarf es auch „einer von bestimmten Wertvorstellungen getragenen gemeinsamen Überzeugung staatlicher Zusammengehörigkeit, einer Summe psychologischer Affekte, die man unter dem Begriff Staatsbewusstsein zusammenfassen kann.“[841] Zum Zeitpunkt der Verabschiedung des Entwurfs in der Sonderversammlung war den Delegierten klar, dass ein europäisches Bewusstsein, geschweige denn ein Staatsbewusstsein auf dieser europäischen Ebene nicht vorhanden war. Man war aber zumindest optimistisch, bis zu den ersten allgemeinen Wahlen zur Völkerkammer ein gewisses Maß an europäischem Bewusstsein über die politischen Parteien, zumindest aber Aufmerksamkeit und ein hinreichendes Interesse entwickeln zu können.[842] Kristallisationspunkt für die Entwicklung einer europäischen öffentlichen Meinung sollte da-

---

840 So im Ergebnis Robertson, EPC, S. 401 zum gesamten System der EPG.

841 Jaenicke, Bundesstaat oder Staatenbund, FS Bilfinger, S. 99.

842 Karp, European Political Community, International Organization 1954, S. 194 im Zusammenhang der Ablehnung einer Verschiebung von direkten Wahlen der Völkerkammer: „As for arousing popular interest, there would be plenty of time for that while the treaty was awaiting ratification“; vgl. auch den Abgeordneten van der Goes van Natern in: Ad hoc-Versammlung, Aussprache, Wörtlicher Bericht über den Verlauf der Sitzungen, S. 75: „Es gibt noch kein Europa. Es muss eine europäische öffentliche Meinung geschaffen werden, die sich in ebenfalls zu schaffende politische Strömungen gliedert...“.

bei auch nach Vorstellung des Verfassungsausschusses und der Sonderversammlung das Parlament der neuen Gemeinschaft sein.[843]

Ein europäisches Staatsbewusstsein ist auch nach über 50 Jahren Integrationsgeschichte der EU/EG nach wohl einhelliger Meinung (noch) nicht festzustellen. Gleichwohl gibt es erste Zeichen für die Entwicklung eines europäischen Bewusstseins, welches freilich in dieser Form (noch) keine europäische Identität stiften kann. Eines der Haupthindernisse einer einheitlichen staatlichen oder staatsähnlichen Identität bleiben nach wie vor die Sprachbarrieren zwischen den Mitgliedstaaten. Eine grundsätzlich integrierende Wirkung dürfte durch die Einführung des Euro (insbesondere als Realgeld) ausgelöst worden sein bzw. werden. Die Einheitlichkeit eines Zahlungsmittels schafft zwangsläufig auch in gewissem Maße das (subjektive) Gefühl einer Vereinigung. Die negative Entwicklung des Außenwertes des Euro in der Zeit nach seiner Einführung dürfte dabei aber zu einer gewissen Ernüchterung ebenso geführt haben wie der beschränkte Kreis der Teilnehmer innerhalb der EU.[844] Ein weiteres Problem ergibt sich aus der massiv erhöhten Zahl der Beitrittskandidaten zur EU, wobei längerfristig von über 30 Mitgliedstaaten ausgegangen wird.[845] Dies dürfte es zunehmend unwahrscheinlicher machen, dass sich ein europäisches Staatsbewusstsein überhaupt entwickeln und stabilisieren kann. Der kritische Ausspruch, dass eines Tages der letzte Beitrittskandidat zu etwas beitreten werde, was es dann nicht mehr gebe, spiegelt auch den Umstand wider, dass ein Staatsbewusstsein (in einem Bundesstaat?) vom Nordkap bis Sizilien und von Irland bis Südostanatolien nur noch schwer vorstellbar erscheint. Die Gemeinschaft - ohnehin ein Geschöpf „sui generis" - wird ihre Gestalt verändern und damit auch zukünftig nur neben den Nationalstaaten identitätsstiftend sein können. Die Schöpfer der EPG dachten nicht konkret an solche geographischen Erweiterungen und glaubten zum Teil wirklich an die Schaffung eines neuen europäischen Bundesstaates auf lange Sicht.

9. Ansichten und Ergebnis

Die vorgehenden Darstellungen haben deutlich gemacht, dass es sich bei der Europäischen Politischen Gemeinschaft nicht um einen Bundesstaat im eigentlichen Sinne handeln sollte, sondern - ebenso wie die EU/EG - um eine Staatenverbindung sui generis, die noch kein echtes Vorbild in der Geschichte hatte und für eine Weiterentwicklung bis hin zu einem Bundesstaat offen stehen sollte. Diese Erkenntnis teilten auch die Kommentatoren der Zeit, wobei allerdings die Bewertungen in den Formulierungen

---

843 Bindschedler, Rechtsfragen der europäischen Einigung, S. 384f; Benvenuti in: Verfassungsausschuss, Einleitender Bericht und Begründung vom 26.2.1953, S. 36.

844 Siehe etwa nach dem gescheiterten dänischen Referendum: FAZ vom 30.9.2000: „Enttäuschung und Ratlosigkeit in Kopenhagen - Die EU zeigt sich gelassen".

845 Vgl. etwa Rheinischer Merkur vom 1.1.1999: „Europas Union im Jahre 2020"; der Vertrag von Nizza geht zunächst von 27 möglichen Mitgliedstaaten aus (s.o.).

und im Detail durchaus differierten. Der Präsident der Ad hoc-Versammlung, Paul-Henri Spaak, führte zunächst am 9. März 1953 anlässlich der feierlichen Übergabe aus: *„Das Europa, welches wir Ihnen vorschlagen, ist weder föderal noch konföderal ... wir mussten zwischen zwei Extremen entscheiden: entweder ein rein intergouvernementales System oder eine Verfassung, die sogleich einen Großteil der Aktivitäten auf sich vereint. Unsere Versammlung hat einen Mittelweg gewählt. Die Satzung, die wir ausgearbeitet haben, respektiert die Macht und die Kompetenzen, die die Regierungen unserer Länder schon immer unter ihrer eigenen Kontrolle zur getrennten Wahrnehmung innehatten. Sie enthält keine neuen Transfers von Souveränitätsrechten."*[846] Diese Aussage ist insofern zu korrigieren, als die Satzung durchaus Souveränitätsverzicht beinhaltet, insbesondere auf dem wirtschaftlichen Gebiet, worauf schon hingewiesen wurde. Spaaks Aussage ist als Ausdruck politischer Zurückhaltung zu werten und inhaltlich nur insoweit zu rechtfertigen, als die Satzung regelmäßig noch eine Umsetzung der neuen Zuständigkeitsgebiete (Wirtschaft, Finanzen und Außenpolitik mit Einschränkungen) durch Gemeinschaftsorgane notwendig machte, mithin eine unmittelbare Übertragung von Rechten (etwa im Sinne von wirtschaftlichen Grundfreiheiten) nicht erfolgen sollte.[847]

Der Vorsitzende des Verfassungsausschusses, Heinrich von Brentano, formulierte wie folgt: *„Die Europäische Gemeinschaft ... wird weder ein Staatenbund noch ein Bundesstaat sein. Sie vereinigt die verschiedenartigsten Elemente der klassischen Konstruktionen. Sie unterscheidet sich allerdings klar und eindeutig von einer lediglich auf internationalen Verträgen und Vereinbarungen beruhenden Koalition oder Allianz ..."*[848] Ähnlich sah es Robertson, der aber eher kritisch - aus britischer Sicht - die gefundene Lösung als Mittelweg beschreibt.[849] Andere Autoren konstatierten ungeachtet der unbestreitbaren Sonderform der Gemeinschaft den Schwerpunkt bei einem Fortschritt des Föderalismus in Europa[850] oder wiesen darauf hin, dass der äußere Rahmen

---

[846] Zitat in Französisch bei Jaenicke, Bundesstaat oder Staatenbund, FS Bilfinger, S. 73 m.w.N.; vgl. auch das Zitat bei Robertson, EPC, S. 400 sowie ausführlicher bei Briggs, The Proposed European Political Community, AJIL 1954, S. 111f.

[847] In diesem Sinne ist auch Schwarz-Liebermann v. Wahlendorf, Die Europäische Gemeinschaft, AVR 1953/54, S. 438 zu verstehen („ ... unmittelbare neue Souveränitätsaufgabe ... nicht gefordert werden sollte.").

[848] Von Brentano in: Verfassungsausschuss, Einleitender Bericht und Begründung vom 26.2.1953, S. 11.

[849] Robertson, EPC, S. 400f: „Confronted with these alternatives but unable to choose between them, it has attempted to utilize them both ... the result is a more complicated political structure than has been known hitherto. Both systems are to be found at the same time in the E.C. alongside one another, as indeed they are both found at the same time in the ECSC and the EDC. ... It may legitimately be feared, therefore, that the presence of both types of organs - the federal and the inter-governmental - on one and the same structure may incorporate the disadvantages of both methods, without entailing the advantages ...".

[850] Vgl. nochmals Snoy et d'Oppuers, Des Traites de Rome a l'Europe Politique, FS Ophüls, S. 143ff: „La structure constitutionnelle fédérale prévue pour l'Europe était de type classique." Héraud, Revue du Droit Public et de la Science Politique 1953, S. 586 ("progrès du fédéralisme"); von Merkatz, FS Bilfinger 1954, S. 230: „Sie waren sich der Tatsache bewusst, dass die Organe, deren Errichtung sie vor-

der Gemeinschaft eher für eine bundesstaatliche Lösung im Sinne der ersten Alternative des Art. 38 EVGV spreche, die Kompetenzausstattung der Gemeinschaft diesen Schluss jedoch nicht zulasse.[851] Nach anderer Ansicht wurde der bundesstaatliche Charakter mit Hinweis auf die (angeblich) geringen Kompetenzübertragungen verneint und hervorgehoben, dass die Behauptung, der Entwurf enthalte bereits „bundesstaatliche Elemente", zu irrtümlichen Vorstellungen und damit Misstrauen und Widerstand in Europa führen könne.[852]

Diese Kritik erscheint im Hinblick auf die bereits übertragenen Gesetzgebungsbefugnisse und die weitgehend konsequent vorgenommene Parlamentarisierung der Gemeinschaft überzogen. Zutreffender - wenn auch unverbindlicher - dürfte daher Bindschedler formuliert haben: *„Ähnlich wie die CECA und die CED weist auch die Europäische Gemeinschaft materiell bundesstaatliche Elemente wie auch solche einer völkerrechtlichen Staatenverbindung auf. Es handelt sich um eine Konstruktion sui generis, die den bestehenden politischen Verhältnissen in ihrer Kombination von übernationalen Organen und Mitwirkungsrechten der Einzelstaaten Rechnung trägt."*[853] Dieser Satz könnte auch für die heutige EU/EG geschrieben sein und ist ein weiteres Zeichen dafür, dass beide Systeme trotz Methodenwandel und Begriffsänderungen im Kern wesensverwandt sind. Letztlich dürfte auch Genzer zuzustimmen sein, der darauf hinwies, dass die Frage (des Grades) einer bundesstaatlichen Struktur sich nicht allein aus den Bestimmungen des positiven Rechts prüfen und beantworten lasse[854] und damit der späteren Gemeinschaftsrealität vorbehalten bleibe. Im Ergebnis ist gleichwohl von einer Staatenverbindung auszugehen, die Institutionen einer Föderation mit intergouvernementalen Elementen und noch eingeschränkten Befugnissen verbindet und damit die Entwicklung hin zu einem Bundesstaat zumindest konstruktiv ermöglicht hätte. Vor dem Hintergrund der über 50-jährigen Integrationsgeschichte der Europäischen Gemeinschaften ist indessen eine ähnliche Entwicklung wie in der EU/EG zu einem Staatenverbund sui generis mit wachsenden Befugnissen und steigenden Mitgliederzahlen die wahrscheinlichste aller Möglichkeiten.

---

schlugen (*Anm.: die Schöpfer von EGKS und EVG*) Elemente eines späteren bundesstaatlichen Gemeinwesens bilden sollten."; von Puttkamer, ZaöRV 1953/54, S. 111f: „Mit der demokratischen Ableitung der Gemeinschaft aus dem Willen der Völker in engem Zusammenhang steht die grundsätzliche Entscheidung, die Gemeinschaft föderativ, nicht konföderativ aufzubauen ... der einem Bundesstaat nahe Charakter ...".

[851] Vgl. Ridder, Der Entwurf einer Satzung der Europäischen Gemeinschaft, JZ 1953, S. 291, der allerdings konstatiert, dass in der Satzung alle Möglichkeiten der Weiterentwicklung (auch im Sinne eines Bundesstaates) vorhanden seien; ebenso Robertson, EPC, S. 400.

[852] So Jaenicke, Bundesstaat oder Staatenbund, FS Bilfinger, S. 107: „...maßgebend ist nur der Gesamtcharakter des Bundes, und dieser bleibt staatenbündisch, solange die Organe der Gemeinschaft über keine unabhängige politische Entscheidungsgewalt verfügen, die sie zu Trägern einer über den Staaten stehenden Staatsgewalt machen könnten."

[853] Vgl. Bindschedler, Rechtsfragen der europäischen Einigung, S. 381f, der zugleich auf die restriktive Auffassung verweist, die eine Minimallösung in dem Entwurf sehe.

[854] Genzer, Die Satzung der Europäischen Gemeinschaft, EA 1953, S. 5654.

II. Die EU auf dem Weg zu einer europäischen Verfassung - welche Ziele des Art. 2 SEPG wurden erreicht?

1. Einleitung: Die EPG als historischer Ausgangspunkt der EU-Verfassung

Die Debatte um eine Europäische Verfassung hat nach dem Scheitern der EPG zunächst lange auf Eis gelegen. Gleichwohl war sie in der Integrationsgeschichte der Nachkriegszeit stets offen oder latent vorhanden, da alle Einigungsbemühungen seit dem Montanunionsvertrag, ja seit Schaffung des Europarates, stets unter diesem Gesichtspunkt Betrachtung gefunden haben.[855] Das Schrifttum zu der Thematik der „Europäischen Verfassung" ist inzwischen Legion und kann im Rahmen dieser Arbeit nicht dargestellt werden.[856] Dass die EU ein Staatenbund „sui generis" und noch kein Bundesstaat ist, ist unstrittig, nicht dagegen die genaue Einordnung und Bezeichnung dieses „eigenartigen Gebildes".[857] Das Bundesverfassungsgericht hat hierzu den Begriff des „Staatenverbundes" geprägt.[858] Auf politischer Ebene gehört inzwischen die Forderung nach einem „Verfassungsvertrag" zum alltäglichen Vokabular, was durch die Proklamierung der Grundrechtscharta der Europäischen Union im Dezember 2000 zusätzlichen Nährboden erhalten hat, da diese gerade der Anstoß und die Grundlage eines solchen Verfassungsdokuments sein könnte.[859] Im Folgenden wird im Hinblick auf die aktuellen Erörterungen über eine europäische Verfassung die Frage untersucht, inwieweit die Ziele der EPG nach Scheitern dieses Projekts im Rahmen der EU/EG verwirklicht werden konnten. Zu ihnen gehören gemäß Art. 2 SEPG die Wahrung der Menschenrechte und Grundfreiheiten, eine gemeinsame Außen- und Verteidigungspolitik sowie die Förderung des Wohlstandes, insbesondere durch Schaffung eines gemeinsamen Marktes. Welche der genannten elementaren Ziele wurden im Laufe der Zeit in der EU/EG erreicht bzw. in welchem Maße konnten diese programmatischen Vorgaben umgesetzt werden? Dabei ist vorab festzustellen, dass alle der genannten Ziele auch zu denjenigen der EU/EG zählen, wenngleich die Prioritäten umgekehrt wurden, d.h. von einem gemeinsamen Markt zu weiteren gemeinsamen Politiken vo-

---

[855] Vgl. Schwarze, Auf dem Weg zu einer Europäischen Verfassung, DVBl 1999, S. 1677, der darauf hinweist, dass die aktuelle Debatte etwa 20 Jahre zurückreicht, aber bereits der EGKSV von Generalanwalt Lagrange als „Charta der Gemeinschaft" bezeichnet wurde (Rs. 8/55, Slg. 1955-1956, S. 266f).

[856] Vgl nur in neuerer Zeit: Schwarze, a.a.O; Scholz/Hofmann, Perspektiven der europäischen Rechtsordnung, ZRP 1998, S. 295; Koenig, Ist die Europäische Union verfassungsfähig?, DÖV 1998, S. 268; Häberle, Europa als werdende Verfassungsgemeinschaft, DVBl 2000, S. 840 - letzterer weist eingangs darauf hin, dass das Europarecht und die dazugehörige Literatur so schnelllebig geworden seien, dass jedes Zitat in den Fußnoten sofort überholt sei oder die Sache rezipiert werde.

[857] Vgl zu den verschiedenen Bezeichnungen und Einordnungen, Häberle, Europa als werdende Verfassungsgemeinschaft, DVBl 2000, S. 840; Klein in: Hailbronner/Klein/Magiera/Müller-Graf, EUV/EGV-Kommentar, Art. A, Rn. 8ff m.w.N.

[858] BVerfGE 89, 155/188 (Maastricht); vgl. hierzu Kirchhof in: Isensee/Kirchhof, HStR VII, § 183, Rn. 38 und Huber, Integration, § 5, Rn.12 (S. 72f) - der Begriff hat viel Zustimmung, aber auch Kritik erfahren.

[859] Ausführlich zur Ausarbeitung der Charta: Weber, Die Europäische Grundrechtscharta - auf dem Weg zu einer europäischen Verfassung, NJW 2000, S. 537; vgl. auch Szczekalla, Grundrechte für Europa - Die Europäische Union nach Nizza, DVBl 2001, S. 345ff.

rangeschritten wurde und die zunächst wirtschaftlich begründeten Grundfreiheiten des EGV eine Ausstrahlungswirkung auf einen umfassenden Grundrechtsschutz der Gemeinschaft entfalteten

2. Menschenrechte und Grundfreiheiten: Problem der Inkorporation der EMRK

a. Die Geltung der EMRK in der EPG

Gemäß Art. 2, 1. Spiegelstrich SEPG hat die Gemeinschaft *„zur Wahrung der Menschenrechte und Grundfreiheiten in den Mitgliedstaaten beizutragen."* Die Formulierung deutet zunächst darauf hin, dass die Staaten primär selbst als „Wahrer", aber auch als (zumindest potenzielle) „Gefährder" der Menschenrechte betrachtet wurden. Eine Gefährdung durch die Gemeinschaft selbst scheint nach dieser Formulierung ausgeschlossen, was freilich im Ergebnis nicht zutreffend ist, da eine Gemeinschaft mit stetig wachsenden Kompetenzen auch massiv die Grundrechte, wie etwa das des Eigentums, beeinträchtigen kann. Gemäß Art. 3 SEPG sind die Bestimmungen des Teils I der am 4. November 1950 in Rom unterzeichneten Konvention zur Wahrung der Menschenrechte und Grundfreiheiten sowie diejenigen des am 20. März 1952 in Paris unterzeichneten Zusatzprotokolls integraler Bestandteil der Satzung. Abgesichert wird diese Inkorporation der EMRK durch die Zuständigkeit des Gerichtshofs für die Wahrung der Konvention und das dabei auch für natürliche Personen normierte Klagerecht bei Verletzung subjektiver Rechte (Art. 45 SEPG, s.o.). Darüber hinaus macht Art. 116 SEPG den Beitritt zur Gemeinschaft von der Mitgliedschaft im Europarat bzw. von der Garantie der Menschenrechte und Grundfreiheiten abhängig.[860] Die Gemeinschaft selbst sollte satzungsgemäß jedoch vorerst nicht der EMRK beitreten, was allerdings schon während und nach der Ausarbeitung des Entwurfs gefordert wurde.[861]

Neben den in der EMRK garantierten Menschenrechten und Grundfreiheiten werden durch die Satzung der EPG wirtschaftliche Grundfreiheiten im Sinne des EGV nicht ausdrücklich garantiert. Allerdings soll für Staatsangehörige der Mitgliedstaaten, die ihren Dienst in den Europäischen Streitkräften geleistet haben, Freizügigkeit von Inkrafttreten der Satzung an bestehen. Gleiches gilt für alle Staatsangehörigen der Mitgliedstaaten, die nach Inkrafttreten der Satzung geboren werden (Art. 83 SEPG). Neben dieser Gewährleistung subjektiver Rechte hat die Gemeinschaft allerdings objektiv die Aufgabe, die Freizügigkeit der Menschen und den freien Umlauf von Waren und Kapital zu fördern (Art. 82 SEPG). Im Hinblick darauf, dass auch das Zusatzprotokoll vom 20. März 1952[862] mit seiner auch wirtschaftlichen Zielrichtung[863] Bestandteil der

[860] Nach Ansicht einiger Abgeordneter sollte die vorherige Mitgliedschaft im Europarat obligatorisch sein. Erst nach längerer Debatte wurde ein entsprechender Antrag abgelehnt - vgl. Eberhard, EPG, S. 30, Fn. 45.

[861] Vgl. Robertson, EPC, S. 397.

[862] Zusatzprotokoll zur Konvention zum Schutze der Menschenrechte und Grundfreiheiten vom 20.3.1952 (BGBl. II 1956, S. 1880).

[863] Siehe den bedeutenden Art. 1 des Zusatzprotokolls (Recht auf Eigentum).

Satzung wurde, bestand für eine weitergehende Kodifikation eines Grundrechtskatalogs oder eines Katalogs wirtschaftlicher Grundfreiheiten kein vordringlicher Bedarf, man sah im Gegenteil die Inkorporation der EMRK als wesentlichen Fortschritt der Gemeinschaft und als elementares Bindeglied zum Europarat.[864]

b. EU/EG: Problem der Geltung der EMRK

Für die EU/EG wurde bisher nicht der Weg der EPG gewählt, die Menschenrechte und Grundfreiheiten der EMRK *unmittelbar* in die Verträge zu inkorporieren oder der Konvention beizutreten. Allerdings sind Überlegungen zu einem Beitritt der Europäischen Gemeinschaften[865] seit langer Zeit angestellt worden, auf die nicht in ihrer Gesamtheit eingegangen werden kann. Am 4. April 1979 unterbreitete die Kommission - etwa 5 Jahre nach dem Solange-Beschluss des Bundesverfassungsgerichts[866] - dem Rat ein in diesem Zusammenhang bedeutendes Memorandum[867] mit dem Ziel, eine eingehende Diskussion über einen solchen Beitritt in Gang zu setzen. Tatsächlich folgte eine Reihe von Stellungnahmen und Initiativen der Gemeinschaftsorgane. Im Gegensatz zu ihren Mitgliedstaaten, die allesamt der EMRK beigetreten sind, sind Rechtshandlungen der EU bzw. deren Teilgemeinschaften nicht von einem übergeordneten Kontrollsystem überprüfbar. Solche Rechtshandlungen entziehen sich damit dem Kontrollmechanismus der Straßburger Organe, da die Gemeinschaften als solche keine Vertragspartner sind. Trotz Ausübung von Hoheitsgewalt durch diese, die jeden EU-Bürger in seinen Rechten berührt, bestehen keine weiteren übergeordneten Überprüfungsmöglichkeiten, insbesondere nicht gegen Entscheidungen des EuGH. Der EuGH ist insoweit „letzte Instanz" und hat seinerseits eine unmittelbare Bindung der Gemeinschaft durch die EMRK nicht anerkannt.[868] Gleichwohl ist das Verhältnis der EMRK zum Gemeinschaftsrecht noch nicht abschließend geklärt, da es im Hinblick auf die unmittelbaren Bindungen der Mitgliedstaaten möglich ist, dass ein nationaler Ausführungsakt von den Betroffenen vor die Straßburger Konventionsorgane gebracht wird.[869]

c. Grundrechtsschutz in der EU

Bis zur Proklamierung der Grundrechtscharta im Dezember 2000 konnte stets formuliert werden, dass die Rechtsordnung der EU/EG noch keinen kodifizierten Grund-

[864] Vgl. die Begründung des Berichterstatters des Ausschusses für gerichtliche Institutionen, von Merkatz, vom 7.2.1953 (AA/CC/SCJ - 4, S. 4).

[865] Da nach derzeitig herrschender Doktrin die EU selbst (noch) keine Rechtspersönlichkeit besitzt, müssten auch nach Inkrafttreten des Vertrages von Maastricht die einzelnen Teilgemeinschaften der EMRK beitreten.

[866] BVerfGE 37, 271; vgl. hierzu die Kommentierung aus damaliger Zeit von Börner, Deutsche Grundrechte und Gemeinschaftsrecht, NJW 1976, 2041ff.

[867] Memorandum der Kommission betreffend den Beitritt der Europäischen Gemeinschaften zur Konvention über den Schutz der Menschenrechte und Grundfreiheiten, veröffentlicht in EuGRZ 1979, 330ff.

[868] Vgl. Bleckmann, Europarecht, Rn. 103, Fn. 74 mit Hinweis auf die unterschiedlichen Ansätze.

[869] Herdegen, Europarecht, Rn. 39f (S. 32).

rechtskatalog und auch keine Einzelbestimmungen über Grundrechte im engeren Sinn enthalte, sondern lediglich die grundrechtsähnlichen Rechte bzw. Grundfreiheiten des EGV (siehe Art. 12, 28ff, 39ff, 43ff, 49ff, 142 EGV/Amsterdam bzw. Art. 6, 30ff, 48ff, 52ff, 59ff, 119 a.F. EGV). Grundrechtsschutz wurde damit primär zunächst nicht durch die Gründungsverträge garantiert, sondern durch den EuGH im Laufe der Zeit praktiziert und konkretisiert.[870] Dabei hat der EuGH sowohl die Grundrechte und das gemeinsame Grundrechtsverständnis der Mitgliedstaaten als auch die EMRK als (völkerrechtliche) Erkenntnisquelle herangezogen. Das Bundesverfassungsgericht hat erst mit der sogenannten „Solange II-Entscheidung" den grundsätzlichen Vorrang des EuGH bei der Grundrechtsprüfung anerkannt und sich auf die „generelle Gewährung der unabdingbaren Grundrechtsstandards" zurückgezogen.[871] In der EEA vom 28.2.1986 wurden sodann in der Präambel (im dritten Beweggrund) die „Menschenrechte und Grundfreiheiten" erwähnt und im EUV vom 7.2.1992 daraufhin die Vorschriften eingeführt, die auf die Wahrung der Menschenrechte und somit auf einen entsprechenden Grundrechtsschutz direkt Bezug nehmen. Dies waren Art. F Abs. 2, J 1 Abs. 2 fünfter Spiegelstrich, K.2 Abs. 1 EUV und Art. 130u Abs. 2 EGV; aufgrund von Art. F. Abs. 2 EUV a.F. (Art. 6 Abs. 1 und 2 EUV/Amsterdam) ist der Grundrechtsschutz nunmehr ausdrücklich Bestandteil der vertraglich vereinbarten Grundlagen.[872] Diese Feststellungen gelten auch nach Verabschiedung der Grundrechtscharta, da diese bisher noch nicht von den Mitgliedstaaten als rechtsverbindlich akzeptiert bzw. ratifiziert wurde und erst als Grundlage einer künftigen Vertragsrevision bzw. Verfassungsurkunde der Union dienen soll. Gleichwohl wird ihr schon jetzt als Kodifizierung des in der EU erreichten Entwicklungsstandes im Bereich des Grundrechtsschutzes eine wesentliche Legitimations- und Integrationsfunktion zugeschrieben.[873]

d. Rechtsfragen eines Beitritts zur EMRK

Die Verabschiedung der Grundrechtscharta hat die Diskussion um einen möglichen Beitritt zur EMRK noch nicht endgültig beendet,[874] da sich hieraus nach wie vor bedeutende Konsequenzen für das gemeinschaftsrechtliche Rechtsschutzsystem der Gemeinschaft ergeben würden. 1995 hat sich der damalige deutsche Richter am EGMR Bernhardt hierzu wie folgt geäußert: *„Die Diskussion über den Beitritt der EG zur EMRK ist kein Ruhmesblatt für die Gemeinschaft und ihre Mitgliedstaaten. Über Jahrzehnte hat man das Für und Wider erörtert und ist regelmäßig bei einem Ja-Aber ste-*

---

870 Exempl. Bleckmann, Europarecht, Rn. 99ff m.w.N.; Pernice, Gemeinschaftsverfassung und Grundrechtsschutz - Grundlagen, Bestand und Perspektiven, NJW 1990, S. 2409ff.

871 BVerfGE 73, 339/387; vgl. Herdegen, Europarecht, Rn. 243f (S. 193).

872 Vgl. hierzu Hilf in: Grabitz/Hilf, EU-Kommentar, Art. 6, Rn. 2ff.

873 Hilf, Die Charta der Grundrechte der Europäischen Union, NJW-Sonderbeilage 2000, S. 5.

874 Vgl. etwa Mombaur, Die Charta der Grundrechte der Europäischen Union, DÖV 2001, S. 595f und Szczekalla, Grundrechte für Europa - Die Europäische Union nach Nizza, DVBl 2001, S. 345f unter Bezugnahme auf das Plädoyer der österreichischen Außenministerin Ferrero-Waldner für einen Beitritt.

hen geblieben.“[875] Dieser für die EG ausgesprochene Satz gilt für die später „hinzugekommene“ EU ebenso wie für die lange zuvor gescheiterte EPG. Im Folgenden soll auf die Unterschiede hinsichtlich eines Beitritts zur EMRK von EPG einerseits und EU/EG andererseits hingewiesen werden. Sowohl die EU/EG auf dem Stand von Maastricht 1992 und Amsterdam 1999 als auch die EPG des Jahres 1953 sind beide als internationale und supranationale Organisationen zunächst nicht originärer Adressat für einen Beitritt zur EMRK, da diese von ihrer Konzeption her für den Beitritt von Staaten angelegt ist. Es stellt sich daher die Frage, ob die EPG bzw. die EU in das System der EMRK eingepasst und wie ein solcher Beitritt vollzogen werden könnte. Dabei sind die Verpflichtungen aus der EMRK in den Blick zu nehmen sowie die Frage, unter welchen Bedingungen das Kontrollsystem der Konvention übernommen werden könnte.

aa. Begriff der „Staaten“ in der EMRK - Einordnung der EU bzw. der Einzelgemeinschaften

Die EMRK ist nach ihrem Wortlaut allein auf die Mitwirkung von Staaten angelegt. Dies geht aus den Art. 10, 11, 17, 28, 31 oder 64 EMRK hervor, die den Begriff „Staat“ verwenden und auch aus Wendungen wie „nationale Sicherheit“ oder „wirtschaftliches Wohl eines Landes“, die in den Art. 8-11 als Maßstab für die Begrenzung bestimmter Freiheiten durch die nationale Gesetzgebung genannt werden. Diese Ausrichtung auf „Staaten“ lässt sich aus der Entstehungsgeschichte der EMRK heraus begründen, da zum Zeitpunkt ihrer Ausarbeitung im Jahre 1950 Hoheitsgewalt in Europa nur von Staaten ausgeübt wurde. Dies änderte sich allerdings mit der Gründung der EGKS 1951 sowie der EWG und der EAG 1957 und hätte sich auch mit der Realisierung von EVG und EPG ändern können. Diese Gemeinschaften - verwirklicht oder nur geplant - konstituierten eine eigene Rechtsordnung, in der Rechtsmittel gegen Hoheitsakte gewährt wurden bzw. werden sollten und die sich durch ihre supranationale Natur deutlich von den bisherigen internationalen Organisationen unterschieden, die nicht Mitglied der EMRK werden konnten. Wenn nun dadurch in Europa neben den Staaten eine weitere Hoheitsgewalt entstanden ist, so läge es nahe, dass sie im Sinne der Schöpfer der EMRK in den Kreis der Garanten, die Grenzen der Ausübung dieser Hoheitsgewalt zugunsten des Einzelnen international abzusichern versuchen, einbezogen würden.[876] Es sollte daher grundsätzlich für einen Beitritt hinsichtlich der (noch) fehlenden Staatlichkeit von EU/EG bzw. EPG genügen, in einem entsprechenden Beitrittsprotokoll festzulegen, dass die EMRK, soweit sie spezifisch auf Staaten zuge-

---

[875] Bernhardt, Probleme eines Beitritts der Europäischen Gemeinschaft zur Europäischen Menschenrechts-Konvention, FS Everling I, S. 103; Busse, Die Geltung der EMRK für Rechtsakte der EU, NJW 2000, S. 1074.

[876] Golsong, Nochmals - zur Frage des Beitritts der Europäischen Gemeinschaften zur Europäischen Menschenrechtskonvention, EuGRZ 1979, S. 72.

schnittene Begriffe verwendet, „mutatis mutandis“ für die Europäischen Gemeinschaften gilt.[877]

bb. Verpflichtung zur regelmäßigen Abhaltung von freien und geheimen Wahlen gemäß Art. 3 des 1. Zusatzprotokolls (ZP)

In der EU/EG und der EPG ist das Parlament das einzige Organ, welches aus direkten, freien, geheimen und allgemeinen Wahlen hervorgeht. Während sich für den Beitritt als solchen (im Bezug auf die Rechtsfähigkeit) der EU/EG und der EPG keine grundlegenden Unterschiede ergeben, erscheint für die Frage der Wahlen gemäß Art. 3 des 1. ZP eine unterschiedliche Sichtweise zumindest denkbar zu sein. Mit dieser Bestimmung ist das Prinzip der freien und geheimen Wahlen in angemessenen Zeitabständen und die Gewährleistung eines individuellen Wahlrechts festgelegt worden. Damit hat die EMRK das einzige eindeutig politische Grundrecht aufgenommen. Es gehört demnach zu den Rechten, die die Mitwirkung des Bürgers in den Staatsorganen gewährleisten. Der Artikel bezieht sich nur auf „gesetzgebende Körperschaften“. In einem Einheitsstaat ist dies das gewählte Parlament, in Bundesstaaten können dies auch die gewählten Landesparlamente sein. Hinsichtlich der EU/EG lenkt Art. 3 des 1. ZP den Blick auf das Schlagwort vom „Demokratiedefizit“.[878] Dieser Begriff wird primär mit der Willensbildung auf Gemeinschaftsebene verbunden und dient zumeist als Argument dafür, eine stärkere Parlamentarisierung zu fordern.[879] Die Verbindung zu Art. 3 des 1. ZP besteht nun darin, dass bei einer schwachen Ausgestaltung der parlamentarischen Befugnisse die Wahlen unter den genannten Bedingungen materiell leer laufen könnten. Bis zu den Verträgen von Maastricht und Amsterdam war die Rechtssetzung für sekundäres Gemeinschaftsrecht zur Durchführung der Verträge auf Gemeinschaftsebene noch immer weitgehend auf den Rat übertragen,[880] d.h. auf ein aus Regierungsmitgliedern zusammengesetztes Organ (Art. 146 Abs. 1 EGV a.F.). Das Europäische Parlament wurde nach dem Stand von Maastricht im Haushaltsverfahren (Art. 203 Abs. 3 bis 9 EGV a.F.) und in einigen Bereichen aufgrund des durch den Unionsvertrag eingeführten Verfahrens der Mitentscheidung gemäß Art. 189b EGV a.F. maßgeblich beteiligt. Ansonsten war das EP in den Gesetzgebungsprozess nur in geringerem Maße durch das Verfahren der Zusammenarbeit gemäß Art. 189c EGV a.F. eingebunden. Spätestens durch die weitere Stärkung des Parlaments mit dem Vertrag von Amsterdam im Bereich der Mitentscheidung (Art. 251 EGV) wird man jedoch nicht mehr

[877] Memorandum der Kommission EuGRZ 1979, S. 330ff, S. 335; vgl. Golsong, a.a.O., S. 73 mit der Skizze eines Beitrittsprotokolls, in der aufgezeigt wird, wie die entsprechenden Bestimmungen bzw. Begriffe verändert oder ergänzt werden könnten.

[878] Vgl. exempl. Huber, Integration, § 14, Rn. 64ff (S. 232ff); Bleckmann, Chancen und Gefahren der europäischen Integration, JZ 1990, 301ff; Klepsch, EUR-OP News No. 1 1994: „There certainly is a lack of democracy on three fronts...“, womit er legislative Defizite, unzureichende Kontrollmöglichkeiten gegenüber der Exekutive und fehlende Beteiligung am Einnahmesystem meint.

[879] Vgl. Herdegen, Europarecht, Rn. 141 (S. 110), der zugleich kritisch darauf hinweist, dass eine stärkere Parlamentarisierung in ein Spannungsfeld zu dem Grundsatz der Subsidiarität gelangen kann.

[880] So jedenfalls im Bereich des EGV und EAGV, im Bereich des EGKSV ist dies die Kommission (Art. 14); auf die Delegation nach Art. 211 EGV wurde bereits hingewiesen.

ernsthaft das Merkmal der demokratischen Wahlen im vorgenannten Sinne negieren können, wenngleich eine den Mitgliedstaaten vergleichbare Bedeutung des Parlaments noch nicht erreicht werden konnte. Dabei kann hier dahinstehen, ob eine solche bei dem derzeitigen Stand der faktischen Integration der Unionsvölker und dem Fehlen einer europäischen Öffentlichkeit tatsächlich notwendig und erstrebenswert wäre.

Der Europäische Gerichtshof für Menschenrechte hat in seiner Entscheidung vom 18.2.1999[881] das Europäische Parlament trotz fehlenden Initiativrechts als Legislativorgan im Sinne des Art. 3 des 1. ZP anerkannt und den Ausschluss eines Vertragsgebietes (hier Gibraltar) von den Wahlen zum EP als konventionswidrig erachtet. Damit dürfte wohl auch nach Auffassung des EGMR der derzeitige Umfang der Befugnisse des EP einem Beitritt der EU/EG zur Konvention nicht entgegenstehen.

Sofern man auch den Rat der EU/EG als „gesetzgebende Körperschaft" im Sinne des Art. 3 des 1. ZP ansieht - was bei den bestehenden legislativen Kompetenzen kaum zu verneinen wäre - so müsste diesbezüglich allerdings ein Vorbehalt bei einem Beitritt erfolgen, der auch auf die indirekte demokratische Legitimation (Parlamente - Regierungen - Rat) Bezug nehmen könnte.

Für die **EPG** bestehen solche Bedenken noch weniger: Das bikamerale Parlament ist als echte gesetzgebende Körperschaft im Sinne des Art. 3 des 1. ZP angelegt. Zwar ist es zutreffend, dass die EPG nur über eine eingeschränkte Gesetzgebungsbefugnis verfügt und ihr somit (noch) keine umfassende Verbandskompetenz zugestanden wurde. Allerdings ist das Parlament (Senat und Völkerkammer) an allen wesentlichen Gesetzgebungsakten maßgeblich beteiligt[882] und ist das zuständige Organ für die Wahl und Kontrolle der „Regierung", womit ihm insgesamt eine bedeutende Organkompetenz im Rahmen des institutionellen Gefüges der Gemeinschaft zukommt. Dies gilt auch angesichts des Umstandes, dass dem Rat in einigen wichtigen Fragen, wie etwa der Steuergesetzgebung, erhebliche Kompetenzen zustehen und er das Parlament hier gegebenenfalls blockieren oder gar dominieren kann. Dies ist die - aus der Sicht der Entwurfsverfasser - notwendige Berücksichtigung der Tatsache, dass es sich bei der EPG (noch) um einen Zusammenschluss souveräner Staaten handelt, deren nationale Interessen angemessene Berücksichtigung finden mussten. Im Ergebnis kann daher kein Zweifel bestehen, dass ein wie auch immer geartetes „Demokratiedefizit" im Falle der EPG nicht den Beitritt zur EMRK verhindert haben könnte. Denn die zentralen (u.a. gesetzgeberischen) Entscheidungen wären immer - zumindest auch - durch das Parlament zu fällen gewesen. Dies unterscheidet die EPG gerade von ihrem „Nachfolger", der EU/EG, wo die Organkompetenz des Europäischen Parlaments (zumindest bis Maastricht und Amsterdam) stets weit hinter der Verbandskompetenz zurückblieb.

---

[881] EuGRZ 1999, S. 200ff (Matthews / Vereinigtes Königreich).

[882] Die Ausnahme hinsichtlich der Beiträge der Mitgliedstaaten ist nachvollziehbar und kein Systembruch.

cc. Unterwerfung unter das Rechtsschutzsystem der EMRK

Fraglich ist weiterhin, inwieweit eine Unterwerfung der Gemeinschaft und damit des EuGH unter die Gerichtsbarkeit des EGMR mit Art. 220 (ex Art. 164) EGV zu vereinbaren ist, wonach „der Gerichtshof" (der EU/EG) die Wahrung des Rechts bei der Auslegung und Anwendung „dieses Vertrages" sichert. Ein Beitritt der Gemeinschaften zur EMRK hätte wegen der erforderlichen Unterwerfung unter die dort geltenden Regularien weitrechende Bedeutung. Insbesondere könnten dann Rechtsakte der Europäischen Gemeinschaft vor den Konventionsorganen angegriffen werden, der EuGH verlöre in bestimmten Fragen das „Recht der Letztverbindlichkeit" seiner Entscheidungen. Dieser hat dementsprechend in einem Gutachten festgestellt, dass ein Beitritt der Europäischen Gemeinschaft zur EMRK eine vorherige Änderung des EG-Vertrages erfordert,[883] womit die Frage für die Praxis beantwortet worden ist.

Die Verfasser der EPG-Satzung haben demgegenüber einen Beitritt der Gemeinschaft zur EMRK nicht ausgeschlossen.[884] Zunächst sollte jedoch die Gemeinschaft etabliert und dabei die Verbindungen zu den Straßburger Organen so eng wie möglich gestaltet werden. Die denkbare Kollision der Rechtsprechung des Gerichtshofs mit derjenigen der Konventionsorgane sollte durch Art. 45 SEPG gerade verhindert werden. Wie bereits ausgeführt, gewährt diese Vorschrift den zuständigen Organen der EMRK das Recht der vorherigen und vorrangigen Auslegung der in der Konvention festgelegten Menschenrechte und Grundfreiheiten. Dies hängt untrennbar mit der Integrierung der EMRK in die Satzung der EPG (Art. 3) zusammen, wie sie Art. 6 EUV (bzw. Art. F Abs. 2 a.F.) in dieser Verbindlichkeit gerade nicht normiert. Das System der Grundrechtsgewährung und das damit einhergehende Rechtsschutzsystem der EPG ist daher in einem viel weiteren Maße auf einen Beitritt zur EMRK angelegt, als dies bei der EU/EG der Fall ist. Eine grundlegende Satzungsänderung wäre daher im Falle der EPG für einen Beitritt insoweit nicht erforderlich, da der Vorrang der Konventionsorgane im originären Bereich der EMRK bereits über Art. 45 SEPG gewährleistet wird. Allerdings hätte die Frage eines individuellen Klagerechts der Bürger noch einer Klärung bedurft.

---

[883] EuGH, Gutachten 2/94, Slg. 1996, S. I-1759.

[884] Begründung des Berichterstatters von Merkatz des Ausschusses für gerichtliche Institutionen vom 7.2.1953 (AA/CC/SCJ - 4, 4); Robertson, EPC, S. 397.

3. Die gemeinsame Verteidigung

a. Einleitung

Nach dem bereits im geschichtlichen Teil[885] beschriebenen Scheitern der EVG tat sich das Projekt einer europäischen Verteidigung stets besonders schwer, da dieses stets im Schatten des transatlantischen Bündnisses stand. Gleichwohl gibt es in jüngerer Zeit eine Reihe erfolgversprechender Ansätze für eine „relance" der gemeinsamen Verteidigung: Zu nennen sind etwa der Aufbau integrierter Truppenverbände (z.B. deutsch-französische Brigade), der verstärkte europäische Beitrag im Rahmen der IFOR, SFOR und KFOR-Truppen sowie die zunächst intensivierten Reformbestrebungen im Rahmen der WEU. Der Europäische Rat von Helsinki hat im Dezember 1999 weitere grundlegende Schritte für die Verwirklichung einer „Gemeinsamen Europäischen Sicherheits- und Verteidigungspolitik" (GESVP) beschlossen und dabei sowohl die Schaffung eigener militärischer Fähigkeiten für die sogenannten Petersberg-Aufgaben als auch die konkrete Möglichkeit einer Integration der WEU im Rahmen des EUV behandelt.[886] Bis zum Jahre 2003 sollen die für die EU geplanten Krisenreaktionskräfte mit einer Stärke von bis zu 50.000 oder 60.000 Soldaten einsatzbereit sein und sowohl der NATO als auch der WEU zur Verfügung stehen.[887] Somit besteht bald 50 Jahre nach dem Scheitern der EVG die reale Möglichkeit einer „europäischen Armee" im Einsatz. Diese soll allerdings - anders als in der EVG - nicht als dauerhaft stehendes Heer existieren, sondern vielmehr im Bedarfsfall aus vorher festgelegten nationalen Kontingenten aufgestellt werden. Dies lenkt den Blick auf den Inhalt des EVG-Vertrages, der immerhin bereits im März 1954 in der Bundesrepublik Deutschland ratifiziert und verkündet worden war.[888] Für die EVG war eine echte europäische Armee aus über 40 Divisionen vorgesehen, deren Soldaten einheitliche Uniformen tragen und deren jeweilige nationale Bestandteile für die Mitgliedstaaten nur in besonderen Einzelfällen zur Verfügung stehen sollten. In ihren militärischen und organisatorischen Strukturen sollte sie eng mit der NATO verbunden werden.[889]

---

[885] Vgl. oben 1. Teil B-D.

[886] Ausführlich Thym, Die Begründung einer europäischen Verteidigungspolitik, DVBl 2000, S. 676ff; vgl. zu der „Petersberg-Erklärung" von 1992: Bulletin der Bundesregierung 1992, Nr. 68, S. 649.

[887] Vgl. „Blickpunkt Bundestag" 11/1999, S. 40 unter Berufung auf die Mitteilungen der Bundesregierung im Europaausschuss des Bundestages am 1.12.1999, wo 50.000 Soldaten genannt wurden, Thym, a.a.O., nennt die inzwischen wohl maßgebliche Zahl von 60.000 als Obergrenze.

[888] BGBl. II 1954, S. 343ff; der EVG-Vertrag war im Frühjahr 1954 von bereits 4 Parlamenten der Vertragsstaaten verabschiedet worden (Bundesrepublik Deutschland, Niederlande, Belgien und Luxemburg).

[889] Vgl. plastisch Hallstein, United Europe, S. 14.

b. Wesentliche Regelungen des EVGV [890]

Gemäß Art. 1 EVGV ist die Gemeinschaft „ihrem Wesen nach überstaatlich". Sie hat gemeinsame Organe, gemeinsame Streitkräfte und einen gemeinsamen Haushalt. Es ist daher zwischen den Organen im engeren Sinne und denjenigen im weiteren Sinne, d.h. der europäischen Armee und dem für sie notwendigen Verwaltungsapparat zu unterscheiden.[891] Die Artikel 1-8 (Titel I, Kapitel I) enthalten grundsätzliche Bestimmungen über die Rechtsform und Struktur der Gemeinschaft, der gemäß Art. 7 Rechtspersönlichkeit zukommt. Art. 2 definiert u.a. den Defensivcharakter und die Beistandsverpflichtungen, Art. 5 bestimmt ein enges Verhältnis der Verteidigungsgemeinschaft zur NATO. Die Artikel 9-18 (Kapitel II) normieren die Aufstellung der „Europäischen Verteidigungsstreitkräfte" und beschränken die Rechte der Mitgliedstaaten zur Aufstellung von Streitkräften unter eigenem Kommando. Die Verteidigungsgemeinschaft wird gemäß Art. 7 Abs. 4 durch ihre Organe vertreten. Dies sind gemäß Art. 8 der Ministerrat, die Gemeinsame Versammlung, das Kommissariat und der Gerichtshof. Die Organe sind also analog denjenigen der Montanunion ausgebildet.[892] Die Versammlung und der Gerichtshof sollten sogar bereits kraft dieses Vertrages mit denjenigen der Montanunion identisch sein, also doppelte Funktionen ausüben. Abgesehen davon wären mit dem Inkrafttreten der Satzung der EPG die Organe der EVG vollständig integriert worden. Allgemein bestand die Forderung, die überstaatlichen Organe nicht ohne dringendes Erfordernis zu vermehren.[893] Allerdings weicht die „innergemeinschaftliche Machtverteilung" von dem Muster der EGKS und der Satzung der EPG nicht nur hinsichtlich der Exekutive deutlich ab.

Das Kommissariat der EVG besteht aus neun Mitgliedern, die von den Regierungen der Mitgliedstaaten einvernehmlich für sechs Jahre ernannt werden. Die Zahl der Mitglieder kann durch einstimmige Entscheidung des Rates herabgesetzt werden (Art. 20 § 1). Die Mitglieder des Kommissariats werden gemeinsam ernannt. Die erste Amtsperiode dauert drei Jahre, worauf eine allgemeine Neubesetzung stattzufinden hat. In der Folge wird alle zwei Jahre ein Drittel der Mitglieder neu bestellt. Nach der dreijährigen Anlaufzeit (vgl. Art. 21 § 2) besteht das Kommissariat demnach als permanentes Organ, eine vollständige Ablösung der Kommissare wie etwa beim Europäischen Exekutivrat der EPG ist nicht vorgesehen. Die Ursache hierfür ist in der primär militärischen Aufgabe des Kommissariats zu sehen, welches in jeder Phase handlungsfähig sein und nicht durch instabile Phasen erschüttert werden sollte. Der Präsident des Kommissariats wird ebenfalls von den Regierungen der Mitgliedstaaten gemeinsam aus der Mitte seiner Mitglieder für die Dauer von vier Jahren gewählt. Eine Wiederwahl ist hier zulässig (Art. 25). Insgesamt wird deutlich, dass sämtliche Mitglieder des

[890] Vgl. zur EVG: Zurcher, The struggle to Unite Europe, S. 81ff; Bindschedler, Rechtsfragen der europäischen Einigung, S. 273ff; Héraud, Revue du Droit Public et de la Science Politique 1952, S. 981ff; Goormaghtigh, European Integration, International Conciliation 1953, S. 100ff.

[891] Bindschedler, Rechtsfragen der europäischen Einigung, S. 273.

[892] Ebenso Robertson, EPC, S. 387.

[893] Vgl. Bindschedler, a.a.O.

Kommissariats wegen der Ernennung durch die nationalen Regierungen in einer gewissen Abhängigkeit zu diesen stehen, obwohl ihnen der Vertrag konstruktiv völlige Unabhängigkeit bei den Entscheidungen im Amt zugesteht.[894]

Die Gemeinsame Versammlung der EVG ist mit derjenigen der EGKS zunächst weitgehend identisch. Sie wird allerdings um je drei Abgeordnete aus Deutschland, Frankreich und Italien ergänzt. Dies ist in Art. 33 EVGV geregelt, der ja auch - mit den Inhalten des Art. 38 EVGV - der Ad hoc-Versammlung zum „Vorbild" gereichte und somit insgesamt auch Modell für den europäischen Parlamentarismus werden sollte, da Völkerkammer und Senat im Wesentlichen[895] in der gleichen Proportion zusammengesetzt worden wären.[896] Ohne die EPG wäre es auch bei der indirekten Wahl der Abgeordneten der Versammlung durch die nationalen Parlamente geblieben, bei Konstituierung der Politischen Gemeinschaft wäre aber die Versammlung der EVG in dem „Parlament" der neuen Gemeinschaft aufgegangen.[897] Die Versammlung hat freilich im Bereich der EVG weitgehend nur beratende Kompetenzen; die Abgeordneten können ihr Mandat aber unabhängig von staatlichen Instruktionen ausüben.

Der Ministerrat ist ein von den Regierungen abhängiges („diplomatisches") Organ, welches unmittelbar die Staaten repräsentieren soll.[898] Er hat eine wesentlich stärkere Stellung als im Bereich der EGKS, wobei insbesondere das Recht zum Erlass allgemeiner Richtlinien sowie die Kontrolle des Kommissariats in praktisch allen wesentlichen Fragen hervorzuheben sind.[899] Im Vergleich zur Hohen Behörde sind die Befugnisse des Kommissariats damit eher begrenzt ausgefallen; denn in einer Vielzahl von wichtigen Fragen kann das Kommissariat nur mit der einstimmigen Zustimmung des Ministerrates handeln. Der Rat sollte demnach - im Hinblick auf die Brisanz der gemeinsamen Verteidigung - in der EVG eine dominante Rolle spielen und stets das letzte Wort in elementaren Fragen behalten.

Art. 8 nennt nur die wichtigsten Organe der EVG. Daneben bestehen ein Ausschuss für Auftragsvergabe, ein Beratender Ausschuss für Waffenprogramme und Wehrausrüstung (Infrastruktur), ein unabhängiger Finanzkontrolleur und ein Rechnungshof.[900] Die Artikel 68-82 (Titel III) regeln weitgehend militärisch relevante Bereiche, insbesondere zur Organisation und Verwaltung der Europäischen Verteidigungskräfte und zur Ausführung des Gemeinschaftsrechts durch das Kommissariat. Artikel 83-100 (Titel IV) enthalten finanzielle Bestimmungen, die wesentlich ausführlicher und detaillierter als diejenigen der EPG sind. Allein diese Ausführlichkeit der Bestimmungen gibt schon

---

894 Art. 20 § 2 EVGV - Verbot des imperativen Mandats.

895 Einzige Ausnahme ist die genannte Besserstellung Frankreichs in der Völkerkammer um 7 Abgeordnete.

896 Vgl. oben 2. Teil B, III, 1, a und b.

897 Ebenso die Versammlung der EGKS, vgl. Art. 60 § 1 SEPG, der davon ausgeht, dass beide Kammern der EPG Nachfolger der Versammlungen von EVG und EGKS werden sollten.

898 Bindschedler, Rechtsfragen der europäischen Einigung, S. 300.

899 Vgl. Bindschedler, Rechtsfragen der europäischen Einigung, S. 302ff.

900 Vgl. im Einzelnen: Bindschedler, Rechtsfragen der europäischen Einigung, S. 274.

einen Hinweis auf die Ausgabenrelevanz dieses Vertrages im Hinblick auf Kosten der Streitkräfte und eine gemeinsame Beschaffungspolitik. Art. 93 sieht zur Finanzierung Einnahmen aus Beiträgen, eigene und sonstige Einnahmen[901] vor. Der gesamte Finanzbereich unterliegt einer umfassenden Kontrolle durch einen „Finanzkontrolleur" (Art. 92), der unabhängig vom Rechnungshof (Art. 97ff) die laufenden Geschäfte des Kommissariats kontrollieren soll. Die Art. 101-107ff (Titel V) regeln wirtschaftliche Sachverhalte, insbesondere hinsichtlich der Organisation und Koordination der Rüstungsprogramme und Wehrbeschaffung durch das Kommissariat. Art. 107 normiert - insbesondere auf Verlangen Frankreichs und mit Blick auf Deutschland - die Beschränkungen der Rüstungswirtschaft in der EVG. Danach dürfen bestimmte Kriegswaffen, insbesondere auch Atomwaffen, nicht ohne Genehmigung der Gemeinschaft hergestellt werden.

c. Zusammenfassende Bewertung der EVG

Für die EPG gilt, dass die gemeinsame Sicherheitspolitik untrennbar mit der Errichtung der Verteidigungsgemeinschaft verbunden ist. Die Ziele und Bestimmungen des EVG-Vertrages sind wegen ihres sicherheits- und militärpolitischen Charakters nur in einem Regelwerk internationaler Beziehungen voll zu entfalten.[902] Dagegen ist das Verhältnis nach innen, also zwischen den EVG-Staaten, durch den Vertrag hinreichend und ausführlich geregelt. Die EVG stellt schon allein (ohne die EPG) ein staatsähnliches Gefüge mit supranationalem und korporativem Charakter dar, dessen Mitglieder keine gemeinschaftswidrigen Verträge mit Drittstaaten schließen dürfen. Für das Außenverhältnis musste dem Umstand Rechnung getragen werden, dass die EVG nur das „Kleineuropa" der Sechs repräsentierte und damit ein Bündnissystem mit den anderen Staaten der freien westlichen Welt herbeigeführt werden musste. Hier gilt insofern der gleiche Grundsatz wie bei der EPG auf politischem Gebiet.[903] Diese Konstellation führt zu einer Angliederung der EVG an die NATO und zu einer Assoziierung mit dem Vereinigten Königreich, mit dem durch den Pariser Vertrag eine uneingeschränkte Beistandsverpflichtung vereinbart wurde, die in ihrer praktischen Wirksamkeit einer Vollmitgliedschaft gleichgekommen wäre.[904] Im Ergebnis stellt der EVG-Vertrag eine Ausdehnung des Brüsseler Paktes vom 17. März 1948 auf Deutschland und Italien unter Einbeziehung Großbritanniens dar. Dies spiegelt deutlich die Änderung der weltpolitischen Lage wider, da der Brüsseler Pakt auf eine Bedrohung durch Deutschland abgestellt war. Schwieriger war der Zusammenschluss von NATO und EVG im Sinne einer weitgehenden Beistandsverpflichtung[905] und einer engen organisatorischen Verflechtung. Problematisch bei der Umsetzung war vor allem der Umstand, dass die EVG

---

[901] Gemeint sind z.B. Materialhilfen von Drittstaaten (etwa aus der NATO), die den Verteidigungsstreitkräften zur Verfügung gestellt und vom Kommissariat verwaltet werden (vgl. Art. 99 EVGV).

[902] Kielmannsegg, Der Vertrag über die Gründung der Europäischen Verteidigungsgemeinschaft, EA 1952, S. 5016.

[903] Es war eine der wesentlichen Zielsetzungen der EPG-Verfasser, eine Teilung Westeuropas in jedem Fall zu verhindern und das „Europa der Sechs" als Keimzelle eines größeren Europas zu verstehen.

[904] Vgl. Kielmannsegg, a.a.O., S. 5017.

[905] Eine solche durfte sachgerecht nicht über die des NATO-Vertrages hinausgehen.

als Nichtstaat nicht der NATO angehören konnte und ein Mitglied der EVG, nämlich die Bundesrepublik Deutschland, nicht Mitglied der NATO war.[906] Den beiden Verträgen sollten daher zwei korrelative Protokolle hinzugefügt werden, welche die Verknüpfung der beiden Beistandssysteme und damit hinsichtlich der wechselseitigen Verpflichtungen und Rechte eine „vollkommene Reziprozität" herstellen sollten.[907]

Die enge politische Verbindung der beiden Bündnissysteme erfolgt über die Räte. Diese stehen in permanentem Gedankenaustausch und haben jeweils das Recht, gemeinsame Sitzungen zu beantragen. Dabei ist bemerkenswert, dass der Atlantikrat nur einstimmig eine Sondersitzung herbeiführen kann, der Ministerrat der EVG dies dagegen mit einer einfachen Mehrheit beschließen könnte. Hier werden Elemente des supranationalen Charakters der EVG im Verhältnis zur zwischenstaatlichen Organisation der NATO deutlich. Ebenso kann jeder Mitgliedstaat von NATO oder EVG eine gemeinsame Sitzung beider Räte verlangen, wenn seine Gebietshoheit, politische Unabhängigkeit oder Sicherheit bedroht sind.[908] Beschlüsse beider Räte auf den gemeinsamen Sitzungen haben nur dann bindende Wirkung, wenn sie einstimmig gefasst sind. Beschlüsse des NATO-Rates allein sind für die EVG nicht verpflichtend, umgekehrt ebenso wenig. Naturgemäß wurde auf die militärische Verbindung beider Systeme besonderes Gewicht gelegt. So wurden Inspektions- und Weisungsrechte und die mögliche Abordnung und Einordnung von Truppen in das andere Bündnis normiert. Hervorzuheben ist die Eingliederung der EVG in die Befehlsstruktur der NATO im Krisenfall, also eine Unterstellung unter den NATO-Oberbefehl.

Während demnach die EVG mit der NATO eine überaus enge Verbindung anstrebte, die den Charakter zweier Bündnisse mit einer Teilidentität annehmen sollte, war die gemeinsame Verteidigungspolitik der EU in Art. J EUV zunächst nicht viel mehr als eine Absichtserklärung, die einen Dualismus zwischen atlantischer und (rein) europäischer Verteidigung ermöglichen und fördern sollte. Das Bekenntnis zur NATO in Art. J.4 Abs. 4 EUV bzw. Art. 17 Abs. 1, UAbs. 3 EUV/Amsterdam zeigt im Wesentlichen, dass seitens der EU die Dominanz des atlantischen Bündnisses anerkannt und nur in diesem Rahmen schrittweise eine eigene Konzeption ergänzend hinzugefügt wird. Rechtlich war die gemeinsame Verteidigungspolitik der EU damit zu Beginn nur eine Option für die Zukunft, etwa für den Fall, dass die USA nicht mehr bereit sein würden, in europäische Konflikte verantwortlich zu intervenieren. Das Scheitern der EVG hat sich somit als nachhaltig erwiesen. Ob es ein (weitgehend gleichberechtigtes) Modell wie die Kooperation 1952 zwischen NATO und EVG auf absehbare Zeit wieder geben wird, ist noch offen. Allerdings weisen die Bemühungen zur Schaffung einer Europäischen Sicherheits- und Verteidigungspolitik (ESVP) mitsamt der Schaffung einer Europäischen Eingreiftruppe darauf hin, dass die Grundidee der EVG (eigenständige eu-

[906] NATO-Mitglieder außerhalb der EVG waren 1952: USA, Großbritannien, Kanada, Dänemark, Norwegen, Portugal, Island, Griechenland und die Türkei.

[907] Kielmannsegg, Der Vertrag über die Gründung der Europäischen Verteidigungsgemeinschaft, EA 1952, S. 5018.

[908] Maßgeblich ist zunächst die (subjektive) Sichtweise des Mitgliedstaates, vgl. Kielmannsegg a.a.O.

ropäische Verteidigung in einer Allianz mit der NATO) in jüngster Zeit wieder zu einer ungeahnten Aktualität erwacht ist,[909] wozu gerade auch die Konflikte in Bosnien und im Kosovo beigetragen haben dürften. Die Ernsthaftigkeit der Bemühungen wird auch durch die amerikanischen Sorgen über eine europäische Verteidigungspolitik verdeutlicht, die bereits kurze Zeit nach den konkretisierenden Beratungen geäußert wurden.[910]

Im Ergebnis gewährleistete der EVGV und die damit verbundene NATO-Allianz ein größtmögliches Maß an Sicherheit zum damaligen Zeitpunkt, wie es mehr auch eine Vollmitgliedschaft Deutschlands in der NATO wohl nicht erbracht hätte. Ein Angriff über die damalige „Ostzonengrenze" hätte einen Bündnisfall für die gesamte (westliche) freie Welt von Alaska bis Portugal ausgelöst. Der EVG-Vertrag kann daher mit den Begriffen Bündnisautomatismus, Supranationalität, weitgehende Gleichberechtigung[911] und wahrscheinlich wirksame Integration beschrieben werden. Das Scheitern des EVG-Vertrages bewirkte die Aufspaltung von militärischer Bündnisstruktur, die die NATO übernahm, und europäischer Integration, die fortan insbesondere der EWG zukam. Auf der anderen Seite stellt sich ernsthaft die Frage, ob nicht das Scheitern der EVG (nicht der EPG) zum damaligen Zeitpunkt nicht eher ein Glücksfall für Europa war. Die Verzagtheit noch im Jugoslawien-Konflikt der frühen 90er-Jahre ist beredtes Beispiel für die lange währenden und tiefgreifenden sicherheitspolitischen Differenzen der EU/EG-Länder in spezifischen Konflikten, die oft durch historische Traditionen geprägt sind.[912] Auch stellt sich die Frage, ob nicht etwa de Gaulle mit seiner stark nationalstaatlich orientierten Politik die EVG letztlich zerstört[913] und damit für die Bundesrepublik ohnehin die Einbindung in die NATO erzwungen hätte. Im schlimmsten Fall hätte für Deutschland ein sicherheitspolitisches Vakuum entstehen können, sodass das Scheitern der EVG insofern auch der Beginn einer erfolgreichen NATO-Partnerschaft war.[914]

Die EVG kommt in ihrer institutionellen Struktur dem klassischen intergouvernementalen Modell zunächst noch näher als einer „echten" supranationalen Organisation wie die der EPG oder auch der späteren EU/EG. Daraus zu schließen, es handele sich nur

---

[909] Vgl. unten und exempl. FAZ vom 29.2.2000: „Fortschritte bei Treffen der EU-Verteidigungsminister / Sicherheitskonzept der EU"; die geplante Eingreiftruppe von bis zu 60.000 Mann und die Schaffung u.a. eines Politischen und Sicherheitspolitischen Komitees (PSP) lassen Erinnerungen an die Europaarmee und das Kommissariat der EVG aufkommen.

[910] Vgl. Die Rheinpfalz vom 3.3.2000: „Scharping: US-Sorge um die NATO ist unbegründet".

[911] Frankreich sicherte sich durch einige Sonderregelungen - insbesondere in Form von Protokollen - bestimmte Vorrechte und sorgte so für diskriminierende Elemente gegenüber der Bundesrepublik Deutschland.

[912] So wurde im Jugoslawien-Konflikt zunächst immer eine Verbindung zwischen Serben und Frankreich sowie Kroaten und Deutschland als Ursache des Stillstandes angegeben.

[913] So ausdrücklich Hallstein, Der unvollendete Bundesstaat, S. 243 mit einem argumentum a maiore ad minus im Hinblick auf die ablehnende Haltung de Gaulles zur NATO.

[914] Hallstein, a.a.O., ist allerdings der Ansicht, dass ein Gelingen der EVG eine gleichwertige Partnerschaft (West)-Deutschlands mit den USA gerade gefördert hätte.

um ein Projekt intergouvernementaler Zusammenarbeit, welches lediglich ein Exekutivorgan vorsehe, um einstimmige Entscheidungen der mitgliedstaatlichen Regierungen umzusetzen,[915] erscheint jedoch überzogen. Zunächst ist eine gemeinsame Armee immer ein Integrationsfaktor erster Güte. Weiterhin war die Verteidigungsgemeinschaft, wie Art. 38 EVGV deutlich macht, als Meilenstein „eines späteren bundesstaatlichen oder staatenbündischen Gemeinwesens" gedacht und damit Teil eines Gesamtkonzepts. Dies war auch die allgemeine Ansicht der Beteiligten nach Unterzeichnung des EVG-Vertrages, wobei insbesondere immer wieder auf die Notwendigkeit einer gemeinsamen Außenpolitik als Richtschnur für die künftige EVG-Politik hingewiesen wurde.[916] Dass dabei in dem hochsensiblen Bereich der Verteidigung[917] höhere Anforderungen an die Übereinstimmung zwischen den Regierungen bzw. Mitgliedstaaten gestellt wurden, liegt in der Natur der Sache. Gleichwohl ist zu konzedieren, dass im Bereich der gemeinsamen Verteidigung das intergouvernementale Element im Rahmen der gesamten Gemeinschaft den stärksten Ausdruck gefunden hat.

d. Hiergegen: Die Gemeinsame Verteidigung (bzw. Verteidigungspolitik) der Europäischen Union im Rahmen von GASP und WEU

Durch den Beitritt der Bundesrepublik Deutschland zum Brüsseler Vertrag und zum Nordatlantikvertrag am 6.5.1955[918] wurde die Einbindung Deutschlands in das westliche Bündnis auch ohne die gescheiterte Konstruktion der EVG realisiert. Eine Förderung des Zusammenschlusses der westeuropäischen Länder sollte durch die Westeuropäische Union (WEU) realisiert werden. Die Entscheidung gegen die EVG und für die NATO hatte allerdings zur Folge, dass eine eigenständige europäische Sicherheits- und Verteidigungspolitik auf lange Sicht nicht mehr zustande kam. Die Europäische Union versucht dieses Manko seit den Verträgen von Maastricht und Amsterdam durch eine Stärkung der WEU und neue vertragliche Grundlagen der Zusammenarbeit (GASP und GESVP) zu beheben. Die WEU ist in ihrem Kern ein System kollektiver Selbstverteidigung, deren Ursprünge in einer Allianz westeuropäischer Staaten auf der Grundlage der Verträge von Dünkirchen 1947 und Brüssel 1948 basieren. Ausgangslage war damit ein Verteidigungsbündnis zum Schutz vor politischen und militärischen Bedrohungen durch die Sowjetunion *und* Deutschland.[919] Für die gegenwärtige Gestalt ist der WEU-Vertrag vom 23.10.1954[920] nebst den nachfolgenden Änderungsprotokollen maßgeblich, worin die Eingliederung der ehemaligen Kriegsgegner Deutschland und Italien und die Zielsetzung der fortschreitenden Integration Europas festgeschrieben

---

915 Robertson, EPC, S. 387 (im Ergebnis aber offen lassend).

916 Vgl. Zurcher, The struggle to Unite Europe, S. 96, mit dem Hinweis auf die Ansprache von Bundeskanzler Adenauer im Waldorf-Astoria Hotel, New York am 6.4.1953.

917 Vgl. Hallstein, United Europe, S. 14: „... in a jealously guarded domain that was highly and patently political...".

918 Zustimmungsgesetz vom 24.2.1955, BGBl. II 1955, S. 256; die Beitrittserklärung datiert vom 6.5.1955; vgl. zu alledem ausführlich von Puttkamer, Vorgeschichte und Zustandekommen der Pariser Verträge vom 23. Oktober 1954, ZaöRV 1956/57, S. 448ff.

919 Vgl. Herdegen, Europarecht, Rn.473 (S. 380).

920 BGBl. II 1955, S. 256ff.

sind. Mitglieder der WEU sind Belgien, Deutschland, Frankreich, Griechenland, Italien, Luxemburg, die Niederlande, Portugal, Spanien und Großbritannien, also die 6 Gründungsmitglieder der E(W)G plus Großbritannien und eine Südachse.[921]

In der Zeit nach Maastricht ist die WEU hinsichtlich der ermöglichten Mitwirkung an friedenserhaltenden Maßnahmen im Rahmen der UNO und der OSZE zunächst etwas aus dem großen Schatten der NATO in den Vordergrund getreten.[922] Gemäß Art. J.4 Abs. 2 EUV bzw. Art. 17 Abs. 1, UAbs.2 EUV/Amsterdam ist die WEU integraler Bestandteil „der Entwicklung" der Europäischen Union. Die Sicherheitspolitik der EU - deren Mitglieder nicht mit denen der WEU identisch sind - soll im Benehmen mit der WEU erfolgen; zugleich sollen die transatlantischen Bindungen (NATO) beachtet und die engere Zusammenarbeit einzelner Mitgliedstaaten in Sicherheitsfragen zumindest nicht behindert werden (Art. J. 4 Abs. 4 und 5 EUV).Die Einbeziehung der WEU in das Unionssystem sollte der EU die Verteidigungskomponente zurückgeben, die seit Scheitern der EVG 1954 an das atlantische Bündnis verloren ging.[923] Endgültig auf den Weg gebracht wurde diese Entwicklung durch die sog. Maastrichter Erklärung des Rates zur WEU von 1991.[924] Vorläufiger Höhepunkt war der Beschluss zur Aufstellung von Krisenreaktionskräften der EU in einer Truppenstärke von 50.000 bis 60.000 Mann bis zum Jahre 2003, die voraussichtlich neben EU und NATO auch der WEU zur Verfügung stehen sollen. Dieses Eurokorps soll zunächst gemeinsam von Deutschland, Frankreich, Spanien, Belgien und Luxemburg gestellt werden. Im Falle der Realisierung könnte von einer echten Anknüpfung an die EVG gesprochen werden, wenngleich der nationale Souveränitätsverzicht ungleich geringer wäre, da es sich nur um die Integration von vorher genau definierten Truppenteilen handeln würde und die nationale Souveränität im Bereich der Verteidigung - im Gegensatz zur EVG - in ihrem Kern unangetastet bliebe.

Die durch den Vertrag von Maastricht in Art. J EUV (jetzt Art. 11ff EGV/Amsterdam) eingeführte Gemeinsame Außen- und Sicherheitspolitik (GASP) hat gemäß Art. J.1 Abs. 1 sowohl außen- und sicherheitspolitische als auch verteidigungspolitische Zielsetzungen. Diese wurden in Art. J.1. Abs. 2 näher bestimmt und beinhalten neben der Sicherheit und Unabhängigkeit der Union u.a. auch die Charta der Vereinten Nationen, die Prinzipien der Schlussakte von Helsinki und die Ziele der Charta von Paris (1.- 3. Spiegelstrich). Bedeutsam ist auch das Ziel der „Entwicklung und Stärkung von Demokratie und Rechtsstaatlichkeit sowie die Achtung der Menschenrechte und Grundfreiheiten" (5. Spiegelstrich). Die Union verfolgt diese Ziele gemäß Art. J.1 Abs. 3 durch Einrichtung einer regelmäßigen Zusammenarbeit der Mitgliedstaaten (Art. J.2) und durch eine stufenweise Durchführung gemeinsamer Aktionen in Fragen eines bedeutsamen gemeinsamen Interesses (Art. J.3). Diese Bestimmungen der GASP galten

---

[921] Assoziierte Mitglieder der WEU sind Island, Norwegen und die Türkei. Dänemark, Finnland, Irland, Österreich und Schweden haben Beobachterstatus.

[922] Vgl. Herdegen, Europarecht, Rn. 473-477 (S. 380ff).

[923] Gasteyger, Europa zwischen Spaltung und Einigung 1945 bis 1993, S. 114.

[924] Vgl. Herdegen, Europarecht, Rn. 477 (S. 383); ILM 31 (1992), S. 234.

zunächst als stark theoretisch und in der Praxis kaum wirksam. Dieses hat sich erst in den letzten Jahren und insbesondere seit dem Inkrafttreten des Amsterdamer Vertrages geändert, im welchem die Regelungen der GASP weiterentwickelt wurden. Hervorzuheben ist zunächst die auch in den Medien vielbeachtete Schaffung eines Generalsekretärs des Rates, der gemäß Art. 18 Abs. 3 EUV als Hoher Vertreter für die Gemeinsame Außen- und Sicherheitspolitik („Mr. GASP“) fungiert und erstmals mit dem ehemaligen NATO-Generalsekretär Solana besetzt wurde.[925] Diese Bestimmung hat die nur wenig transparente - und mit dem Vertrag von Amsterdam ebenfalls veränderte - Regelung über die „Troika“ (vgl. Art. 18 Abs. 4 EUV) ergänzt[926] und erstmals eine für die Öffentlichkeit wahrnehmbare Personalisierung der Außenpolitik der Union erbracht, auch wenn die Zuordnung des Hohen Vertreters zum Rat heftige Kritik erfahren hat.[927] Dabei ist die Zusammenarbeit von Vorsitz, Kommission und Generalsekretär im Vergleich zur alten Regelung[928] als weiterer Fortschritt auf dem Weg zu einer Gemeinsamen Außen- und Sicherheitspolitik anzusehen.

Gemäß Art. 17 Abs. 1, UAbs. 1 EUV kann die Union eine gemeinsame Verteidigungspolitik festlegen, die zu einer „gemeinsamen Verteidigung führen könnte, falls der Europäische Rat dies beschließt“. Gleiches gilt nach Art. 17 Abs. 1, UAbs. 2 EUV für die weitere Integration der WEU in die EU. Die bereits genannten Beschlüsse des Rates von Helsinki vom Dezember 1999 haben diesen Weg geebnet und den Begriff der „Gemeinsamen Europäischen Sicherheits- und Verteidigungspolitik“ (GESVP) erstmals mit Inhalt gefüllt. Die geplante Schaffung europäischer Kontingente mit bis zu 60.000 Soldaten, die für die sogenannten „Petersberg-Aufgaben“ bis hin zu einem Einsatz nach der Art des Kosovo-Krieges[929] bereit stehen sollen sowie die zunächst forcierte Integration der WEU[930] in die Union haben - insbesondere seit den Gipfeln von Köln und Helsinki im Jahre 1999 - eine dynamische Entwicklung ausgelöst, die nicht unbedingt erwartet werden konnte. Dabei ist auch der ökonomische Aspekt dieser Entwicklung nicht zu vernachlässigen. Die bereits in der EVG 1952 vorgesehene Vergemeinschaftung der Rüstungsproduktion in gemeinsamen Programmen[931] hat im Zeitalter der Globalisierung und Rationalisierung ihren Weg über die Wirtschaft - und nur unterstützend durch die Staaten - genommen. Hervorzuheben ist etwa die Fusion der Luftfahrt- und Verteidigungskonzerne Aerospatiale-Matra und Daimler-Chrysler-Aerospace (Dasa) zur European Aerospace and Defence Company (EADC), deren Name allein schon „phonetisch“ an die Europäische Verteidigungsgemeinschaft (Euro-

---

925 Siehe etwa Frankfurter Neue Presse vom 5.6.1999: „Von der Nato-Spitze zum Mister Europa“.

926 Schumann in: Bergmann/Lenz, Der Amsterdamer Vertrag, Kap. 12, Rn. 81.

927 Siehe etwa die drastische (und überzogene) Stellungnahme des Kommissionspräsidenten Prodi in FAZ vom 4.10.2000: „Zusammenarbeit der Regierungen schadet der Kommission - Prodi nennt Hohen Beauftragten eine Fehlkonstruktion“.

928 Vorsitz unter Beteiligung des vorherigen und folgenden Vorsitzes gemäß Art. J.5 Abs. 3 EUV a.F.

929 Ausführlich Thym, Die Begründung einer europäischen Verteidigungspolitik, DVBl 2000, S. 676ff.

930 Vgl. exempl. FAZ vom 4.6.1999: „Die EU soll eigenständig militärisch handeln können ... die EU mit der WEU zusammenführen...“.

931 Siehe hierzu die ausführlichen „Wirtschaftlichen Bestimmungen“ der Art. 101 bis 107 EVGV (Titel V).

pean Defence Community) erinnert. Die Bedeutung liegt aber über die Symbolik hinaus insbesondere darin, dass über die Bildung internationaler Konzerne die Verteidigungsgemeinschaft auch wirtschaftlich einen echten europäischen Kern der Verteidigung darstellt und im Hinblick auf die militärischen Defizite der europäischen Länder gegenüber den USA auch eine finanzielle Optimierung dringend geboten erscheint.[932] Rückt man sodann die zukünftigen Europäischen Einheiten in das Blickfeld und unterstellt eine weitere enge Kooperation, so erscheint plötzlich die 1954 unerreichbare Verteidigungsunion nicht mehr als bloße Utopie der europäischen Nachkriegsbewegung. Dabei ist auch die bereits genannte Schaffung eines Hohen Beauftragten der Außen- und Sicherheitspolitik ein erster Schritt zu einem europäischen Außen- und Verteidigungsminister,[933] wie es den Schöpfern von EPG und EVG ebenfalls vorschwebte. Dementsprechend optimistisch (vielleicht zu optimistisch)[934] äußerte sich der französische Verteidigungsminister Richard am 17.Oktober 1999:

> *„Wir sind schon mitten drin in dem Prozess, der uns zu einer europäischen Verteidigungsunion führen wird. Bis zum Jahresbeginn ist das „Europa der Verteidigung" als Totgeburt kritisiert worden. In langen Abhandlungen ist erläutert worden, warum es keine gemeinsame Außen- und Sicherheitspolitik geben könne. Heute sagt das niemand mehr. Das ist ein großes Ereignis."*[935]

---

[932] FAZ vom 22.10.1999: „Große militärische Defizite in den europäischen NATO-Staaten - Erkenntnisse aus dem Kosovo-Einsatz, Bericht des Instituts für Strategische Studien" und Die Rheinpfalz vom 8.6.2001: „NATO zweifelt an Deutschlands Streitkräften".

[933] In den Medien wurde dieser Begriff bereits teilweise eingeführt, vgl. etwa Süddeutsche Zeitung vom 5.6.1999: „Solana wird erster „Außenminister" der Europäischen Union".

[934] Vgl. etwa zu den Problemen exempl. FAZ vom 27.10.1999: „Sonderinteressen auf dem Weg zu einer EU-Sicherheitspolitik - Norwegen sieht sich herausgefordert / Dänemark entdeckt Amerika".

[935] FAZ vom 18.10.1999: „Die Unabhängigkeit Europas sichern - Gespräch mit dem Verteidigungsminister Richard / Auf dem Weg zu einer europäischen Verteidigungsunion".

4. Gemeinsamer Markt und der Binnenmarkt

a. Der gemeinsame Markt der EPG

Der allgemein übliche Sprachgebrauch „Europäische Politische Gemeinschaft“ und der heftige Streit über die Verteidigungsgemeinschaft können darüber hinwegtäuschen, dass den Schöpfern der EPG-Satzung die Frage der wirtschaftlichen Integration als wichtige und (auch) vordringliche Aufgabe durchaus bewusst war, wenngleich die Frage der Reichweite und Geschwindigkeit dieser angestrebten Entwicklung unter den Abgeordneten umstritten war. Stellvertretend für die Mehrheit der Ad hoc-Versammlung mag folgende Aussage des niederländischen Abgeordneten Bruins Slot stehen:[936]

> *„Will Europa in der Welt etwas bedeuten, dann muss mit der wirtschaftlichen Balkanisierung Europas Schluss gemacht werden. ... Die Notwendigkeit der wirtschaftlichen Integration ist der treibende Gedanke der europäischen Föderation.“*

Gemäß Art. 2, 4. Spiegelstrich SEPG wird der gemeinsame Markt als Ziel der Gemeinschaft proklamiert. Dabei soll im Einklang mit der Gesamtwirtschaft der Mitgliedstaaten die „Ausweitung der Wirtschaft, die Steigerung der Beschäftigung und die Hebung der Lebenshaltung“ im Rahmen der Marktintegration vorangetrieben werden. Durch Übergangsbestimmungen und andere Maßnahmen sollen „tiefgreifende und anhaltende Störungen in der Wirtschaft der Mitgliedstaaten“ vermieden werden. Die Formulierung macht deutlich, dass bei den Abgeordneten noch eine gehörige Skepsis bzw. Meinungsunterschiede hinsichtlich der Schaffung eines „Binnenmarktes“ bestanden, die durch die Einfügung der Härteklausel gemindert werden sollten. Hervorzuheben ist aber nochmals, dass die Frage der wirtschaftlichen Integration zugleich für zahlreiche Abgeordnete eine durchaus zentrale war. Insbesondere wollten die holländischen Delegierten ohne wirksame Schritte in diesem Bereich eine weitergehende politische Gemeinschaft nicht akzeptieren.[937] Während der Beratungen wurden auch Stimmen laut, die eine Konzentration auf die wirtschaftliche Vereinigung forderten und damit die teilweise einseitige Fokussierung auf Verteidigungsfragen (EVGV-Ratifizierung) kritisierten.[938] Sie nahmen damit auch einen Teil der weiteren Entwicklung (insbesondere der EWG) mit ihrem wirtschaftlichen Schwerpunkt vorweg.

---

[936] Ad hoc-Versammlung, Aussprache, Wörtlicher Bericht über den Verlauf der Sitzungen, S. 99.

[937] Vgl. Eberhard, EPG, S. 18: Die holländischen Delegierten vermissten vor allem genauere Regelungen über Tempo und Zeitpunkt der Marktintegration, hofften jedoch auf Abhilfe im weiteren Verfahren - vgl. etwa van der Goes van Naters in: Ad hoc-Versammlung, Aussprache, Wörtlicher Bericht über den Verlauf der Sitzungen, S. 74: „Wir wollen dieses Opfer (*Anm.: Souveränität*) nur für diese Realität bringen, die seiner würdig ist. Mit einem Wort, man wird sich bei uns nur auf eine Integration einlassen, die wirklichen Wert hat. Nur wenn dieser tatsächliche wirtschaftliche Wert gegeben ist, machen wir mit.“

[938] Eindringlich und bildhaft etwa der Abg. Slot in: Ad hoc-Versammlung, Aussprache, Wörtlicher Bericht über den Verlauf der Sitzungen, S. 99: „ ... Der wichtigste Punkt, um den es bei der Bildung der

Für die praktische Umsetzung des „Binnenmarktkonzepts“ ist zunächst das allgemeine Vorschlags- bzw. Initiativrecht der Gemeinschaft gemäß Art. 55 SEPG hinsichtlich der in Art. 2 bestimmten Ziele zu nennen. Von herausragender Bedeutung sind aber die Zuständigkeiten der Gemeinschaft im Bereich der Wirtschaftsgesetzgebung (Art. 82ff SEPG), die nach einer Übergangszeit von 6 Jahren (Art. 84 § 3 SEPG) sogar mit einfacher Mehrheit in Völkerkammer und Rat sowie mit einer 2/3-Mehrheit im Senat umgesetzt werden können. In diesen Vorschriften befinden sich - neben dem mit Unsicherheiten versehenen Bereich der Verteidigung im Rahmen der EVG - die größten Potentiale einer künftigen Entwicklung der Gemeinschaft, die vielleicht eine noch schnellere Schaffung des Binnenmarktes ermöglicht hätten, als dies im Rahmen der E(W)G der Fall war. Wegen der klaren Zielsetzung (Art. 2 SEPG) und Aufgabenzuweisung (Art. 82 SEPG) im Bereich der wirtschaftlichen Integration sollte auch die restriktive Auslegungsklausel des Art. 6, S.2 SEPG einer solchen Annahme nicht entgegenstehen. Für die Einführung einer Währungsunion dürfte jedoch die vertragliche Aufgabenstellung und Befugnisübertragung nicht ausreichen, da Art. 82 Abs. 2 SEPG der Gemeinschaft nur die Aufgabe zuweist, „die Währungs-, Kredit- und Finanzpolitik der Gemeinschaft in Einklang zu bringen“. Diese Formulierung kann im Hinblick auf Art. 6 SEPG eine Währungsunion nicht tragen, da eine Harmonisierung der Währungspolitik und eine Fusion der Währungen als im Grundsatz unterschiedlich anzusehen sind. Soweit ersichtlich, war für die Delegierten der Sonderversammlung eine echte Währungsunion noch so unvorstellbar, dass man mit einer (effektiven) Koordination bereits zufrieden gewesen wäre.

b. Der Binnenmarkt der EU/EG

Die Herstellung eines Gemeinsamen Marktes mit der Durchsetzung des Prinzips des freien Warenverkehrs als Kernstück war von Beginn an ein zentrales Anliegen der Römischen Verträge und damit grundlegende Aufgabe der europäischen Integration.[939] Nach zunächst nur langsamen Fortschritten in den ersten Jahren bzw. Jahrzehnten der Gemeinschaft war es in den 70er Jahren vorwiegend die Judikatur des EuGH,[940] die die Fortentwicklung des Gemeinsamen Marktes förderte. Eine herausragende Rolle bei dieser Entwicklung nahmen dabei auch die Grundfreiheiten des E(W)GV ein, die als eine der wesentlichen Grundlagen dieser Judikatur und des Gemeinsamen Marktes bezeichnet werden können. Mit Abschaffung der Binnenzölle sowie zollgleicher Abgaben, mengenmäßiger Beschränkungen und Maßnahmen gleicher Wirkung sowie mit der Einführung des Gemeinsamen Zolltarifs und einer gemeinsamen Handelspolitik im Verhältnis zu Drittstaaten wurde die Zielsetzung einer Zollunion im Wesentlichen er-

---

Föderation wirklich geht, bleibt unberücksichtigt. Dagegen starrt man wie gebannt auf die militärische Integration ... sachlich ist das Problem von der militärischen Seite zu einem sehr wichtigen Teil in der NATO gelöst.“

939 Exempl. Oppermann, Europarecht, Rn. 1313 (S. 529).

940 Siehe etwa die Auslegung des Verbots von Maßnahmen gleicher Wirkung nach Art. 30 EGV a.F. bzw. Art. 28 EGV/Amsterdam („Dassonville-Formel“ - seit EuGH, Slg. 1974, S. 837 st. Rspr.) und die Entwicklung des Art. 235 EGV a.F. in der Praxis - vgl. Oppermann, Europarecht, Rn. 524ff (S. 201f).

reicht. Fehlende Rechtsangleichung in verschiedenen Bereichen, wie etwa bei der Freiheit des Personen- und Dienstleistungsverkehrs sowie im Kapitalmarkt, führten zur Proklamation der „schrittweisen Verwirklichung des Binnenmarktes" der Gemeinschaft in der Schlussakte der Einheitlichen Europäischen Akte (EEA) im Jahre 1986.[941] Inhaltlich waren darunter 282 Maßnahmen zu verstehen, die im Weißbuch der Kommission 1985 für alle binnenmarktrelevanten Bereiche festgeschrieben waren. Wesentliches Element hiervon war auch eine angestrebte Rechtsangleichung bzw. Harmonisierung zur Verwirklichung des Binnenmarktes bis zum Ende des Jahres 1992, wobei der Termin 31.12.1992 keinen rechtlichen Automatismus beinhalten sollte.[942] Der damals neu eingefügte Art. 7a Abs. 2 EGV (jetzt Art. 14 Abs. 2 EGV) definiert den Binnenmarkt als *„einen Raum ohne Binnengrenzen, in dem der freie Verkehr von Waren, Personen, Dienstleistungen und Kapital gemäß den Bestimmungen dieses Vertrages gewährleistet ist."*

Auch wenn nicht alle Maßnahmen durchgeführt und nicht sämtliche Ziele erreicht wurden, kann seit 1993 von einer Vollendung des Binnenmarktes gesprochen werden.[943] Die Einführung der Währungsunion 1999 auf der Grundlage des Maastrichter Vertrages wurde zunächst als „Krönung des Binnenmarktes" bezeichnet,[944] wenngleich die Entwicklung des Euros (insbesondere gegenüber Dollar und Yen) nach seiner Einführung zunächst Anlass zur Ernüchterung gab. Die Diskussionen um die Einhaltung der Konvergenzkriterien, die Inflationsängste bei einem großen Teil der (deutschen) Öffentlichkeit und das Inkaufnehmen eines „Europa der zwei Geschwindigkeiten" durch die Nichtteilnahme Großbritanniens, Dänemarks[945] und Schwedens an der Währungsunion führten zur Verunsicherung über die Ziele und Mittel der Europäischen Integration. Die vollendete Marktintegration mit einer einheitlichen Währung kann nicht darüber hinwegtäuschen, dass nach wie vor eine einheitliche Wirtschaftspolitik der Mitgliedstaaten nicht besteht und die politischen und wirtschaftspolitischen Differenzen sich im Hinblick auf die geplante Erweiterung eher noch verschärfen dürften, was bereits zur Forderung nach wirksamen Reformen im Euro-Raum führte.[946]

Insoweit gewinnt der Begriff einer *„Europäischen Politischen Gemeinschaft"* wieder an Bedeutung, wenngleich die Schöpfer der EPG-Satzung 1953 selbst ein solches

---

[941] Vgl. den Binnenmarktbeschluss des Europäischen Rates vom 29./30.3.1985 sowie die Regelungen der Art. 13, 14 und 15 EEA, Art. 8a-8c EWGV und Art. 7-7c EGV.

[942] Oppermann, Europarecht, Rn. 1314 (S. 530); Lenz in: Lenz (Hrsg.), EGV-Kommentar, Art. 14, Rn.1, 4ff.

[943] Vgl. umfassend: Europäische Kommission (Hrsg.), Der Binnenmarkt, 1995; Weidenfeld, (Hrsg.), Der vollendete Binnenmarkt - eine Herausforderung für die EG, 1993; Oppermann, a.a.O., Rn. 1315; kritisch etwa Steindorff, Unvollkommener Binnenmarkt, ZHR 1994, S. 149ff.

[944] Vgl. Oppermann, Europarecht, Rn. 1316 (S. 531).

[945] Dänemark hat inzwischen als erster der drei Staaten per Referendum mit einer Mehrheit von 53,1 % zu 46,9 % eine Teilnahme an der Währungsunion abgelehnt, vgl. FAZ vom 30.9.2000: „Enttäuschung und Ratlosigkeit in Kopenhagen - Die EU zeigt sich gelassen".

[946] Vgl. etwa die Forderungen des EZB-Präsidenten, zitiert in der FAZ vom 13.9.2000: „Duisenberg mahnt Reformen im Euro-Raum an ...".

Ausmaß an wirtschaftlicher Integration wohl nicht für möglich hielten. Eine Parallele zur EPG/EVG drängt sich aber bei der Betrachtung der Euro-Problematik auf. Nach der Entscheidung über die Gründung einer Europäischen Verteidigungsgemeinschaft und der Unterzeichnung des Vertrages wurde die Forderung nach Schaffung einer „Politischen Union“ das erste Mal mit besonderem Nachdruck verfolgt und bis zum Satzungsentwurf der EPG gebracht, da die allgemeine Ansicht bestand, dass eine Armee ohne gemeinsame Außenpolitik kaum funktionsfähig sein würde. Es wurde demnach - bedingt durch die weltpolitische Lage - der letzte Schritt zuerst gemacht, nämlich die Verschmelzung der nationalen Armeen. Dieses weist gewisse Ähnlichkeiten zu der Einführung der Gemeinschaftswährung auf, da diese erfolgt ist, obwohl eine Harmonisierung der Steuer- und Sozialsysteme der Mitgliedstaaten bei weitem noch nicht durchgeführt worden war, da dies nicht als primär binnenmarktrelevant angesehen wurde. Man erhoffte sich indessen damals wie heute von dem Vorgehen in einem elementaren Sektor positive Auswirkungen auf die Integration der angrenzenden Sektoren, was im Grundsatz dem Modell des “Spill-over“ entspricht.[947] Insofern unterscheidet sich die Situation 1953 (EPG) im Grundsatz nicht wesentlich von der des Jahres 1992 (Maastricht): Die Aufgabe elementarer Souveränitätsrechte soll als Motor der Fortentwicklung zu einer Staatlichkeit dienen, deren Endstadium („Finalität“)[948] zum Zeitpunkt der Entscheidung weder absehbar noch klar konzipiert ist.

---

[947] Dieser Begriff wurde allgemein für das Übergreifen des wirtschaftlichen in den politischen Sektor entwickelt - vgl. etwa Frei, Integrationsprozesse in: Weidenfeld (Hrsg.), Die Identität Europas, S. 122ff; siehe auch die kritische Äußerung des ehemaligen EP-Vizepräsidenten Alber bei Folz, Das Modell der Europäischen Politischen Gemeinschaft von 1953/44, S. 95, Fn. 1 m.w.N.

[948] Der Begriff der “Finalität“ und die Forderung nach ihrer Festlegung wurde zuletzt wieder von Außenminister Fischer bei seiner Berliner Rede vom 12.5.2000 in den Vordergrund gerückt; vgl. auch die Ausführungen des französischen Staatspräsidenten Chirac anlässlich seiner Rede vor dem Bundestag am 27.6.2000, wonach die „Art der Union“ festgelegt werden müsse (Frankfurter Rundschau vom 28.6.2000).

5. Gemeinsame Außenpolitik damals und heute: Dauerproblem mit Hoffnung?

a. EPG: Außenpolitisches Dach für die EVG

Eine bedeutende Motivation bei der Schaffung der EPG war es, wie erwähnt, der Verteidigungsgemeinschaft (EVG) ein politisches, insbesondere auch außenpolitisches Dach zu geben.[949] Als die Beratungen der Ad hoc-Versammlung begannen, lag der Vertragsschluss zur Gründung der EVG erst wenige Monate zurück und es bestand noch die Hoffnung auf eine baldige Ratifizierung durch die Mitgliedstaaten, wenngleich auch bestimmte Ereignisse und Strömungen in Frankreich keinen Anlass zu großem Optimismus gaben. Eine gemeinsame Verteidigungspolitik ohne gemeinsame Außenpolitik schien kaum möglich, gleichwohl standen die unterschiedlichen außenpolitischen Voraussetzungen und Traditionen einer echten bundesstaatlichen Lösung entgegen. Daher versuchten die Sonderversammlung und der Verfassungsausschuss dem angestrebten Ziel durch eine Koordinierungslösung näher zu kommen. Ursprünglich war noch beabsichtigt gewesen, die Gemeinschaft zu beauftragen, gemeinsame Ziele der Außenpolitik durch einstimmigen Beschluss des Ministerrates aufzustellen. Hiervon hat die Ad hoc-Versammlung jedoch später Abstand genommen, da die reale Gefahr bestanden hätte, die Außenpolitik der Mitgliedstaaten zu paralysieren, ohne an deren Stelle (mangels Einstimmigkeit) eine gemeinschaftliche Außenpolitik setzen zu können.[950] Übrig geblieben ist letztlich die Vorschrift, dass der Exekutivrat auf der Grundlage eines einstimmigen Beschlusses des Rates als Beauftragter einer gemeinsamen Politik auftreten können sollte (Art. 69 Abs. 2 SEPG). Eine Parallele zu dem Hohen Vertreter der GASP im Rahmen der EU ist dabei durchaus festzustellen, da jeweils eine eigene Außenpolitik des unitarischen Organs (Exekutivrat / Kommission) nicht vorgesehen ist, sondern praktisch von den Beschlüssen des Rates abhängt. Der Unterschied ist nur, dass der Mandatar der EPG Teil der Exekutive ist, während er bei der EU dem Rat (als Generalsekretär) zugeordnet ist. Insofern enthält die zuvor erwähnte Kritik an der Zuordnung des „Mr. GASP" durchaus eine Forderung, die dem Modell der EPG näher kommt. Ob aber die Bedeutung des Exekutivrates im Rahmen der Außenpolitik wegen dieser Zuordnung höher einzuschätzen ist, hängt auch von der Beurteilung der Bestimmungen insgesamt ab. Bei der EPG ist dabei zwischen einer (angestrebten) gemeinsamen Außenpolitik und der Koordination der Außenpolitik der Mitgliedstaaten untereinander zu unterscheiden.[951] Letztere ist in der Satzung genauer geregelt und soll Erstere zu einem späteren Zeitpunkt ermöglichen.

---

949 Zurcher, The struggle to Unite Europe, S. 96; Schwarz-Liebermann v. Wahlendorf, Die Europäische Gemeinschaft, AVR 1953/54, S. 441.

950 Benvenuti in: Verfassungsausschuss, Einleitender Bericht und Begründung vom 26.2.1953, S. 24; Bindschedler, Rechtsfragen der europäischen Einigung, S. 341f.

951 Bindschedler, Rechtsfragen der europäischen Einigung, S. 341.

b. Die zwischenstaatlichen Beziehungen der Gemeinschaft (Art. 67-74 SEPG)

Gemäß **Art. 69** SEPG sorgt die Gemeinschaft für eine Koordinierung der Außenpolitik der Mitgliedstaaten, um die ihr durch Art. 2 gesetzten Ziele und übertragenen Aufgaben besser erfüllen zu können. Zu diesem Zweck kann der Europäische Exekutivrat durch einstimmigen Beschluss des Rates zum Beauftragten der Mitgliedstaaten bestellt werden (s.o.). Zum Zwecke der Erreichung der in Art. 69 gesteckten Ziele sieht Art. 70 § 1 zunächst einen Informationsaustausch der Mitgliedstaaten im Rat der nationalen Minister vor. Diese führen ein ständiges Konsultationsverfahren betreffend alle außenpolitischen Fragen ein, die Gemeinschaftsinteressen berühren. Art. 70 § 2 sieht ein Vorschlagsrecht des Exekutivrates vor, der auch bei der Beratung dieser Vorschläge im Rat Anwesenheits- und Rederecht hat. Gemäß Art. 70 § 3 hat auch das Parlament ein entsprechendes Vorschlagsrecht und kann (über den Exekutivrat) beim Rat hierüber Rechenschaft einfordern.

Art. 71 normiert Aufträge an die Gemeinschaft zur Festlegung eines Konsultationsverfahrens sowie zur Ausarbeitung von Vermittlungs- und Schiedsverfahren. Gerade in diesem Artikel zeigt sich die Zurückhaltung der Entwurfsverfasser deutlich. Alle wesentlichen Fragen der Außenpolitik sollten im Rahmen „quasidiplomatischer" Prozesse einvernehmlich geregelt werden. Die mehrheitliche Festlegung von außenpolitischen Zielen, Strategien oder gar verbindlichen Maßnahmen wurde nicht vorgesehen. Art. 71 § 1 beauftragt die Gemeinschaft zunächst, ein Konsultationsverfahren betreffend internationale Konferenzen einzuführen, bei denen Gemeinschaftsinteressen berührt würden. Gemäß § 2 wird die Gemeinschaft beauftragt, einen „Pakt" zur friedlichen Beilegung aller Streitigkeiten auszuarbeiten, die nicht in die Zuständigkeit des Gerichtshofs fallen.

Art. 73 normiert eine Unterrichtungspflicht der Mitgliedstaaten, sofern diese in Vertragsverhandlungen mit Drittstaaten treten, die die Gemeinschaftsinteressen (mittelbar) berühren. Ohnehin dürfen gemäß Art. 72 keine zwischenstaatlichen Abkommen oder Verträge geschlossen werden, die den mit dem EPG-Vertrag übernommenen Verpflichtungen widersprechen. Meinungsverschiedenheiten über diese Fragen wurden aber offenbar erwartet: Daher kann der Exekutivrat, sofern er einen solchen Vertrag für gemeinschaftswidrig hält und eine Einigung mit dem betreffenden Staat nicht erreichen kann, ein Vermittlungs- und gegebenenfalls Schiedsverfahren einleiten, für dessen Errichtung die Gemeinschaft gemäß Art. 71 § 3 ebenfalls beauftragt ist. Einzelheiten dieses Verfahrens sieht die Satzung freilich noch nicht vor, sodass Konfliktstoff bei weiteren Verhandlungsrunden vorprogrammiert gewesen sein dürfte. Problematisch ist insbesondere die Frage, wie weit die Unterwerfung unter das Schiedsverfahren gehen sollte, inwieweit also auch verbindliche Ergebnisse den Abschluss eines solchen Verfahrens darstellen könnten bzw. wie eine Unterwerfung der Mitgliedstaaten unter das Schiedsverfahren erreicht werden sollte. Der Wortlaut des Art. 73 SEPG lässt offen, ob eine Bindung an die Ergebnisse des Schiedsverfahrens gewollt ist. Die Entstehungsgeschichte und die Erklärungen der Versammlungsteilnehmer („... pas de nouveaux transferts de souveraineté"[952]) sprechen zunächst gegen eine Bindung, was jedoch zur Ineffizienz der Regelung führen dürfte. Auch hier zeigt sich, dass das Prinzip der fortwährenden Vertragstreue sowie der „Bundestreue" unabdingbar für das Funktionieren einer solchen Gemeinschaft (noch weitgehend) souveräner Staaten ist, die genaue Regelung mithin der späteren Praxis überlassen werden sollte.

Nach **Art. 74** steht der Gemeinschaft das aktive und passive Vertretungsrecht im Bereich der außenpolitischen Beziehungen der Gemeinschaft zu,[953] selbstverständlich nur „innerhalb der Grenzen ihrer Zuständigkeit".

Gemäß **Art. 67** kann die Gemeinschaft innerhalb ihrer Kompetenz Staatsverträge abschließen oder solchen beitreten. Die Kompetenzen auf diesem Gebiet umfassen zunächst diejenigen, die die Gemeinschaft durch die Verschmelzung mit der EVG und der Montanunion erhalten soll. Sofern hierfür nach den Verträgen der EVG und EGKS die Mitwirkung anderer Organe notwendig ist, bleibt diese in der bisherigen Form vorgeschrieben (Art. 68 Abs. 2). Vorbehalten sind hier vor allem besondere Befugnisse des Ministerrates.[954] Soweit die Befugnisse der EPG selbst auf dem Gebiet der Außenpolitik in Frage stehen, so ist festzustellen, dass zunächst keine weiteren „echten" Kompetenzen im Sinne eines Souveränitätsverzichts verliehen wurden. Verfassungskommission und Ad hoc-Versammlung sind in diesem Sektor sehr behutsam vorgegangen. Die außenpolitische Prärogative bzw. das Schwergewicht der Außenpolitik verbleibt zunächst ohne wesentliche Einschränkung bei den Mitgliedstaaten.[955] Die Satzung der EPG versucht aber die Entwicklung zu einer gemeinsamen Außenpolitik konstitutionell vorzuzeichnen, indem sie die genannten Koordinationsverfahren vorsieht. Die Mitgliedstaaten werden nicht zu einer gemeinsamen Außenpolitik verpflichtet, sondern nur dazu, eine regelmäßige Konsultation in geordneten Bahnen durchzuführen.[956] Allerdings dürften die umfangreichen Konsultationspflichten in praxi zu einer Beschränkung der außenpolitischen Spielräume geführt haben, wobei auch zu sehen ist, dass eine gemeinsame Armee gerade zu einer einheitlichen Linie zwingt, sodass die EVG im Falle ihrer Realisierung sicher auch zu einer erheblichen Schubkraft für die Anstrengungen um eine gemeinsame Außenpolitik geführt hätte.

---

952 Vgl. etwa Wigny, La Communauté Politique Européenne, La Revue Politique 1953, S. 455.
953 Vgl. Titel Kapitel III „Die zwischenstaatlichen Beziehungen der Gemeinschaft".
954 Bindschedler, Rechtsfragen der europäischen Einigung, S. 341.
955 Genzer, Die Satzung der Europäischen Gemeinschaft EA 1953, S. 5657; Bindschedler, Rechtsfragen der europäischen Einigung, S. 342.
956 Vgl. Bindschedler, Rechtsfragen der europäischen Einigung, S. 342 unter Zitierung des englischen Beobachters in der Ad hoc-Versammlung, Lord Layton: „There is here no transfer of responsibility, only the assurance that henceforth consultation on foreign policy will be continuous and organized."

c. Einführung einer „Gemeinsamen Außen- und Sicherheitspolitik“ (GASP) durch den Vertrag von Maastricht

Mit Art. J. 1 EUV wurde für die Europäische Union eine „Gemeinsame Außen- und Sicherheitspolitik“ (GASP) als zweite bzw. vierte[957] Säule der Gemeinschaft eingeführt. Die GASP stellt eine intergouvernementale „Politik und Form der Zusammenarbeit“ dar, wie sie in Art. A Abs. 3 genannt wird. Es handelt sich dabei um die kodifizierte Weiterentwicklung der Europäischen Politischen Zusammenarbeit (EPZ)[958], die auf der Kopenhagener Gipfelkonferenz vom Juli 1973 vereinbart worden war und einen Mechanismus gegenseitiger Konsultation im außenpolitischen Bereich darstellen sollte, wenngleich sie auch einer echten Rechtsgrundlage entbehrte.[959] Die Zuständigkeit ging auf der Pariser Gipfelkonferenz vom 9./10. Dezember 1974 weitgehend auf den Europäischen Rat über.[960] Erst durch die Einheitliche Europäische Akte (EEA) vom Februar 1986 wurde die EPZ in Art. 30 EEA völkerrechtlich verankert und auf eine vertragliche und zugleich rein zwischenstaatliche Ebene gestellt. Diese Bestimmungen der EPZ wurden mit Art. P Abs. 2 EUV durch die GASP ersetzt. Auch die Regelungen der GASP stellen trotz ihrer Zusammenführung unter dem Dach der EU eine nach wie vor zwischenstaatliche, intergouvernementale Zusammenarbeit dar.[961] Es handelt sich zusammengefasst um ein System gegenseitiger Unterrichtung und Abstimmung, das durch die Möglichkeit „gemeinsamer Standpunkte“ (Art. J.2) und „gemeinsamer Aktionen“ (Art. J.3) Schlagkraft erhalten sollte. Auch der Vertrag von Amsterdam hat den intergouvernementalen Charakter der GASP nicht grundlegend verändert.[962] Gleichwohl ist durch die Abschaffung der Troika[963] und der Einführung des „Mister GASP“ (s.o.) sowie einigen durchaus bedeutsamen Modifizierungen eine Weiterentwicklung der GASP in Richtung einer Vergemeinschaftung der Materie zu konstatieren.

Worin unterscheiden sich nun die Regelungen der GASP von der konstitutionellen Regelung der EPG? Wäre nicht auch bei der Politischen Gemeinschaft 1953 durch die Verpflichtung zur Einstimmigkeit im Rat der EPG die Außenpolitik oftmals genauso paralysiert gewesen, wie es in der EU/EG der Fall war bzw. ist? Wäre andererseits nicht ein früher Beginn langfristig der Einstieg zu einem echten Fortschritt in der außenpolitischen Abstimmung gewesen, der schon viel früher zu konkreten Ergebnissen

---

[957] Je nachdem, wie man die „Tempelkonstruktion“ auffasst: Sofern die drei Teilgemeinschaften nur als eine Säule gesehen werden, handelt es sich bei der GASP um die zweite und bei der Zusammenarbeit im Bereich der Justiz und des Innern um die dritte Säule.

[958] Pechstein/Koenig, Die Europäische Union, Rn. 256 (S. 140); Schweitzer/Hummer, Europarecht, Rn. 1806.

[959] Schweitzer/Hummer, Europarecht, Rn. 1806.

[960] Vgl. zum Pariser Gipfel: Bulletin der Bundesregierung 1974, S. 1537ff.

[961] Huber, Integration, § 2, Rn. 37 (S. 26); Schweitzer/Hummer, Europarecht, Rn. 1806.

[962] Vgl. etwa Bergmann, Europarechtliche Neuerungen des Amsterdamer Vertrages, VBlBW 1999, S. 441, 443.

[963] Siehe zur Abschaffung der alten „Troika“ wegen deren schwerfälliger Koordinierung und Ineffizienz Schumann in: Bergmann/Lenz, Der Amsterdamer Vertrag, Kap. 12, Rn. 81.

hätte führen können? Gerade die 90er Jahre haben gezeigt, wie schwierig eine gemeinsame Außen- und Sicherheitspolitik für die Staaten der EU nach wie vor war bzw. ist. Zu denken ist etwa an das Dauerproblem Balkan und dabei insbesondere an den Krieg in Bosnien-Herzegowina, der die EU an den Rand des endgültigen Scheiterns dieser Bemühungen gebracht hat. In Erinnerung bleibt etwa die Reise der Troika - bestehend aus den Außenministern Portugals, der Niederlande und Luxemburgs - in die Krisenregion, die völlig wirkungslos verpuffte. Immerhin konnte mit dem schwierigen Engagement der EU in Mostar mit Hans Koschnik als Koordinator ein Zeichen gesetzt werden, wenngleich dies auch einen bitteren Lernprozess darstellte, der mit vielen Fallstricken und realen Gefahren für die Akteure versehen war. Echte Versöhnung konnte nicht erreicht werden, wohl aber eine Verbesserung der Lebensbedingungen. Versuche einer Neuorientierung auf dem Gipfel in Dublin (6.9.1996) wurden später etwa durch den Disput in der Frage des Verhältnisses zum Irak[964] oder zu Algerien[965] wieder konterkariert, um nur zwei Beispiele zu nennen. Bis zu den neueren Entwicklungen auf dem Balkan, insbesondere im Kosovo und später in Mazedonien, stellte sich tatsächlich die Frage, ob in der Außenpolitik fast ein halbes Jahrhundert nach Scheitern der EPG nur wenig bzw. fast nichts erreicht worden war, was das Scheitern der EPG als umso nachhaltiger erscheinen ließe.

d. Einzelne Regelungen der GASP im Verhältnis zur EPG

aa. Die Ziele der GASP:

Art. J 1. EUV (siehe Art. 11 EUV/Amsterdam) normiert eine Neudefinition der Zielsetzungen im Bereich der Gemeinsamen Außenpolitik. Während im Rahmen der EPZ Konsultationen und eventuelle gemeinsame Maßnahmen noch selbst als Ziel der Gemeinschaftspolitik angesehen wurden, sind sie für die GASP nur noch die Mittel (Art. J. 1 Abs. 3 EUV bzw. Art. 12 EUV/Amsterdam) zur Erreichung nunmehr ausdrücklich bestimmter materieller Ziele.[966] Diese bereits genannten Ziele des Art. J. 1 Abs. 2 EUV (Art. 11 Abs. 1 EUV/Amsterdam) sind die Wahrung der gemeinsamen Werte und grundlegenden Interessen, die Unabhängigkeit der Union, die Stärkung der Sicherheit der Union und ihrer Mitgliedstaaten, die Wahrung des Friedens und die Stärkung der internationalen Sicherheit entsprechend den Grundsätzen der Charta der Vereinten Nationen sowie den Prinzipien der Schlussakte von Helsinki und den Zielen der Charta von Paris. Weiterhin die Förderung der internationalen Zusammenarbeit und die Entwicklung und Stärkung von Demokratie und Rechtsstaatlichkeit sowie die Achtung der Menschenrechte und Grundfreiheiten.

---

[964] So sprach die französische Zeitung „Libération" am 9.9.1996 von einer Lähmung der Außenpolitik auch im Hinblick auf die Irak-Politik der Gemeinschaft zwischen Konfrontation und Diplomatie.

[965] Dieser Konflikt eskalierte zu Beginn des Jahres 1998, wobei aus Sicht der EU weder die Regierung in Algier noch deren Gegner zustimmungswürdig schienen, aber durchaus mitgliedstaatliche Interessen berührt waren.

[966] Pechstein/Koenig, Die Europäische Union, Rn. 262 (S. 143).

bb. Die außenpolitischen Ziele der EPG: Art. 69 Abs. 2 i.V.m. Art. 2 SEPG

Mit der Bestimmung von Zielen einer gemeinsamen Außenpolitik könnte die EU seit Maastricht grundsätzlich auf den Stand gekommen sein, den bereits die Verfasser der EPG-Satzung 1953 vorgeschlagen haben, was in beiden Fällen eher eine gemeinsame Programmatik als eine Vergemeinschaftung darstellt. Größere Bedenken vor einem Souveränitätsverzicht waren daher zumindest in diesem Bereich nicht sachgerecht. Die Koordinierung der Außenpolitik bezog sich gemäß Art. 69 Abs. 2 SEPG auf die Ziele des Artikels 2 der Satzung, welche denen des Art. J.1 Abs. 2 EUV durchaus vergleichbar sind. Zu nennen sind insbesondere die Wahrung der Menschenrechte und Grundfreiheiten und der Schutz der Mitgliedstaaten vor Aggressionen Dritter. Die Förderung des Wohlstandes und des gemeinsamen Marktes (Art. 2, 3. und 4. Spiegelstrich) sind wegen der umfassenden Zuständigkeit der EG im Bereich der Außenwirtschaftsbeziehungen[967] für die GASP nicht von Bedeutung.

Der Kern der gemeinsamen Außenpolitik sowohl der EPG als auch der GASP liegt damit in einer Politik, die den Menschenrechten und Grundfreiheiten verpflichtet ist und sich der Förderung der internationalen Sicherheit verschrieben hat. Die Bezugnahme in Artikel 2 SEPG auf die Ziele des Vertrages über die europäische wirtschaftliche Zusammenarbeit (OEEC) und der NATO einerseits und im EUV auf die Schlussakte von Helsinki und die Charta der Vereinten Nationen sind historisch begründet. Art. 2, 4. Spiegelstrich SEPG sieht die Ziele des Nordatlantikpaktes praktisch auch als Ziele der Gemeinschaft an.[968] Für die EPG, die ja das außenpolitische Dach der EVG bilden sollte, war die enge Verknüpfung mit dem Nordatlantischen Bündnis eine existentielle Frage, sodass dieses Ziel aufgenommen wurde. Allerdings achten auch die Vertragsstaaten der Europäischen Union „die Verpflichtungen einiger Mitgliedstaaten aus dem Nordatlantikvertrag" (Art. J.4. Abs. 4 EUV bzw. Art. 17 Abs. 1, UAbs. 4 EUV/Amsterdam).

cc. Die Mittel der GASP bei Fragen von allgemeiner Bedeutung

Die genannten Ziele des Art. J. 1 EUV (Art. 14 EUV/Amsterdam) will die Union durch die Einrichtung einer regelmäßigen Zusammenarbeit der Mitgliedstaaten bei der Führung ihrer Politik und durch die stufenweise Einführung gemeinsamer Aktionen in Bereichen „wichtiger gemeinsamer Interessen" erreichen. Art. J. 2 EUV (Art. 16 EUV/Amsterdam) legt zunächst eine gegenseitige Unterrichtung und Abstimmung zwischen den Mitgliedstaaten bei außen- und sicherheitspolitischen Fragen von „allgemeiner Bedeutung" fest. Dies bedeutet, dass solche außenpolitischen Fragen von der GASP nicht erfasst werden, die nur einzelne Mitgliedstaaten betreffen. Ungeachtet der Schwierigkeit der Grenzziehung bei den Fragen von „allgemeiner Bedeutung" sollte

---

[967] Siehe etwa Lammers in: Bergmann/Lenz, Der Amsterdamer Vertrag, Kapitel 13.

[968] Art. 2, 4. Spiegelstrich SEPG lautet: „ - auf die Erreichung der ... und im Nordatlantikpakt aufgestellten allgemeinen Ziele gemeinsam mit den Mitgliedstaaten und den anderen Staaten ... hinzuarbeiten."

hier auch das Subsidiaritätsprinzip zur Geltung kommen.[969] Machen die Mitgliedstaaten ein besonderes Interesse substantiiert geltend,[970] wird sich der agierende Staat einer Unterrichtungs- und Abstimmungsverpflichtung kaum entziehen können. Auf der anderen Seite ist der agierende Staat im Rahmen der Abstimmung nicht zum Abrücken von seiner Position verpflichtet, was sich in Ermangelung einer entgegenstehenden Regelung schon aus den realen Machtverhältnissen ergibt.

Bsp.: So könnte man etwa im Bereich der Sicherheitspolitik die einseitige Zusage Großbritanniens an die USA zur Unterstützung eines weiteren Militärschlages gegen den Irak zu Beginn des Jahres 1998 ohne weiteres als Frage „allgemeiner Bedeutung" ansehen, da bei einer Eskalation in Nahost die Interessen aller Mitgliedstaaten betroffen sein dürften und es sich überdies nicht um einen Bündnisfall der NATO handelte. Andererseits erscheint es undenkbar, dass die anderen EU-Mitglieder Großbritannien vorschreiben, in seiner „special relationship" zu den USA in der einen oder anderen Weise zu verfahren. Bereits daran wird deutlich, dass die Außenpolitik verschiedener fortbestehender souveräner Staaten nicht endgültig in ein juristisches Modell zu pressen ist. Dies bleibt der Vision oder Utopie eines Europäischen Bundesstaates vorbehalten.

dd. EPG: Koordination der Außenpolitik bei „Interessen der Gemeinschaft"

Die Satzung der EPG sieht das Koordinationsverfahren bei Angelegenheiten vor, welche die „Interessen der Gemeinschaft" berühren oder beeinträchtigen können (vgl. Art. 70 § 1 und § 3 sowie Art. 73 Abs. 2 SEPG). Damit stellt sich die Frage, inwieweit dieser Begriff mit den Fragen „allgemeiner Bedeutung" des EUV identisch ist. Die „Interessen der Gemeinschaft" könnten sich von den Fragen „allgemeiner Bedeutung" zunächst in der Zielrichtung unterscheiden. Während letzterer Begriff eine subjektive Interpretation aus Sicht der Mitgliedstaaten nahe legt, scheinen die „Interessen der Gemeinschaft" eher eine objektivierte Betrachtungsweise zu fordern. Was aber sind solche „Interessen der Gemeinschaft" bzw. wie lassen sich diese von den Interessen der einzelnen Mitgliedstaaten abgrenzen?

***Bsp.1**: Der griechisch-mazedonische Konflikt um den Namen „Mazedonien" nach der Teilung Jugoslawiens führte zeitweise zu einer Handelsblockade Griechenlands gegenüber dem neu konstituierten Staat Mazedonien. Dies wäre zunächst ein spezifisch griechisches Interesse, betrifft aber zugleich Interessen der Gemeinschaft, da einseitige Handelsbarrieren nach Gutdünken das gesamte System des freien Marktes gefährden könnten.*

***Bsp.2**: Der Streit um den endgültigen Status des Saarlandes nach dem Krieg war zunächst ein spezifisch deutsch-französisches Problem. Bei einer denkbaren Eskalation - etwa nach der Gründung der EPG - wäre dies aber zweifellos auch ein Problem der*

---

969 Vgl. Pechstein/Koenig, Die Europäische Union, Rn. 277 (S. 150) mit Hinweis auf die Gegenansicht.
970 Pechstein/Koenig, a.a.O.

Gemeinschaft geworden, da ein schwerwiegender Dissens der beiden größten Partner die Stabilität der gesamten Gemeinschaft gefährden könnte.

***Bsp.3**: Das Indochina-Engagement Frankreichs bis 1954*[971] *war mit Sicherheit eine Frage, die Frankreichs Interessen als international agierende Macht existenziell betraf. Außereuropäische Truppenkontingente hätten aber auch „Interessen der Gemeinschaft" als Verteidigungsunion berührt. Denkt man allgemein an die kolonialen Bindungen und Verpflichtungen Frankreichs in den 50er Jahren, erscheinen diese vorwiegend als nationale Angelegenheit, die aber in ihren Auswirkungen auch ohne weiteres von Gemeinschaftsinteresse sind. Mit der Aufstellung der Europaarmee wäre hiernach fast automatisch jeder Konflikt in den französischen Kolonien oder außereuropäischen Staatsgebieten (Bsp. Algerien) zu einem europäischen Sicherheitsproblem geworden.*[972]

Es bleibt festzuhalten, dass eine Abgrenzung der Begriffe in der Theorie nicht abschließend möglich, sondern maßgeblich auch von der Ausfüllung in der Praxis abhängig ist. Der Begriff der „Interessen der Gemeinschaft" der EPG dürfte dabei sachgerecht grundsätzlich ebenso zu fassen sein wie der des „allgemeinen Interesses" in der EU, nämlich nach der subjektiven Auffassung der Mitgliedstaaten unter Berücksichtigung einer objektivierten und substantiierten Darlegung des jeweiligen Interesses. Bei den angesprochenen Konstellationen mit unmittelbarem militärischen Bezug erkennt die EU rechtlich und praktisch den Vorrang der NATO (noch) an und entwickelt erst in letzter Zeit eigenständige Strukturen. Dabei wird man in der EPG den Begriff der „Interessen der Gemeinschaft" im Zweifel entsprechend der Intention des Art. 6 Abs. 2 SEPG allerdings etwas enger zu ziehen haben, was aber in den grundlegenden Fragen nicht zu unterschiedlichen Ergebnissen führen dürfte.

ee. GASP: Gemeinsame Standpunkte und gemeinsame Aktionen

Eine neue Dimension der Zusammenarbeit eröffnete der Vertrag von Maastricht in den Art. J.2 und J.3 EUV mit der Ermöglichung von gemeinsamen Standpunkten und gemeinsamen Aktionen im Bereich der Gemeinsamen Außen- und Sicherheitspolitik. Der Vertrag von Amsterdam hat diese neuen Instrumentarien in den Art. 14 und 15 EUV übernommen und zusätzlich das Instrument der „gemeinsamen Strategien" für Bereiche, in denen „wichtige gemeinsame Interessen der Mitgliedstaaten bestehen", eingeführt.[973] Art. J. 2 Abs. 2 legte mit dem „gemeinsamen Standpunkt" zunächst nur eine Intensivierung der Unterrichtungs- und Abstimmungsverpflichtung fest. Die Mitglied-

---

[971] Mit den Genfer Verträgen vom 20./21.7.1954 verlor Frankreich nach verlustreichem Krieg endgültig seine Besitzungen in Indochina. Dies führte auch mit zum Scheitern der EVG, da mit dem Rückzug Frankreichs eine - aus französischer Sicht - Gefahr der Hegemonie Deutschlands nach der Wiederbewaffnung durch geringere Truppenbindung in Asien unwahrscheinlicher wurde.

[972] Zugleich zeigt sich damit auch, dass das Projekt der EVG viel zu einseitig an der Frage der Kontrolle der Wiederbewaffnung Deutschlands ausgerichtet war und weniger an den übergeordneten Sicherheitsfragen.

[973] Vgl. hierzu Schumann in: Bergmann/Lenz, Der Amsterdamer Vertrag, Kap. 12, Rn. 65ff. Die erste gemeinsame Strategie wurde 1999 im Hinblick auf die Beziehungen zu Russland auf den Weg gebracht.

staaten sollen dann dafür Sorge tragen, dass ihre einzelstaatliche Politik mit den gemeinsamen Standpunkten im Einklang steht (Abs. 2, S.2). Diese Vorschrift zeigt deutlich, wie auch zuvor Art. 30 Abs. 2 lit. a, UAbs. 3 EEA, dass die Unionsstaaten nach wie vor Träger der außen- und sicherheitspolitischen Kompetenzen sind. Gemäß Art. J. 3 EUV (Art. 14 EUV/Amsterdam) besteht die Möglichkeit der Annahme gemeinsamer Aktionen. Einen Vorläufer dieser Aktion gab es bereits mit dem in der EPZ vorgesehenen „gemeinsamen Vorgehen".[974] Maßgeblich beteiligt sind der Rat und der Europäische Rat. Letzterer beschließt zunächst allgemeine Leitlinien, die von dem Rat der Union anzunehmen und hiernach für die Mitgliedstaaten verbindlich sind.

Ob die EU überhaupt Träger einer eigenständigen Außenpolitik sein kann, wird im Hinblick auf die ihr überwiegend abgesprochene Völkerrechtssubjektivität unterschiedlich beantwortet.[975] Geht man mit der ganz überwiegenden Ansicht von der fehlenden Völkerrechtssubjektivität der EU aus, der damit keine echte Trägerschaft für die Außenpolitik zukäme, so wäre die EPG wenigstens in diesem Punkt der EU/GASP ein Stück voraus. Denn die neue fusionierte Gemeinschaft sollte ohne jede Einschränkung Rechtspersönlichkeit (Art 4 Abs. 1 SEPG) haben und wäre damit theoretisch in der Lage gewesen, die Trägerschaft einer eigenen Außenpolitik zu übernehmen.

Mit diesem Unterschied, der sich aus der Geschichte der funktionalen Integration gerade nach dem Scheitern der EPG/EVG ergibt, sind die Vorzüge der außenpolitischen Möglichkeiten aber schon erschöpft. Denn auch und gerade in der EPG bleiben die Mitgliedstaaten zunächst nahezu uneingeschränkter Träger der Außenpolitik und die Gemeinschaft hat nur die Funktion eines Koordinators, der auch Vorschläge machen und gegebenenfalls Rechenschaft fordern kann. Auch in den Fällen, wo der Exekutivrat tatsächlich als Mandatar der Mitgliedstaaten auftritt, verbleibt die außenpolitische Hoheit bei Letzteren. Immerhin sieht die Satzung der EPG für die Frage der Verträge mit Drittstaaten ein gemeinschaftliches Vermittlungs- und gegebenenfalls Schiedsverfahren vor, welches dann zu echten Einschränkungen bei Beziehungen zu Drittstaaten geführt haben könnte. Ansonsten ist das außenpolitische Dach der geplanten Europaarmee als eher dünn zu bezeichnen. Die Regelungen der EPG bleiben in Wortlaut und Umfang deutlich hinter denen der GASP zurück. Dabei muss allerdings berücksichtigt werden, dass die Satzung der EPG in nur sechs Monaten erarbeitet und verabschiedet wurde, die GASP hingegen das kodifikatorische Werk von über 40 Jahren Gemeinschaftserfahrung und einem langen Vorlauf im Rahmen der EPZ ist.

---

[974] Vgl. Pechstein/Koenig, Die Europäische Union, Rn. 268 (S. 145).

[975] Vgl. zusammenfassend Pechstein/Koenig, Die Europäische Union, Rn. 273 (S. 148) und Klein/Haratsch, Neuere Entwicklungen des Rechts der Europäischen Gemeinschaften, DÖV 1993, S. 787f.; siehe auch Krenzler/Schneider, Die Gemeinsame Außen- und Sicherheitspolitik der Europäischen Union, EuR 1994, S. 157f.

ff. Übereinstimmungen der gemeinsamen Außenpolitik bei EPG und EU

Neben den grundlegenden - teilweise historisch bedingten - Unterschieden der Regelungen betreffend eine gemeinsame Außenpolitik gibt es auch auffallende Übereinstimmungen. Abgesehen davon, dass beide Systeme auf der Grundlage intergouvernementaler Zusammenarbeit installiert wurden, kann in einzelnen Punkten bzw. Formulierungen zuweilen der Eindruck entstehen, die Verfasser der EEA und GASP hätten bei den Verfassern der EPG-Satzung abgeschrieben. So lautet etwa Art. 71 § 1 SEPG: *Die Gemeinschaft ist beauftragt, zwischen den Mitgliedstaaten zwecks Festlegung einer gemeinsamen Haltung ein Konsultationsverfahren vor Beginn internationaler Konferenzen einzuführen, auf denen die Interessen der Gemeinschaft in Frage stehen.* Demgegenüber formuliert Art. J. 2 Abs. 3 EUV (Art. 19 Abs. 1 EUV/Amsterdam): *„Die Mitgliedstaaten koordinieren ihr Handeln in internationalen Organisationen und auf internationalen Konferenzen. Sie treten dort für die gemeinsamen Standpunkte ein."*

Damit kann gesagt werden, dass der „gemeinsame Standpunkt" der GASP mit der „gemeinsamen Haltung" einen echten konstitutionellen Vorläufer in der EPG hatte. Dabei ist auch die Regelung des Art. 70 § 1 SEPG zu sehen, wonach die Mitgliedstaaten im Rat der nationalen Minister ein Konsultationsverfahren betreffend Fragen, die Interessen der Gemeinschaft berühren, ausarbeiten. Demnach wären in der EPG „sekundärrechtliche" Bestimmungen zur Koordinierung der gemeinsamen Außenpolitik zu erwarten gewesen. Ob dabei zur Ergänzung der eher konturlosen Satzung schon so detaillierte Bestimmungen wie in der GASP möglich gewesen wären, darf bezweifelt werden. Die Zurückhaltung der Satzungsgeber in diesem Bereich zeigt sich etwa bei der genannten Regelung des Art. 69 Abs. 2 SEPG, wonach es für die Beauftragung des Exekutivrates in außenpolitischen Fragen immer eines einstimmigen Beschlusses des Rates der nationalen Minister bedarf. In diesem Zusammenhang ist nochmals auf die Dominanz des Ministerrates in der EVG zu verweisen.[976]

gg. Entwicklung der GASP: Einführung des Mehrheitsprinzips und schrittweise Vergemeinschaftung der Außenpolitik

Die GASP tastete sich bereits mit dem Vertrag von Maastricht vorsichtig an die Einführung des Mehrheitsprinzips heran: Danach entscheidet der Unionsrat bei der Einführung einer gemeinsamen Aktion grundsätzlich einstimmig (Art. J. 8 Abs. 2, UAbs. 2 EUV). Außervertraglich hatten die Vertragsstaaten aber in einer Absichtserklärung bekundet, gemeinsame Aktionen nicht durch ein Veto zu behindern, wenn eine qualifizierte Mehrheit vorhanden ist.[977] Aber auch innerhalb des Vertrages selbst gibt es erste tastende Versuche, das klassische völkerrechtliche Einstimmigkeitserfordernis zu überwinden. Hat nämlich der Rat einmal eine gemeinsame Aktion bestimmt, so kann er nach Art. J. 3. Ziff. 2 EUV sogleich oder später in jedem Stadium ihres Verlaufs ein-

---

[976] Vgl. etwa Art. 47, 71, 87 § 2 EVG-Vertrag.

[977] Pechstein/Koenig, Die Europäische Union, 2. Aufl., Rn. 283 (S. 152).

stimmig die Fragen bestimmen, die dann mit qualifizierter Mehrheit zu entscheiden sind. Art. 23 Abs. 1 EUV/Amsterdam schreibt zwar das Prinzip der Einstimmigkeit fort, lässt aber in Abs. 2 die Möglichkeit von Mehrheitsentscheidungen in bestimmten Fällen zu und führt zudem das neue Instrument der konstruktiven Enthaltung ein (Art. 23 Abs. 1, UAbs. 2 EUV).

Trotz dieser Schritte zu einer gemeinsamen Außenpolitik auf Grundlage von Mehrheitsentscheidungen bleiben die Vertragsbestimmungen der GASP vielfach vage und interpretationsfähig und beschränken sich weitgehend auf die evolutionäre Weiterentwicklung der vorhergehenden Ansätze.[978] Die Außen- und Sicherheitspolitik der EU darf demnach (auch nach dem Vertrag von Amsterdam - s.u.) nicht als „vergemeinschaftet" angesehen werden, wie dies etwa bei der „gemeinsamen Agrarpolitik" (Art. 32ff EGV) der Fall ist. Die Mitgliedstaaten bleiben völkerrechtlich Herren der Außen- und Sicherheitspolitik, allerdings wird der außerjuristische politische Druck zur Herbeiführung einer Einigung wesentlich größer sein, wenn eine kodifizierte Koordination wie die GASP vorhanden ist, die jedenfalls das neue Selbstverständnis der Union als „gewachsene Solidargemeinschaft" zum Ausdruck bringt.[979] Negativbeispiel und Ansporn wird für die EU dabei wohl die Jugoslawien-Krise bleiben,[980] wo alle Facetten außen- und sicherheitspolitischer Anforderungen zu Tage traten und die Notwendigkeit eines einheitlichen Vorgehens nahezu drastisch vorgeführt wurde.

Einiger präsentierte sich die EU erstmals im Konflikt um die (ehemalige?) serbische Provinz Kosovo. Zunächst hatten die Missionen unter britischer Präsidentschaft im ersten Halbjahr 1998 keine greifbaren Ergebnisse gebracht.[981] *Nach dem Scheitern der Friedenskonferenz von Rambouillet und der nachfolgenden Eskalation im März 1999 kam es zu den massiven Luftangriffen der NATO, wobei sich die Staaten der EU - etwa auf dem Berliner Gipfel am 24.3.1999 - weitgehend einig präsentierten. Gerade dieser Konflikt wurde eine echte Nagelprobe für eine europäische Außenpolitik*[982] *und zeigte auch, dass eine von den USA gänzlich unabhängige und zugleich effektive gemeinsame Außenpolitik auf absehbare Zeit noch unrealistisch ist.*[983] *Insgesamt hat der*

---

978 Jürgens, Die gemeinsame Europäische Außen- und Sicherheitspolitik, S. 378; Oppermann/Classen, Die EG vor der Europäischen Union, NJW 1993, S. 12.

979 Jürgens, a.a.O., S. 379.

980 Van den Broek in: Röttinger/Weyringer, Handbuch der europäischen Integration, S. 446, spricht plakativ von einem „Post-Maastricht-Kater", der u.a. durch die Jugoslawien-Krise hervorgerufen worden sei; vgl. auch Klein/Haratsch, Neuere Entwicklungen des Rechts der Europäischen Gemeinschaften, DÖV 1993, S. 797.

981 Siehe etwa die Reise des britischen Außenministers Cook nach Belgrad am 5.3.1998.

982 Vgl. Constanze Stelzenmüller in: Die Zeit vom 21.01.1999: „Alptraum für den Westen - Im Kosovo entscheidet sich die Zukunft der NATO - und der europäischen Außenpolitik"; der spätere EU-Kommissar Verheugen sprach in einem ZDF-Interview am 24.3.1999 von einem echten Beispiel „europäischer Außenpolitik".

983 Bereits in Rambouillet gaben eindeutig die Amerikaner unter Führung ihrer Außenministerin Albright den Ton an. Bei der Militäraktion gegen Jugoslawien waren die Amerikaner für den Einsatz „indispensable" (vgl. die Erklärung Präsident Clintons am 24.3.1999 bei einer Pressekonferenz im Weißen Haus).

KFOR-Einsatz im Kosovo aber gezeigt, dass „die Europäer" eine bedeutende Rolle in diesem Bereich einzunehmen bereit und imstande sind, was Anlass zu Optimismus für die künftige Entwicklung der gemeinsamen Außen- und Verteidigungspolitik gibt.

Bis dahin überwogen auch die insgesamt kritischen oder zurückhaltenden Bewertungen der GASP im Hinblick auf ihre Wirksamkeit. Der Mischung aus komplexen Verfahrensweisen und nahezu unangetasteter nationalstaatlicher Kompetenz wurden geringe Erfolgsaussichten prognostiziert.[984] Die ersten Erfahrungen mit der GASP waren dementsprechend auch insgesamt eher ernüchternd. Zumeist wurden unverbindliche gemeinsame Erklärungen abgegeben, in einigen Fällen konnte der Rat gemeinsame Standpunkte oder gemeinsame Aktionen beschließen.[985] Durch das Inkrafttreten des EUV fand auch über 40 Jahre nach der Konzeption der EPG auf diesen klassischen Feldern nationalstaatlicher Politik kein echter Souveränitätsverzicht statt.[986] Mit einer echten „Vergemeinschaftung" der GASP ist auch auf absehbare Zeit nicht zu rechnen, wenngleich es durchaus im Vertrag von Amsterdam weitere Elemente in diese Richtung gibt.[987]

hh. Neuerungen durch den Vertrag von Amsterdam

Im Rahmen der Neuregelungen des EGV durch den Vertrag von Amsterdam haben sich die Mitgliedstaaten auch auf die erste Reform der GASP geeinigt. Neben der Einführung des Instruments „gemeinsamer Strategien" (Art. 13 EUV) und der Einsetzung eines Hohen Vertreters für die GASP (Art. 18 Abs. 3 EUV) wurde eine Strategieplanungs- und Frühwarneinheit eingerichtet, die rechtzeitig außenpolitisch bedeutsame Ereignisse analysieren und Reaktionsvorschläge unterbreiten soll.[988] Eine weitere wichtige Neuerung ist die erweiterte Beteiligung der Kommission an der GASP.[989] Durch

[984] Vgl. Bleckmann, Der Vertrag über die Europäische Union, DVBl 1992, S. 338; Stauffenberg/Langenfeld, Maastricht - ein Fortschritt für Europa?, ZRP 1992, S. 252, 254; Blanke, Der Unionsvertrag von Maastricht, DÖV 1993, S. 417; Jürgens, Die gemeinsame Europäische Außen- und Sicherheitspolitik, S. 379; vgl. ferner Detgen in: Röttinger/Weyringer, Handbuch der europäischen Integration, S. 556, der darauf hinweist, dass das bestehende interne Koordinationssystem der GASP die außen- und sicherheitspolitische Zusammenarbeit mit den USA außerordentlich erschweren könne; zudem seien im Hinblick auf die Anwendbarkeit der GASP die Wirtschaftspolitik und die Außenpolitik zunehmend schwieriger voneinander zu trennen.

[985] Vgl. ausführlich Pechstein/Koenig, Die Europäische Union, Rn. 306ff (S. 164ff).

[986] Zum Vertrag von Maastricht allgemeine Auffassung: vgl. Oppermann/Classen, Die EG vor der Europäischen Union, NJW 1993, S. 10; Stauffenberg/Langenfeld, Maastricht - ein Fortschritt für Europa?, ZRP 1992, S. 254; Seidel, Zur Verfassung der Europäischen Gemeinschaft nach Maastricht, EuR 1992, S. 126, Baetge, Grundzüge des Vertrags von Maastricht, BayVBl 1992, S. 711, 715; Simson/Schwarze, Europäische Integration und Grundgesetz, S. 42f; Jürgens, Die Gemeinsame europäische Außen- und Sicherheitspolitik, S. 378.

[987] Zu dem Stand von Maastricht: Klein/Haratsch, Neuere Entwicklungen des Rechts der Europäischen Gemeinschaften, DÖV 1993, S. 795f; vgl. zusammenfassend zu den Fortschritten der GASP in dem Vertrag von Amsterdam Schumann in: Bergmann/Lenz, Der Amsterdamer Vertrag, Kap. 12, Rn. 107.

[988] Vgl. zu den Hintergründen: Pechstein/Koenig, Die Europäische Union, Rn. 288 (S. 155).

[989] Schumann in: Bergmann/Lenz, Der Amsterdamer Vertrag, Kap. 12, Rn. 99; auch zuvor schon sah der Unionsvertrag eine Beteiligung der Kommission vor - nach Art. J. 9 EUV „wird die Kommission in

den Vertrag von Amsterdam wurde der Kommission im Rahmen der Außenvertretung der Union ein umfassenderes Mitwirkungsrecht in Art. 18 EUV zugestanden,[990] worin wohl ein echter Schritt zur Vergemeinschaftung der Außenpolitik gesehen werden sollte, der freilich noch keinerlei Präjudiz für die tatsächliche Gestaltung der Außenbeziehungen in einer (geographisch) wachsenden Gemeinschaft darstellt.[991] Weiterhin wurde der Abstimmungsmodus verändert, um dem Ziel mehrheitlich getragener Entscheidungen einen weiteren Schritt näher zu kommen. Art. 23 EUV führt das bereits genannte neue Prinzip der „konstruktiven Enthaltung" ein, wonach Enthaltungen einer gemeinsamen Maßnahme nicht mehr entgegenstehen. Der sich enthaltende Mitgliedstaat hat jedoch dafür die Möglichkeit, an der verabredeten Maßnahme nicht teilzunehmen. Auf diesem Weg soll das strikte Einstimmigkeitserfordernis aufgeweicht und der GASP damit zu mehr Effizienz verholfen werden.[992] Art. 23 Abs. 2 EUV erweitert auch den Anwendungsbereich der Fälle, in denen mit qualifizierter Mehrheit entschieden werden kann, wobei die Stimmen der Mitglieder des Rates nach Art. 205 Abs. 2 EGV gewogen werden. Der insgesamt noch kooperative Charakter der GASP bleibt damit auch nach Inkrafttreten des Amsterdamer Vertrages bestehen, da die eingeleiteten Schritte zwar bemerkenswert sind, aber eben noch keine grundlegenden Veränderungen einführen.

ii. Veränderungen durch den Vertrag von Nizza

Die Gemeinsame Außen- und Sicherheitspolitik der Europäischen Union stand bei der Regierungskonferenz zum Vertrag von Nizza nicht im Mittelpunkt der Erörterungen. Dementsprechend enthält dieser auch nur wenige Änderungen in diesem Bereich, die allerdings durchaus einer Erwähnung wert sind. So wurde das Instrument der verstärkten Zusammenarbeit in den Art. 27a-27e EUV nunmehr auch für die GASP eingeführt, wenn auch der Anwendungsbereich noch deutlich eingeschränkt bleibt.[993] Hervorzuheben ist auch, dass die WEU vertraglich nicht mehr - wie bisher in Art. 17 Abs. 1, U-Abs. 2 EUV - als integraler Bestandteil der Entwicklung der Union definiert wird und dabei auch die „engeren institutionellen Beziehungen zur WEU im Hinblick auf die Möglichkeit einer Integration in die Union" keine Erwähnung mehr finden. Der Unter-

---

vollem Umfang an den Arbeiten im Bereich der Gemeinsamen Außen- und Sicherheitspolitik beteiligt." Konkretisierungen hierzu finden sich in den Artikeln J. 8. Abs. 3 EUV (Vorschlagsrecht) und Art. J. 8 Abs. 4 EUV (Antragsrecht für eine außerordentliche Ratstagung). Zudem wurde ihr ein Anwesenheitsrecht an den Tagungen des Unionsrates zugebilligt, vgl. Pechstein/Koenig, Die Europäische Union, Rn. 294 (S. 158).

[990] Vgl. Schumann in: Bergmann/Lenz, Der Amsterdamer Vertrag, Kap. 12, Rn. 79ff.

[991] Als konkretes Beispiel ist etwa das Verhältnis des Kommissars für Auswärtige Angelegenheiten (Chris Patten) zu dem Hohen Vertreter der GASP und Generalsekretär des Rates (Javier Solana) zu nennen, welches auch erst die Praxis näher aufzeigen kann. Die ersten Erfahrungen deuten eher darauf hin, dass (nur) Solana tatsächlich die Rolle des „europäischen Außenministers" einnehmen wird.

[992] Schumann in: Bergmann/Lenz, Der Amsterdamer Vertrag, Kap. 12, Rn. 86ff; Kunze, Der Vertrag von Amsterdam, BRAK-Mitt. 1/98, S. 24. Ähnlich zuvor bereits der Vorschlag von Herdegen, Europarecht, 1. Aufl., Rn. 447 (S. 286), dessen Formulierung aber darauf schließen lässt, dass er auch Gegenstimmen in einem solchen Verfahren für möglich hält.

[993] Epiney/Abt/Mosters, Der Vertrag von Nizza, DVBl 2001, S. 948.

absatz 2 wurde im Gegenteil ersatzlos gestrichen, was eine Abkehr von der bisherigen Annäherung der beiden Gemeinschaften (WEU und EU) bedeutet. Dementsprechend soll auch Art. 17 Abs. 3 EUV entfallen, worin bisher die Inanspruchnahme der WEU durch die EU in verteidigungspolitischen Entscheidungen und Aktionen festgelegt ist. Verbleiben soll nach dem Vertrag von Nizza nur Art. 17 Abs. 4 EUV, wonach die Entwicklung einer gemeinsamen Verteidigungspolitik der Zusammenarbeit einiger Mitgliedstaaten im Rahmen der WEU (und der NATO) grundsätzlich nicht entgegenstehen soll. Durch die weitgehende Ausklammerung der WEU aus Art. 17 EUV beinhaltet der Vertrag von Nizza damit einen in der Öffentlichkeit wenig beachteten Paradigmenwechsel zugunsten der zuvor bereits erörterten GESVP und kommt damit offenbar den Bedenken der nicht der WEU angehörigen EU-Mitglieder nachhaltig entgegen.

Die weiteren Änderungen durch den Vertrag sind zunächst dem Komplex der Mehrheitsentscheidungen zuzuordnen. So kann künftig ein Sonderbeauftragter für besondere politische Fragen gemäß Art. 23 Abs. 2 EUV i.V.m. Art. 18 Abs. 5 EUV mit qualifizierter Mehrheit im Rat ernannt werden; auch sieht Art. 24 EUV für den Bereich internationaler Übereinkünfte vermehrt die Möglichkeit qualifizierter Mehrheiten vor. Schließlich wird die Kompetenz des in Art. 25 (ex Art. J.8 Abs. 5) EUV vorgesehenen Politischen Komitees im Rahmen von Krisenbewältigungsoperationen erweitert. Insbesondere soll das Komitee in diesen Fällen die politische Kontrolle und strategische Leitung unter Verantwortung des Rates übernehmen.

jj. Ergebnis und Zusammenfassung: Die gemeinsame Außenpolitik der EPG und der EU

Bei der zusammenfassenden Bewertung der Konzeption einer gemeinsamen Außenpolitik in der Satzung der EPG ist zunächst hervorzuheben, dass angesichts der Kürze der Zeit und der enormen Widerstände eine so detaillierte Lösung wie etwa im Rahmen der GASP praktisch ausschied. Man verließ sich auf das Prinzip einer organisierten Koordination, was freilich auch von vielen Abgeordneten als unzureichend eingeschätzt wurde. Hervorzuheben ist etwa, dass die Satzung eine Bindungswirkung wie etwa im Rahmen des Art. 14 Abs. 3 (ex Art. J. 3. Ziff. 4) EUV[994] nicht vorsieht. Die Mitgliedstaaten bleiben praktisch uneingeschränkt die Herren der Außenpolitik, ohne dass die Satzung ihnen verbindliche Vorgaben macht, solange sie nicht von den grundlegenden Zielen der Wahrung von Demokratie und Menschenrechten abweichen. Allerdings ist zu berücksichtigen, dass zahlreiche Folgebestimmungen wegen des Scheiterns des Projekts nicht mehr umgesetzt wurden. So etwa die Einführung eines Vermittlungs- und Schiedsverfahrens (Art. 73 § 3), der Entwurf eines Paktes zur friedlichen Beilegung aller Streitigkeiten (Art. 73 § 2) und die Einführung eines Konsultationsverfahrens (Art. 70 § 1). Im Ergebnis darf die Satzung der EPG in den Art. 69-74 durchaus als gedanklicher Vorläufer der EPZ und der GASP bezeichnet werden, zumindest sofern die Außenpolitik betroffen ist. Durch das Scheitern der EVG hat die

---

[994] Vgl. zur Bindungswirkung: Pechstein/Koenig, Die Europäische Union, Rn. 270 (S. 146f).

Verteidigungspolitik zunächst eigene Wege eingeschlagen, wenngleich die Entwicklungen der jüngeren Zeit Anlass für einen begrenzten Optimismus geben. Der für viele 1953 offenbar unannehmbare Satzungsentwurf der EPG ist im Bereich der Außenpolitik (kodifikatorisch) durch den EUV übertroffen worden, wenn auch die realen Erfolge der Gemeinsamen Außen- und Sicherheitspolitik noch immer zurückhaltend beurteilt werden müssen.

E. Assoziation und Beitritt zu den Gemeinschaften

I. Assoziierung bzw. Eingliederung europäischer und überseeischer Staaten

Die Außenbeziehungen der EPG sind zunächst durch das besondere Verhältnis zu den übrigen Staaten des Europarates geprägt, insbesondere der möglichst nahen Anbindung Großbritanniens und Skandinaviens an die neue Gemeinschaft der Sechs. Dies auch, um den Bedenken entgegenzutreten, es handele sich nur um ein unvollständiges Gebilde, eben „Kleineuropa".[995] Darüber hinaus sollte aber auch eine eigenständige Außenpolitik mit Beziehungen auf allen Kontinenten entstehen, wobei zunächst der Einbindung der afrikanischen und überseeischen Gebiete (Kolonien und konstitutionell verbundene Gebiete) eine grundlegende Bedeutung zukommen sollte.[996] Dabei sollten die außereuropäischen Gebiete die Einflusssphäre der Gemeinschaft sichern und damit auch Grundlage des Verhältnisses zu dritten Staaten der jeweiligen Region sein. Die Bedeutung der ehemaligen Kolonien wurde auch bei den Beratungen der Ad hoc-Versammlung besonders hervorgehoben.[997] Die Problematik zeigte sich insbesondere am Beispiel der französischen Union: Etwa 40 Millionen „Staatsbürger" in Übersee wären zu integrieren gewesen. Die Frage der Einbindung dieser überseeischen Territorien hätte damit vor allem auch im Hinblick auf die Partizipation der dortigen Menschen an den neuen Rechten im Rahmen der Politischen Gemeinschaft (z.B. Teilhabe an den Organen, Menschenrechte, Freizügigkeit) Bedeutung erlangt. Dies galt etwa für den Kongo, der einen integralen Bestandteil Belgiens bildete[998] oder afrikanische Staaten, die zum Territorium der Französischen Union gehörten (z.B. Senegal) und deren Vertreter vehement politische Teilhabe forderten.[999] Die Französische Republik sollte „in ihrer Totalität" Teilnehmer der Gemeinschaft werden (einschließlich der Gebiete Nordafrikas mit den Metropolen Algier und Tunis),[1000] für die innerstaatliche Regelung der demokratischen Teilhabe dieser Territorien aber selbst zuständig bleiben. Dementsprechend bestimmt Art. 101 § 1 SEPG, dass die Bestimmungen der Satzung auf alle Gebiete Anwendung finden, „die der Hoheitsgewalt der einzelnen Staaten unterstehen", wodurch die innerstaatliche Machtverteilung unberührt bleibt. Art. 101 § 2 sieht auf dieser Grundlage vor, dass die Rechtsakte der Gemeinschaft in den nichteuropäischen Gebieten nur unter den jeweiligen Anpassungsbedingungen der Mitgliedstaaten zur Anwendung kommen. Hinsichtlich der Gebiete, die auch noch rechtlich Kolonien

---

[995] Schwarz-Liebermann v. Wahlendorf, Die Europäische Gemeinschaft, AVR 1953/54, S. 444; Bulletin der Bundesregierung Nr. 44 vom 6.3.1953: „Politische Gemeinschaft kein Kleineuropa".
[996] Vgl. hierzu Wigny, La Communauté Politique Européenne, La Revue Politique 1953, S. 459.
[997] Vgl. Ad hoc-Versammlung, Wörtlicher Bericht über den Verlauf der Sitzungen, S. 348ff; Wigny, La Communauté Politique Européenne, La revue politique 1953, S. 459ff.
[998] Siehe zu dieser Problematik: Wigny a.a.O., S. 459f.
[999] Bekannt ist der bereits erwähnte Aufruf des senegalesischen Abgeordneten Leopold Senghor, der vehement eine gleichberechtigte Teilhabe der afrikanischen Territorien und deren wirtschaftliche Integration forderte - siehe hierzu Cornides/Feldmann/Willmann, Die politischen und wirtschaftlichen Probleme der europäischen Einigung um die Jahreswende 1952/53, EA 1953, S. 5401.
[1000] Vgl. Bulletin der Bundesregierung Nr. 44 vom 6.3.1953, S. 376 (v. Brentano).

waren, sieht Art. 101 § 3 eine Sonderregelung vor, wonach die Ausdehnung der Satzung durch besondere Protokolle auch auf diese Gebiete ermöglicht worden wäre.[1001]

Teil IV der Satzung behandelt in den Artikeln 90 bis 93 SEPG die "Assoziation dritter Staaten". Mit dieser loseren Form des Anschlusses - einer Art leichten Variante der Mitgliedschaft - sollte allen Mitgliedern des Europarates, insbesondere aber Großbritannien, eine möglichst nahe Anbindung an die Gemeinschaft der Sechs und damit die Anbahnung späterer Mitgliedschaft ermöglicht werden. Assoziiert werden können danach europäische Nichtmitgliedstaaten oder überseeische Staaten, die verfassungsrechtliche Bande mit einem Mitgliedstaat oder einem bereits assoziierten Staat haben (Art. 90 Abs. 2 SEPG), worunter auch Protektorate fallen sollten.[1002] Bedingung der Assoziation ist allerdings die Gewährung der für die Gemeinschaft gemäß den Art. 3, 45 SEPG verbindlichen Menschenrechte und Grundfreiheiten. Der Assoziationsvertrag wird in den Art. 91 und 92 teilweise geregelt. Art. 91 SEPG zählt auf, was dieser „insbesondere" vorsehen kann: Keine Überraschung ist zunächst Art. 91 § 3 mit der „Verpflichtung zu gegenseitiger Information und Konsultation" entsprechend allgemeinen diplomatischen Gepflogenheiten. Weitergehend ist schon die Einsetzung „ständiger gemischter Ausschüsse auf Regierungs- und Parlamentsebene" in Art. 91 § 2 der Satzung. Auffällig weitgehend ist dagegen Art. 91 § 1 SEPG. Diese Vorschrift sieht vor, dass Regierungsvertreter der assoziierten Staaten am Rat der nationalen Minister und „Vertreter der Völker" am Senat beteiligt werden, und zwar mit „begrenzten oder mit uneingeschränkten Rechten". Hier wird deutlich, wie schmerzlich für die Entwurfsverfasser die „Trennung" von Großbritannien und evtl. einigen anderen Staaten Kerneuropas gefallen sein muss. Dieser „Schmerz" ging so weit - es muss hervorgehoben werden -, dass man nach der Satzung einem assoziierten Mitglied sogar volles Stimmrecht im Rat und im Senat zubilligen konnte, ohne dass dieses sich zum Beitritt verpflichtete. Die „Goldene Brücke" nach Großbritannien könnte kaum größer sein. Dies würde - auf heutige Verhältnisse übertragen - bedeuten, dass die Beitrittskandidaten einer Osterweiterung der EU/EG schon vorab volles Stimmrecht im Rat und EP erhielten und dabei nicht die Verpflichtung hätten, unbedingt Mitglied zu werden.

Art. 92 SEPG sieht vor, dass dem Gerichtshof oder anderen Gerichten der Gemeinschaft kraft Assoziationsvertrages die Kompetenz für Entscheidungen von Streitfragen zwischen der Gemeinschaft und assoziierten Staaten und sogar für „Angehörige" der betreffenden Staaten übertragen werden kann. Das Verfahren hierfür soll gemäß Art. 92 § 1 SEPG in den betreffenden Verträgen festgelegt werden. Zur Kompensation hierfür sieht aber Art. 92 Abs. 4 eine mögliche Beteiligung von Richtern der assoziierten Staaten an Gerichten der Gemeinschaft vor. In Art. 93 SEPG wird eine periodische Konferenz mit den Mitgliedern des Rates der nationalen Minister, des Exekutivrates und Vertretern der assoziierten Staaten vorgesehen.

1001 Die Satzung spricht allgemein von „Staaten, Ländern und Gebieten, die ein Mitgliedstaat oder assoziierter Staat im zwischenstaatlichen Verkehr vertritt."

1002 Vgl. Bindschedler, Rechtsfragen der europäischen Einigung, S. 335; Semler in: Verfassungsausschuss, Einleitender Bericht und Begründung vom 26.2.1953, S. 57.

Dies ermöglicht einen institutionellen Rahmen für die gegenseitige Information und Konsultation des Art. 91 § 3, möglicherweise solange gemischte Ausschüsse oder gar Beteiligungen an Rat und Senat noch nicht konsensfähig sein sollten.

Zusammenfassend kann festgestellt werden, dass die Regelungen der Assoziation nach den Art. 90 bis 93 SEPG eine sehr weitgehende Anbindung dritter Staaten ermöglichen sollten, insbesondere im Hinblick auf die Staaten des Europarates. Neben der engen Zusammenarbeit und intensiven Konsultation gemäß dem „Protokoll über die Verbindungen mit dem Europarat",[1003] der Unterwerfung unter die Menschenrechtskonvention (Art. 3 SEPG) und partiell der Rechtsprechung der künftigen Konventionsorgane (Art. 45 SEPG) ist die Assoziation ein weiteres wichtiges Bindeglied, um diese Staaten an eine spätere Mitgliedschaft heranzuführen, was im Rahmen der EU/EG einer Art Beitrittsassoziation entspräche (s.u.). Dabei wurde allerdings für einen möglichen Beitritt auf die Bedingung einer vorherigen Mitgliedschaft im Europarat verzichtet (Art. 116 SEPG).[1004] Dagegen dürfte die Assoziation überseeischer Gebiete perspektivisch einer „Entwicklungsassoziation" der EU/EG entsprochen haben.

II. Assoziierung nach Art. 310 und Art. 182ff EGV und die Entwicklungspolitik der EU/EG

Wie auch bei den Verhandlungen zur Schaffung der EPG bestand Frankreich bei Abschluss der Römischen Verträge 1957 auf einer weitestgehenden Einbeziehung seiner Überseegebiete in den geplanten Gemeinsamen Markt. Belgien hatte grundsätzlich das gleiche Bestreben bezüglich des Kongos.[1005] Eine Loslösung vom Mutterland sollte vermieden werden, das sinnvolle Maß der Teilnahme an der gemeinschaftlichen Integration musste gefunden werden. Als Ergebnis des letztlich erzielten politischen Kompromisses wurde das Kapitel über die überseeischen Länder und Gebiete in den EWGV (Art. 131ff) inkorporiert[1006] und damit an die Regelungen der EPG angeknüpft.

Der EGV sieht unmittelbar zwei Arten der Assoziierung vor. Zum einen die „allgemeine Assoziierung" gemäß Art. 310 (ex Art. 238) EGV und die „Assoziierung der überseeischen Länder und Hoheitsgebiete"[1007] gemäß Art. 182-188 (ex Art. 131-136) EGV. Nach Art. 310 EGV[1008] kann die Gemeinschaft mit Drittstaaten, Staatenverbindungen oder internationalen Organisationen Abkommen schließen und damit „eine Assoziie-

---

[1003] Vgl. nochmals Eberhard, EPG, S. 30ff - der Protokollentwurf wurde von der Sonderversammlung ohne Abänderungsanträge angenommen.

[1004] Dieser Verzicht auf die vorherige Mitgliedschaft im Europarat wurde erst nach langer Debatte und mit knapper Mehrheit von der Sonderversammlung verabschiedet - vgl. Eberhard, EPG, S. 30, Fn. 43.

[1005] Brandtner in: Röttinger/Weyringer, Handbuch der europäischen Integration, S. 589; Loth, Der Weg nach Europa, S. 122.

[1006] Röttinger/Weyringer, a.a.O.

[1007] So die Überschrift des Vierten Teils des EGV, die Bezüge zu Art. 90 SEPG erkennen lässt.

[1008] Siehe auch Art. 206 EAGV. Der EGKSV sieht die Möglichkeit einer Assoziierung nicht ausdrücklich vor.

rung mit gegenseitigen Rechten und Pflichten, gemeinsamem Vorgehen und besonderen Verfahren herstellen." Zuständig für den Abschluss der Verträge dieser „Assoziierung unter Gleichen" ist der Rat der Gemeinschaft. Hinsichtlich Art. 310 EGV werden in der Literatur die Entwicklungsassoziierung, Freihandelsassoziierung und Beitrittsassoziierung unterschieden,[1009] ohne dass der Vertrag selbst diese terminologische Differenzierung vorgeben würde. Der Rahmen des Art. 310 EGV wird sehr weit verstanden, wonach die jeweilige Assoziation gemäß der sog. „Hallstein-Formel" zwischen Handelsabkommen plus 1 % und Mitgliedschaft minus 1 % liegen könne.[1010] Im Hinblick auf die weitgehenden Regelungen der EPG zur Assoziation erscheint diese Formel noch passender, wenn man insbesondere die Beteiligung der Drittstaaten an den Organen der Gemeinschaft in den Blick nimmt. Eine so weitgehende Übertragung kommt im Rahmen der EU/EG nicht in Betracht.

Sofern Assoziierungsabkommen eine Änderung der Gemeinschaftsverträge bedingen, ist zuvor ein Vertragsänderungsverfahren gemäß Art. 48 (ex Art. N) EUV durchzuführen.[1011] Dies entspricht im Rahmen der EPG nur teilweise der ausdrücklichen Regelung des Art. 90 Abs. 3 SEPG. Dort wird die Vertragsanpassung für den Fall der Assoziation dem Art. 116 SEPG, also der Regelung über das Beitrittsverfahren, unterworfen. Diese Bestimmung sieht für den Beitritt eine vom Exekutivrat zu errichtende Zusatzakte zu der Satzung und die mehrheitliche Zustimmung von Rat und Parlament vor. Auf die Notwendigkeit einstimmiger Zustimmung, wie etwa bei Art. 111 SEPG (Verteilung der Kompetenzen zwischen Mitgliedstaaten und Gemeinschaft), wurde bewusst verzichtet.[1012] Die Satzung sieht demnach in diesen Verfahren - ebenso wie bei dem primär in Art. 116 SEPG geregelten Beitritt neuer Mitglieder - kein Vetorecht der Staaten bzw. des Rates der nationalen Minister vor und durchbricht damit auch an dieser Stelle ein Stück weit deren Souveränitätsanspruch und Kontrollbedürfnis.[1013] Noch einschneidender aber ist, dass bei der Änderung der Satzung im Rahmen von Beitritt oder Assoziation kein Ratifizierungsverfahren in den Mitgliedstaaten erforderlich wäre, wie dies in Art. 48 (ex Art. N) Abs. 3 EUV sowie in Art. 49 (ex Art. O) EGV anscheinend selbstverständlich vorgesehen ist.

EGV und EAGV beschränken den Kreis der Assoziierungskandidaten nicht auf Europa. Tatsächlich wurden ja auch neben den „Europaabkommen" mit mehreren europäischen Staaten eine Vielzahl von Assoziierungsabkommen mit afrikanischen und asiati-

---

1009 Vgl. etwa Herdegen, Europarecht, Rn. 452ff (S. 357ff).

1010 Vgl. Schweitzer/Hummer, Europarecht, Rn. 703.

1011 Vgl. den Wortlaut des Art. 206 EAGV sowie EuGH, Gutachten 1/91, Slg. 1991, S. I-6079.

1012 Die Ad hoc-Versammlung ging in diesem Punkt über den Vorschlag des Verfassungsausschusses hinweg, der eine einstimmige Genehmigung des Rates der nationalen Minister vorgeschlagen hatte (vgl. Eberhard, EPG, S. 30, Fn. 44).

1013 Vgl. auch Schwarz-Liebermann von Wahlendorf, Die Europäische Gemeinschaft, AVR 1953/54, S. 447f.

schen Staaten, insbesondere den damaligen 68 AKP-Ländern abgeschlossen.[1014] Demgegenüber beschränkt die Satzung der EPG die Assoziation auf europäische Nichtmitgliedstaaten oder aber „überseeische Staaten“ (vgl. o), die verfassungsrechtliche Bande mit einem Mitgliedstaat oder bereits assoziierten Staat haben. Der Unterschied zwischen EGV und SEPG ist hier historisch zu erklären. Während es in der Satzung der EPG vor allem um die sachgerechte Integration der ehemaligen oder aktuellen Kolonien bzw. Protektorate ging, ist heute Grundlage der überseeischen Kooperation und Assoziation die Förderung des Handels im Rahmen einer Nord-Süd-Zusammenarbeit sowie ein globaler Entwicklungsansatz für die Länder der südlichen Hemisphäre. Dies wird als Verantwortung verstanden, die gerade auch aus der kolonialen Vergangenheit heraus resultiert.[1015]

Die Assoziationsbestimmungen in der SEPG zielen demgegenüber weniger auf einen globalen Entwicklungsansatz ab, sondern primär auf die Vereinigung Europas und damit vorläufig des freien westlichen Teils. Die afrikanischen, karibischen, pazifischen und asiatischen Staaten sollten nur insoweit Berücksichtigung finden, als dies mit Rücksicht auf Mitgliedstaaten und potenzielle Beitrittskandidaten notwendig und opportun erschien. Die Satzung der Politischen Gemeinschaft beinhaltet damit im Wesentlichen das, was in der EU/EG schon seit längerer Zeit als „Beitrittsassoziation“ oder „dynamische Assoziation“ mit den europäischen Staaten verfolgt wurde, so im Assoziierungsabkommen mit der Türkei von 1963 oder der Strategie zur Vorbereitung des EU-Beitritts der mittel- und osteuropäischen Länder (MOEL) seit 1993.[1016] Diese Strategie führte zu den unterschiedlichsten Abkommen über Handel, Freihandel und Kooperation,[1017] aber auch zu besonderen Schwierigkeiten, etwa hinsichtlich des Status der Türkei. Dieser wurde zu Zeiten des „Kalten Krieges“ eine Mitgliedschaft nach der Annäherung durch die Assoziation in Aussicht gestellt, die aber später nicht einzuhalten war. Eine Mitgliedschaft erschien vielen Beteiligten aus grundsätzlichen Erwägungen unmöglich,[1018] die Türkei selbst war mit der Assoziation im bisherigen Sinne unzufrieden („keine Mitgliedschaft zweiter Klasse“) [1019] und drohte sogar mit einem Veto bei der NATO-Osterweiterung. Nach Angriffen des nachfolgenden Premiers Yilmaz gegen die Bundesregierung und weiterer Eskalation erhielt die Türkei die umstrittene

---

[1014] AKP = Afrikanisch/Karibisch/Pazifisch; vgl. die Aufzählung der Abkommen und Staaten bei Schweitzer/Hummer, Europarecht, Rn. 702; durch die Aufnahme der Beitrittsverhandlungen mit mittel- und osteuropäischen Staaten haben die Europa-Abkommen eine neue Dynamik erhalten.

[1015] Vgl. Bleckmann, Europarecht, Rn. 1463; die Gemeinschaft stellt heute bei einer Vielzahl von Entwicklungsländern den größten Handelspartner dar.

[1016] Auf dem europäischen Rat am 21./22.6.1993 in Kopenhagen wurde den betreffenden Ländern erstmals die Mitgliedschaft in Aussicht gestellt.

[1017] Siehe die Aufzählung der Abkommen bei Schweitzer/Hummer, Europarecht, Rn. 698f.

[1018] Vgl. etwa den Kommentar in der FAZ vom 29.10.1999: „Heuchelei ... Fast jeder Politiker spricht so wie der deutsche Außenminister und sein Vorgänger: dass die Türkei in die Union aufgenommen werden müsse, wenn sie die Bedingungen dafür erfülle - insgeheim setzen die meisten EU-Mitglieder jedoch darauf, dass Ankara das in absehbarer Zeit nicht schafft - der Beitritt der Türkei gäbe der europäischen Einigung eine andere Qualität. Warum also über die Folgen, auch nur die des Signals dieser europapolitischen Gleichgültigkeit, nachdenken?“

[1019] So die Ministerpräsidentin Ciller Ende Januar 1997 (dpa vom 30.1.1997).

Aufnahme in den Kandidatenstatus am 16. Dezember 1999 auf dem Gipfel von Helsinki.[1020]

Auch im EGV und der nachfolgenden Assoziierungspraxis der EU/EG hat die Bedeutung der (ehemaligen) Kolonien ihren Niederschlag gefunden. Der Schwerpunkt der Abkommen bei den außereuropäischen Gebieten liegt im Bereich des Mittelmeerraumes und der ehemaligen Kolonialländer, wenngleich inzwischen eine gewisse Zuwendung zum asiatischen und mittel- bzw. südamerikanischen Raum zu verzeichnen ist.[1021] Gemäß Art. 131 EGV a.F. (Art. 182 EGV/Amsterdam) wurden die außereuropäischen Länder und Hoheitsgebiete, die mit Belgien, Dänemark, Frankreich, Italien, den Niederlanden und dem Vereinigten Königreich besondere Beziehungen unterhalten, mit der Gemeinschaft assoziiert. Die Assoziierung dieser Gebiete erfolgte demnach bereits kraft EWGV und nicht erst durch Abschluss eigener Assoziationsabkommen („Konstitutionelle Assoziierung").[1022] Ziel dieser Assoziierungen war die Förderung der Wirtschaftsbeziehungen zwischen diesen Gebieten und der Gemeinschaft sowie die Förderung des Wohlstandes der dortigen Einwohner (vgl. Art. 131 Abs. 2 und 3 EGV a.F.). Nachdem die meisten überseeischen Gebiete ihre Unabhängigkeit erlangt hatten, mussten die Assoziierungsverhältnisse auf neue Grundlagen gestellt werden. Dies geschah zunächst im Abkommen von Yaoundé vom 20.7. 1963 (Yaoundé I), dem verschiedene multilaterale Abkommen mit den Ländern Afrikas, der Karibik und des Pazifiks folgten.[1023] Zuletzt wurde am 23. Juni 2000 mit 71 AKP-Staaten ein neues Partnerschaftsabkommen in Cotonou (Benin) abgeschlossen, in dem die Beziehungen zu den beteiligten Staaten auf eine teilweise neue (d.h. reformierte) Grundlage gestellt wurden.[1024]

Es kann zusammenfassend festgehalten werden, dass die EPG und die EG ähnliche Wege zur Einbindung der Kolonien und sonstigen außereuropäischen Gebiete mit besonderen Verbindungen wählten. In der EPG war die weitgehende Eingliederung der Kolonien in die Gemeinschaft als integrale Bestandteile (Art. 101 SEPG) sowie die Assoziation der überseeischen Gebiete bzw. Staaten mit verfassungsrechtlichen Verbindungen (Art. 90 SEPG) vorgesehen. Schwerpunkt der Assoziation war aber die „Beitrittsassoziation" hinsichtlich anderer europäischer Staaten, insbesondere solcher des Europarates. Maßstab und Vorbedingung sollte dabei stets die Achtung der Menschenrechte gemäß der EMRK sein. Bei der EU/EG hat sich die Frage der Einbindung der „Kolonien"[1025] praktisch erledigt und einer „Entwicklungsassoziation" Platz gemacht, die insbesondere die wirtschaftliche Entwicklung und Zusammenarbeit der überseeischen Gebiete fördern soll. Freilich werden die Erfolge dieser Bemühungen mit

---

[1020] Vgl. exempl. Blickpunkt Bundestag 12/1999, S. 17: „EU-Kandidatenstatus für Türkei löst kontroverse Reaktionen aus".

[1021] Schweitzer/Hummer, Europarecht, Rn. 700.

[1022] Bleckmann, Europarecht, Rn. 1366f; Schweitzer/Hummer, Europarecht, Rn. 704.

[1023] Vgl. exempl. zu den einzelnen Abkommen (Yaoundé I und II, Arusha I und II, Lomé I bis IV): Bleckmann, Europarecht, Rn. 1369ff; Schweitzer/Hummer, Europarecht, Rn. 706f.

[1024] Siehe ABl. Nr. L 317 vom 15.12.2000.

[1025] Frankreich verfügt nach wie vor über bedeutende überseeische Gebiete, die keine Kolonien, sondern Teil der Französischen Union sind.

differenzierter Zurückhaltung betrachtet, da etwa die schwarzafrikanischen Staaten kaum eine nachhaltige Entwicklung hierdurch erfuhren.[1026] Die Beitrittsassoziation hat dagegen ebenso wie in der EPG naturgemäß ihren Schwerpunkt im europäischen Bereich, wobei aktuell die Ausdehnung nach Ost- und Südosteuropa auf der Tagesordnung steht. Die Diskussion um den Beitritt der Türkei hat die Frage nach den geographischen Grenzen der Europäischen Union zu einer politisch kontroversen Debatte werden lassen.[1027] Diese Problematik beschäftigte die Verfasser der EPG-Satzung noch kaum, da die Türkei zwar Mitglied des Europarates war, eine Beitrittsperspektive aber wohl von allen Beteiligten zum damaligen Zeitpunkt noch nicht ernsthaft erwogen wurde. Gleichwohl kann insgesamt festgestellt werden, dass die Regelungen der Integration anderer Staaten durchaus ähnliche Zielrichtungen verfolgten und auch hier die „gleiche Handschrift" der Verfasser von EPG und EWG sichtbar wird.

III. Beitritt zur EPG gemäß Art. 116 SEPG und zur EU gemäß Art. 49 EUV

Art. 116 § 1 SEPG sieht vor, dass die Gemeinschaft allen Staaten des Europarates und den übrigen Staaten Europas zum Beitritt offen steht, sofern diese die in Art. 3 SEPG bezeichneten Menschenrechte und Grundfreiheiten garantieren. Der Beitrittsantrag des betreffenden Staates ist an den Exekutivrat zu richten, der ihn dem Rat und dem Parlament mitteilt (Art. 116 § 2). Der Beitritt selbst erfolgt dann durch eine Zusatzakte zu der Satzung, die die erforderlichen Anpassungen enthält.[1028] Diese Zusatzakte wird von dem Exekutivrat errichtet und dem Rat und dem Parlament zur Genehmigung vorlegt. Beide Organe entscheiden jeweils mit einfacher Mehrheit, was hinsichtlich des Rates Gegenstand kontroverser Erörterungen war.[1029] Die Beitrittsakte sollte gemäß Art. 116 § 4 in Kraft treten, sobald der Exekutivrat sie verkündet und der beteiligte Staat die Ratifikationsurkunde hinterlegt haben würde. Daraus geht hervor, dass die Satzung den Beitritt zur Gemeinschaft bereits als eine innergemeinschaftliche Angelegenheit betrachtet und es daher weder eines Ratifizierungsverfahrens in den Mitgliedstaaten noch der einfachen Zustimmung der nationalen Parlamente bedurft hätte. Nimmt man das fehlende Einstimmigkeitserfordernis in den Gemeinschaftsorganen hinzu, so wird deutlich, dass ein Vetorecht einzelner Staaten bei einem Beitritt dritter Staaten ausgeschlossen werden sollte, in diesem Punkt also eine mehr unitarisch-föderale als eine intergouvernementale Orientierung der Gemeinschaft zu konstatieren ist. Auch in dieser Frage gilt, dass der Verzicht auf ein Veto die Ablehnung der Regierungen gegenüber dem Satzungsprojekt bestärkt haben dürfte, da der Vorbehalt bzw. das Androhen eines Vetos in diesem elementaren Bereich zum regelmäßigen Instrumentarium der Mitgliedstaaten (und deren Öffentlichkeit) in der Geschichte der EU/EG gehört hat.[1030]

[1026] Siehe etwa eindringlich FAZ vom 6.4.2000: „Südlich der Sahel herrscht Ratlosigkeit"

[1027] Vgl. nochmals Blickpunkt Bundestag 12/1999, S. 17 sowie Faruk Sen in FAZ vom 6.3.1999, S. 12: „Könnte die EU die Türkei verkraften?"

[1028] Vgl. Wigny in: Verfassungsausschuss, Einleitender Bericht und Begründung vom 26.2.1953, S. 59

[1029] Siehe nochmals Eberhard, EPG, S. 30, Fn. 44.

[1030] Beispielsweise drohte Österreich im Sommer 2000 mit einem Veto gegen die Osterweiterung bei Aufrechterhaltung der „bilateralen" Sanktionen (s. etwa Die Rheinpfalz vom 18.4.2000: „Österreich

Die EPG geht dagegen in diesem Punkt über das Schema klassischer Staatenverbindungen deutlich hinaus.

Ganz anders dagegen sind insofern die Regelungen der **EU**, die Art. 49 EUV (ex Art. O) nur im Grundsatz enthält und die im Wesentlichen in dem nach der Praxis geformten Ratsbeschluss vom 9.6.1970 zusammengefasst sind.[1031] Nach dieser Vorschrift kann jeder europäische Staat der Union beitreten, der die Grundsätze des Art. 6 (ex Art. F) EUV achtet, also die „der Freiheit, der Demokratie, der Achtung der Menschenrechte und Grundfreiheiten sowie der Rechtsstaatlichkeit" (Abs. 1) und damit auch die in Abs. 2 ausdrücklich erwähnte EMRK anerkennt. Damit tritt die erste und grundlegende Parallele zur EPG ohne weiteres hervor. Sowohl EPG als auch die EU verstehen sich als europäische Wertegemeinschaft, die die Achtung dieser gemeinsamen Werte zur Bedingung eines Beitritts macht. Gemeinsam ist den beiden Gemeinschaften auch, dass der Beitritt zu den (Teil-) Gemeinschaften „en bloc" erfolgt, d.h. die Gemeinschaft tritt als Entität den Beitrittskandidaten entgegen, die daher die gesamte Rechtsordnung akzeptieren und adaptieren müssen (kein „Beitritt à la carte").[1032] Für die EPG ergibt sich dies bereits aus Art. 5 SEPG, wonach EGKS, EVG und die neue Politische Gemeinschaft eine „Rechtseinheit" bilden, ein „thematisches" Auseinandergehen der einzelnen Beitrittsstaaten ist daher ausgeschlossen. So bleiben für diejenigen Staaten, die zwar dem gemeinsamen Markt, nicht jedoch der Verteidigungsunion beitreten möchten, immerhin die weitreichenden Regelungen der Assoziation nach den Art. 90ff SEPG.

Dagegen hat bei der EU erst der Vertrag von Maastricht (formal) die Einheitlichkeit hinsichtlich eines Beitritts von Drittstaaten gebracht. Bis zum Inkrafttreten des EUV waren die getrennten Beitrittsregelungen der Art. 237 EWGV, 205 EAGV und 98 EGKSV anwendbar, die etwa bei der Norderweiterung 1973 und der Süderweiterung 1981/86 formal getrennte Beitritte erforderten.[1033] Durch Art. 49, ex Art. O EUV ist nunmehr eine Klammer dergestalt hergestellt worden, dass ein Antrag zum Beitritt nur noch an „die Union" zu richten ist, was damit im Grundsatz der Regelung der EPG entspricht, wo zwar dem Wortlaut nach der Beitritt „zu dieser Satzung" (Art. 116 Abs. 2 SEPG) erfolgt, jedoch „die Gemeinschaft" als Gesamtheit gemeint ist (Art. 116 Abs. 1 i.V.m. Art. 5 SEPG). Die EU hat sich damit in dieser Hinsicht dem Modell der EPG angenähert, ohne dass zugleich ausdrücklich die Staatlichkeit oder nur Rechtsfähigkeit der EU anerkannt worden oder zumindest eine Verschmelzung der drei Teilgemein-

---

droht der EU mit Veto"); in der Bundesrepublik wurde etwa zur gleichen Zeit die Forderung nach einem Veto gegen Tschechien im Hinblick auf die Inbetriebnahme eines Kernkraftwerks sowjetischer Bauart in Grenznähe (Temelin) laut; Griechenland hat bis zum Gipfel von Helsinki 1999 u.a. im Hinblick auf den Zypernkonflikt regelmäßig ein Veto gegen den Beitritt der Türkei angedroht. In den späten 70er Jahren wurde in Frankreich zur Protektion des Agrarmarkts die Forderung erhoben, den Beitritt Spaniens zur EWG zu verhindern.

[1031] Oppermann, Europarecht, Rn. 1848ff (S. 802f); Text in EA 1970, 350ff.

[1032] Vgl. hierzu und zur Pflicht zur Übernahme des „acquis communautaire": Koenig/Haratsch, Europarecht, Rn. 859ff (S. 324ff).

[1033] Oppermann, Europarecht, Rn. 1841 (S. 799).

schaften erfolgt wäre. Der weitere Weg dürfte jedoch vorgezeichnet sein und die Verschmelzung der drei Teilgemeinschaften mit dem Auslaufen des EGKSV am 23. Juli 2002[1034] neuen Auftrieb erhalten.[1035] Dies dürfte auch einen weiteren Schritt von einer Dach- bzw. Säulenkonstruktion hin zu einer einheitlichen Europäischen Union bedeuten, die im alltäglichen Sprachgebrauch ohnehin schon zumeist Realität ist.

Bedeutende Unterschiede bestehen auch beim Verfahren des Beitritts. Zuständig für die Entgegennahme des Antrags in der EU ist nicht die Kommission („=" Exekutivrat), sondern der Rat. Art. 49 (ex Art. O) EUV sieht sodann die vorherige (konstitutive) Zustimmung des Europäischen Parlaments mit der absoluten Mehrheit seiner Mitglieder vor, welches damit über eine echte Mitentscheidungsbefugnis verfügt.[1036] Bei dem dann folgenden Zustimmungsbeschluss des Rates ist - wie erwähnt - Einstimmigkeit notwendig, sodass die einzelnen Mitgliedstaaten bereits hier ein effektives „Vetorecht" ausüben können. Solche Drohungen wären in der EPG wegen des Art. 116 rechtlich bedeutungslos,[1037] was die Dimension dieser Vorschrift und des erforderten Souveränitätsverzichts verdeutlicht. Der größte Unterschied ergibt sich sodann aus dem Verfahren nach der Zustimmung der Gemeinschaftsorgane. Hinsichtlich der bisherigen Mitgliedstaaten findet ein solches nach der Satzung der EPG gerade nicht statt; nur der beitretende Staat muss den Vertrag nach seinen verfassungsmäßigen Regeln ratifizieren, bevor der Exekutivrat die Beitrittsakte zu ihrem Inkrafttreten verkünden kann.

Demgegenüber verbleibt es im Hinblick auf die fundamentale Bedeutung eines Beitritts für die Gemeinschaftsstruktur im Rahmen der EU gemäß Art. 49 Abs. 2 EUV bei dem klassischen völkerrechtlichen Verfahren, wonach die Mitgliedstaaten und ihre Parlamente maßgeblich eingeschaltet werden und damit auch als „Herren des Verfahrens" [1038] bezeichnet werden können. Aufnahmebedingungen und Vertragsanpassung werden in einem besonderen Beitrittsabkommen geregelt, das zwischen den Mitgliedstaaten und dem antragstellenden Staat geschlossen wird (Art. 49 Abs. 2, S.1 EUV). Sodann bedarf das Abkommen der Ratifikation durch alle Vertragsstaaten gemäß ihren verfassungsrechtlichen Vorschriften (Art. 49 Abs. 2, S.2 EUV). Dieser nationale Vorbehalt ist der signifikanteste Unterschied der Beitrittsmodalitäten von EPG und EU. Während die praktische Ausarbeitung der Beitrittsakte bei der Kommission bzw. dem

[1034] Der EGKSV (BGBl. II 1952, S. 447) gilt gemäß Artikel 97 für 50 Jahre, die von dem Inkrafttreten am 23.7.1952 an zu rechnen sind.

[1035] Vgl. Schweitzer/Hummer, Europarecht, Rn. 41, mit dem Hinweis auf die Mitteilung der Kommission vom 15.3.1991 und den entsprechenden Bericht des institutionellen Ausschusses des EP über die Integration der Gegenstände des EGKSV und des EAGV in den EWGV vom 3.12.1991.

[1036] Klein in: Hailbronner/Klein/Magiera/Müller-Graf, EUV/EGV-Kommentar, Art. O, Rn. 17; Oppermann, Europarecht, Rn. 1850 (S. 803); demgegenüber schreibt Art. 116 SEPG keine qualifizierte Parlamentsmehrheit vor, sodass hier die Mehrheit der abgegebenen Stimmen ausreicht.

[1037] Ob in der Praxis der Beitritt eines Staates gegen das „politische Veto" eines Mitgliedstaates durchzusetzen gewesen wäre, ist freilich eine ganz andere Frage, die im Hinblick auf die weitere Entwicklung der Europäischen Gemeinschaften („Luxemburger Kompromiss") eher zu verneinen wäre, sofern grundlegende nationale Interessen geltend gemacht würden.

[1038] Oppermann, Europarecht, Rn. 1851 (S. 803).

Exekutivrat liegt, verbleibt das letzte Wort in der EU bei den Mitgliedstaaten selbst (insbesondere auch bei deren Parlamenten); demgegenüber lässt die Satzung der EPG einen einstimmigen Beschluss des Rates der nationalen Minister ausreichen und entfernt sich damit von dem insofern mehr „völkerrechtlichen" Modell der EU, was in diesem Fall als durchaus problematisch zu bezeichnen ist. Die demokratische Legitimation von Gemeinschaftsakten ist im Hinblick auf ein noch nicht bestehendes Staatsvolk kaum zu vermitteln, wenn zentrale Entscheidungen - zu denen auch die Zusammensetzung der Gemeinschaft gehört - den nationalen Parlamenten vorenthalten werden. Damit ist in diesem Bereich die Regelung der EU als vorzugswürdig anzusehen.

F. Zusammenfassende Würdigung und Ausblick: EPG 1953 und EU/EG 2001

Zusammenfassend ist zu fragen: Haben die Schöpfer der EPG-Satzung das projektiert, was die EU letztlich geschafft hat oder ging sie sogar darüber hinaus oder ist die EPG ein aliud im Verhältnis zur EU/EG? Letztere Frage kann eindeutig verneint werden. Es wurde bereits mehrfach aufgezeigt, dass die EPG in vielen Bereichen eine Vorbildfunktion für die späteren Gemeinschaften hatte, wobei auch die EVG in den Blick zu nehmen ist. Die Grundstruktur der Gemeinschaften ist seit den Plänen Schumans gleich geblieben, wenn auch nach dem Scheitern von EPG und EVG zunächst (scheinbar?) der Weg sektoraler Integration gewählt wurde. Das Modell der EWG war strukturell zunächst näher an das der EVG angelehnt, da der Rat mit einer besonderen Machtfülle ausgestattet war und das Parlament (die Versammlung) nur beratenden (und ggf. kontrollierenden) Charakter haben sollte. Die weitere Entwicklung der Gemeinschaften mit der Schaffung des Binnenmarktes (EEA) bis hin zur Gründung der Europäischen Union (Maastricht) und die Fortentwicklung durch den Vertrag von Amsterdam haben jedoch eine immer weitere Annäherung hin zu einer Demokratisierung und Parlamentarisierung gebracht, die dem Modell der EPG in vielen Punkten nahe kommt. Die Frage, was die heutige Union von ihrem ersten Verfassungsentwurf lernen kann, ist folglich dahingehend zu beantworten, dass sie bereits vielfach gelernt und adaptiert hat und insofern zu ihren Ursprüngen zurückgekehrt ist. Methode und Terminologie haben sich dabei im Laufe der Zeit verändert, nicht jedoch das Ziel der Vergemeinschaftung europäischer Interessen in einem möglichst engen Verbund der Staaten unter gleichzeitiger Wahrung der Effizienz im gemeinsamen Vorgehen und Gewährung demokratischer Legitimation. Auch wenn manche Einzelheiten der „Europäischen Politischen Gemeinschaft" historisch bedingt an Bedeutung für die heutige Union verloren haben, so bleibt die EPG-Satzung doch Vorbild der Gemeinschaftsordnung, da sie die erste geschriebene europäische Verfassung darstellt, auch wenn sie in dieser Form nie in Kraft getreten ist. Dies soll in der abschließenden Zusammenfassung und Bewertung nochmals verdeutlicht werden.

I. Organe der Gemeinschaft

Bei den Organen der beiden Gemeinschaften gibt es im Ergebnis auffallende Gemeinsamkeiten, die von der gleichen Handschrift der Verfasser (Spaak u.a.) sowie dem gleichen Ursprung (Schuman-Plan) zeugen, aber auch die unterschiedlichen historischen Gegebenheiten - vor und nach dem Scheitern der EVG - deutlich aufzeigen. Die Schöpfer der EPG gingen entsprechend den Zielen Schumans zumindest von einer langfristigen föderalen Perspektive aus, ohne freilich der Gemeinschaft schon die Kompetenzen einer solchen Föderation zubilligen zu können. Dementsprechend wurde ein institutionelles Gerüst geschaffen, welches eine spätere Föderation ohne weiteres vereinnahmen können sollte.[1039] Ausgangspunkt war ein nach klassischem Muster un-

[1039] Besonders plastisch Robertson, EPC, S. 400: „... Once the skeleton is thus covered with a little flesh and skin he (*Anm.: the federalist*) considers, no doubt, that it should be possible to fatten it up

terteiltes Parlament, wobei der Senat die Staaten und die Völkerkammer „die in der Gemeinschaft geeinten Völker“ vertreten sollten. Demgegenüber sollten dem Rat der nationalen Minister (scheinbar) gemäß Art. 35 SEPG nur Koordinierungsfunktionen zwischen den Regierungen der Mitgliedstaaten und dem Exekutivrat zukommen. Tatsächlich stehen ihm jedoch wesentlich weitergehende Befugnisse zu, als die Ausgangsvorschrift des Art. 35 dies vermuten lässt. Bei allen Fragen der Finanzierung der Gemeinschaft hat der Rat das letzte Wort, der damit auch indirekt maßgeblichen Einfluss auf den Haushalt nehmen kann. Im Bereich der „Binnenmarktgesetzgebung“ hat er ein bedeutendes Mitwirkungsrecht, in den ersten 6 Jahren nach Inkrafttreten der Satzung steht sogar jedem Mitglied des Rates ein Vetorecht gegen diesbezügliche Gesetzgebungsvorhaben zu.

Der Europäische Exekutivrat ist vom Satzungswortlaut „als Regierung“ der Gemeinschaft konzipiert und stellt praktisch die alleinige (eigene) Exekutive der Gemeinschaft dar. Echte Regierungsfunktionen sind jedoch zunächst nur eingeschränkt vorhanden. Die EU/EG verzichtet demgegenüber auf eine Definition ihrer „Exekutive“ und beschränkt sich auf die Beschreibung der Aufgaben der Kommission in Art. 211 EGV (Art. 155 EGV a.F.). Zudem sind Exekutivaufgaben auch dem Rat in der Gemeinschaft zugewiesen. Auch dies ist eine Konsequenz des Scheiterns von EPG und EVG. Eine „europäische Regierung“ wurde nicht mehr deklariert, stattdessen fungierte das Exekutivorgan fortan unter dem unverfänglicheren Namen „Kommission“, der stark an das „Kommissariat“ der EVG erinnert und durchaus eine Anleihe hieraus sein dürfte. Insbesondere entspricht die Rolle der Kommission (in der Ursprungsfassung des EWGV) auch mehr der Rolle des Kommissariats, da der Rat in der EWG - ebenso wie in der EVG - strukturell als dominantes Organ der Gemeinschaft bezeichnet werden kann. Der von dem EuGH geprägte Grundsatz des „institutionellen Gleichgewichts“[1040] dürfte auch mehr eine Reaktion auf diese Machtverteilung sein und ändert nichts an der strukturellen Überlegenheit des Rates im Rahmen der Römischen Verträge. Dies zeigt indessen deutlich, dass die Schöpfer der EG aus den Erfahrungen gelernt hatten und sowohl durch Veränderungen der Kompetenzverteilung als auch durch eine andere Sprachwahl reagierten. So gehen die Befugnisse des Exekutivrates in einigen Punkten tatsächlich weiter als die der Kommission, wenngleich auch diese Besserstellung es nicht rechtfertigt, das Prädikat „europäische Regierung“ zu verleihen. Die Kommission ihrerseits ist bis heute vergeblich darum bemüht, den Platz einer europäischen Regierung einzunehmen, wobei der Konflikt zwischen dem Handeln der einzelstaatlichen Regierungen (innerhalb und außerhalb des Rates) und dem Anspruch der Kommission immer wieder sichtbar hervortritt, wie etwa bei der Grundsatzrede des Kommissionspräsidenten Prodi am 3.10.2000 vor dem Europäischen Parlament.[1041] Die Frage der

---

without too much delay...“; siehe auch Gasteyger, Die politische Homogenität als Faktor der Föderation, S. 109f. („Postulat der Föderalisten erfüllt“).

[1040] Vgl. nochmals EuGH, Slg. 1990, S. I-2041 (st. Rspr.).

[1041] Siehe FAZ vom 4.10.2000, S. 9: „Zusammenarbeit der Regierungen schadet der Kommission“ und ebenda: „Unterstützung für EU-Kommission - Benelux-Länder sprechen sich gegen staatliche Zusammenarbeit aus“; Süddeutsche Zeitung vom 4.10.2000, S. 7: „Prodi warnt vor Aushöhlung der EU“;

Notwendigkeit einer europäischen Regierung und die Chance ihrer Realisierung zieht sich wie ein roter Faden durch die Integrationsgeschichte der EU/EG und wird auch in jüngerer Zeit wieder intensiv auf verschiedenen Ebenen erörtert.[1042]

Das EP selbst unterscheidet sich nach den Reformen von Maastricht und Amsterdam nicht mehr im Wesen von dem Parlament der EPG, da die Rolle des Mitgesetzgebers letztlich in beiden Systemen verwirklicht wurde. Hinsichtlich der Kontrolle der Exekutive ist der Senat der EPG in den Blick zu nehmen, der ja maßgeblich die „Regierung" bestimmt. Da eine (neue) zweite Kammer in der EU nicht angestrebt wird, bleibt die Möglichkeit, den Rat der Union zu einer Staatenkammer umzugestalten, was bereits mehrfach vorgeschlagen wurde[1043] und eine weitere Annäherung an das System der EPG darstellen würde. Dabei erscheint es aber als durchaus unrealistisch, dass diese „Abgeordneten" mit einem freien Mandat ausgestattet sein könnten. Vielmehr wäre das Modell eines Bundesrates weisungsgebundener Regierungsdelegierter realer und vorzugswürdig, was freilich außer dem Erreichen größerer Transparenz zunächst nur wenig strukturelle Änderungen bedingen und hervorrufen würde. Ungeachtet dessen ist hervorzuheben, dass im institutionellen System der EPG das Problem der Trennung der nationalen Parlamente von dem Parlament der Gemeinschaft durch die Verbindung im Senat (Delegation aus den Parlamenten) gelöst wurde, währenddessen in der EU/EG der schleichende Machtverlust der Nationalparlamente und die fehlende Partizipation an den Entscheidungen in Brüssel und Straßburg als bisher weitgehend ungelöstes Problem anzusehen ist.

II. Kompetenzen der Gemeinschaft

Bei der Schaffung des gemeinsamen Marktes gehen die Kompetenzen der EU/EG heute weiter als die der EPG, was freilich auch Ergebnis eines historischen Entwicklungsprozesses von etwa 50 Jahren ist. Zwar enthält auch die Satzung der EPG die „Zuständigkeit" zur Schaffung eines gemeinsamen Marktes, gleichwohl sind die tatsächlich in der EU/EG erreichten wirtschaftlichen Integrationsschritte so tiefgreifend und weitgehend, dass hier die Realität „das Modell" überholt hat. Insbesondere wurden durch die Schaffung einer Europäischen Zentralbank (EZB) und die Einführung einer gemeinsamen Währungspolitik bis hin zur gemeinsamen Währung (Art. 105ff EUV) Tatsachen geschaffen, die sich die Schöpfer der EPG-Satzung wohl noch nicht in dieser Konsequenz vorstellen konnten. Gleichwohl statteten sie die Gemeinschaft mit der Aufgabe

---

Kölner Stadtanzeiger vom 4.10.2000, S. 5: „Prodi für Stärkung der Kommission - Sonst droht Zerfall der Union".

[1042] Siehe nochmals Frankfurter Neue Presse vom 30.4.2001: „Des Kanzlers Traum von einer Europa-Regierung" sowie vom 2.5.2001: „Angst vor der Allmacht Brüssels"; vgl. auch die Übersicht der (kontroversen) Reformvorstellungen einiger Staats- und Regierungschefs in der FAZ vom 19.5.2001 (englische Ausgabe), S. 8: „All Aboard the Train to Europe".

[1043] Vgl. FAZ vom 19.5.2001 (englische Ausgabe), S. 8, wo Bundespräsident Rau, Bundeskanzler Schröder und Außenminister Fischer als Befürworter eines solchen Zweikammersystems zitiert werden, sowie nochmals die Schrift „Wie Europa verfasst sein soll", Bertelsmann Stiftung (Hrsg.) 1990, S. 15f.

(und Befugnis) aus, die Währungs-, Kredit- und Finanzpolitik der Mitgliedstaaten in Einklang zu bringen (Art. 82 Abs. 2 SEPG) und zeichneten damit in gewisser Weise die spätere Linie vor.

Im Bereich der Finanzen sind beide Gemeinschaftsmodelle im Grundsatz autonom konzipiert worden, indem sie sich praktisch vollständig aus Eigenmitteln finanzieren sollen. Dennoch haben weder die EU/EG noch die EPG die Möglichkeit, ihr Finanzierungssystem gegen den Widerstand einzelner Länder zu verändern. Dies entspricht einer notwendigen Rücksichtnahme auf die Mitgliedstaaten und ihre Regierungen und sollte im Grundsatz auch in einem Staatenverbund nach Art der EU nicht in Frage gestellt werden. Allerdings ist die Forderung einer Teilhabe des Parlaments an der Einnahmenseite im Grundsatz nicht von der Hand zu weisen,[1044] wobei das Parlament der EPG und der EU/EG sich dabei in der gleichen Situation - nämlich eines fehlenden Mitwirkungsrechts - befinden. Im Bereich des Haushalts ist die EPG allerdings autonomer, da das Parlament nach Abschluss des Verfahrens den gesamten Haushalt beschließt und damit insofern keinen Beschränkungen (etwa auf „nichtobligatorische" Ausgaben) unterliegt. Allerdings sind auch in der EPG die Gestaltungsrechte des Parlaments noch stark eingeschränkt worden. In dem Sektor der Außenpolitik beinhalten beide Gemeinschaftsmodelle (noch) keinen substanziellen Souveränitätsverzicht (s.u.), wobei die GASP mit ihren durch den Vertrag von Amsterdam reformierten Instrumenten das Koordinierungsmodell der EPG zunehmend hinter sich lassen dürfte.

III. Die Grundrechte in der Gemeinschaft

Die Satzung der EPG macht die Achtung und Wahrung der Konvention der Menschenrechte und Grundfreiheiten vom 4. November 1950 nebst Zusatzprotokollen zum zentralen Bestandteil (Art. 3) und justiziablen Maßstab (Art. 45) des Gemeinschaftsrechts. Folgerichtig wird diese damit auch zur Messlatte für alle Staaten, die mit der Gemeinschaft assoziiert werden oder ihr sogar beitreten möchten (Art. 90, 116). Auf die Formulierung einer eigenen Grundrechtscharta wurde aus zwei Gründen verzichtet. Zum einen erschien eine vertiefte Erörterung schon wegen der knapp bemessenen Zeit von sechs Monaten nicht möglich, sodass sich ein Zurückgreifen auf die bereits bestehende Konvention schon aus pragmatischen Gründen anbot. Zum anderen sollte aber auch in der Satzung so deutlich wie möglich die politische, moralische und juristische Verbundenheit zu den Staaten des Europarates verankert werden. Die vollständige Übernahme der EMRK einschließlich einer Vorlagepflicht in grundlegenden Fällen an die (zum damaligen Zeitpunkt noch zu schaffenden) Konventionsorgane war insofern die konsequente Umsetzung dieser Prämisse.

Die EU bekennt sich in Art. 6 Abs. 2 (Art. F Abs. 2 a.F.) EUV ebenfalls zur EMRK, macht sie allerdings nicht in direkter Form zum integralen Bestandteil des Gemeinschaftsrechts („Die Union achtet die Grundrechte..."), sondern stellt sie in Anknüpfung

[1044] Exempl.: „Wie Europa verfasst sein soll", Bertelsmann Stiftung (Hrsg.) 1990, S. 22.

an die vom EuGH entwickelten Grundsätze neben die gemeinsamen Verfassungsüberlieferungen der Mitgliedstaaten als allgemeine Grundsätze des Gemeinschaftsrechts. Die EMRK ist nach dieser Konstruktion mehr Erkenntnisquelle für die Entwicklung eines eigenen gemeinschaftsrechtlichen Grundrechtssystems. Bei der Diskussion um die Schaffung einer Grundrechtscharta der EU wurde dementsprechend auch nach wie vor die direkte Übernahme der in der EMRK und einigen Zusatzprotokollen genannten Menschenrechte und Grundfreiheiten als Möglichkeit für die Union erachtet, allerdings nicht mehr - wie 1953 im Rahmen der EPG - „als erste Wahl".[1045] Der Abschluss der Arbeiten des beauftragten Konvents an der Europäischen Grundrechtscharta[1046] und deren spätere feierliche Proklamierung in Nizza im Dezember 2000 zeigen, dass die Entscheidung insoweit gefallen sein dürfte und es zukünftig vorwiegend um die Frage der Bindungswirkung der Charta im europäischen und innerstaatlichen Recht[1047] sowie ihre Integration in eine künftige Europäische Verfassung geht, nicht mehr aber um die Inkorporation der EMRK, die allerdings Rechtserkenntnisquelle bleiben wird. Dies erscheint konsequent, da der Beitritt zur EMRK ohnehin nur als Ersatz oder Vorstufe für einen fehlenden bzw. zu schaffenden Grundrechtskatalog der Gemeinschaft angesehen wurde.[1048] Allerdings ist zu konstatieren, dass die Grundrechtscharta der EU auch die Grundlagen der EMRK berücksichtigt, indem sie in Art. 52 Abs. 2 die Konventionsrechte praktisch als Mindeststandard der EU vorschreibt und die notwendige Kohärenz zwischen EU-Charta und EMRK schafft,[1049] sodass es sich - zumindest teilweise - auch um den „Beitritt zur EMRK mit anderen Mitteln" handelt.

Bei den wirtschaftlichen Grundfreiheiten sieht die Satzung eine den Bestimmungen des EGV entsprechende Regelung nicht vor. Allerdings gewährt Art. 83 SEPG die Freizügigkeit des Personenverkehrs für Bürger der Gemeinschaft, die ihrer Dienstpflicht in den Europäischen Verteidigungsstreitkräften genügt haben oder nach Inkrafttreten des

[1045] Vgl. etwa Weber, Die Europäische Grundrechtscharta - auf dem Weg zu einer europäischen Verfassung, NJW 2000, S. 540, der die Übernahme der EMRK faktisch als Beitritt der Gemeinschaft betrachtet, dies als problematisch kritisiert und einem gemischten Modell einer Europäischen Grundrechtscharta den Vorzug gibt.

[1046] Siehe zur Vorgeschichte der Charta: Pernice, Eine Grundrechte-Charta für die Europäische Union, DVBl 2000, S. 847; Weber, a.a.O., S. 537; Cole, Eine Europäische Grundrechtscharta - Forum des Bundesministeriums der Justiz, NJW 1999, S. 2798; Eickmeier, Eine Europäische Charta der Grundrechte, DVBl 1999, S. 1026 mit einem Bericht über die Arbeit des gemeinsamen Forums des Bundesjustizministeriums und der Europäischen Kommission vom 27.4.1999.

[1047] Vgl. Knöll, Die Charta der Grundrechte der Europäischen Union, NVwZ 2001, S. 394 m.w.N. sowie Blickpunkt Bundestag 1/2001, S. 39: „Grundrechte-Charta soll rechtlich verbindlich werden"; kritisch etwa Lindner, EG-Grundrechtscharta und gemeinschaftsrechtlicher Kompetenzvorbehalt, DÖV 2000, S. 543ff, der das gegenwärtige „Kompetenzverteilungsschema" einer umfassenden EG-Grundrechtskonzeption entgegenstehen sieht.

[1048] Exempl. Deringer/Sedemund, Europäisches Gemeinschaftsrecht, NJW 1979, S. 2435: „... Materiellrechtlich erscheint ein derartiger Beitritt wünschenswert, solange es nicht zur Verabschiedung eines eigenen Grundrechtskatalogs der Gemeinschaft kommt."

[1049] Vgl. Grabenwarter, Die Charta der Grundrechte für die Europäische Union, DVBl 2001, S. 2f; Hilf, Die Charta der Grundrechte der Europäischen Union, NJW-Sonderbeilage 2000, S. 14f (siehe Anmerkung zu Art. 52 und Gegenüberstellung der kongruenten Bestimmungen).

Vertrages geboren werden. Die Freiheit des Güter-, Kapital- und Dienstleistungsverkehrs sollte erst durch die Gesetzgebung der Gemeinschaft gemäß den Art. 82 ff SEPG gewährleistet werden. Demgegenüber sind die im Einzelnen ausformulierten Grundfreiheiten des EGV nach der schon frühzeitig begonnenen Rechtsprechung des EuGH mit weitreichender unmittelbarer Wirkung ausgestattet, sodass sich jeder Begünstigte (insbesondere Bürger und Unternehmen) vor den Gerichten und der Verwaltung auf diese Bestimmungen berufen kann und entgegenstehendes nationales Recht wegen des Anwendungsvorrangs insoweit „ohne weiteres unanwendbar" ist.[1050] In Ermangelung ausdrücklicher wirtschaftlicher Grundrechte und Grundfreiheiten im Rahmen der Satzung der EPG würde allerdings das Zusatzprotokoll zur EMRK vom 20.3.1952[1051] besondere Bedeutung erlangt haben können, da der in Art. 1 des ZP normierte Schutz des Eigentums in der späteren Rechtsprechung des EGMR durchaus ein besonderes Gewicht erhalten hat.[1052]

IV. Außenverhältnis der Gemeinschaft

Der Satzungsentwurf der EPG strebt eine umfassende Koordinierung der Außenpolitik der Mitgliedstaaten an, bleibt in den Ergebnissen aber hinter der Konzeption der EU zurück. Zwar hat die Gemeinschaft gemäß Art. 69 SEPG für eine gemeinsame Außenpolitik im Hinblick auf die Ziele des Art. 2 „zu sorgen", jedoch sind die hierfür übertragenen Kompetenzen spärlich, sodass die außenpolitische Prärogative praktisch vollständig in der Hoheitsgewalt der Mitgliedstaaten verbleibt. Nach der Sprachregelung der EU wäre die Außenpolitik trotz ihrer Verankerung in der Satzung (Art. 67-74) als „intergouvernemental" zu bezeichnen. Die dargestellte Gemeinsame Außen- und Sicherheitspolitik (GASP) der Europäischen Union geht konzeptionell inzwischen weit über das Modell der EPG hinaus, da konkrete Instrumentarien zur Verfügung gestellt wurden, die - ungeachtet ihrer bisher eher geringen Wirksamkeit - die Grundlage für eine fortschreitende Vergemeinschaftung dieses Sektors der Politik darstellen können. Die immer weiterreichendere wirtschaftliche Integration der Gemeinschaft bzw. der Mitgliedstaaten macht auch eine größere politische Einheit notwendig. Die Einführung des Euro und die damit verbundenen Schwierigkeiten haben auch den Druck auf andere Politikfelder verstärkt, da die internationalen Finanzmärkte offenbar noch den Willen zur einheitlichen (Wirtschafts-)Politik und ihrer wirksamen Darstellung bei den 15 Mitgliedstaaten vermisst haben. Da die Union mit ihrem relativ eilig durchgesetzten Projekt einer Gemeinschaftswährung quasi „zum Erfolg verdammt" ist, kann von weiteren Bemühungen zur Vereinheitlichung anderer Politikfelder und von dem ernsthaf-

---

[1050] EuGH, Slg. 1978, S. 629 (Simmenthal); vgl. zusammenfassend auch Hasselbach, Der Vorrang des Gemeinschaftsrechts vor dem nationalen Verfassungsrecht nach dem Vertrag von Amsterdam, JZ 1997, S. 942ff.

[1051] BGBl. II 1957, S. 226 - für die Bundesrepublik Deutschland am 13.2.1957 in Kraft getreten.

[1052] Siehe etwa Herdegen, Europarecht, Rn. 30ff (S. 25f) mit Hinweisen auf die Rechtsprechung des EGMR; eine ausführliche Analyse findet sich bei Gelinsky, Der Schutz des Eigentums gemäß Art. 1 des Ersten Zusatzprotokolls zur Europäischen Menschenrechtskonvention, 1996.

ten Versuch einer einheitlichen Fortentwicklung im Rahmen des internationalen Umfeldes ausgegangen werden.

Hinsichtlich Assoziation und Beitritt dritter Staaten haben beide Gemeinschaften einen historisch bedingten unterschiedlichen Fokus, der sich konkret in einigen Regelungen widerspiegelt. Die Schöpfer der EPG-Satzung sahen die Anbindung an den (westlich geprägten) Europarat in den Zeiten des Kalten Krieges und die Einbindung überseeischer Hoheitsgebiete der Mitgliedstaaten, insbesondere Frankreichs, als elementare und vorrangige Aufgaben an. Demgegenüber ist die EU mit dem Thema der Ost- und Südosterweiterung an eine Dimension herangetreten, die in der Satzung der EPG zwar theoretisch nicht ausgeschlossen ist, die den Mitgliedern der Ad hoc-Versammlung aber so fernliegend schien, dass diese Fragen praktisch nicht erörtert wurden. Im Gegenteil war die gemeinsame Verteidigungs- und Sicherheitspolitik im Rahmen der EVG (primär gegen den Osten) auch eine entscheidende Triebfeder für den Entwurf der EPG und ihrer (ansatzweisen) gemeinsamen Außenpolitik. In der EU wird nunmehr zwar auch verstärkt die gemeinsame Verteidigung im Rahmen eigener Strukturen und der WEU[1053] hervorgehoben, gleichwohl hat seit dem Scheitern der EVG die NATO die sicherheitspolitische Realität in (West)-Europa bestimmt.

Die sich aus der Osterweiterung ergebenden neuen geographischen Optionen der Union dürften in dieser auch zu erheblichen Veränderungen führen, wenngleich die einzelnen Schritte der institutionellen Reform bisher eher zurückhaltend angegangen wurden und auch der Vertrag von Nizza diesbezüglich wohl als Minimalkonsens zu bezeichnen ist, der die grundlegenden Strukturfragen einer Union mit über 20 Mitgliedern noch nicht hinreichend beantwortet. Fraglich ist dabei, ob der in der EPG innewohnende Gedanke einer Europäischen Föderation mit einer steigenden Zahl unterschiedlicher europäischer Staaten nicht zunehmend in den Hintergrund rücken und eine neue Form des Verbundes gefunden werden müsste. Das Spannungsfeld gleichzeitiger Erweiterung und Vertiefung der Gemeinschaft ist nach wie vor nicht überzeugend gelöst und wird die Diskussionen der nächsten Jahre mitbestimmen.

V. Die Verfassung der Gemeinschaft

Es wurde bereits darauf hingewiesen, dass die Debatte über die Schaffung einer Verfassung der Europäischen Union Ausmaße angenommen hatte, die im Rahmen dieser Ausarbeitung mit Blickwinkel auf die EPG nicht darstellbar sind. Schwarze führte zu Beginn seines Vortrages vom 24.9.1999 hierzu aus: *„Die Debatte um eine ausdrücklich so benannte europäische Verfassung ist bald zwanzig Jahre alt; im Übrigen wird sie der Sache nach, ohne freilich explizit diesen Begriff zu verwenden, eigentlich schon seit Beginn der ersten Europäischen Gemeinschaft, der Montan-Union, vor rund ei-*

[1053] Auf die nunmehr durch den Vertrag von Nizza vorgesehene Einschränkung in Art. 17 EUV wurde bereits oben hingewiesen.

nem halbem Jahrhundert geführt.“ [1054] Diese Aussage ist insoweit zu relativieren, als bereits im Rahmen des EPG-Projekts der Begriff der „Europäischen Verfassung“ zum allgemeinen Sprachgebrauch gehörte und die Akteure 1952/53 tatsächlich der Auffassung waren, dass sie mit dem vorgelegten Satzungsentwurf zumindest den Grundstein einer europäischen Verfassung legen würden.[1055]

Für die EU hat sich die Auffassung durchgesetzt, dass eine Totalrevision des Gemeinschaftsrechts nicht in Betracht kommt, sondern eine Fortentwicklung der Gemeinschaftsverträge als Verfassung der Gemeinschaft zu bevorzugen ist, wobei entweder die Forderung nach einem „Verfassungsvertrag“ hervorgehoben wird[1056] oder mehr auf die Fortentwicklung der bestehenden Verträge[1057] oder auf das bereits bestehende „Ensemble geschriebener und ungeschriebener Teilverfassungen“ abgestellt wird.[1058] Das Europäische Parlament hat seit Anfang der 80er Jahre zahlreiche Initiativen zur Schaffung bzw. Fortentwicklung der Gemeinschaftsverfassung ergriffen.[1059] Die Bewertung des Vertrages als Gemeinschaftsverfassung findet sich auch in der Rechtsprechung und den Gutachten des EuGH.[1060] Hiergegen wird geltend gemacht, dass der gegenwärtige Stand der Entwicklung der Europäischen Union die Verwendung eines normativen Verfassungsbegriffs nicht trage, die Union mithin „nicht verfassungsfähig“ sei.[1061] Un-

---

[1054] Schwarze, Auf dem Weg zu einer Europäischen Verfassung, DVBl 1999, S. 1677ff.

[1055] Siehe etwa Genzer, Die Satzung der Europäischen Gemeinschaft EA 1953, S. 5653: „... Zum Entwurf einer europäischen Verfassung“; Bulletin der Bundesregierung Nr. 10 vom 16.1.1953, S.77: „Aufbau der Europäischen Verfassung“; das (unveröffentlichte) Referat von Ridder, „Probleme der europäischen Verfassung“, zitiert bei von Puttkamer, ZaöRV 1953/54, S. 105, Fn. 4; Nawiasky, Die Hauptfragen der politischen Organisation der Europa-Gemeinschaft, Frankfurter Hefte 1952, S. 913: „... soll dieses Grundgesetz Europas geltendes Verfassungsrecht werden“; Sternberger, Eine Verfassung für Europa, Die Gegenwart 1953, S. 106; Karp, International Organization 1954, S. 181 (Titel): „The Draft Constitution for a European Political Community“; Voyenne, Histoire de l'idée européenne, S. 200: „... un plan complet de Constitution européenne“; Schlochauer, Wörterbuch des Völkerrechts, S. 476 („vollständiges institutionelles Verfassungssystem“); Eberhard, EPG, S. 1 (Einleitung); Ophüls, Zur ideengeschichtlichen Herkunft der Gemeinschaftsverfassung, FS Hallstein, S. 402; zu beachten ist auch der gewählte Begriff „Verfassungsausschuss“.

[1056] Schäuble/Lamers, Europa braucht einen Verfassungsvertrag, FAZ vom 4.5.1999, S. 10f; ausführlich hierzu: Schwarze, Auf dem Weg zu einer Europäischen Verfassung, DVBl 1999, S. 1681ff, 1689, der im Ergebnis den Verfassungsvertrag als einzig realistische Variante des künftigen Entwicklungsprozesses ansieht.

[1057] So etwa Scholz/Hofmann, Perspektiven der europäischen Rechtsordnung, ZRP 1998, S. 295, 301 („Konsolidierung“).

[1058] So ausdrücklich Häberle, Europa als werdende Verfassungsgemeinschaft, DVBl 2000, S. 841; auf den Begriff stellt auch Frowein, Verfassungsperspektiven der Europäischen Gemeinschaft, EuR-Beiheft 1 1992, S. 65 ab: „EG als Teilverfassung Europas“.

[1059] Vgl. Alber, Die Entwürfe des Europäischen Parlaments für eine Europäische Verfassung, 1991, S. 13ff.

[1060] Siehe etwa EuGH, Gutachten 2/94, Slg. 1996, S. I-1759 sowie die Nachweise bei Iglesias, Gedanken zum Entstehen einer Europäischen Rechtsordnung, NJW 1999, S. 2.

[1061] So ausdrücklich Kirchhof, zitiert bei: Stüer/Hermanns, 13. Verwaltungsrichtertag in München, DVBl 2001, S. 1113 und Koenig, Ist die Europäische Union verfassungsfähig?, DÖV 1998, S. 268, 275, der unter anderem im Hinblick auf die fehlende Kompetenz-Kompetenz den Begriff „Grundstatut

geachtet dieser verschiedenen Ansätze - die teilweise auch nur auf einer unterschiedlichen Terminologie basieren - dürfte aber Einigkeit darüber bestehen, dass die Verabschiedung der Grundrechtscharta der Entwicklung zu einer Europäischen Verfassung eine neue Grundlage und kräftigen Anschub gegeben hat. Die Verankerung eines normativen Grundrechtsschutzes kann damit als „Ausdruck eines sich beschleunigenden Bewusstseinsprozesses" in der Verfassungsentwicklung der Gemeinschaft angesehen werden.[1062] Die Verhandlungen zum Vertrag von Nizza im Dezember 2000 haben schließlich der Verfassungsdebatte weiteren Auftrieb gegeben, da sich die Frage der „Finalität" im Hinblick auf die bevorstehende Osterweiterung erneut und verschärft gestellt hat.[1063] In der Zeit danach wurde in diesem Zusammenhang gerade in Deutschland die Forderung nach der Bildung eines auch mit Parlamentariern besetzten Konvents erhoben, der - entsprechend dem Verfahren bei der Grundrechtscharta - einen Entwurf für die europäische Verfassung erarbeiten sollte.[1064] Mit der Erklärung des Europäischen Rates von Laeken vom 15.12.2001 wurde sodann ein aus Parlamentariern und Regierungsvertretern zu konstituierender „Konvent zur Zukunft Europas" mit dem Auftrag einberufen, eine umfassende Reform der europäischen Verträge bis Mitte 2003 zu beraten und ein Abschlussdokument zur Vorbereitung der nachfolgenden Regierungskonferenz vorzulegen, welches die Grundlage eines europäischen Verfassungsvertrages darstellen könnte. Die Parallelen dieses Projekts zur Ad hoc-Versammlung der Jahre 1952/53 sind dabei augenfällig. Etwa 50 Jahre nach dem Scheitern der EPG befassen sich wieder europäische Parlamentarier (diesmal allerdings in einem gemischten Gremium) mit der künftigen Verfassung Europas, was fast als späte Genugtuung für die damaligen Beteiligten bezeichnet werden könnte.

Angesichts dieser dynamischen Entwicklung der Europäischen Union in den letzten 10 Jahren bleibt festzuhalten, dass mit der Satzung der EPG schon 1953 ein Modell der „Europäischen Verfassung" zur Verfügung stand, welches ebenfalls zu kontinuierlicher Fortentwicklung in der Lage gewesen wäre, indem es die Institutionen einer eher bundesstaatlichen Gemeinschaft mit zunächst beschränkten Befugnissen vorsah und bereits das Problem der Verbindung einzelner Teilgemeinschaften durch eine (sukzessiv) vollständige Fusion zu einer rechtlichen Entität gelöst hatte und damit zugleich die komplizierte Architektur der Europäischen Union vermieden worden wäre. Auch wäre durch die Inkorporation der EMRK schon zu diesem Zeitpunkt ein echter Grundrechtskatalog Bestandteil der Gemeinschaftsverfassung gewesen. Eine gemeinsame Außenpolitik hätte durch die Koordinierungsbestimmungen der EPG-Satzung mögli-

---

der Europäischen Union" wählt; vgl. dagegen aber Hirsch, Nizza: Ende einer Etappe, Beginn einer Epoche?, NJW 2001, S. 2678.

[1062] So Weber, Die Europäische Grundrechtscharta - auf dem Weg zu einer europäischen Verfassung, NJW 2000, S. 537, der in seiner Analyse auch den Begriff „Grundrechtsverfassungsgebung" verwendet (S. 538).

[1063] Siehe nochmals FAZ vom 19.5.2001 (englische Ausgabe), S. 8: „The post-Nice process, as the Eurocrats like to call it, has turned into a debate about constitution"; Hirsch, Nizza: Ende einer Etappe, Beginn einer Epoche?, NJW 2001, S. 2677f.

[1064] Vgl. etwa Blickpunkt Bundestag 7/2001: „Konvent soll Entwurf mit Vorschlägen für europäische Verfassung erarbeiten".

cherweise zu einem viel früheren Zeitpunkt realisiert werden können. Im Bereich der Verteidigung wäre zwar das Scheitern der EVG zu berücksichtigen gewesen, ein Absehen von dem Projekt der EPG war indessen aus diesem Grund nicht zwingend. Hätte man in den nachfolgenden Regierungskonferenzen das Thema weniger halbherzig angegangen, wäre - nach einigen Korrekturen zugunsten der Mitgliedstaaten und der nationalen Regierungen - die Möglichkeit einer Realisierung nicht ausgeschlossen gewesen, was vielleicht zu einer anderen Entwicklung in Europa geführt hätte. Letztlich ist zu konstatieren, dass die Zeit für den erhobenen Anspruch tatsächlich noch nicht reif war, der Entwurf aber gleichwohl besondere Anerkennung verdient. Dies hat keiner so zutreffend zusammengefasst wie einer der Väter der Europäischen Integration, Jean Monnet:[1065]

> *„Die Männer, die dieser ausgewogenen Konstruktion sechs Monate ihres Lebens geweiht hatten, besaßen sehr wohl die Statur der großen Verfassungsgeber der Geschichte, und wenn auch die weitere Entwicklung gegen sie war, so verdient doch die Bedeutung des Projekts, das sie hinterließen, zumindest allen Respekt. ... Notwendigerweise wird man in ferneren Versuchen viele Einzelheiten aus dem ersten Projekt einer europäischen politischen Gemeinschaft wiederfinden. Einer von ihnen wird sich eines Tages in voller Übereinstimmung mit den Umständen finden und wird dann der richtige sein. Der Text, der den sechs Regierungen am 10. März 1953 zugestellt wurde, ist das Modell für alle anderen."*

[1065] Jean Monnet, Erinnerungen eines Europäers (deutsche Übersetzung des Titels Mémoires), S. 499.

Literaturverzeichnis

Alber, Siegbert, Die Entwürfe des Europäischen Parlaments für eine Europäische Verfassung In: Vorträge, Reden und Berichte aus dem Europa-Institut Nr. 248, Saarbrücken 1991

Albonetti, Achille, Vorgeschichte der Vereinigten Staaten von Europa, Band 22 der Schriftenreihe zum Handbuch für Europäische Wirtschaft, Baden-Baden 1961

André, Achim, Zur Rechtskraft und Gestaltungswirkung der Urteile des Europäischen Gerichtshofes im Anfechtungsprozess, EuR 1967, S. 97-115

Apelt, Willibalt, Ist der Streit um die Verfassungsmäßigkeit des EVG-Vertrages eine Streitigkeit im Sinne des Art. 93 GG?, NJW 1953, S. 641-643

Baer, Susanne, Grundrechtscharta ante portas, ZRP 2000, S. 361-364

Baetge, Dietmar, Grundzüge des Vertrags von Maastricht, BayVBl 1992, S. 711-717

Bardenhewer, Angela, Vertrag von Amsterdam - Text und konsolidierte Fassungen des EU- und EG-Vertrages - mit einer Einführung von Angela Bardenhewer, Baden-Baden, 1. Auflage 1997

Bergmann, Jan, Europarechtliche Neuerungen des Amsterdamer Vertrages, VBlBW 1999, S. 441-447

Bergmann, Jan / Lenz, Christofer (Hrsg.), Der Amsterdamer Vertrag - Eine Kommentierung der Neuerungen des EU- und EG-Vertrages, Köln 1998

Bernhardt, Rudolf, Probleme eines Beitritts der Europäischen Gemeinschaft zur Europäischen Menschenrechts-Konvention, in: Due u.a. (Hrsg.), Festschrift für Everling 1995, Band 1, S. 103-111

Bertelsmann Stiftung (Hrsg.), Wie Europa verfasst sein soll, Bericht der Arbeitsgruppe „Europäische Verfassung", vorgelegt zur Konferenz der Bertelsmann-Stiftung „Die Zukunft Europas - Kultur und Verfassung des Kontinents" vom 17. bis 19. Oktober 1990, Gütersloh 1990

Beutler, Bengt / Bieber, Roland / Pipkorn, Jörn / Streil, Jochen (Hrsg.), Die Europäische Union - Rechtsordnung und Politik, 5. Auflage, Baden-Baden 2001; 4. Auflage, Baden-Baden 1993

Bieber, Roland, Ein Grundgesetz für Europa - Die Bemühungen um eine europäische Verfassung, in Breuss, Fritz / Fink, Gerhard / Griller, Stefan (Hrsg.), Vom Schuman-Plan zum Vertrag vom Amsterdam - Entstehung und Zukunft der EU, S. 331-346, Wien 2000

Bindschedler, Rudolf L., Rechtsfragen der europäischen Einigung, Ein Beitrag zu der Lehre von den Staatenverbindungen, Basel 1954

Blanke, Hermann-Josef, Der Unionsvertrag von Maastricht - Ein Schritt auf dem Weg zu einem europäischen Bundesstaat?, DÖV 1993, S. 412-423

Bleckmann, Albert, Chancen und Gefahren der europäischen Integration - Zum Demokratieprinzip in der EG -, JZ 1990, S. 301-306

Bleckmann, Albert, Der Vertrag über die Europäische Union - Eine Einführung, DVBl 1992, S. 335-343

Bleckmann, Albert, Europarecht - das Recht der europäischen Wirtschaftsgemeinschaft, 4. Auflage, Köln 1985, 5. Auflage, Köln 1990

Bleckmann, Albert, Europarecht - Das Recht der Europäischen Union und der Europäischen Gemeinschaften, 6. Auflage, Köln 1997

Bolis, Luciano, Comment pourra se présenter l'Europe demain? Vorträge, Reden und Berichte aus dem Europa-Institut Nr. 206, Saarbrücken 1990

Börner, Bodo, Deutsche Grundrechte und Gemeinschaftsrecht, NJW 1976, S. 2041-2048

Breitner, Franz, Supranationaler Rechtsschutz - Sein Umfang und seine Organisation innerhalb der Europäischen Gemeinschaften, EA 1954, S. 6263-6272

Breuss, Fritz / Fink, Gerhard / Griller, Stefan (Hrsg.), Vom Schuman-Plan zum Vertrag vom Amsterdam - Entstehung und Zukunft der EU, Wien 2000

Briggs, Herbert W., The Proposed European Political Community, AJIL 1954 (48), S.110-122

Brok, Elmar, Kein Papiertiger: Der Vertrag von Amsterdam, Wirtschaftsdienst 1997/VII, S. 375-376

Buerstedde, Sigismund, Der Ministerrat im konstitutionellen System der Europäischen Gemeinschaften, Brüssel 1964 (zitiert: Buerstedde, Ministerrat)

Busse, Christian Die Geltung der EMRK für Rechtsakte der EU, NJW 2000, S. 1074-1079

Calliess, Christian, Subsidiaritäts- und Solidaritätsprinzip in der Europäischen Union, Schriften des Europa-Instituts der Universität des Saarlandes, Rechtswissenschaft - Band 10, Baden-Baden 1996

Catalano, Nicola, Manuel de droit des Communautés Européennes, Paris 1962

Charisius, Albrecht / Ersil, Wilhelm (Gesamtredaktion), Westeuropa - Politische und militärische Integration, Staatsverlag der DDR, Berlin 1980

Cole, Mark D., Eine Europäische Grundrechtscharta - Forum des Bundesministeriums der Justiz, NJW 1999, S. 2798

Constantinesco, Léontin-Jean, Das Recht der Europäischen Gemeinschaften, Band 1: Das institutionelle Recht, 1. Auflage, Baden-Baden 1977

Cornides, Wilhelm / Feldmann, Erika / Willmann, Joachim, Die politischen und wirtschaftlichen Probleme der europäischen Einigung um die Jahreswende 1952/53, EA 1953, S. 5391-5402

Dauses, Manfred A., Das Vorabentscheidungsverfahren nach Artikel 177 EG-Vertrag, 2. Auflage, München 1995

Deringer, Arved / Sedemund, Joachim, Europäisches Gemeinschaftsrecht, NJW 1979, S. 2435-2439

Dinan, Desmond, Ever Closer Union? An Introduction to the European Community, London 1994

Eberhard, Heinrich, Die Europäische Politische Gemeinschaft - Entwurf eines Vertrages über die Satzung der Europäischen Gemeinschaft; Dokumente, Hrsg. von der Forschungsstelle für Völkerrecht und ausländisches öffentliches Recht der Universität Hamburg, Heft X, Frankfurt/M. 1953 (zitiert: Eberhard, EPG)

Eickmeier, Sylvia, Eine Europäische Charta der Grundrechte, DVBl 1999, S. 1026-1029

Emmert, Frank, Europarecht, München 1996

Epiney, Astrid / Freiermuth Abt, Marianne / Mosters, Robert, Der Vertrag von Nizza DVBl 2001, S. 941-952

Europäische Kommission (Hrsg.), General Report on the activities of the European Union, Brüssel 1996

Europäische Kommission (Hrsg.), Der Binnenmarkt Amt für amtliche Veröffentlichungen der EG Luxemburg 1995

Everling, Ulrich, Bindung und Rahmen: Recht und Integration, in: Werner Weidefeld (Hrsg.), Die Identität Europas, Schriftenreihe der Bundeszentrale für politische Bildung, Band 225, Bonn 1985

Feger, Dieter, Die Grundrechte im Recht der Europäischen Gemeinschaften, Frankfurt/M. 1984

Fischer, Klemens H., Der Vertrag von Nizza, Baden-Baden 2001

Folz, Hans-Ernst, Das Modell der Europäischen Politischen Gemeinschaft von 1953/54 In: Rechtliche Probleme der Einigung Europas, Hrsg. von Charles Zorgbibe, Stuttgart 1979

Franzke, Hans-Georg, Die teilweise Unvereinbarkeit des Vertrages von Amsterdam mit der französischen Verfassung, DÖV 1998, S. 860-865

Frei, Daniel, Integrationsprozesse, In: Werner Weidefeld (Hrsg.), Die Identität Europas, Schriftenreihe der Bundeszentrale für politische Bildung, Band 225, S. 113-131, Bonn 1985

Friedländer, Ernst, Wie Europa begann. Die geistigen und politischen Wurzeln der europäischen Einigung, Köln 1968

Friedrich, Christina / Inghelram, Jan, Die Klagemöglichkeiten des Europäischen Rechnungshofes vor dem Europäischen Gerichtshof, DÖV 1999, S. 669-676

Frowein, Jochen Abr., Verfassungsperspektiven der Europäischen Gemeinschaft EuR-Beiheft 1, 1992, S. 63-77

Funk, Ottmar, Der Bayerische Senat - ewiger Bestandteil der Verfassung des Freistaates Bayern vom 2.12.1946, BayVBl 1999, S. 108-109

Gasteyger, Curt, Die politische Homogenität als Faktor der Föderation, Berlin 1954, zugl. Dissertation Universität Zürich 1954

Gasteyger, Curt, Europa zwischen Spaltung und Einigung 1945 bis 1993 - Darstellung und Dokumentation, Bundeszentrale für politische Bildung, Schriftenreihe Band 321, Bonn 1994

Geiger, Rudolf, EUV/EGV-Kommentar, Vertrag über die Europäische Union und Vertrag zur Gründung der Europäischen Gemeinschaft, 3. Auflage, München 2000

Gelinsky, Katja, Der Schutz des Eigentums gemäß Art. 1 des Ersten Zusatzprotokolls zur Europäischen Menschenrechtskonvention, Eine Analyse der Rechtsprechung der Straßburger Organe, Berlin 1996, zugl. Dissertation Universität Münster 1996

Genzer, Walter E., Die Satzung der Europäischen Gemeinschaft Zum Entwurf einer europäischen Verfassung, EA 1953, S. 5653-5664

Gnan, Reinhold, Der Vertrag von Nizza, BayVBl 2001, S. 449-459

Golsong, Heribert, Nochmals - zur Frage des Beitritts der Europäischen Gemeinschaften zur Europäischen Menschenrechtskonvention, EuGRZ 1979, S. 70-74

Goormaghtigh, John, European Integration, International Conciliation 1953, S. 49-109

Grabenwarter, Christoph, Die Charta der Grundrechte für die Europäische Union, DVBl 2001, S. 1-13

Grabitz, Eberhard / Hilf, Meinhard (Hrsg.), Kommentar zur Europäischen Union, Loseblatt, Stand: 18. Lieferung, München 2001

von der Groeben, Hans, Der gemeinsame Markt als Kern und Motor der Europäischen Gemeinschaft Festschrift für Narjes 1984, S. 19-45 von der Groeben, Hans / Thiesing, Jochen / Ehlermann, Claus-Dieter (Hrsg.), Kommentar zum EU-/EG-Vertrag, Band 4 (Art. 137-209a), 5. Auflage, Baden-Baden 1997

Gusy, Christoph, Das parlamentarische Regierungssystem und der Bundesrat - Entwicklungsstand und Reformbedarf, DVBl 1998, S. 917-928

Häberle, Peter, Europa als werdende Verfassungsgemeinschaft, DVBl 2000, S. 840-847

Hahn, Oliver / Oberrath, Jörg, Die Rechtsakte der EG - eine Grundlegung, BayVBl 1998, S. 353-358, BayVBl 1998, S. 388-394 (Fortsetzung)

Haibach, Georg, Komitologie nach Amsterdam - Die Übertragung von Rechtssetzungsbefugnissen im Rechtsvergleich, VerwArchiv 1999, S. 98-111

Hailbronner, Kay / Klein, Eckart / Magiera, Siegfried / Müller-Graf, Peter-Christian, Handkommentar zum Vertrag über die Europäische Union (EUV/EGV), Loseblatt, 7. Lieferung, Köln 1997

Hallstein; Walter, Der unvollendete Bundesstaat - Europäische Erfahrungen und Erkenntnisse Düsseldorf 1969

Hallstein, Walter, Die Europäische Gemeinschaft, Düsseldorf 1973

Hallstein, Walter, United Europe, Challenge and Opportunity, Cambridge 1962

Hallstein, Walter, Zu den Grundlagen und Verfassungsprinzipien der Europäischen Gemeinschaften, In: Zur Integration Europas, Festschrift für Ophüls, S. 1-18, Karlsruhe 1965

Haseloff, Wolfgang, Die Einigung Europas, 3. Auflage, Frankfurt/M. 1979

Hasselbach, Kai, Der Vorrang des Gemeinschaftsrechts vor dem nationalen Verfassungsrecht nach dem Vertrag von Amsterdam, JZ 1997, S. 942-944

Héraud, Guy, Chronique Constitutionnelle Européenne - La Communauté Européenne de Défense dans ses relations avec l 'alliance atlantique et la „Fédéralisation Fonctionnelle"du continent, in: Revue du Droit Public et de la science politique en France et a L' Étranger 1952, S. 981-1011

Héraud, Guy, Chronique Constitutionnelle Européenne - Nature Juridique de la Communauté Européenne d'après le projet de statut du 10 mars 1953 in: Revue du Droit Public et de la science politique en France et a L' Étranger 1953, S. 581-607

Herdegen, Matthias, Europarecht, 1. Auflage, München 1997; 3. Auflage, München 2001

Hilf, Meinhard, Die Charta der Grundrechte der Europäischen Union, NJW-Sonderbeilage 2000, S. 5-6

Hirsch, Günter, Der EuGH im Spannungsverhältnis zwischen Gemeinschaftsrecht und nationalem Recht, NJW 2000, S. 1817-1822

Hirsch, Günter, Europäischer Gerichtshof und Bundesverfassungsgericht - Kooperation oder Konfrontation? NJW 1996, S.2457-2466

Hirsch, Günter, Nizza: Ende einer Etappe, Beginn einer Epoche?, NJW 2001, S. 2677-78

Hitzler, Gerhard (Hrsg.), Europahandbuch, Bonn 1994

Huber, Peter M., Recht der Europäischen Integration, München 1996 (zitiert: Huber, Integration)

Iglesias, Gil Carlos Rodriguez, Gedanken zum Entstehen einer Europäischen Rechtsordnung NJW 1999, S. 1-9

Ipsen, Hans Peter, Als Bundesstaat in der Gemeinschaft, in: Festschrift für Hallstein 1966, S. 248-265

Ipsen, Hans Peter, Europäisches Gemeinschaftsrecht, Tübingen 1972

Isensee, Josef / Kirchhof, Paul (Hrsg.), Handbuch des Staatsrechts der Bundesrepublik Deutschland, Band IV Finanzverfassung - Bundesstaatliche Ordnung Heidelberg 1990, Band VII Normativität und Schutz der Verfassung - Internationale Beziehungen Heidelberg 1992 (zitiert: Bearbeiter in: Isensee/Kirchhof, HStR IV bzw. VII)

Jaenicke, Günther, Bundesstaat oder Staatenbund, Zur Rechtsform einer europäischen Staatengemeinschaft, in: Festschrift für Bilfinger 1954, S. 71-108

Jaenicke, Günther, Der übernationale Charakter der Europäischen Wirtschaftsgemeinschaft ZaöRV 1958 (19), S. 153-196

Janz, Louis, Die Geschichte der europäischen Einigung nach dem Zweiten Weltkrieg, In: Werner Weidefeld (Hrsg.), Die Identität Europas, Schriftenreihe der Bundeszentrale für politische Bildung, Band 225, Bonn 1985

Jarass, Hans D. / Pieroth, Bodo, Grundgesetz für die Bundesrepublik Deutschland – Kommentar, 5. Auflage, München 2000

Jürgens, Thomas, Die gemeinsame Europäische Außen- und Sicherheitspolitik, Studien zum internationalen Wirtschaftsrecht und Atomenergierecht, Band 90, Köln1994, Zugl. Dissertation Universität Göttingen 1994

Kapteyn, Paul Joan George, Introduction to the law of the European communities after coming into force of the Single European Act, Deventer 1989

Karp, Basil, The Draft Constitution for a European Political Community International Organization 1954, S. 181-202

Karstens, Uwe, Die Europäische Union als Rechtsgemeinschaft BDVR-Rundschreiben 4/1998, S.92-93

Kielmannsegg, Johann Adolf Graf, Der Vertrag über die Gründung der Europäischen Verteidigungsgemeinschaft, EA 1952, S. 5009-5019

Klein, Eckart, Grundrechtsdogmatische und verfassungsprozessuale Überlegungen zur Maastricht-Entscheidung des Bundesverfassungsgerichts, in: Gedächtnisschrift für Grabitz 1995, S. 271-286

Klein, Eckart, Objektive Wirkungen von Richtlinien, in: Due u.a. (Hrsg.), Festschrift für Everling 1995, Band 1, S. 641-650

Klein, Eckart / Haratsch, Andreas, Neuere Entwicklungen des Rechts der Europäischen Gemeinschaften - 1. Teil, DÖV 1993, S. 785-798

Klein, Eckart, Der Verfassungsstaat als Glied einer europäischen Gemeinschaft, VVDStRL 50 (1991), S. 56-96

Knemeyer, Franz-Ludwig, Kommunale Selbstverwaltung in Europa - Die Schutzfunktion des Europarates, BayVBl 2000, S. 449-453

Knöll, Ralf, Die Charta der Grundrechte der Europäischen Union, NVwZ 2001, S. 392-394

Koenig, Christian, Ist die Europäische Union verfassungsfähig? DÖV 1998, S. 268-275

Koenig, Christian / Haratsch, Andreas, Europarecht, 3. Auflage, Tübingen 2000, 2. Auflage, Tübingen 1998

Kopp, Reinhold, Föderalismus - Modell für Europa, in: Vorträge, Reden und Berichte aus dem Europa-Institut, Nr. 292, Saarbrücken 1993

Kovar, Robert, Die Rechtsprechung des Gerichtshofes der Europäischen Gemeinschaften auf dem Weg zur politischen Gemeinschaft, In: Rechtliche Probleme der Einigung Europas, Hrsg. von Charles Zorgbibe, Stuttgart 1979

Krenzler, Horst G. / Schneider, Henning C., Die Gemeinsame Außen- und Sicherheitspolitik der Europäischen Union - Zur Frage der Kohärenz, EuR 1994, S. 144-160

Kunz, Josef L., Treaty establishing the European Defence Community, AJIL 1953 (47), S. 275-281

Kunze, Holger, Der Vertrag von Amsterdam, BRAK-Mitteilungen 1/1998, S. 23-26

Lang, Jack, Nein zum Vertrag von Amsterdam, Die Neue Gesellschaft - Frankfurter Hefte 1997, S. 869-870

Lang, Norbert, Die Bemühungen um die politische Einigung Europas seit dem Scheitern der Europäischen Verteidigungsgemeinschaft, in: Zur Integration Europas, Festschrift für Ophüls, S. 125-141, Karlsruhe 1965

Läufer, Thomas, Die Organe der EG - Rechtsetzung und Haushaltsverfahren zwischen Kooperation und Konflikt: Ein Beitrag zur institutionellen Praxis der EG, Europäische Studien des Instituts für Europäische Politik, Band 17, Bonn 1990, Zugl. Dissertation Universität Bonn 1989

Lenz, Carl Otto (Hrsg.), EG-Vertrag: Kommentar zu dem Vertrag zur Gründung der Europäischen Gemeinschaften, 2. Auflage, Köln 1999

Lenz, Carl Otto, Rechtsschutz im Binnenmarkt, Stand und Probleme, NJW 1994, S. 2063-2067

Lindner, Josef Franz, EG-Grundrechtscharta und gemeinschaftsrechtlicher Kompetenzvorbehalt -Probleme und Thesen, DÖV 2000, S. 543-550

Lipgens, Walter, EVG und politische Föderation, VfZ 1984 (32), S. 637-688

Lörcher, Heike / Lerche, Holger, Der Vertrag von Amsterdam, BRAK-Mitteilungen 4/1999, S. 176-178

Loth, Wilfried, Der Weg nach Europa - Geschichte der europäischen Integration 1939-1957 2. Auflage, Göttingen 1991

Loth, Wilfried, Sozialismus und Internationalismus. Die französischen Sozialisten und die Nachkriegsordnung Europas 1940-1950, Stuttgart 1970

Magiera, Siegfried, Die Durchsetzung des Gemeinschaftsrechts im europäischen Integrationsprozess, Deutsche Hochschule für Verwaltungswissenschaften Speyer, Speyerer Vorträge, Heft 41, 1997

Magiera, Siegfried, Die Rechtsakte der EG-Organe, JURA 1989, S. 595-606

Matz, Klaus Jürgen, Europa-Chronik - Daten europäischer Geschichte von der Antike bis zur Gegenwart, München 1999

Maunz, Theodor / Dürig, Günter (Hrsg.), Grundgesetz Kommentar, Band I, Art. 1-11; Band III, Art. 22-69, 39. Ergänzungslieferung 2001

van der Meersch, W.J. Ganshof / Waelbroeck, Michael (Hrsg.) Les Novelles; Droit des communautés européennes, Brüssel 1969

Meessen, Karl M., Maastricht nach Karlsruhe, NJW 1994, S. 549-554

von Merkatz, Hans Joachim, Der Entwurf eines Vertrages über die Satzung der Europäischen Gemeinschaft im Verhältnis zum Vertrage über die Gründung der Europäischen Gemeinschaft für Kohle und Stahl und zum Vertragsentwurf über die Gründung der Europäischen Verteidigungsgemeinschaft Festschrift für Bilfinger; S. 223-241, Köln 1954

Mickel, Wolfgang W., Handlexikon der Europäischen Union, 2. Auflage, Köln 1998

Mombaur, Peter M., Die Charta der Grundrechte der Europäischen Union DÖV 2001, S. 595-596

Monnet, Jean, Erinnerungen eines Europäers, München 1978, Übersetzung des frz. Originals: Mémoires, Paris 1976

von Münch, Ingo / Kunig, Philip (Hrsg.), Grundgesetz-Kommentar, Band 2, Art. 21 - Art. 69, 5. Auflage, München 2001

Nawiasky, Hans, Die Hauptfragen der politischen Organisation der Europa-Gemeinschaft Frankfurter Hefte 1952, S. 915-924

Nemitz, Paul F., 10 Jahre Gericht erster Instanz der Europäischen Gemeinschaften – Zur verfassungsgerichtsähnlichen Verantwortung des Gerichts im Beihilferecht, DÖV 2000, S. 437-449

Neye, Hans-Werner, Das neue europäische Gericht erster Instanz, DB 1988, S. 2393-2395

Niewöhner, Eckhardt, Mitteilungen: Tagung der Wissenschaftlichen Gesellschaft für Europarecht, NJW 1983, S. 497-498

Ophüls, Carl Friedrich, Das Wirtschaftsrecht des Schumanplans, NJW 1951, S. 381-384

Ophüls, Carl Friedrich, Gerichtsbarkeit und Rechtsprechung im Schumanplan, NJW 1951, S. 693-696

Ophüls, Carl Friedrich Ophüls, Juristische Grundgedanken des Schumanplans, NJW 1951, S. 289-292

Ophüls, Carl Friedrich, Zur ideengeschichtlichen Herkunft der Gemeinschaftsverfassung, in: Probleme des Europäischen Rechts, Festschrift für Hallstein, S. 387-413, Frankfurt/M. 1966

Oppermann, Thomas, Europarecht, 2. Auflage, München 1999

Oppermann, Thomas / Classen, Claus Dieter, Die EG vor der Europäischen Union, NJW 1993, S. 5-12

Pechstein, Matthias, Amsterdamer Vertrag und Grundgesetz, DÖV 1998, S. 569-576

Pechstein, Matthias / Koenig, Christian, Die Europäische Union: 3. Auflage, Tübingen 2002;

Pechstein, Matthias / Koenig, Christian, Die Europäische Union: Die Verträge von Maastricht und Amsterdam, 2 Auflage, Tübingen 1998

Pernice, Ingolf, Eine Grundrechte-Charta für die Europäische Union, DVBl 2000, S. 847-859

Pernice, Ingolf, Gemeinschaftsverfassung und Grundrechtsschutz - Grundlagen, Bestand und Perspektiven, NJW 1990, S. 2409-2420

Pflaumer, Gerd, Kleine Beiträge: Der Wirtschafts- und Sozialausschuss im Rahmen der Europäischen Gemeinschaften, NJW 1966, S. 285

Pieper, Stefan Ulrich, Subsidiarität: Ein Beitrag zur Begrenzung der Gemeinschaftskompetenzen, Köln 1994, zugl. Dissertation Universität Münster 1992

von Puttkamer, Ellinor, Der Briand-Plan, Vorbote der Europäischen Integration? in: Zur Integration Europas, Festschrift für Ophüls, S. 143-151, Karlsruhe 1965

von Puttkamer, Ellinor, Der Entwurf eines Vertrages über die Satzung der Europäischen Gemeinschaft - angenommen von der Ad hoc-Versammlung am 10. März 1953, ZaöRV 1953/54 (15), S. 103-128

von Puttkamer, Ellinor, Vorgeschichte und Zustandekommen der Pariser Verträge vom 23. Oktober 1954 ZaöRV 1956/57 (17), S. 448-475

Rabe, Hans-Jürgen, Das Gericht erster Instanz der Europäischen Gemeinschaften, NJW 1989, S. 3041-3047

Ress, Georg, Die Europäische Union und die neue juristische Qualität der Beziehungen zu den Europäischen Gemeinschaften, JuS 1992, S. 985-991

Riedel, Norbert K., Der Vertrag von Amsterdam und die institutionelle Reform der Europäischen Union, BayVBl 1998, S. 545-550

Riedel, Norbert K., Inkrafttreten des Vertrages von Amsterdam, BayVBl 1999, S. 717-719

Ridder, Helmut K. J., Der Entwurf einer Satzung der Europäischen Gemeinschaft, JZ 1953, S.289-292 (Teil 1) und S. 332-334 (Teil 2)

Robertson, Arthur Henry, The European Political Community, BYIL 1952 (29), S. 383-401 (zitiert: Robertson, EPC)

Röttinger, Moritz / Weyringer, Claudia, Handbuch der europäischen Integration, 2. Auflage, Köln 1996 (zitiert: Bearbeiter in: Röttinger / Weyringer)

Rupp, Hans Heinrich, Wahlrechtsgleichheit bei der Verteilung der Sitze im Europäischen Parlament auf die Mitgliedstaaten, NJW 1995, S. 2210-2211

Saalfrank, Valentin, Funktionen und Befugnisse des Europäischen Parlaments Ihre Bedeutung für das Demokratieprinzip des Grundgesetzes, Stuttgart 1995, zugl. Dissertation Universität Köln 1994

Säcker, Horst, Verfassungskonvent 1948, DÖV 1998, S. 784-792

Schäfer, Peter, Der Vertrag von Nizza - seine Folgen für die Zukunft der Europäischen Union BayVBl 2001, S. 460-466

Scheuner, Ulrich, Besprechung von Bindschedler, Rechtsfragen der europäischen Einigung Basel 1954, ZaöRV 1956/57 (17), S. 166-167

Schlochauer, Hans-Jürgen (Hrsg.), Wörterbuch des Völkerrechts, Erster Band, Berlin 1960

Schmale, Wolfgang, Von den Weltkriegen nach Rom: Ideen und Stationen auf dem Weg zur EWG, in: Breuss, Fritz / Fink, Gerhard / Griller, Stefan (Hrsg.), Vom Schuman-Plan zum Vertrag vom Amsterdam - Entstehung und Zukunft der EU, S. 5-32, Wien 2000

Schneider, Hans Fünf Jahre Grundgesetz, NJW 1954, S. 937-941

Schneider, Heinrich, Integration - gestern, heute, morgen, Integration 1978, S. 3-16

Schoch, Friedrich, Europäisierung der Verwaltungsrechtsordnung - einschließlich Verwaltungsverfahrensrecht und Rechtsschutz, VBlBW 1999, S. 241-250, Kurzfassung in: BDVR-Rundschreiben 3/1999 S. 55-61

Scholz, Rupert, Frauen an die Waffe kraft Europarechts? Zum Verhältnis von Art. 12a Abs. 4, S. 2 GG zur Gleichbehandlungsrichtlinie, DÖV 2000, S. 417-420

Scholz, Rupert / Hofmann, Hans, Perspektiven der europäischen Rechtsordnung, ZRP 1998, S. 295-302

Schönberg, Christoph, Europabeauftragte in den deutschen Bundesländern, DÖV 1998, S. 665-672

Schönfelder, Wilhelm / Silberberg, Reinhard, Auf dem Weg zum Ziel - Die Ergebnisse des Vertrags von Amsterdam, Internationale Politik 1997, S. 18-24

Schorkopf, Franz, Verletzt Österreich die Homogenität in der Europäischen Union?, DVBl 2000, S. 1036-1044

Schwarz, Hans-Peter, Adenauer - Der Aufstieg 1876-1952, Stuttgart 1986

Schwarze, Jürgen, Auf dem Weg zu einer europäischen Verfassung - Wechselwirkungen zwischen europäischem und nationalem Verfassungsrecht, DVBl 1999, S. 1677-1689

Schwarz-Liebermann v. Wahlendorf, Hans Albrecht, Die Europäische Gemeinschaft, AVR 1953/54, S. 307-322 und S. 436-450

Schweitzer, Michael / Hummer, Waldemar, Europarecht: Das Recht der Europäischen Union – Das Recht der Europäischen Gemeinschaften (EGKS, EG, EAG) - mit Schwerpunkt EG, 5. Auflage, Neuwied 1996 (zitiert: Schweitzer/Hummer, Europarecht)

Schweitzer, Michael / Hummer, Waldemar, Europarecht: Das Recht der Europäischen Gemeinschaften (EGKS, EWG, EAG) - mit Schwerpunkt EG, 4. Auflage, Neuwied 1993 (zitiert: Schweitzer/Hummer, Europarecht, 4. Aufl.)

Seeler, Hans-Joachim, Die Europäische Einigung und das Gleichgewicht der Mächte: Der historische Weg der Europäischen Staaten zur Einheit, 1. Auflage, Baden-Baden 1992

Seidel, Martin Seidel, Zur Verfassung der Europäischen Gemeinschaft nach Maastricht EuR 1992, S. 125-144

von Siegler, Heinrich (Hrsg.), Dokumentation der Europäischen Integration mit besonderer Berücksichtigung des Verhältnisses EWG-EFTA - Von der Züricher Rede Winston Churchills 1946 bis zur Bewerbung Großbritanniens um Mitgliedschaft bei der EWG 1961, Bonn 1962

von Simson, Werner / Schwarze, Jürgen, Europäische Integration und Grundgesetz – Maastricht und die Folgen für das deutsche Verfassungsrecht Berlin 1992

Snoy et d'Oppuers, Jean Charles Baron, Des Traites de Rome a l'Europe Politique, in: Zur Integration Europas, Festschrift für Ophüls, S. 193-207, Karlsruhe 1965

Söllner, Alfred, Einführung in die römische Rechtsgeschichte, 5. Auflage, München 1996

Sontheimer, Kurt, Die Adenauer-Ära - Grundlegung der Bundesrepublik Deutschland, München 1991

Spaak, Paul-Henri, Memoiren eines Europäers, Hamburg 1969

von Stauffenberg, Franz Ludwig / Langenfeld, Christine, Maastricht - ein Fortschritt für Europa?, ZRP 1992, S. 252-259

Steindorff, Ernst, Unvollkommener Binnenmarkt, ZHR 1994, S. 149-169

Steiniger, Rolf, Von sechs auf zwölf: Von der Gründung der EWG zu den ersten Erweiterungen, in: Breuss, Fritz / Fink, Gerhard / Griller, Stefan (Hrsg.), Vom Schuman-Plan zum Vertrag vom Amsterdam - Entstehung und Zukunft der EU, S. 69-99, Wien 2000

Stern, Klaus, Staatlichkeit und Verfassungsgebung in Deutschland vor 50 Jahren - Das Schicksalsjahr 1948, DÖV 1998, S. 795-805

Sternberger, Dolf, Eine Verfassung für Europa, Die Gegenwart 1953 (8), S. 106-108

Streinz, Rudolf, Europarecht, 5. Auflage, Heidelberg 2001

Streinz, Rudolf, Die Abgrenzung der Kompetenzen zwischen der Europäischen Union und den Mitgliedstaaten unter besonderer Berücksichtigung der Regionen, BayVBl 2001, S. 481-488

Stüer, Bernhard / Hermanns, Caspar David, 12. Verwaltungsrichtertag in Mainz DVBl 1998, S. 766-771

Stüer, Bernhard / Hermanns, Caspar David, 13. Verwaltungsrichtertag in München DVBl 2001, S. 1109-1114

Szczekalla, Peter, Grundrechte für Europa - Die Europäische Union nach Nizza DVBl 2001, S. 345-352

Thieme, Werner, Demokratie - Ein Staatsziel im Wandel der gelebten Verfassung DÖV 1998, S. 751-760

Thym, Daniel, Die Begründung einer europäischen Verteidigungspolitik: Anforderungen des europäischen und des deutschen Verfassungsrechts, DVBl 2000, S. 676-682

Voyenne, Bernard, Histoire de l'idée européenne, Paris 1964

Weber, Albrecht, Die Europäische Grundrechtscharta - auf dem Weg zu einer europäischen Verfassung, NJW 2000, S. 537-544

Wegener, Bernhard W., Die Neuordnung der EU-Gerichtsbarkeit durch den Vertrag von Nizza, DVBl 2001, S. 1259-1263

Weidenfeld, Werner (Hrsg.), Der vollendete Binnenmarkt - eine Herausforderung für die EG Gütersloh 1993

Weidenfeld, Werner, Die Reformbilanz der Europäischen Gemeinschaft: „Bundesrepublik Europa" als Perspektive? In: Werner Weidenfeld / Wolfgang Wessels (Hrsg), Wege zur Europäischen Union - Vom Vertrag zur Verfassung? Schriftenreihe der Bundeszentrale für politische Bildung, Band 248, Bonn 1986

Wieseler, Johannes / Schmitz, Rochus, Das Verhältnis des europäischen Gemeinschaftsrechts zum Recht der Mitgliedstaaten, MDR 1993, S. 723-727

Wigny, Pierre-Louis, La Communauté Politique Européenne, La Revue Politique 1953, S. 448-460

von Wilmowsky, Peter, Einführung in das Recht der Europäischen Gemeinschaft, JURA 1992, S. 337-346

Woyke, Wichard, Wahlen zum Europäischen Parlament, in: Informationen zur politischen Bildung aktuell, Bundeszentrale für politische Bildung, Bonn 1999

Zuleeg, Manfred, Die Rolle der rechtsprechenden Gewalt in der europäischen Integration JZ 1994, S. 1-8

Zurcher, Arnold J., The Struggle to Unite Europe 1940-1958, New York 1958

Abkürzungsverzeichnis

Abkürzungen der zitierten Zeitschriften:

AJIL	American Journal of International Law
AVR	Archiv des Völkerrechts
BayVBl	Bayerische Verwaltungsblätter
BDVR	Bund Deutscher Verwaltungsrichter
BRAK-Mitt.	Mitteilungen der Bundesrechtsanwaltskammer
BYIL	British Yearbook of International Law
DB	Der Betrieb
DÖV	Die Öffentliche Verwaltung
DVBl	Deutsches Verwaltungsblatt
EA	Europa-Archiv
EuGRZ	Europäische Grundrechtszeitschrift
EuR	Europarecht
JURA	Juristische Ausbildung
JuS	Juristische Schulung
JZ	Juristenzeitung
NJW	Neue Juristische Wochenschrift
NVwZ	Neue Zeitschrift für Verwaltungsrecht
VBlBW	Verwaltungsblätter für Baden-Württemberg
VerwArchiv	Verwaltungs-Archiv
VfZ	Vierteljahreshefte für Zeitgeschichte
VVDStRL	Veröffentlichung der Vereinigung der Deutschen Staatsrechtslehrer
ZaöRV	Zeitschrift für ausländisches öffentliches Recht und Völkerrecht
ZHR	Zeitschrift für das gesamte Handels- und Wirtschaftsrecht
ZRP	Zeitschrift für Rechtspolitik

Sonstige Abkürzungen

a.a.O.	am angegebenen Orte
ABl.	Amtsblatt der EG
Abs.	Absatz
AdR	Ausschuss der Regionen
a.F.	alte Fassung
AKP	Afrikanisch/Karibisch/Pazifisch
allg.	allgemein
Art.	Artikel
Aufl.	Auflage
BGBl.	Bundesgesetzblatt
Bsp.	Beispiel
BT-Drucksache	Drucksache des Deutschen Bundestages
BVerfG	Bundesverfassungsgericht
BVerfGE	Sammlung der Entscheidungen des Bundesverfassungsgerichts
BVerfGG	Bundesverfassungsgerichtsgesetz
bzw.	beziehungsweise

CECA	Communauté Européenne du Charbon et de l'Acier
CED	Communauté Européenne de Défense
COMECON	Council for Mutual Economic Cooperation
COREPER	Comité des Représentants Permanents
ders.	derselbe
dpa	Deutsche Presse-Agentur
Dt. Bundestag	Deutscher Bundestag
Dok.	Dokument
EAG	Europäische Atomgemeinschaft (EURATOM)
EAGV	Vertrag für die EAG
EDC	European Defence Community
EEA	Einheitliche Europäische Akte
EG	Europäische Gemeinschaft
EGKS	Europäische Gemeinschaft für Kohle und Stahl
EGKSV	Vertrag über die EGKS
EIB	Europäische Investitionsbank
EMRK	Europäische Menschenrechtskonvention
EP	Europäisches Parlament
EPC	European Political Community
EPG	Europäische Politische Gemeinschaft
EPZ	Europäische Politische Zusammenarbeit
etc.	et cetera
EU	Europäische Union
EuG	Europäisches Gericht (= Gericht 1. Instanz)
EuGH	Europäischer Gerichtshof
EuGHVerfO	Verfahrensordnung des Europäischen Gerichtshofes
EuWG	Gesetz über die Wahl der Abgeordneten des Europäischen Parlaments aus der Bundesrepublik Deutschland
EUV	Vertrag über die Europäische Union
EVG	Europäische Verteidigungsgemeinschaft
EWG	Europäische Wirtschaftsgemeinschaft
EWGV	Vertrag zur Gründung der Europäischen Wirtschaftsgemeinschaft
exempl.	exemplarisch
FAZ	Frankfurter Allgemeine Zeitung
f, ff	folgende(r)
Forts.	Fortsetzung
FS	Festschrift
GASP	Gemeinsame Außen- und Sicherheitspolitik
GeschO	Geschäftsordnung
GeschOBT	Geschäftsordnung des Deutschen Bundestages
GESVP	Gemeinsame Europäische Sicherheits- und Verteidigungspolitik
GG	Grundgesetz
HChE	Verfassungsentwurf von Herrenchiemsee
HStR	Handbuch des Staatsrechts
Hrsg.	Herausgeber
i.d.F.	in der Fassung
IFOR	Implementation Force
ILM	International Legal Materials
i.V.m.	in Verbindung mit

Kap.	Kapitel
KFOR	Kosovo Force
lit.	litera
MdEP	Mitglied des Europäischen Parlaments
Mrd.	Milliarde(n)
m.w.N.	mit weiteren Nachweisen
NATO	North Atlantic Treaty Organisation
n.F.	neue Fassung
OECD	Organisation for Economic Cooperation and Development = Organisation für Wirtschaftliche Zusammenarbeit und Entwicklung
OEEC	Organisation European Economic Council = Organisation des Europäischen Wirtschaftsrates
PJZS	polizeiliche und justizielle Zusammenarbeit in Strafsachen
RGW	Rat für gegenseitige Wirtschaftshilfe
Rn.	Randnummer
Rspr.	Rechtsprechung
S.	Satz, Seite
SEPG	Satzung der EPG
SFOR	Stabilization Force
Slg.	Sammlung des Gerichtshofes der Europäischen Gemeinschaft
sog.	sogenannte(r)
UAbs.	Unterabsatz
UdSSR	Union der Sozialistischen Sowjetrepubliken
UEF	Union Europäischer Föderalisten
vgl.	vergleiche
VO	Verordnung
WEU	Westeuropäische Union
WSA	Wirtschafts- und Sozialausschuss
WVRK	Wiener Vertragsrechtskonvention
WWU	Wirtschafts- und Währungsunion
ZBJI	Zusammenarbeit in den Bereichen Justiz und Inneres
Ziff.	Ziffer
ZP	Zusatzprotokoll

STUDIEN ZUM ÖFFENTLICHEN RECHT, VÖLKER- UND EUROPARECHT

Herausgegeben von Prof. Dr. Eckart Klein

Band 1 Ulrike Suchsland-Maser: Menschenrechte und die Politik multilateraler Finanzinstitute. Eine Untersuchung unter völkerrechtlichen Gesichtspunkten an den Beispielen der Weltbank, des Währungsfonds und regionaler Entwicklungsbanken. 1999.

Band 2 Jean Angelov: Grundlagen und Grenzen eines staatsbürgerlichen Informationszugangsanspruchs. 2000.

Band 3 Norman Weiß: Objektive Willkür. Zu einem Prüfungskriterium im Verfahren der Urteilsverfassungsbeschwerde. 2000.

Band 4 Eva Tanuschev: Entwicklung, Stand und Perspektiven eines freien Personenverkehrs in Europa. 2001.

Band 5 Heiner Baab: GATT und WTO im Recht der USA. Die Integration des Völkervertragsrechts in die Rechtsordnung der USA am Beispiel der GATT-Abkommen und der WTO-Übereinkommen. 2001.

Band 6 Malte Graßhof: Die Vollstreckung von Normenkontrollentscheidungen des Bundesverfassungsgerichts. Ein Beitrag zum Verhältnis zwischen Bundesverfassungsgericht und Gesetzgeber. 2003.

Band 7 Christof Berthold: Die Europäische Politische Gemeinschaft (EPG) 1953 und die Europäische Union (EU) 2001. Eine rechtsvergleichende Betrachtung. 2003.

FSC
www.fsc.org
MIX
Papier | Fördert gute Waldnutzung
FSC® C083411

Kolibri 360 GmbH
Ferdinand-Jühlke-Straße 7
99095 Erfurt, Deutschland
produktsicherheit@kolibri360.de

Druck:
CPI Druckdienstleistungen GmbH
im Auftrag der
Kolibri 360 GmbH
Ferdinand-Jühlke-Str. 7
99095 Erfurt